赵馥洁　著

第七卷

赵馥洁文集

哲学讲义

中国社会科学出版社

图书在版编目(CIP)数据

赵馥洁文集. 第七卷, 哲学讲义/赵馥洁著. —北京：中国社会科学出版社，2022.5

ISBN 978 – 7 – 5203 – 8971 – 6

Ⅰ.①赵⋯ Ⅱ.①赵⋯ Ⅲ.①哲学—中国—文集 Ⅳ.①B2 – 53

中国版本图书馆 CIP 数据核字(2021)第 173401 号

出 版 人	赵剑英	
责任编辑	朱华彬	
责任校对	谢　静	
责任印制	张雪娇	

出　　版	中国社会科学出版社	
社　　址	北京鼓楼西大街甲 158 号	
邮　　编	100720	
网　　址	http://www.csspw.cn	
发 行 部	010 – 84083685	
门 市 部	010 – 84029450	
经　　销	新华书店及其他书店	

印刷装订	北京市十月印刷有限公司
版　　次	2022 年 5 月第 1 版
印　　次	2022 年 5 月第 1 次印刷

开　　本	710×1000　1/16
印　　张	27.5
插　　页	2
字　　数	396 千字
定　　价	168.00 元

前　言

　　这部文集是我平生从事哲学教学和研究的记录。我与哲学结缘始于1960年，这一年夏天，我高中毕业报考大学时选择了哲学专业。当时，考哲学专业必须加试数学，而我的数学学得并不好，尽管如此，我还是报考了哲学。

　　那一年，在我的家乡富平县招收哲学专业学生的大学只有西北政法学院，于是我毫不犹豫地报考了这所院校。入学后，适逢大学贯彻落实"高教六十条"，教学秩序良好，读书气氛浓郁，师生关系融洽，同学关系和谐，总之，学习环境非常好。1964年毕业后，我留校从事教学工作。这时，社会主义教育运动（"四清运动"）开始，我被抽调到农村参加"社教"，直到1966年8月下旬即"文化大革命"已开始两个多月才回到学校。回校后因为学校已停课"闹革命"，所以，我未从事任何教学工作。直到1972年5月，西北政法学院遵照上级指示停办、解散。解散时，学校的教职人员被分配到陕西多所高校和机关单位，我被分配到陕西师范大学。到师大后我先在宣传部工作数月，9月师大开始招收工农兵大学生，我即到政教系哲学教研室教学。当时由于旧教材不能用，又无新教材，政教系的马克思主义哲学课主要是辅导学生选读马克思主义经典著作，我先后辅导学生读的著作有：马克思的《关于费尔巴哈的提纲》、恩格斯的《反杜林论》、列宁的《哲学笔记》（选）和《国家与革命》、毛泽东的《实践论》《矛盾论》。收入本文集第七卷的哲学讲义，有的就是当时为教学而写的。

在师大工作七年后，适逢"文化大革命"结束，西北政法学院复校，我又于1979年5月被调回。复校后的西北政法学院设置了法律系和政治理论系，政治理论系又设立了哲学和经济学两个专业，我被安排在哲学专业从事教学工作。此年9月政法学院招收了复校后的首届大学生，我即给这一年级哲学专业的学生讲授马克思主义哲学课。1980年9月我由教研室派往武汉大学哲学系进修，有幸跟萧萐父、唐明邦、李德永等先生学习中国哲学史，期满归来后我就专心从事中国哲学史的教学和研究。开设的课程主要有"中国哲学（史）原著选读""中国哲学史研究法"（包括史料学）等。20世纪80年代初，价值哲学在中国蔚然兴起，我即将自己的治学重点确定为中国传统哲学价值论研究，我给哲学专业的硕士研究生开设了"价值哲学研究""中国传统哲学价值论研究"等课程，撰写关于中国传统哲学价值论的论文，参加有关价值哲学的学术会议，特别是申报了1989年的国家社会科学基金课题：中国传统哲学价值论研究。1991年由陕西人民出版社出版了该课题的最终成果——《中国传统哲学价值论》。该书出版后受到了学术界的关注和鼓励，1994年12月该书获陕西省政府社会科学优秀成果一等奖，1995年9月荣获国家教委全国高等学校人文社会科学研究优秀成果二等奖。此后，我继续在这一领域进行探索和拓展：一是深化对中国传统哲学价值论之思维特征的研究，发表了一系列探讨中国哲学中价值论与本体论、认识论、历史观、人性论相融通的论文，这些论文合编为《中华智慧的价值意蕴》一书，该书由中国政法大学出版社于2002年出版。二是探索了中国传统价值观的历史演变，并以此报批了陕西省社会科学基金项目，其最终成果为《价值的历程——中国传统价值观的历史演变》一书，该书由中国社会科学出版社于2006年出版。

作为陕西的学者，我十分关注陕西历史上的哲学遗产，因此在研究中国传统哲学价值论的过程中，我把张载及其关学作为自己治学的重要内容，既将关学研究作为一门课程给哲学专业的研究生开设，又撰写发表了不少学术论文，这些论文运用的仍然是价值论方法，其主题则聚焦于关学的基本精神，在此基础上撰成《关学精神论》一书，该书 2015 年由西北大学出版社出版。其后，我又编著了《关学哲人诗传》一书，于 2020 年 1 月由陕西人民出版社出版，在这次汇编文集时我对上述两部著作进行了增订、修改和充实，取名"关学研究"。

在从事教学和研究的同时，我还参与了诸多社会性学术活动和学术组织工作，兼任了一些学会的职务，参加了多次学术会议，举办过多场学术讲座，撰写了不少有关学术发展和社会发展的论文、评论、发言、讲话，这方面的成果汇集成了《哲苑耘言》和《中华文化的价值观念》两个论文集。

阅读和吟咏诗词是我平生的爱好，也是我业余调剂精神生活的重要方式，我的诗词习作曾编为《静致斋诗》，于 2015 年由上海中西书局出版，今又增入新作，辑成《静致斋诗稿》收入文集。静致斋是我的书斋名，此文集中冠以"静致斋"的著述还有《静致斋哲话》，这是我多年来写的哲理性札记，因记述的所感所思为零散无主线、零碎无体系、零杂无统摄的随时心得，类似古代的诗话、词话、文话之属，故名曰"哲话"。与上述著作一起编入文集第八卷的还有我为《中国儒学辞典》《中国儒学百科全书》所写的辞条的汇总，因为所撰写的条目都是按主编所分派的任务而定的，亦属于无系统之作，故以"静致斋释辞"名之。

需要说明的是，在将上述著述收录本文集时，我尽量按照现在的出版要求进行了修改，特别是修改了一些现在看来不合时宜的内容，补充完善了脚注的版本信息，改用最新的版本等。同时，一些原来常用的词语包括一些地名等专有名词，则保留了原著的用法，未做更改，这样更能体现时代感。

从进入大学算起，我在哲学这片园地里已经耕耘了整整 60 年，从留校任教到现在，也已度过 56 年。回顾半个多世纪的治学历程，回望自己在教学和科研方面所留下的雪泥鸿爪，真可谓浮想联翩，感慨良多！而凝结到一点就是：虽然逝者如斯夫，人生的时光已进入桑榆晚景，然而对我来说，思想和学业都还行进在漫漫的长路上！书籍在阅读的路上，文章在撰写的路上，著作在修改的路上，讲义在充实的路上，诗词在推敲的路上……既有的一切，都还没有达到自己所期望的高标准，还未进入自己所追求的高境界。自己已经形成的学术观点和治学成果，都还有待深化、拓展和完善。学术研究只有无限绵延的进路和不断升高的阶梯，但却没有顶峰，永远都不能达到"会当凌绝顶"的境地。所谓的至善之域、至美之境，其实都是学人们持续努力的志向和不懈追求的理想。既然人生和治学永远都处在一个不断追求、不断提升的过程中，那么，自己几十年来所感所思所写而形成的这些著作，只可放在思想认识和学术探索的历史过程中去阅读，只能当作一道在旅途中未臻至境的风景去观赏。在这个意义上，方可引用李白"却顾所来径，苍苍横翠微"之诗句，来表达自己的自慰之情和自觉之识！

本文集的编辑出版是西北政法大学和西北政法大学哲学与社会发展学院的无量功德。学校和学院为了推进学科建设，弘扬学术创新，积累学术成果，延续学脉传承，在经费十分困难的情况下，决定筹措资金，编辑出版这部文集，实在令人感戴无既。学校的孙国华书记、杨宗科校长及其他各位领导十分关心、大力支持文集的编辑出版，并尽力帮助解决困难；哲学与社会发展学院的周忠社书记、寇汉军书记、山小琪院长，亲自领导文集的编辑出版工作，郭明俊副院长负责各项具体事务包括落实手稿录入、清样校对、联系出版等诸多繁重而琐细的事宜。在此，我首先对西北政法大学各位领导和哲学与社会发展学院各位领导表示诚挚的感谢！博士生朱风翔为收集论文、择取编排、校勘文字、编订目录，付出了巨大辛劳；博士生张雪侠为哲学讲义的文稿修正、文字校对等做了大量工作；博士生李伟弟为《静致斋诗稿》的编目和繁简字体的转换和统一，反复编排核对；我的硕士生刘亚玲研究员，多年前就认真仔细地阅读和校对了《静致斋哲话》；哲学与社会发展学院的不少硕士研究生也参加了繁重的手稿录入和清样校对工作。对这些为文集付出过辛勤劳动和珍贵汗水的青年学子们，我特表衷心谢意！而文集所凝结的中国社会科学出版社大力支持的珍贵情义和责任编辑朱华彬先生精心编校的辛勤劳绩，更值得铭记、致谢和赞佩！

最后，我为能给中国哲学的学术发展尽一点绵薄之力而由衷地感到高兴，也诚恳欢迎读者不吝批评指正！

赵馥洁

2021 年 11 月 27 日

于西北政法大学静致斋

目　　录

《反杜林论》讲义

《矛盾论》讲义

哲学原论讲义

价值哲学讲义

中国哲学史文献学讲义

《反杜林论》讲义

（1977 年 11 月）

一 《反杜林论》^① 第十章

（一）内容提要

这一章，恩格斯揭露了杜林在研究社会历史问题时，所采用的先验主义方法，批判了杜林的唯心主义平等观，概述了平等观念产生和发展的历史，深刻阐明了无产阶级平等要求的实际内容就是消灭阶级。全章28 个自然段，4 个部分。

第一部分　揭露杜林的先验主义方法（第1—4 段）

（1）杜林思想方法的特点：要素—公理—结论（第1 段）

（2）杜林采用这种方法的目的：论证永恒真理（第2 段）

（3）杜林所采用的方法的性质：先验主义（第3 段）

（4）杜林道德和法的观念的根源：对现实歪曲反映（第4 段）

第二部分　批判杜林的唯心主义平等观（第5—19 段）

（1）杜林平等观的基本内容（第5 段）

（2）杜林平等观的荒谬性（第6—9 段）

①杜林完全平等的观点是违背事实的（第6 段）

②杜林的平等观是对卢梭、亚当·斯密观点的庸俗化（第7 段）

③杜林的平等观是唯心主义的（第8 段）

---

① 恩格斯：《反杜林论》，人民出版社 2018 年版。

④杜林用暴力说明不平等的产生是唯心史观（第9段）

（3）杜林平等观的虚伪性（第10—18段）

①杜林允许人与人之间的隶属关系（第11—12段）

②杜林认为人性的人可以用暴力压迫兽性的人（第13—15段）

③杜林主张按科学行动的人可以用暴力压服按迷信行动的人（第16—18段）

杜林一方面宣扬"完全平等"，另一方面又鼓吹人们在意志上、道德上、精神上可以存在不平等。可见，他的平等观是虚伪的，也是自相矛盾的。

（4）杜林平等观的反动性——为资产阶级对内压迫、对外侵略做辩护（第19段）

第三部分　论述平等观念的历史发展和资产阶级平等观的阶级实质（第20—25段）

（1）平等观念的历史作用（第20段）

（2）平等观的历史发展和内容（第21—22段）

①原始社会和奴隶社会的平等观（第21段）

②基督教和封建社会的平等观（第22段）

（3）资产阶级的平等观（第23—25段）

①资本主义的发展（第23段）

②资产阶级平等观的产生（第24段）

③资产阶级平等观的作用和实质（第25段）

第四部分　阐明无产阶级平等观的产生发展和实际内容（第26—27段）

（1）无产阶级平等观的产生与发展（第26段）

（2）无产阶级平等观的实际内容（第27段）

结论：平等观是历史的产物，杜林宣扬的是资产阶级平等观（第28段）

（二）讲义

在第十章里，恩格斯运用社会存在决定社会意识这一基本原理，批判了杜林的唯心主义的平等观，论述了平等观的历史性和阶级性，分析了资产阶级平等观的实质，深刻阐明了无产阶级的平等要求的内容是消灭阶级，我们要深刻领会和掌握贯穿于这一章的基本思想，即社会存在决定社会意识。全章共两大部分，分四个问题来讲。

第一，从观念推论现实是先验主义方法，它和唯物史观是根本对立的。在这一章里，恩格斯首先揭露和批判了杜林研究社会历史问题的先验主义方法，在第三章中恩格斯已经对杜林的先验主义哲学做了系统、全面的批判。杜林研究自然界和人类社会都采用的先验主义方法，恩格斯在自然哲学部分也多次批判过。所以恩格斯说："我们已经不止一次地领教了杜林先生的方法。"在第十章中，重点是揭露和批判这种方法在社会历史观中的运用和表现。

1. 杜林的方法是：要素—公理—结论

他把认识对象分解成"最简单的要素"，接着把"简单的公理"，应用于要素，然后得出"结论"。杜林对于自然界、人类社会都采用这种方法来研究，他自称这是数学方法。例如宇宙的"要素"是"物质与机械力的统一"，运动的"要素"是"力的对抗"，动物的"要素"是"感觉"，社会的"要素"是"两个人"等等。

2. 杜林采用这种方法的目的是妄图发现终极真理

杜林为什么采用这种方法呢？恩格斯指出：他为了使"所获结果的真理也具有数学的确实性，使这些结果具有真正不变的真理的性质。"杜林妄图发现整个宇宙的终极真理，建立他"独创的哲学体系"，使他所提出的原则和"模式"，对天上、地下，自然、社会，古往、今来都适用，所以他创造了这种数学方法。他说："这些终极的成分或原则，一旦被发现，就不仅对于直接知道的和可以接触的东西，而且对于我们所不知道和没有接触到的世界都是有意义的。"① 可见，凡是要发现终极真理，建立形而上学哲学体系的人，必然采取唯心主义的方法。因为只有先让思想脱离、抛开无限发展的客观世界，然后才能使思想有一个终点。反之也是一样，凡是采用唯心主义的方法，必然会最后陷入形而上学的泥潭。从根本上讲，唯心论和形而上学是联系在一起的，是互相利用的。

3. 杜林方法的实质是先验主义

杜林称他的方法是一种"新的思维方式"②，是具有"首创性"的，其实它并不是新鲜货色，而不过是过去的"先验主义的方法的另一种表现方式。"③

先验主义这一名词首先是德国古典哲学家康德提出的，康德称他的哲学是"先验唯心论"。其实，先验论作为一个哲学派别则源远流长，并不局限于康德的哲学，凡是认为知识"先于经验"的，都是先验主义的认识路线，如果运用这一观点说明和认识世界，那就是先验主义方法。恩格斯在这里给先验主义方法下了一个经典的定义："按照这一方法，某一对象的特性，不是从对象本身去认识，而是从对象的概念中逻辑地推论出来。""不是从现实本身推论出现实，而是从观念推论出现实。"这概括了先验主义方法的共同特征。

先验主义方法有共同特征，但在哲学史上还有许多不同的表现形式。恩格斯说，杜林的方法是"先验主义的方法的另一种表现方式"，这就说明了，杜林方法的实质是先验主义，但是有它自己的特点。特点是什么？第一，从对象构成概念，然后颠倒过来，又用概念衡量对象。第二，

---

① 《马克思恩格斯选集》第 3 卷，人民出版社 2012 年版，第 409 页。
② 恩格斯：《反杜林论》，人民出版社 2018 年版，第 154 页。
③ 恩格斯：《反杜林论》，人民出版社 2018 年版，第 102 页。

用所谓"最简单的要素"执行概念的职能。一是"颠倒"（颠倒了对象和概念的关系），二是"代替"，以"要素"代替概念，使杜林的方法很容易欺骗人，他以这种手法来掩盖他的方法的先验主义的唯心主义性质。

但是，"这丝毫没有改变事情的实质"。先验主义方法的实质是从观念推论出现实。杜林虽然是以对象构成对象的概念，但仅仅承认或做到这一点，还不是唯物主义的方法。唯物主义的认识论，不仅承认认识有它的物质来源，而且认为只有主观符合客观，思想适合于事实，才是认识的真理性标准。因此，唯物主义的认识方法，始终坚持思想适合于客观实际的原则。然而，杜林却把概念与对象的关系加以"颠倒"，"这时，已经不是概念应当和对象相适应，而是对象应当和概念相适应了。"这就完全背离了主观必然始终符合客观的唯物主义路线，走上了先验主义唯心论的道路。至于用"要素"代替"概念"，不过是在玩弄换汤不换药的把戏，更不会使他的先验主义方法，变成唯物主义。

杜林用概念衡量对象，以观念推论现实，他的概念、观念究竟是从哪里来的呢？我们往下看，恩格斯进行了深刻的剖析。

4. 杜林的道德和法的观念是对社会现实的歪曲反映

恩格斯指出尽管杜林采用先验主义的方法，妄图建立超历史、超社会的纯粹抽象的道德和法的理论。但是，他的道德和法律观念，也是社会存在的反映，也可以在现实社会生活中找到它产生的根源。杜林企图超脱现实，把历史现实从大门扔出去，但他归根到底超脱不了，历史现实又从窗户进来了。他的道德和法的观念，"实际上是为他那个时代的保守潮流或革命潮流制作了一副歪曲的（因为和他的现实的基础脱离）、头足倒置的印象"。为什么杜林会对现实做出歪曲的反映呢？因为他站在资产阶级立场上、用资产阶级世界观观察社会，他的头脑如凹面镜一样，必然不能正确地反映客观世界。可见唯心主义主要的根源不在于认识上的片面而在于阶级立场的需要。

从以上恩格斯对杜林先验主义方法的揭露和批判中可以看出，马克思主义者对社会历史问题的分析和研究，坚持的是唯物主义的路线，坚持社会存在决定社会意识这一基本原理，坚持根据这一原理而采取的方法。这种唯物史观的方法，就是恩格斯说的：从对象本身去认识对象的特性，从现实本身推论出现实，从对人们的现实社会关系的认识中建立社会科学。这正是恩格斯批判反面观点时给我们的正面教育。恩格斯指出了杜林的三个"不是"（不是从对象本身去认识，不是从现实本身推论出现实，不是从人们的现实社会关系出发），一个"脱离"（和现实的基础脱离），划清了唯物史观和唯心史观在认识论上的界限，为全章的批判竖起了一面旗帜，举起了一个纲。

第二，摆脱人的社会性和阶级性抽象地谈论平等是唯心主义观点，在政治上是为资产阶级统治辩护的。

杜林用先验主义的方法，得出了他关于平等问题的基本观点："两个人"的意志是彼此完全平等的。并说，这就是道德和法律的基本形式。对杜林构筑的唯心主义平等观，恩格斯从理论上、实际运用上和政治上进行了彻底批判。

1. 杜林的平等观以唯心主义为基础——在理论上是荒谬的

首先，恩格斯从理论上进行了批判，指出杜林这种平等观的荒谬性。（1）把"两个人""完全平等"作为公理，是违背社会历史事实的。因为只要是现实社会中的"两个人"，无论是一男一女，或两个男人，或两个家长，都不能说明人与人之间的永恒平等。平等只是一个相对的观念，马克思说：平等就在于以同一的尺度去计量，只在于使用同一尺度，就是从同一角度去看待他们。从一个特定的方面去对待他们。在不同的社会条件下，不同的历史时间中有不同的平等尺度，所以平等总是只在某一个方面的平等，它本身就说明了在其他方面不平等。人们之间完全的绝对的平等是不存在的。在任何社会中都不存在。在存在着阶级的社会中，人们在社会上政治上的不平等都不能消除，根本谈不到什么"完全平等"。

（2）用"两个人"来说明平等问题是对 18 世纪资产阶级思想家观点的庸俗化。恩格斯指出，虽然"两个人"在杜林的学说中有极大的作用，但是用"两个人"之间的关系，来说明社会问题，这并非杜林的发明，是整个 18 世纪所共有的。法国的启蒙思想家卢梭，英国的古典经济学家亚当·斯密和李嘉图都这样做过。杜林和他们所不同的有两点：第一，18 世纪的学者用两个人来证明人与人之间的不平等关系，而杜林却证明两个人彼此完全平等。第二，18 世纪的学者们，以"两个人"当作说明的例子，而杜林却用来作为研究人类历史的基本方法。可见杜林在思想上和方法上都比 18 世纪进步的资产阶级思想家倒退了，虽然抄袭他们，但抛弃了这些思想家的一些合理因素，所以恩格斯在"哲学编"的"结论"中说："在道德和法的领域中，现实哲学对卢梭的庸俗化，并不比前面对黑格尔的肤浅化更好一点。"

（3）离开人的社会性和阶级性抽象地谈平等是彻头彻尾的历史唯心论。杜林的平等观在理论上的根本错误就在于这一点。它"摆脱了一切现实。摆脱了地球上发生的一切民族的、经济的、政治的和宗教的关系，摆脱了任何性别的和个人的特性"来谈论人与人之间的平等关系。一句话，杜林离开人的社会性和阶级性来研究人，而人的本质就在于人的社会性，这种社会性在阶级社会里就是人的阶级性。离开社会性（在阶级社会中离开阶级性）的人在现实中是根本不存在的，这样的人只是"光秃秃的概念"、是"十足的幽灵"。要找出超出一切现实社会关系的人，就等于搞"降神术"；离开社会性谈论人的平等权利就是玩"鬼把戏"，恩格斯对杜林平等观的唯心主义基础，做了深刻的批判和无情的讽刺。杜林口头上揭发"降神术"，实际上自己在搞"降神术"。

马克思主义认为，观察人的认识、人的行动、人与人的关系，必须从"人的本质……在其现实性上它是一切社会关系的总和"（《关于费尔巴哈的提纲》第六条）这一基本观点出发。离开人的社会性，离开人的历史发展，抽象地孤立地来研究人的本质、人的认识、人的权利，这是一切唯心主义者和旧唯物主义者的共同特征。从这一点出发，就必然导致抽象人性论。唯心史观是抽象人性论的哲学基础，对此我们一定要深刻理解。

（4）用暴力来说明人类不平等的起源掩盖了奴役制产生的经济根源。杜林认为两个人的意志本身是完全平等的，如果一方向另一方实行暴力，那就发生了不平等，产生了奴役制度。这是完全错误的。早在18世纪50年代，法国的启蒙思想家卢梭，在他的《论人类不平等的起源和基础》一书中，早已对这一观点作了驳斥，他说："如不先使一个人陷于不能脱离另一个人而生活的状态，便不可能奴役这个人。这种情形在自然状态中是不存在的。在那种状态中，每个人都不受任何束缚，最强者的权利也不发生作用。"① 卢梭认为，自然状态中的人都是独立生活的，他们每一个人自由地向大自然索取食物，经济上不互相依赖，甲如果对乙实行暴力，乙可以自由地逃往别处谋生。"在一无所有的人们之间"不会因为使用暴力而形成从属关系的锁链。他认为不平等的现象、奴役的关系，是由于私有制的产生而出现的。马、恩肯定了卢梭这个正确的观点：指出用经济根源说明不平等的产生，是符合唯物主义思想的（虽然他自己并不承认是唯物主义者）。（当然，这对杜林来说是一个过分唯物主义的观点）。可是，时隔一个多世纪以后，杜林却重谈暴力产生不平等的基调，企图用暴力论这把已经生了锈的钥匙，打开人类社会奴隶制产生的大门，实在是愚蠢而可笑的。

马克思主义认为生产资料的私有制是不平等的奴役制产生的经济基础。不平等奴役、暴力都属于政治范畴，必须从社会存在，从经济根源上来说明。由于社会上一部分人失去了生产资料，就不得不受生产资料占有者的剥削和压迫。在暴力的直接威胁下受奴役，还是表面上甘愿受奴役，只不过是形式上的区别，并不改变奴役制的性质。如果按照杜林的观点，一方向另一方以暴力来实现他的要求才叫奴役，那么采取自愿的形式使对方服从自己的意志就不算容易了。这显然是十分荒谬的。恩

_____

① ［法］卢梭：《论人类不平等的起源和基础》，陈伟功译，北京出版社2010年版，第108—109页。

格斯以漂落到孤岛上的两个人为例，说明一个人不使用暴力而通过说服也可能使另一个人服从自己。恩格斯还以整个中世纪欧洲封建主义时代（公元 5 世纪到 17 世纪）的情况、德国 30 年战争后的情况以及普法战争后的德国情况为例，说明即使没有暴力直接强迫，劳动人民还是处于受奴役的地位。他们表面上是"甘受奴役"，而实际上是因为丧失了生产资料、经济上失去独立自主，不得不接受剥削阶级的统治和奴役。可见，不平等和奴隶制的根源存在于经济之中，建立在生产资料私有制的基础之上，同暴力并无必然联系。

　　杜林说两个人中，如果一方不向另一方提出肯定的要求，那就"完全平等"，如果一方向另一方使用暴力，那就产生不平等和奴役。可见，杜林的两个人的模式，既适用于不平等，也适用于平等。因为他离开了人的社会存在来抽象地谈问题，所以他召来的这两个人就能在他的指挥下演出各种各样的历史场面。杜林用暴力论来说明不平等的起源，这就掩盖和抹杀了奴役制产生的经济根源，就否认了消灭私有制的必要性，就取消了社会革命，使劳动人民永远处于被剥削被奴役的地位。所以恩格斯说，在杜林两个人的模式中"已经预先安排了世袭的奴隶制。"

　　以上，恩格斯从四个方面，揭露和批判了杜林的平等观在理论上的荒谬性。第一点说明它不现实，第二点说明它不合理，第三点和第四点说明它不科学。在批判中，恩格斯始终抓住了他的唯心史观这个要害，坚持了唯物史观的原理。杜林的平等观在理论上的要害就是三个"摆脱"①，三个"摆脱"是一条唯心主义路线，充分暴露了杜林平等观的荒谬性。

2. 杜林的平等观用来说明社会问题时自相矛盾——在运用时是虚伪的

　　恩格斯揭露杜林平等观在实际运用时的虚伪性。杜林认为两个人的

---

① 恩格斯：《反杜林论》，人民出版社 2018 年版，第 102 页。

意志完全平等是基本公理，但是在阶级斗争十分尖锐激烈的现实社会上，人与人并不平等。抽象而荒谬的理论碰到了实实在在的社会现实，不能不陷入困境。为了逃出困境，杜林不得不自打嘴巴，步步退让，承认不平等的存在。他亲手制造的完全平等的模式，又被他自己打得粉碎。

（1）允许"隶属关系"的存在，使完全平等论成了空谈。杜林一方面认为两个人的意志本身是完全平等的，另一方面又说，由于两个人中有一个"自我规定的不足"（例如儿童），不能独立自主，需依靠另一个人，所以这两个人之间"存在着'可以允许的隶属关系'"。尽管他诡辩说，隶属关系不是存在于意志范围内，而是属于"第三领域"，但并不能掩盖他对不平等的承认。开始说，意志完全平等是公理，这里又说意志不平等也允许，自相矛盾，出尔反尔，可见他宣扬的"完全平等论"只是一句空话。

（2）认为人性的人可以严厉对付兽性的人，使完全平等论化为乌有。杜林离开阶级分析，把人分为人性的人和兽性的人，认为完全平等的模式存在于两个人性的人之间，如果两个人中一个是人性的人，另一个是兽性的人，那么他们二者在道德上就不平等，人性的人可以去严厉对付兽性的人，并说，这也是基本形式。恩格斯指出，这"像基督教的做法一样"。杜林在这里承认了道德上的不平等，从而使他的完全平等论化为乌有。

（3）主张按科学行动的人可以用暴力压服按迷信行动的人，使完全平等论彻底破产。杜林不但承认道德上的不平等，而且还承认精神上的不平等。他说按真理和科学行动的人用"暴力压服"那些按迷信行动的人是"必要"的。更为荒谬的是，他认为按迷信行动的人遭受暴力是罪有应得，而且正是因为承认他的平等权利，才对他实行暴力。他把这种暴力压服叫作平等化。在这里，杜林不仅用精神上的不平等推翻了他的完全平等论，更为严重的是，把不平等硬说成平等，公然宣扬不平等是合理的。所以恩格斯说"这次退却简直堕落为可耻的逃跑"，把平等完全抛弃了。

此外，恩格斯还指出，把受暴力压服的一方说成是被认为有平等权利的，这个观点是对黑格尔的歪曲。黑格尔在《法哲学》一书中说："受罚被认为包含着犯罪者本人的权利，在这里罪犯是被当作有理性者来尊重的。"黑格尔这段话，认为犯人受处罚是罪有应得，自食其果，显然是为普鲁士统治阶级辩护的，但是他把由权力（或法）到犯法，再由犯法到刑罚，看作"否定之否定"的辩证过程，所以有合理因素，另外黑格尔承认犯罪者是"理性"的人，而并非动物。可是杜林认为按迷信行动的人受暴力压服是正当的，并不是用辩证法来说明的，而且他不承认受压服者有"理性"，把这些人看作"本身荒谬""无能粗暴或恶癖"的人。所以，杜林是对黑格尔的歪曲。

从以上三点，恩格斯揭穿了杜林平等观的虚伪性，杜林在谈论抽象的人时，把完全平等作为公理和模式，当他转为谈论现实的人时，又认为意志不平等、道德不平等、精神不平等都是存在的，而且都是合理的。正如恩格斯说的："两个意志的完全平等，只是在这两个意志什么顾忌也没有的时候才存在；一当他们不再是抽象的人的意志而转为现实的个人的意志，转为两个现实的人的意志的时候，平等就完结了。"杜林的三个"退却"，完全暴露了他的平等观不过是对被压迫阶级的欺骗而已。他虽然一再"退却"，承认不平等的存在，但并没有退出超阶级的人性论，他在说明不平等现象时，仍然是从抽象的人性论观点出发的。

3. 杜林的平等观是在为资本主义的不平等做辩护——政治上是反动的

恩格斯在揭露杜林平等观的虚伪性的同时，批判了他的反动性，指出了他为资产阶级利益服务的阶级本质。杜林在"完全平等"论的幌子下，把资本主义社会的一切不平等都说成是"合理的"。

（1）为资产阶级统治人民制造精神武器。杜林离开阶级观点，从人性论出发把人分为"自我规定完善"的人和"自我规定不足"的人，人性的人和兽性的人，按科学行动的人和按迷信行动的人，这和基督教把人分为善人与恶人，如出一辙。杜林所谓的"自我规定完善""有人性""按科学行动"的人，其实就是资产阶级，这些人竟然如此优越，当然就应该成为统治者，应该享有世界审判者的强权。而"自我规定不足""有兽性""按迷信行动"的广大劳动人民，应该永远受压迫，受统治，受奴役。由此可见，杜林所代表的是资产阶级的利益，他的平等观是为维护资产阶级统治巩固资产阶级专政而制造的精神武器。

（2）为资本主义社会制度进行辩护。杜林认为在社会上"自我规定不足"的人隶属于"自我规定完善"的人，是"可以允许"的。"有人性"的人严厉对付"有兽性"的人，是社会"一切关系的典型基本形式"，"按真理行动的人"对"按迷信行动"的人实行暴力，是"不可避免的必要"。这岂不是说，在资本主义制度下，统治者与被统治者，剥削者与被剥削者，在政治上、经济上、社会上的不平等是被"允许"的，资产阶级对无产阶级和其他劳动人民的剥削、压迫是"必要"的。资本主义制度下人与人的这种关系既然是合乎公理的"基本形式"，那么这种社会制度就应该永世长存；如果有人要反抗它、推翻它，那就是带有"兽性"，就是"按偏见行动"，"文明阶级"——资产阶级有理由、有权力对这类危害活动和敌对活动进行镇压。而且，他认为资产阶级对这种异己的意志进行镇压并非是罪过，而是因为无产阶级和劳动人民"自身不正义"所受到的罪有应得的惩罚。杜林把资产阶级镇压无产阶级叫作平等化，完全是为了维护资本主义制度，论证资本主义制度的合理性。

（3）为资本主义国家对外侵略和掠夺提供理论根据。恩格斯指出：按照杜林的"按科学行动的人可以对按迷信行动的人进行暴力压服"这一观点，"各文明掠夺国对落后民族所干的一切可耻行为，直到俄国人在土尔克斯坦的暴行，都可以认为是正当的"。而且更为恶劣的是，杜林还把这种侵略和掠夺的暴行美化为"平等化"，颂扬为"文明阶级的特性"，把侵略的原因归之于被侵略者"本身荒谬"，把侵略的目的说成是促使落后民族"返回共同联系之中"。他的诡辩像鲁迅先生说的，如同蚊子在未叮人之前，先要哼哼地发一篇大讨论，说明人血应该给它充饥的理由。

（4）为炮制伪社会主义奠立哲学基础。恩格斯在序言中指出：杜林的这种新的社会主义理论是以某种新哲学体系的最终实际成果的形式出现的。这就是说，杜林的唯心主义哲学的路线是为其反动的政治路线作论证的。杜林的完全平等论就是为了给他建立共同社会的未来国家铺一条较为平静的航路。（见该书281页）

综上所述，我们可以看到，恩格斯对杜林的平等观进行了全面的批判。在批判中，用三个"摆脱"说明他理论上的荒谬性，用三个"退却"揭露他在实际运用时的虚伪性，用一个辩护（为资本主义制度下的不平等辩护）指出他在政治上的反动性。批判得既充分又彻底，的确如恩格斯在《反杜林论》第一版的序言中说的批判达到了"详尽程度"。

第三，平等观是历史发展的产物，资产阶级平等观的实质是维护资产阶级的利益。

恩格斯在批判了杜林的平等观之后，就对平等观的历史发展进行了马克思主义的分析。着重论述了三点。

1. 平等观具有重要的历史作用

平等观念是反映和说明人们在社会生活中的地位以及人们之间关系的政治思想范畴和法律观念，它属于上层建筑的意识形态领域。这一观念在历史上曾经起过积极作用，特别是在资产阶级革命时期，它起过理论的作用和政治的作用。法国18世纪的启蒙思想家卢梭（1712—1778）于1755年写了《论人类不平等的起源和基础》一书。从理论上批判了封建制度的不平等，他指出：封建的君主专制是人类不平等发展的顶点，也是终点，应当用暴力推翻这种制度，建立平等的社会，他所说的平等社会就是资产阶级共和国。卢梭的平等观是为法国资产阶级革命提供理论的，在理论上批判了封建社会的等级观念。所以恩格斯说，它起了一种理论的作用。卢梭的思想对1789年的法国资产阶级革命有很大的影响，当时激进的革命党人如马拉、罗伯斯庇尔等都是卢梭的信徒，在革命时，他们以这种平等观作为实行的政治纲领，向封建特权做斗争。革命后，他们以这种平等观为指导思想制定法律，所以恩格斯说它"起了一种实际的政治的作用。"

平等观念对无产阶级的社会主义革命也有很大的鼓动作用，重要的是无产阶级要按照自己的阶级利益和历史使命，按照历史发展的客观规律来确定平等观的科学内容，我们不是完全抛弃平等要求，而是要使这一观念建立在唯物史观的科学基础上。

2. 平等观是历史的产物，具有鲜明的阶级性

平等观既然是社会意识，那么它必然是由社会存在决定的，并随着历史的发展而发展，在不同的历史时期，不同的阶级对平等有不同的要求和理解，赋予它的实际内容也不相同。恩格斯指出了原始平等观念与现代平等观念的区别，原始的平等观念是从人的共同特性中引出平等观念，它是把人与动物加以比较而形成的，它的内容是：人都有作为人的共同点，所以人与人是平等的。现代的平等观念是从人的政治地位和社会地位中引出平等观念，它是把人与人加以比较而提出的，它的内容是：具有相同政治地位和社会地位的人是平等的，它要求人们在政治地位和社会地位上相同的平等权力。现代的平等观是资产阶级的平等观，他们的平等要求是针对封建统治者提出的。

从原始平等观发展到了现代的资产阶级平等观，经历了几千年的历史，恩格斯叙述了平等观的发展历史。

（1）原始社会的平等观。原始社会的平等观的内容是指原始公社社员之间的平等。妇女、奴隶、外地人没有平等的权利。可见，在原始社会中平等也是相对的，并非认为人与人完全平等。

（2）奴隶社会的平等观。奴隶社会有了奴隶与奴隶主的阶级对立，那时，统治阶级所承认的顶多只有奴隶主之间的平等，自由民之间的平等，一般人没有平等地位，至于奴隶更无平等权利可言。产生于奴隶社

会的基督教（产生于公元 1 世纪初罗马统治下的巴勒斯坦地区）的平等观，它的内容一是指原罪的平等（人在上帝面前都是有罪的），二是指上帝选民的平等（犹太人是上帝的选民）。这种要求反映了奴隶和被压迫者的利益和愿望。但是后来它被奴隶主统治阶级利用了，改变了宗教的阶级性质，也抛弃了这种平等思想，而是宣扬了等级观念。虽然早期基督教有过财产共有的倾向，信徒加入教会后，财产共有，互相救济，为了团结起来共同反对富人和罗马统治者，并非真正出于主张财产共有的平等思想。

（3）封建社会的平等观念。封建社会是一种空前复杂的社会和政治的等级制度，消除了一切平等观念，封建统治阶级如果承认平等，顶多只承认封建等级内的平等，绝对不允许地主与农民，皇帝与住民，男人与女人有什么平等。中国封建社会的"三纲五常""三从四德"就是法律和道德上确立君臣、父子、夫妇之间的不平等关系，封建社会的农民起义针对这个不平等的制度，曾提出过农民阶级的平等观。例如，中国自唐末以来的历次农民起义曾提出"均平"（黄巢），"法平等"（方腊），"等贵贱，均贫富"（钟相），"杀尽不平"（刘福通），"均田免赋"（李自成），"普天之下皆兄弟，无处不均匀，无人不饱暖"（洪秀全）等思想，这些平等观念是同封建制度的斗争纲领，在性质上属于小资产阶级的平等观，特点是平均主义。

封建社会是一个极不平等的社会制度，但是它的出现乃是一个历史的进步。恩格斯指出，在西欧中欧的封建社会时期，社会的经济、文化都有了进一步的发展，这就为资本主义的产生创造了条件，准备了基础。"只是在这个基础上，才有可能谈人的平等和人权的问题。"资产阶级的平等要求，正是在封建社会后期出于商品经济发展，资本主义生产方式形成这样的社会条件下提出的。卢梭曾说："这里是不平等的顶点，这是封闭一个圆圈的终极点。"就是说，在不平等的封建社会的内部孕育的资产阶级已经起来了，他们将终结这个制度，在"平等"和"人权"的口号下，建立新的即资产阶级的社会，那么资产阶级的平等观是什么呢？

3. 资产阶级平等观的实质是维护资产阶级的利益（第 23—25 段）

（1）资本主义的生产关系是资产阶级平等观的经济基础。资本主义生产关系是在封建社会内部产生的，是封建社会内部生产力和生产关系矛盾发展的必然结果，同时也受到 15 世纪末 16 世纪初海上航路发现的强有力推进。恩格斯概括叙述了资本主义生产关系出现的社会条件：第一，海上航路的发现扩大了商品贸易的市场。第二，殖民掠夺（美洲的黄金和白银在欧洲泛滥）提供了大量的资本原始积累和廉价的劳动力。第三，工场手工业的发展使劳动生产率有了进一步提高。这些因素使资本主义的生产关系在欧洲迅速发展起来。马克思说："资本主义时代是从十六世纪才开始的。"① 16 到 18 世纪这三百年，是西欧封建制度迅速瓦解的时期，也就是从封建社会向资本主义社会过渡的时期。

在出现了资本主义生产关系的基础上，资产阶级提出了经济方面的平等要求。这种平等要求主要有三个方面：第一，商品所有者平等交换商品的权利。第二，工场主和工人之间有买卖劳动力的权利。第三，人的劳动具有同等效用，社会必要劳动是计量商品价值的同一尺度。这三点既是在资本主义生产方式基础上提出的，也是维护资本主义生产关系的。第一点的实质是要求确认和保护资本家的私人所有制，他们是商品所有者，这些商品只能交换，不能剥夺。第二点要求确立在生产过程中资本家与工人的剥削与被剥削、统治与被统治的关系。私有制和剥削一经确定，那么生产关系的第三方面产品分配形式就自然而然地是按照资本家的利益而进行的分配制度。因为在生产关系中产品分配形式是以前两项为转移的。第三点是平等权利所根据的原则，原则就是等价交换——等量劳动的交换。资产阶级的平等要求在实质上就是维护资本主义的生产关系。在资产阶级看来，资本家私人占有生产资料和商品彼此

---

① 《马克思恩格斯全集》第 42 卷，人民出版社 2016 年版，第 736 页。

进行交换就是平等，资本家把工人当作商品购买来榨取利益价值就是平等。这明明是不平等，为什么说这是平等呢？因为这里通行的是等价交换的原则。可见，资产阶级的平等观是表面上的平等，事实上的不平等，这种平等观维护的是资产阶级的利益。这种平等要求当国家制度还是封建性质的时候，是难以实现的。所以必须通过变革上层建筑来保证资本主义经济的发展。

（2）反对封建制度是资产阶级提出平等要求的政治目的。由于资本主义生产关系的发展，资产阶级的平等要求越来越迫切，但是当时的"国家制度仍然是封建的"，"政治制度却每一步都以行会的束缚和特殊的特权同它相对立。"恩格斯分析了封建的政治制度同资本主义经济发展之间的矛盾。第一，封建的地方特权、级差关税限制了贸易自由，国内许多地区都有不同的度量衡、货币和关税制度，货物每经过一道地界、河流和村镇都必须纳税，商品买卖很不自由。第二，行会特权阻碍着工场手工业的发展。封建行会制度对企业的产品数量、质量、劳动者人数都有严格规定，对企业的活动也严加控制，这就大大束缚了工场手工业的发展。第三，关卡林立。交通不便给商品流通和竞争造成很大困难。总之，资本家想平等交换商品但是很难平等，资本家想自由贸易但是很不自由。于是摆脱封建桎梏，打击封建特权，废除封建制度的革命任务就提到议事日程上来了，"平等"就是为实现推翻封建制度，由资产阶级夺取政权这一政治目的而提出的宣传口号和鼓动手段。

由此可见，平等在资产阶级那里也只是手段而不是目的。资产阶级在革命时提出这一口号不过是为其夺取政权这一政治目的服务，绝不是为平等而平等。在阶级存在的社会里，没有一个阶级会把一度的平等作为目的。资产阶级的平等不过是用来掩盖其经济利益的帷幕。

（3）把平等宣布为人权是资产阶级平等观的理论特点。恩格斯在分析了资产阶级平等观的经济基础和政治目的之后，紧接着指出了资产阶级平等观的理论特点。这就是把平等宣布为人权。为什么资产阶级能够把维护本阶级利益的平等要求宣布为人权呢？这是由当时的历史条件决定的。恩格斯指出了两点原因。①

①资产阶级革命具有广泛的社会基础。恩格斯说："一旦社会的经济进步，把摆脱封建桎梏和通过消除封建不平等用来确立权利平等的要求提到日程上来，这种要求就必定迅速地获得更大的规模。"因为一方面，农民是反封建的主要社会力量，他们在封建制度下遭受着残酷的政治压迫和沉重的经济剥削，他们必然会站在资产阶级一边；同时资产阶级为了依靠农民的力量来推翻封建制度，也必须为广大的农民要求同样的平等权利以动员农民起来革命。另一方面资产阶级要求废除封建特惠、贵族免税以及个别等级的政治特权，这也会赢得受封建特权压抑和束缚的一些人们（例如城市平民、小手工业者和低级教士）的支持。这些都说明资产阶级革命有广泛的社会基础，废除封建制度的要求必然获得很大的规模。

②资产阶级革命具有超出个别国家范围的普遍性质。资本主义是以自由贸易的发展为特征的，它已经打破了封建社会的自给自足的自然经济的束缚，商品的流通，人们的交往，超出了国家的界限，形成了国际势力；西欧的一些独立国家，处于差不多相同的资产阶级发展阶段上，虽然资本主义生产关系在西欧各国的发展程度不同，但却普遍地发展起来了。所以反对封建制度的要求，就很自然地获得了普遍的、超出个别国家范围的性质。

由于这两个原因，自由和平等也很自然地被宣布为人权。资产阶级革命在国内的这种广泛基础和在国际上的这种普遍性质，使资产阶级有可能把自己打扮成人类的代表，有可能把本阶级平等要求说成人类的本性。可见，平等观念作为一种意识形态，不仅内容是由社会存在决定的，而且理论特点的形成也是由社会存在决定的。

资产阶级把自由、平等、博爱宣布为人权，意思是说，这些都是人的本性，是每个人天赋的权利，任何人在本性上都要求平等，任何人也

---

① 《马克思恩格斯选集》第3卷，人民出版社1995年版，第447页。

都应该享有平等权利，我们提出平等要求不是为了一部分人的私利，而是从人类的普遍共性中提出的。这样，就使平等观建立在了人性论的理论基础上，具有了天赋人权的理论特点。不只是平等观，资产阶级的一切意识形态都具有这个特点。

把平等观建立在人性论的基础上，赋予人权的特征使它在当时就起到了两个作用。一个作用是反对封建。用人权与君权相对立，用人性与神性相对立，用人道与神道相对立，既要推翻地上君主的王国，也要打倒天上上帝的天国。这在当时无疑是进步的。另一个作用是欺骗人民。用人权、人性掩盖了平等要求的阶级实质，把资产阶级利益硬说成是全民的利益，掩盖了资产阶级对无产阶级和劳动人民的残酷剥削和压迫。

资产阶级企图用人权掩盖其平等观的阶级实质，但是这终究是掩盖不住的。

（4）维护资产阶级利益是资产阶级平等观的阶级实质。恩格斯在分析资产阶级革命具有广泛社会基础时明确指出，资产阶级的平等要求是为了工业和商业的利益提出的。在谈到它的理论特点（人权）时，明确指出了这种人权的特殊的资产阶级性质。这两句话明确深刻地揭穿了资产阶级平等观的阶级实质。资产阶级平等观的经济实质就是维护资产阶级的利益，为什么呢？因为，第一，它反封建的经济制度，但主张维护资本家的私有制和维护资本家对工人的剥削。这一点恩格斯在分析资产阶级平等观的经济基础时已经说清了。第二，它反对封建阶级的特权，但维护资产阶级的特权和种族特权。恩格斯以美国宪法为例说明了这一点。1775 年以前，北美大陆是英国的殖民地，北美人民不满殖民者的压迫和掠夺于 1775 年发动独立战争，1776 年 7 月 4 日发表了《独立宣言》，脱离英国而独立，成立了美利坚合众国。《独立宣言》宣布人人生而平等，都有生命权、自由权和追求幸福的权利。马克思说：美国是"宣布了第一个人权宣言和最先推动了十八世纪的欧洲革命的地方"[1]。

---

[1] 《马克思恩格斯全集》第 16 卷，人民出版社 1964 年版，第 20 页。

它比法国大革命颁布的《人权宣言》（1789 年 8 月 26 日）早 14 年。美国独立后，建立起资产阶级和奴隶主联合专政，为了加强国家机器，美国统治阶级在 1787 年制定了宪法。这部宪法是维护资产阶级和奴隶主利益的，它虽然蒙着人权的幕布反对封建地主阶级的特权，但是却确认奴隶制，规定五个奴隶当作三个人来计算，奴隶主有权追捕逃亡奴隶，允许买卖奴隶，并且剥夺了黑人、印第安人、妇女和其他不符合财产条件的人民的选举权。在全国三百万人口中，只有十二万人有选举权。所以恩格斯说美国宪法中"种族特权被神化了"。由此可见，给平等权利涂上人权的色彩，并不能掩盖资产阶级平等观的阶级实质，它的实质就是：凡是资产阶级都应该享有自由贸易、雇用工人的权利，在这些权利面前，他们是平等的。它绝不允许无产阶级和其他劳动人民同资产阶级有任何平等的权利。

恩格斯对资产阶级平等观的特点和阶级实质的分析同样适用于说明资产阶级法权。资产阶级为了维护资本主义私有制而提出并强制人们必须遵守的法律原则就是资产阶级法权。资产阶级平等观是资产阶级利益在政治理论上的反映，资产阶级法权是资产阶级利益在法律上的表现，而且资产阶级法权就是在自由、平等、博爱这些理论原则的指导下制定的。所以资产阶级法权与平等观二者具有共同的经济基础特点和本质。基础就是私有制，特点是形式上的平等、事实上不平等，它的本质是维护资产阶级利益。

第四，无产阶级平等观有其产生和发展的过程，它的实际内容是消灭阶级。

1. 无产阶级平等观是在阶级斗争中产生和发展的

恩格斯指出：从资产阶级形成的时候起，资产阶级就有他的影子，即无产阶级，经常地和不可避免地伴随着。同样地，资产阶级的平等要求，也有无产阶级的平等要求伴随着。这就是说无产阶级的平等观是在同资产阶级的阶级斗争中产生和发展的。为什么说无产阶级平等观是在阶级斗争中产生和发展的呢?

（1）无产阶级同资产阶级是两个根本对立的阶级，所以必然有根本对立的平等观念。资产阶级从剥削阶级的利益出发，把消灭封建阶级的特权作为平等要求的实现，而无产阶级从受剥削的地位出发，从而把消灭阶级本身作为平等要求的内容。

（2）无产阶级同资产阶级之间的阶级斗争，是随着历史的发展而发展的，所以作为观念形态的平等观，在不同的历史时期就会具有不同的特点。恩格斯指出当无产阶级和资产阶级都在形成的时候，无产阶级的平等观采取宗教的形式，以早期基督教为凭借。这主要是指16世纪20年代以闵采尔为领袖的德国宗教改革。德国的宗教改革运动是一场反封建制度的斗争，农民是斗争的主力，处在向资产阶级转化过程中的市民和无产阶级的先驱平民都参加了这场斗争。宗教改革首倡者路德代表市民的利益，是温和派，而闵采尔则代表农民和平民的利益，是激进派。闵采尔把早期基督教中人人平等、财产共有的观念作为纲领，反对封建制度的私有财产。这已反映出了消灭阶级差别的、无产阶级平等观的萌芽。恩格斯在《德国农民战争》一书中曾说，闵采尔的思想"是对当时平民中刚刚开始发展的无产阶级因素的解放条件的天才预见"①。因为他要建立的天国是没有阶级差别，没有私有财产，没有高高在上和社会成员作对的国家政权的一种社会。闵采尔的平等要求之所以采取宗教形式，这是由教会在中世纪欧洲的地位决定的，到了中世纪晚期天主教会的政治力量已经衰落，但在分裂的法国，教会仍有颇大势力。所以当时反封建的斗争在宗教改革的旗帜下进行是有其社会原因的。

随着资本主义的发展，资产阶级日益成熟，伴随它的无产阶级也逐渐成长，到了资产阶级进行反封建的大革命时，无产阶级的平等观就摆脱了早期的宗教形式，而以资产阶级平等观本身为依据了。在资产阶级革命时期，无产阶级和资产阶级尽管在反封建这一点上目标一致，但是

① 《马克思恩格斯文集》第2卷，人民出版社2009年版，第248页。

作为同资产阶级对立的阶级，它也表现出了本阶级的独立性，资产阶级在革命中提出的平等要求，只局限于国家的领域及政治的领域，目的是为资产阶级夺取政权，并不主张社会上压迫者与被压迫者、统治者与被统治者的真正平等，更不主张经济上有产者与无产者、剥削者与被剥削者的平等。所以他们根本不会提出人们在社会上、经济上的平等。如果他们提出在社会的经济的领域也实行平等，那么资本主义的私有制，资产阶级对工人的剥削和压迫不是都被取消了吗？无产阶级作为受剥削受压迫的无产者，他们从自己所处的阶级地位出发，在反封建的斗争中既反对封建特权，也反对在私有制基础上人剥削人的制度，所以在资产阶级提出在政治领域中实行平等的同时无产阶级进一步提出在社会的经济的领域中也实行平等。恩格斯以法国资产阶级大革命时无产阶级提出的战斗口号为例来说明这一点。在法国资产阶级革命胜利初期，面对着封建王朝的反革命复辟活动（热月政变），涌现出了代表社会最底层的无产者利益的革命家巴贝夫，他设想了一个消灭私有制的"平等共和国"，在那里财产公有，没有压迫、剥削和贫穷。马、恩在《共产党宣言》中称巴贝夫的著作为"现代一切大革命中表达过无产阶级要求的文献"。英国大革命时的"掘地派运动"，也同巴贝夫派一样，提出过无产阶级的平等要求。

总之，不论是在资产阶级形成的时期，还是在资产阶级成熟以后进行革命的时期，无产阶级在反对封建势力的斗争中，虽然在一定程度上可以联合作战，但在根本的经济利益上，二者是对立阶级。所以他们对平等的不同理解和要求，正是阶级矛盾和斗争这种社会存在在观念形态上的表现。当资产阶级推翻封建制度取得政权以后，他们的平等口号已经失去了任何进步性，只是用它来对无产阶级和劳动人民进行精神麻醉和思想欺骗。而无产阶级为了同资产阶级进行斗争，也还是把本阶级所理解的平等要求作为宣传和鼓动的手段，即用资产阶级本身的主张动员工人去反对资本家。

恩格斯在叙述无产阶级平等观产生和发展的过程时，运用社会存在决定社会意识的历史唯物主义基本原理进行了两个方面的分析。第一，阶级分析——从无产阶级与资产阶级是相伴随的两个对立的阶级这一观点出发，指出无产阶级平等观与资产阶级平等观是根本对立的，平等观念的对立是两个阶级经济政治上的对立在意识形态上的反映。这种对立表现在两个"不仅"（不仅是表面的，不仅在国家领域中实行），两个"应当"（应当是实际的，应当在社会的经济的领域中实行）。这就从根本上划清了两种平等观的界限。这个界限就是：资产阶级平等观主张消灭封建阶级的特权，无产阶级平等观主张消灭阶级本身。第二，历史分析——从无产阶级同资产阶级的阶级斗争的发展中，说明无产阶级在政治上和思想上是逐步成熟起来的。无产阶级的平等观不是绝对不变的永恒真理，这就揭穿了杜林之类把平等说成是永恒真理的唯心主义形而上学谬论。阶级分析和历史分析正是社会存在决定社会意识这一原理的具体运用。马克思主义也正是以这个唯物史观的基本原理为理论基础确定了无产阶级平等观的科学内容，从而也决定了平等要求对动员无产阶级起来革命的价值。

抛开阶级分析和历史分析来空谈平等观念，也就离开了唯物史观的基本原理，必然混淆无产阶级平等观与资产阶级平等观的界限，把资产阶级口号冒充为无产阶级口号。因为看不到两个阶级在经济政治等社会地位上的对立，就不能看到在这种对立的社会存在基础上产生的观念形态之间的差别。一阉割阶级性，无产阶级的口号就变成了资产阶级的口号，平等观是如此，其他政治观念也是如此。在社会科学领域里，离开阶级分析就陷入人性论，离开了历史分析就陷入形而上学，这是我们应该牢牢记住的教训。

2. 无产阶级平等要求的实际内容是消灭阶级

恩格斯在对无产阶级平等观进行阶级的和历史的观察的基础上，明确指出了无产阶级平等观的意义及其实际内容。

无产阶级平等观具有双重意义（即双重作用）：一是反对剥削和压

迫，二是反对资产阶级。在第一重意义上，无产阶级还未能自觉认识到产生阶级对立的根源，只是从他作为受剥削受压迫的阶级本性上对社会不平等强烈不满，所以是"自发"反应。而且在这种意义上，无产阶级还未认识到改变社会不平等状态的道路，只是从他所处的受压迫受剥削的地位中提出了反对压迫和剥削的要求，所以说是"革命本能的简单表现"。一句话，这时，无产阶级对极端的社会不平等强烈不满，但又不认识这种不平等的根源（所以恩格斯说是对阶级对立的自发的反应）；要求改变自己受压迫受剥削的地位，但又不清楚改变这种状态的道路（所以恩格斯说是革命本能的简单表现）。无产阶级平等要求的第一重意义，在法国农民革命战争中有突出表现。

在第二重意义上，无产阶级从阶级斗争的实践中已经逐步认识到资产阶级占有生产资料，掌握国家政权，正是现代社会不平等产生的根源，推翻资产阶级，消灭私有制乃是实现社会平等的唯一道路。这时无产阶级的平等要求已不是一般地停留在反压迫反剥削的自发状态，而成了"发动工人起来反对资本家的鼓动手段"。在第二重意义上，无产阶级的平等要求完全是针对资产阶级提出的，它不但是从对资产阶级平等要求反应中产生的，而且是同资产阶级平等本身共存亡的。资产阶级的平等要求废除封建贵族的特权，但却主张资产阶级的特权，无产阶级则相应地提出消灭一切阶级差别，所以说无产阶级平等观"是从对资产阶级平等要求的反应中产生的"。资产阶级平等观是表面上的，而且只局限在政治领域（反对封建统治掌握政权），无产阶级则要求实际的平等，要求在社会的（在社会领域反对压迫和剥削）、经济的（在经济上反私有制）多个领域中实行平等，所以它从资产阶级平等观中吸取了进一步发展的要求。无产阶级是资产阶级的影子，有资产阶级就有无产阶级，就有无产阶级反对资产阶级的斗争，资产阶级消灭了，无产阶级也就不存在了，无产阶级的平等要求也失去了意义，所以"它是和资产阶级平等本身共存亡的"。

或者是反对剥削和压迫，或者是反对资产阶级。"在上述两种情况下，无产阶级平等要求的实际内容都是消灭阶级的要求，任何超出这个范围的平等要求都必然要流于荒谬。"①

为什么无产阶级把消灭阶级作为自己平等观的内容呢？因为首先，人们在社会政治经济上的不平等是伴随着经济的出现而产生的；其次，在阶级社会里人们在社会政治上的不平等是以阶级对立为基础的。阶级差别和对立的存在是产生人类社会一切不平等现象的基础。有阶级存在就必然会有不平等，人们在社会上、政治上、经济上的一切不平等，其实质都是阶级差别，而且都是随着阶级的出现而产生的。（例如贫与富之间、剥削与被剥削、统治与被统治之间、城乡之间、工农之间、体力劳动与脑力劳动之间、民族之间、男女之间的不平等就是如此。）在阶级未消灭以前，人们在经济上、社会上、政治上的真正平等根本不会实现。所以，只有消灭了阶级差别，才能实现人类的真正平等，马克思说："随着阶级差别的消灭，一切由这些差别产生的社会的和政治的不平等也就自行消失。"② 离开消灭阶级的要求这个范围妄图实现人们的平等，根本不可能，所以必然要流于荒谬。

那么怎样才能消灭阶级呢？①无产阶级革命和无产阶级专政是消灭阶级的必经途径。要消灭阶级，无产阶级必须通过暴力革命和武装斗争，打碎资产阶级的国家机器，建立无产阶级专政。马克思说："我所加上的新内容就是证明了下列几点：（1）阶级的存在仅仅同生产发展的一定历史阶段相联系；（2）阶级斗争必然导致无产阶级专政；（3）这个专政不过是达到消灭一切阶级和进入无产阶级社会的过渡。"③ 马克思这段话深刻论述了他关于阶级和阶级斗争的产生、发展和消灭的基本观点。②以私有制为基础的一切生产关系是产生阶级差别的经济基础，要消灭阶级，无产阶级专政的首要任务就是要消灭生产资料的私有制，建立社会主义的公有制。列宁说："消灭阶级——这就是使全体公民在同整个社会

---

① 《马克思恩格斯文集》第9卷，人民出版社2009年版，第113页。
② 《马克思恩格斯文集》第3卷，人民出版社2009年版，第442页。
③ 《马克思恩格斯全集》第49卷，人民出版社2016年版，第79页。

的生产资料的关系上处于同等的地位，这就是说，全体公民都同样可以利用公有的生产资料、公有的土地、公有的工厂等进行劳动。"①

恩格斯在批判了杜林的资产阶级的唯心主义平等观和论述了马克思主义的平等观之后，做出了十分重要的结论。

1. 平等观是历史的产物，不是永恒真理

为什么说它是历史的产物呢？因为这一观念的形成需要一定的历史关系，而这种历史关系又以长期的以往的历史为前提。这里说的历史关系就是指一定历史时期人们所处的生产的、经济的、政治的关系，亦即人们的社会存在。平等观念属于上层建筑的意识形态领域，它是在社会存在的基础上形成的，是对社会存在的反映；人们的社会存在是不断发展的，依赖于社会存在的观念形态必然会或迟或早地发生变化。所以任何社会意识都不是永恒真理，平等观念当然也不例外。

2. 杜林的平等观是资产阶级思维的表现

恩格斯指出，在 19 世纪的 70 年代资产阶级平等观还广泛流传，并不是因为它是永恒真理，而是由于 18 世纪的思想的普遍传播和仍然合乎潮流。杜林宣扬的平等观是对资产阶级思潮的通会。为什么时隔近百年以后，资产阶级革命时的口号还会普遍传播，还会成为国民的牢固成见呢？一是因为资产阶级取得政权以后，还需要用平等的口号来欺骗人民，把资本主义社会美化为平等的乐园，瓦解无产阶级的革命意志，抵制马克思主义的影响，当时的俾斯麦政府就是如此。二是因为社会意识具有相对的独立性，当某一社会思想产生它的历史条件改变之后，它还会在人们思想中存在一个相当长的时期，成为社会发展的阻碍。18 世纪资产阶级革命时的平等口号，虽然由于社会历史的发展已丧失了它的进步作用而成为落后的观念，但它仍旧在人们中流传，这种意识落后于存在的

---

① 《列宁全集》第 31 卷，人民出版社 2017 年版，第 31 页。

现象，是社会意识相对独立性的一个表现。

3. 杜林宣扬资产阶级平等观是由其资产阶级立场决定的

恩格斯指出资产阶级平等观在人们的思想中还有市场，杜林还是从这种资产阶级思潮出发来建立自己的平等观念的。但是为什么这些资产阶级东西对于他来说是自然的呢？——这一问题他当然是不会提出来的。这就是说，杜林为什么会从资产阶级的平等观出发这一问题，他自己是不会回答的。我们替他回答吧。因为他站在资产阶级立场上，是资产阶级在德国社会民主党内的代理人。因为他站在资产阶级立场上，所以从资产阶级平等观出发是自然的，通会人们中流传的资产阶级思潮是自然的。他把自己的哲学叫自然哲学，这不过是因为这种哲学十分自然地从资产阶级观点出发来说明世界和解释世界。这里恩格斯根据人的阶级立场，对人们的思想形成有重大作用这一观点，深刻揭露了杜林的错误观点产生的阶级根源。

恩格斯的结论，贯穿着一条红线，社会存在决定社会意识。恩格斯运用了这一原理，批判了杜林的唯心主义平等观，分析了资产阶级平等观的阶级实质，确定了无产阶级平等观的科学内容。这一历史唯物主义的根本原理是马克思主义历史观的基石，也是贯穿这一章的中心思想和基本精神。

二 《反杜林论》第十一章

（一）内容提要

这一章，揭露杜林在法学方面的错误和无知，批判他在自由与必然关系问题上的谬论，深刻阐述马克思主义关于自由与必然关系问题的理论。此外还批判了杜林的历史虚无主义错误。全章共 37 个自然段，三部分。

第一部分　揭露杜林在法学方面的错误和无知（第 1—18 段）

（1）杜林吹嘘自己对法学有"最深刻的专门研究"（第 1—2 段）

①杜林的自我吹嘘立论（第 1 段）

a. 杜林说他在法学和政治学方面的成果和原则"是以最深刻的专门研究为基础的"

b. 杜林说他在审判实践中加深了对法学的"科学内容"的研究

c. 杜林说他对法律的缺点很了解，所以对自己的批判充满"自信心"

②杜林对马克思的法律观点进行攻击和诬蔑（第 2 段）

（2）批判杜林在法律问题上的错误观点（第 3 段）

①杜林认为：

a. 民法"确认以暴力为基础的私有制"

b. 刑法的"自然基础是复仇"

②杜林法律观点的错误实质是否认法律的阶级性（第 3 段）

（3）揭露杜林在法律问题上的无知（第4—18段）

①在对拉萨尔案件的谈论中，杜林把按法兰西对拉萨尔的逮捕是由于"教唆犯罪"说成是"策动犯罪"，把"宣判无罪"说成是"求宣判无罪"（第4—7段）

②在对判决方式所作的评论中，杜林批判法兰西法实行以陪审员的多数票作出判决，但他根本不懂英吉利法最新实行以陪审员一致的方式作出判决。他之所以不懂是因为他认为英国法律不如德国的好（第8—11段）

③杜林笼统指责法律的混乱状况，但他不懂这是普鲁士所特有的情况（第12—13段）

④杜林批判法庭陪审员不公开自己的判决，其实这种情况只有普鲁士才存在（第14—16段）

⑤杜林批评教会干预出生、结婚、死亡等等，其实这种情况只有以前的普鲁士才存在，现在普鲁士也不这样做了（第17段）

⑥杜林仇恨犹太人是一种反动的民族主义，这是普鲁士很早流传下来的民族偏见（第17段）

⑦结论：杜林吹嘘自己是法律的行家，其实他只知道一点普鲁士法，此外完全无知（第18段）

第二部分　批判杜林在自由与必然问题上的谬论，阐述自由与必然的辩证关系（第19—22段）

（1）自由与必然的关系问题是研究道德和法的重要理论基础（第19段）

（2）杜林在自由与必然问题上的谬论（第20—21段）

①自由是"合理认识"与"本能冲动"的"合力"（自由是主观的）（第20段）

②自由是受自然规律强制的（自由不完全是主观的）（第21段）

（3）批判杜林的错误，阐明自由与必然的关系（第22段）

①杜林的错误：第一，互相矛盾。第二，把黑格尔的观念庸俗化。

②马克思主义的观点：

a. 自由是以客观必然性为前提的

b. 自由是对必然的认识

c. 自由是历史发展的产物

第三部分　批判杜林的历史虚无主义和庸俗思想（第 23—37 段）

（1）批判杜林的历史虚无主义（第 23—25 段）

①杜林的历史分析和虚无主义观点

a. 历史分为两大段落

b. 我们这个时代年轻、幼稚、没有意义

②批判（第 25 段）

a. 我们这个时代是以后更高发展的基础

b. 在我们的时代企图发现最终的真理以规范未来是可笑的

（2）批判杜林调节生活的所谓“差异规律”

①杜林的“差异规律”是从生理学中抄来的老生常谈（第 26—28 段）

a. 杜林的观点（第 26—27 段）

b. 恩格斯的批判（第 28 段）

②杜林吹嘘差异规律的意义和目的在于把读者变成庸人（第 29—32 段）

③杜林按照“差异规律”提出的生活准则完全是庸人哲学（第 33—34 段）

杜林的生活准则是：

a. 保持自然规律

b. 禁止吸烟

c. 禁止厌恶的饮食

（二）讲义

第十一章是继续批判杜林关于人的学说，重点批判杜林在法学上的错误和在自由与必然关系问题上的唯心主义、形而上学谬论，通过批判，捍卫了马克思主义的法律学说，阐明了自由与必然的辩证关系，指出了对待历史的科学态度。

第一，揭露杜林在法学上的超阶级观点，捍卫马克思主义的法律学说。在这一章中恩格斯用了近一半的篇幅，列举了大量的事实，揭露了杜林的法律观点。杜林的法律观点，可以说有三个特点，一是自吹，二是陈旧，三是无知，他的错误实质是宣扬超阶级的人性论，目的是对抗马克思的法律学说。

1. 杜林自我吹嘘的目的是贬低和攻击马克思

恩格斯引用了杜林的一段话，揭露他的自我吹嘘，杜林的自吹有三点，一说他对法律有"最深刻的专门研究"，二说他有"三年审判实践"，三是说他"自觉地"了解法律的"一切缺点"，杜林为什么要这样自吹自擂呢？因为他一方面企图把自己硬说成是没有谬误的很不寻常的"一切时代最伟大的天才"，另一方面是为了把其他一切思想家说得一无是处，特别是为了污蔑、攻击马克思，在哲学、政治经济学和社会主义学说中，他是这样干的，在法学上也不例外。恩格斯指出："有理由这样谈到自己的人，必定一开始就引起人们对他的信任，特别是和"马克思先生以往对法律所作的被公认为粗枝大叶的研究"比起来就更加是这样了。这就一针见血地揭露了杜林在法律上自我吹嘘的意图，杜林把自己对法学的研究炫耀为"最深刻的专门研究"，"特别是加深了它的科学内容方面的研究"，而攻击马克思对法律只作了"粗枝大叶的研究"，公开以自己的谬论同马克思主义相对立，暴露了他反马克思主义的立场。

2. 杜林法律观点的实质是抹杀法律的阶级性

杜林自吹是法律的行家，可是他关于法律问题的基本观点，完全是错误的。他的观点是：民法是不正义，它确认以暴力为基础的所有制，刑法的自然基础是复仇。这种观点错在什么地方呢？

（1）它否认法是阶级矛盾不可调和的产物。法律不是从来就存在的，他和国家一样，都是一种历史现象，原始社会里并没有法律，人们所共同遵守的规则是习惯，这些习惯性的行为规则使人们能够有秩序地生产和生活。当人类社会出现了根本利益不同的两大对抗阶级以后，奴隶和奴隶主之间的阶级斗争十分尖锐，阶级矛盾不可调和，奴隶主为了镇压奴隶的反抗，就需要一个有组织的暴力机关——国家；为了维护自己所需要的社会"秩序"，也迫切需要仅仅只代表自己一个阶级的意志和利益的行为规则，这些规则最初是通过国家认可的有利于奴隶主阶级统治的一些习惯，这就是所谓习惯法，后来又通过国家制定了成文的法律，于是在人类历史上就开始出现了法律。在法律的各种类型中，最早产生的是刑法和民法，刑法是根据统治阶级的利益和意志，确定犯罪标准和处罚方法的法规；民法是统治阶级根据自己的利益和意志，主要为了调整财产关系方面制定的法规。由此可见，法律和国家一样，都是阶级矛盾不可调和的产物，法律的存在，也证明了阶级矛盾的不可调和。可是，杜林却把刑法的"自然基础"说成是"复仇"。原始社会的复仇，是一个氏族成员遭到另一个氏族成员的损伤和杀害时，对另一方采取的自发的报复行为。这种报复并不带有阶级斗争的性质，不能看作犯罪行为，而且也不表现氏族之间统治与被统治关系，把刑法的自然基础说成复仇，就完全掩盖了法律产生的阶级根源。

（2）它否认法是被奉为法律的统治阶级的意志。法既然是阶级矛盾不可调和的产物，那必然具有强烈的阶级性，在阶级存在的社会中，统治阶级和被统治阶级有着根本对立的利益和意志，法是代表统治阶级意志的。在阶级统治的社会中，它只是代表剥削阶级的意志。统治阶级的意志表现在许多方面，例如道德、哲学等等，法是统治阶级意志的一种表现，它的特点是被奉为法律的统治阶级的意志，就是说，它是国家的意志，是由国家制定或认可，并由国家强力来保证执行的。统治阶级通过国家把自己的意志变为国家的意志，表现为法律，以维护有利于它的社会秩序。这样，执行法律是实现统治阶级的意志，违反法律是触犯统治阶级的意志，二者都是阶级斗争的表现。杜林把刑法的自然基础说成复仇，这样就把执法与犯法，都歪曲为超阶级的行动，犯法被看作出于人性的残暴，判罪被看成对残暴人性的报复，这种观点是资产阶级人性论在法学上的表现，它抹杀了法律的阶级本质。

（3）它否认了法律是统治阶级实现阶级统治的工具，是为巩固统治阶级在经济上和政治上的统治服务的。从法律的作用上看，它是实现阶级统治的工具，它的主要作用是对被统治阶级实行专政，同时，也可以调整统治阶级内部的矛盾，从根本上讲，法律的作用就是巩固统治阶级的经济利益和政治地位。在剥削阶级占统治地位的社会中，剥削阶级用刑法来维护他们的社会秩序，用民法来保护财产（主要是生产资料）所有权。可见，不论是刑法还是民法，都是用来对付被剥削阶级的反抗，而绝不是保护社会上一切人的所谓"天赋人权"。杜林说刑法的自然基础是复仇，这就把法看成解决个人纠纷的规范；他认为民法是保护用暴力得来的财产，这就否认了民法保护剥削阶级私有财产的作用，因为私有制并不是在暴力基础上产生的，而是生产力发展到一定阶段的产物。暴力虽然能改变财产的占有，但它不能产生私有制本身。剥削阶级的民法，对劳动人民用暴力从剥削者那里夺取的财产不但不会保护，而且会认为是非法的。把民法的作用说成"确认以暴力为基础的所有制"，也是杜林超阶级法律观的表现。

总之在法的起源、法的本质、法的作用等方面，杜林的观点的实质是抹杀法的阶级性，宣扬超阶级的谬论。宣扬超阶级的法律观点，并不是杜林的发明和创造，而是资产阶级法学家和思想家的共同特征，在法学上，虽然有各种不同的资产阶级学派，但他们却掩盖和抹杀法的阶级本质，为资产阶级的统治辩护。杜林正是拾取了他们的余唾，重弹超阶级的老调。所以恩格斯说：在杜林的论断中，顶多只有自然基础这件神秘的外衣是新东西，此外，都不过是老生常谈而已。恩格斯用了两个"只限于"，一个"只有"，一针见血地揭露了杜林的错误实质，杜林说："在科学性上，法学……前进的不远。"其实，是在马克思主义产生以后，杜林的法学观点却大踏步地倒退。

3. 杜林评论判决方式的错误在于否认法律的历史发展

杜林在法学上基础观点是错误的，那么他就根本不可能对判决方式等问题作出正确的评论。恩格斯列举了六个事例，揭露杜林的无知和错误，这六个事例是：①拉萨尔案件。②以陪审员多数票作出判决。③法律实施的混乱状态问题。④审判员公开自己的观点问题。⑤教会对法律机关的干预问题。⑥反犹太人问题。在对这几个问题的评论中，杜林的错误归结到一点就是：否认法律的历史发展。

法是属于上层建筑的范畴，同上层建筑的其他领域一样，它是随着经济基础的变更而发展变化的，而且，上层建筑的其他部分的变化，对法的变化也有不同程度的影响。此外，一个国家的具体历史条件、民族特点等对法也有一定影响。这些都说明，法不是固定不变的，随着经济、政治的发展变化，它也必然会发展变化。在不同社会制度的国家里，法律具有不同的阶级性质，在社会制度相同的国家中，由于各国的具体历史条件、民族特点不同，法也存在着一定的特点。

对于法律学上的这种历史唯物主义和辩证法的观点，杜林是一窍不通的。从他对判决方式等问题的评论中，可以看出，第一，他不懂得普鲁士邦法同法兰西法、英吉利法的区别。普鲁士邦法是宗法制的专制主义的法典，法兰西法是"以法国大革命的社会成果为依据的"典型的资产阶级法典，英吉利法是保留封建法权形式、继承了旧的判例的资产阶级法律。第二，他不懂得在1848年资产阶级革命以后，普鲁士邦法的发展变化。第三，他不懂得，在执行普鲁士邦法的地区内，各地执行的情况也有差别。

正由于杜林根本否认法律的发展变化和历史特点，所以他对司法状况的评论或考量是错误的，或者是含混不清的。恩格斯指出：杜林的法律观点并没有超出普鲁士的"地平线"。他既然只限于谈论专制主义的普鲁士邦法，把资产阶级性质的法律都看作邪恶的，那么，他对无产阶级革命，对马克思主义的态度就不言而喻了。

第二，批判杜林在自由与必然关系问题上的唯心主义形而上学谬论，阐述自由与必然的辩证关系。

这一章的第二部分，恩格斯批判了杜林在自由与必然关系问题上的错误观点。在自由与必然关系问题上的错误，乃是杜林在法学上产生错误的认识论根源。所以，恩格斯把这一问题作为全章的重点。这一章的标题就是"自由和必然"。

恩格斯说："如果不谈谈所谓自由意志、个人责任、必然和自由的关系等问题，就不能很好地讨论道德和法的问题。"为什么这样说呢？首先我们来看自由与必然的关系问题的哲学意义；然后，我们再谈这个问题与道德、法律问题的关系。

自由和必然的关系问题是属于哲学认识论领域内的范畴，自由就是人们的意志和行动的自由，必然就是客观事物的规律。自由和必然的关系就是人的认识行动与客观规律的关系。客观事物的发展是否有规律性、必然性，人们在自然界和社会中的行动有没有自由，这个问题在哲学史上曾经引起了长期的争论，在马克思主义哲学产生以前，关于自由与必然的关系问题大体有三种观点。

（1）主观唯心主义者否认客观事物的规律性，否认必然，认为人具有离开规律性的绝对自由。这种观点在哲学史上叫作"唯意志论"。

（2）机械唯物论者承认客观规律，但否认人的自由，把人说成客观必然性的奴隶。这种观点最后会导致宿命论，说什么"不须计较苦劳心，万事原来有命"[（宋）朱敦儒《樵歌》]，"时来天地皆同力，运去英雄不自由"[（唐）罗隐《筹笔驿》]。

（3）客观唯心主义者黑格尔认为，必然是绝对精神的一种属性，人可以认识绝对精神的必然性，从而得到自由。他正确地叙述了自由和必然的辩证关系，但他的立场是唯心的。

这三种观点都是错误的，没有能够科学地说明自由和必然的关系，只有辩证唯物主义才正确地解决了这一问题。

自由与必然的关系问题是指人的意志行为和客观规律的关系，马克思主义关于自由与必然关系的基本观点是：①自由是以客观必然性为前提的；②自由是对必然的认识；③自由是历史发展的产物。

三 《反杜林论》第十二章

（一）内容提要

1. **批判杜林否认矛盾的形而上学观点，论述矛盾规律的客观性与普遍性（第1—12段）**

（1）杜林否认矛盾的谬论：矛盾＝背理（第1—3段）

（2）揭露杜林错误观点的实质：形而上学（第4—7段）

①受了形而上学思想方法的局限（第4段）

②用静止、孤立观点观察事物的结果（第5—7段）

（3）论述矛盾规律的客观性、普遍性（第8—11段）

①机械运动、生命运动、思维运动中的矛盾（第8段）

②高等数学中的矛盾（第9段）

③初等数学中的矛盾（第10段）

④数学中的辩证法与形而上学（第11段）

（4）揭露杜林用以代替矛盾规律的"力的对抗"的形而上学性质（第12段）

2. **批判杜林对马克思主义辩证法的攻击，捍卫马克思的唯物辩证法（第13—20段）**

（1）反驳杜林对《资本论》中辩证方法的歪曲和攻击（第13—16段）

①杜林对一般与个别辩证法的歪曲（第13—15段）

②杜林对马克思辩证法的攻击（第 16 段）

（2）批判杜林攻击马克思辩证法的政治目的（第 17—18 段）

①杜林企图推翻《资本论》的政治结论（第 17 段）

②杜林混淆社会主义与资本主义的界限（第 18 段）

（3）揭露杜林反对马克思主义的手法（19—20 段）

①杜林的手法（第 19 段）

②这种手法的目的（第 20 段）

3. 批判杜林否认质量互变规律的谬论，论述质量互变规律的客观性、普遍性（第 21—33 段）

（1）揭露杜林对马克思关于质量互变规律论述的歪曲（第 21—24 段）

①杜林的观点（第 21 段）

②马克思的论述（第 22 段）

③揭露杜林的歪曲（第 23—24 段）

a. 歪曲之一（第 23 段）

b. 歪曲之二（第 24 段）

（2）论述质量互变规律的客观性、普遍性（第 25—33 段）

①水的质变与量变（第 25 段）

②协作、分工、工场手工业、大工业中的质量互变（第 26 段）

③化学中的质量互变（碳化物同系列）（第 27—31 段）

④拿破仑作战时对质量互变规律的运用（第 32—33 段）

（二）讲义

1. 哲学编的结构和第十二章在其中的地位

为了便于掌握本章的基本精神和内容，先说明一下第十二、十三两章在哲学编中的地位以及它和前面各章的关系。

（1）杜林的哲学体系由三部分组成。"这就是：一般的世界模式论，关于自然原则的学说，以及最后关于人的学说。"① 这三部分的"逻辑次序"是"适用于一切存在的那些形式的原则走在前面，而应当运用这些原则的对象的领域则按其从属次序跟在后面。"② 也就是说，世界模式论在前，自然哲学、精神哲学（关于人的学说）相继随后。

（2）恩格斯正是紧紧跟踪杜林哲学体系的"逻辑次序"，层层深入，逐步批判的。恩格斯在序言中说："本书所批判的杜林先生的'体系'，扩及非常广泛的理论领域，这使我不能不跟着他到处跑，并以自己的见解去反驳他的见解。"③ 首先，恩格斯在第三、四章批判了杜林的世界模式论，以唯物论的反映论"反驳"杜林的唯心论的先验论。接着，在第五、六、七、八章中批判了杜林的自然哲学，以辩证唯物论的基本原理"反驳"杜林在自然观上的唯心论和形而上学。然后，在第九、十、十一几章中，批判了杜林的关于人的学说，以马克思主义的阶级和阶级斗争理论"反驳"杜林在社会历史观上的资产阶级人性论。

这样，恩格斯已经把杜林哲学体系的三个部分全部批判了，那么为什么还要写第十二、十三两章呢？这是由三个原因决定的。①为了集中批判杜林的形而上学。前几章中虽然也批判了杜林的形而上学观点，但重点是用唯物论的基本原理批判他的唯心论的先验论。对于他直接攻击污蔑唯物辩证法的谬论还没有集中批判。②为了捍卫马克思主义辩证法。这是由当时路线斗争的情况决定的。1867 年马克思《资本论》第一卷出版，同年十二月杜林发表了对《资本论》的评论，评论中有意把马克思的辩证法同黑格尔的辩证法混为一谈。马克思在 1868 年给库格曼的信中和在 1873 年给《资本论》第三版写的跋中，都对杜林的这种歪曲予以批判。但是杜林出于他反马克思主义的立场，在 1874 年出版的《国民经济学和社会主义批判史》第二版中，以及在 1875 年完成的《哲学教程》

① 恩格斯：《反杜林论》，人民出版社 2018 年版，第 31 页。
② 恩格斯：《反杜林论》，人民出版社 2018 年版，第 31 页。
③ 恩格斯：《反杜林论》，人民出版社 2018 年版，第 6 页。

中，更加狂妄猛烈地攻击马克思的辩证法。为了批判杜林对辩证法的攻击，捍卫马克思主义的唯物辩证法，恩格斯专门写了第十二、十三两章，集中系统地批判杜林的形而上学。③为了在批判杜林的同时，"比较连贯"地阐述马克思主义哲学，阐述马克思主义关于唯物论、认识论、辩证法、唯物史观的基本原理。第十二、十三章就是阐述辩证法的基本原理。

由此可见，恩格斯对杜林反动哲学的批判是"详尽"的，"清算"是彻底的。通过批判杜林，对马克思主义哲学的阐述"是用比以前更连贯的形式"①。

这样，整个哲学编就形成了四个部分：①批判杜林的先验主义和世界模式论（第三、四章）；②批判杜林的自然哲学（第五、六、七、八章）；③批判杜林的关于人的学说（第九、十、十一章）；④批判杜林的形而上学（第十二、十三章）。

（3）但是，为了不再发生误解，恩格斯强调指出："这书的目的并不是以另一个体系去同杜林先生的'体系'相对立，可是希望读者也不要忽略我能提出的各种见解之间的内在联系。"② 这是需要我们特别加以注意的。《反杜林论》论述的马克思主义的三个组成部分（哲学，政治经济学，科学社会主义）之间不但有"内在联系"，而且每个部分内各章也有"内在联系"。哲学编共有12章，分成了4个部分，它们之间的"内在联系"是什么呢？就是划清三条界限。一是唯物论与唯心论的界限，二是阶级论与人性论的界限，三是唯物辩证法与形而上学的界限，划清这三条界限贯穿了哲学编的全部内容。在划清这三条界限时，系统阐明了马克思主义哲学的基本原理。

第十二、十三这两章就是批判杜林的形而上学，论述辩证法的基本原理，划清唯物辩证法与形而上学的界限。弄清整个哲学编的内在关系对于掌握第十二、十三两章的精神和内容是有重要意义的。

---

① 恩格斯：《反杜林论》，人民出版社 2018 年版，第 349 页。
② 恩格斯：《反杜林论》，人民出版社 2018 年版，第 4 页。

2.《十二、辩证法·量和质》的基本内容

这一章共 33 个自然段。可以分为 3 个部分。（一）第 1—12 段：批判杜林否认矛盾的形而上学观点，论述矛盾规律的普遍性和客观性。（二）第 13—20 段：批判杜林对马克思主义辩证法的攻击，捍卫马克思主义的辩证法。（三）第 21—33 段：批判杜林歪曲质和量互相转化规律的谬论，论述质量互相转化规律的普遍性和客观性。重点是第一和第三部分。

第一部分：矛盾规律是唯物辩证法的本质，是否承认内部矛盾是两种发展观对立的焦点

（1）杜林否认矛盾是由其形而上学世界观决定的。

①杜林的错误观点：矛盾＝背理。

恩格斯引了杜林否认矛盾的两段谬论，第一段是从《哲学教程》中摘来的，第二段是从《国民经济学和社会主义批判史》中摘来的。第一段话是否认现实世界中矛盾的存在。它的意思是：A. 矛盾属于思想范畴，现实万物中没有任何矛盾。（承认了矛盾的现实性，是背理的顶点）B. 力的对抗是一切活动的基本形式，但这与矛盾根本不同（承认了矛盾的现实性和一切活动的基本形式不相符合）。C. 排除了矛盾就驱散了从逻辑的神秘中升起的迷雾，矛盾辩证法是无益的木偶。（承认了矛盾的现实性，就是对粗糙木偶的崇拜）

第二段话是借攻击黑格尔的辩证法来攻击马克思主义的矛盾辩证法，把它说成是黑格尔辩证法的抄袭。意思是：A. 马克思的矛盾辩证法是黑格尔逻辑学中的观点。B. 马克思的矛盾辩证法，就是黑格尔"思维（逻辑）和存在（非逻辑）的统一"的翻版。C. 马克思的矛盾辩证法是从天启神学和神秘主义那里抄来的箴言。

前一段话中杜林为了否认矛盾的现实性，把矛盾说成思想范畴，这是对黑格尔的抄袭，在黑格尔那里矛盾也属于思想范畴。在第二段话中，杜林为了攻击马克思的矛盾辩证法却又歪曲和反对黑格尔，说黑格尔承

认矛盾现实性是荒谬的。前面说矛盾是一个思想的范畴，后面又说矛盾是"一种实践的力量"；前面抄袭黑格尔，后面又反对黑格尔。所以恩格斯说，在这两段话中"矛盾辩证法，特别是和它一起的黑格尔，受到了完全不同的待遇"。

但这两段话的实质却是一样的，都否认矛盾的现实性。前面一段说，"真实的产生的矛盾甚至是背理的顶点"，后一段说，把矛盾看作"在万物和过程本身中客观地存在着"，就是相信"荒谬东西的现实性"。所以，恩格斯说："两段话的思想内容可以归结为一个命题：矛盾＝背理，因而它在现实世界中是不可能出现的。"这就是杜林的观点。

②杜林否认矛盾的谬论其实就是形而上学世界观。

恩格斯在引了杜林的谬论之后，随即进行深刻的批判，揭露了他这种谬论的实质是形而上学世界观。

A. 杜林认为矛盾等于背理是受了形而上学思想方法的局限（《反杜林论》第 4 段）。形而上学的思维方式把万物都看成"绝对互相排斥的"，"是处于固定的相互对立中"的，这种方法是"在绝对不相容的对立中思维"。这种方法是长期以来（"从 15 世纪下半叶开始"）把自然界分成各部分进行研究"给我们留下了一种习惯"，"初看起来，这种思维方法对我们来说似乎是极为可取的，因为它是合乎所谓常识的"。在日常生活的常识中，我们"看到了一个一个事物，忘记了它们互相间的联系；看到了它们的存在，忘记了它们的产生和消失；看到了它们的静止，忘记了它们的运动"。由于这种"常识的"局限性，我们就不能理解事物是对立的统一，是矛盾的。杜林正是在这种"常识"的圈子里思维，所以否认矛盾，认为矛盾＝背理。恩格斯指出了这一点，说"对于在其他方面相当有常识的人来说，这个命题也许像直不能曲，曲不能直这一命题一样，是不言而明的"[①]。陷于形而上学思维方式的预设常识中，就必然否认矛盾，这个教训对我们是有益的。[②]

---

① 恩格斯：《反杜林论》，人民出版社 2018 年版，第 20—21 页。
② 恩格斯：《反杜林论》，人民出版社 2018 年版，第 18—19 页。

B. 杜林否认矛盾的现实性是用孤立、静止的观点观察事物造成的结果①。恩格斯说："当我们把万物看做静止而没有生命的，各自独立，相互并列或先后相继的时候，我们在事物中确实碰不到任何矛盾"，或者"能看到一些矛盾，但认为矛盾是分布在不同事物之中的"，认为"它们内部并不包含任何矛盾"。就是只承认外部矛盾，不承认内部矛盾。杜林否认矛盾的现实性，正是由于他孤立、静止地观察事物。恩格斯说："如果陷于这样的考察范围，我们用通常的形而上学的思维方式也就行了。"

杜林用孤立、静止的方法观察事物，否认矛盾，于是就把静止和运动割裂开来，把静止看成"严格的静"，绝对的静，他看不到静止和运动是矛盾的统一。所以，找不到"从严格的静到动的桥"。正如恩格斯指出的"隐藏在杜林先生的这个惯用语后面的究竟是什么，这不是别的，正是：形而上学的思维的悟性绝对不能从静止的思想转到运动的思想，因为上述的矛盾在这里挡着他的路"②。

一句话，杜林之所以否认矛盾，正是孤立、静止的形而上学的思维方法"挡着他的路"。

C. 杜林企图用"力的对抗"代替矛盾规律，这是形而上学的"陈词滥调"。（第12段）

在"第四章——世界模式论"里，恩格斯揭露杜林的世界模式论是对黑格尔《逻辑学》的抄袭。黑格尔的《逻辑学》分为三个部分：《存在论》《本质论》《概念论》，杜林在抄第一部分时，不但同黑格尔的范畴（存在—虚无—变易；质—量—度）完全一样，而且范畴的顺序也一样。恩格斯说："杜林的根本性的基本模式的根子原来是……黑格尔《逻辑学》的第一部分存在论的范畴，照搬严格的老黑格尔的'序列'，而且几乎没有作任何努力来掩盖这种抄袭"③。在抄第二部分时，杜林的

①　恩格斯：《反杜林论》，人民出版社2018年版，第5页。
②　恩格斯：《反杜林论》，人民出版社2018年版，第6—7页。
③　恩格斯：《反杜林论》，人民出版社2018年版，第42页。

范畴同黑格尔的《本质论》中的范畴"也没有什么不同。黑格尔叫做本质论的东西，杜林先生把它译成'存在的逻辑特性'"。

但是，杜林只是抄了黑格尔的范畴和"序列"，却"没有把……内在联系从黑格尔那里抄来"。就是说，他拿来了黑格尔体系的"范畴模式"，却完全抛弃了黑格尔的辩证法，剽窃了黑格尔的"笼子"，却放走了笼子里的"小鸟"。黑格尔在《逻辑学》第二部分《本质论》里，讲概念的矛盾运动，恩格斯在《自然辩证法》中说"对立的相互渗透的规律""占据了他的《逻辑学》的整个第二部分"①。并指出：《本质论》是《逻辑学》"最重要的部分"。正是在《本质论》里黑格尔明确地提出"矛盾却是一切运动和生命力的根源；事物只因为在本身之中包含这矛盾，所以它才能运动，才具有趋向和活动"②。恩格斯说："黑格尔从存在进到本质，进到辩证法。在这里他研究反思的规定，它们的内在的对立和矛盾。"③

黑格尔在《本质论》中讲矛盾，这正是他的辩证法的"合理内核"，可是杜林却说"关于存在的逻辑特性和第一个命题，而且是最重要的命题，就是矛盾的排除"④。他根本否认矛盾，认为"力的对抗"是"世界及其生物的存在中的一切活动的基本形式"。显然，他拿出"力的对抗"来同矛盾规律作对，来代替矛盾规律。杜林的所谓"力的对抗"究竟是什么货色呢？他只是明确指出"力的对抗"和矛盾"是不相符合的"。"力的对抗"在自然界发展中有什么作用呢？他"一次也没有向我们表明这种对抗是在起作用的"。可见，杜林的"力的对抗"并没有丝毫的辩证法含义，它的要害是否认内部矛盾是发展的源泉和动力这一思想，所以说，它是对黑格尔《本质论》中矛盾观点的"降低"，把辩证法倒退为形而上学。所以，恩格斯说它是"空话"，是"陈词滥调"，是"老

---

① 恩格斯：《自然辩证法》，人民出版社 2018 年版，第 39 页。
② 《列宁全集》第 38 卷，人民出版社 1959 年版，第 145 页。
③ 恩格斯：《反杜林论》，人民出版社 2018 年版，第 47 页。
④ 恩格斯：《反杜林论》，人民出版社 2018 年版，第 125 页。

生常谈"。这深刻地揭露了杜林的所谓"力的对抗"的形而上学实质。既然"力的对抗"是形而上学的，那当然对于认识世界是毫无用处的，所以恩格斯说："确实最好是避免对这套老生常谈作任何运用"①。

综合以上几点，我们得出一个结论，杜林之所以否认矛盾，是因为他的世界观是形而上学的。恩格斯通过深刻的批判，揭露了杜林这一谬论的实质。

③杜林反对矛盾辩证法的方法是无理的攻击和谩骂。（第4段）

恩格斯在批判时不但揭露了杜林否认矛盾的错误实质，而且也揭露了他的卑劣的方法。恩格斯指出杜林"在反对辩证法时……只凭单纯的断言和许多的谩骂"。一点儿也没有"提出别的论据"②。杜林的这种卑劣方法表现在以下三点。

A. 对矛盾辩证法本身，杜林只是恶毒谩骂。说矛盾是"背理的顶点"，是"从所谓的逻辑的神秘中升起的迷雾"，是"雕刻得极其粗糙的木偶"。谁运用矛盾规律就是对木偶"焚香顶礼"，是"无益的"。这些话的意思是矛盾规律是最荒谬的（背理）、混乱的（迷雾）、人为的（雕刻）、无用的（木偶）。除了这些谩骂以外，他得出了什么论据呢？一点儿也没有。（第1段）

B. 对马克思的矛盾辩证法，杜林只是加以攻击。说这"并非新发现"，"是从天启神学和神秘主义中抄来的箴言"，是崇拜了黑格尔的"信条"。一句话，马克思主义的辩证法和黑格尔的辩证法完全一样，毫无区别③。

C. 他反对矛盾规律，提出了"力的对抗"来代替它，但是这种"力的对抗"是什么东西，有什么作用，他也说不出来。恩格斯指出他"只对我们说真话"，提供不出一点"别的东西"，也说不出"任何肯定

---

① 恩格斯：《反杜林论》，人民出版社2018年版，第129页。
② 恩格斯：《反杜林论》，人民出版社2018年版，第126页。
③ 恩格斯：《反杜林论》，人民出版社2018年版，第129页。

的东西来"①。

（2）矛盾规律是唯物辩证法的本质。恩格斯一再指出，他对杜林的"消极的批判成了积极的批判；论战转变为马克思和我所主张的辩证方法和共产主义世界观的比较连贯的阐述。"并要读者"不要忽略"他"所提出的各种见解的内在关系"，特别要注意他"所做的正面阐述"②。在批判杜林否认矛盾的谬论时，恩格斯对马克思主义哲学的矛盾规律的基本原理作了深刻的阐述。归纳起来有以下几点：

①是否承认内部矛盾是唯物辩证法与形而上学的根本分歧③。恩格斯说：形而上学观点"把事物看作是静止而没有生命的，各自独立，相互并列成先后相继的"；唯物辩证法则是"从事物的运动、变化、生命和相互作用方面才可去改变事物"。恩格斯强调指出这两种观点所看到的情形"完全不同"。为什么完全不同呢？因为用形而上学观点看事物"在事物中确实碰不到任何矛盾"，认为事物"内部并不产生任何矛盾"；而用辩证法的观点看事物"在这里我们立刻陷入了矛盾"。可见是否承认内部矛盾乃是唯物辩证法与形而上学的根本分歧，是这两种观点斗争的要害，对立的焦点。正是在是否承认矛盾问题上两者才显得"完全不同"。难怪杜林说"矛盾的排除"是"第一个命题"，是"最重要的命题"。

毛泽东在《矛盾论》这一光辉著作中继承和发展了恩格斯这一观点，把辩证法与形而上学的对立提到了两种世界观的高度；把两者在矛盾问题上的根本分歧，作了十分深刻的论述和更加明确的发挥④。

②事物的内部矛盾是事物运动发展的源泉和动力。恩格斯提出了"运动本身就是矛盾"的光辉思想，而且明确指出"有一种客观的存在于事物和过程本身中的矛盾，而且这是一种实际的力量"。这就是说，事物运动的原因，力量应该在事物"本身"之中去找，在恩格斯所举的

---

① 恩格斯：《反杜林论》，人民出版社 2018 年版，第 129 页。
② 恩格斯：《反杜林论》，人民出版社 2018 年版，第 4、6、7 页。
③ 恩格斯：《反杜林论》，人民出版社 2018 年版，第 129 页。
④ 毛泽东：《矛盾论》，人民出版社 1975 年版，第 1 页。

例子中，都是以事物内部矛盾来说明运动和发展的。机械运动"本身已经包含着矛盾"；物质的高级运动形式"更加包含着矛盾"；生命运动的源泉和动力是"存在于物体和过程本身中不断自行产生并自行解决的矛盾"；思维运动的矛盾也是存在于认识过程"内部"。恩格斯总是用"自身""包含""内部""自行"等词来说明事物的矛盾，这绝不是无关紧要的，而是十分深刻的。形而上学者的要害就在于不承认事物内部的矛盾，他们认为事物"内部并不包含任何矛盾"。

毛泽东继承发展了恩格斯这一光辉思想，在《矛盾论》中，特别是在"两种宇宙观"一节中，深刻地指出："事物发展的根本原因不是在事物的外部，而是在事物的内部，在于事物内部的矛盾性。任何事物内部都有这样的矛盾性，因此引起了事物的运动和发展。"而且还详尽深刻地论述了"内因"和"外因"的辩证关系及它们在事物发展中的个同作用。

③矛盾规律是客观的、普遍的。(《反杜林论》第8、9、10、11段)恩格斯针对杜林否认矛盾的客观性和现实性的观点，指出："在事物和过程本身中客观地存在着，而且可以说是见诸形体的矛盾"。并且列举了五个例子来论证矛盾规律的客观性和普遍性。机械运动"本身已经包含着矛盾"；生命运动"首先正是在于：……矛盾"；认识运动"不能避免矛盾"；高等数学的"主要基础……是……矛盾"；初等数学"充满着矛盾"。

矛盾不但存在于各种运动形式中，无处不在，而且存在于过程的始终，无时不有。在机械运动中，矛盾是"连续"的；在生命运动中，矛盾是"不断"的；在认识运动中，矛盾是"无穷无尽的，连绵不断的"。总之，不论是在各种事物中，还是在每一事物发展的整个过程中，都有矛盾，矛盾规律是普遍的。正因为矛盾普遍存在，所以恩格斯说，用辩证法的观点看事物，"我们立刻陷入了矛盾。"恩格斯用"首先""不能避免""基础""充满""连续""不断""无穷无尽""连绵不断""陷入"这些词给我们充分地描绘了矛盾的普遍性。("陷入"这个词在旧的翻译中用的是"碰到"，没有表达出恩格斯的原意。）正因为矛盾是客观的、普遍的，所以历史上不少哲学家在不同程度上都看到了矛盾，看到了事物的辩证规律。毛泽东说："辩证法的宇宙观，不论在中国，在欧洲，在古代就产生了。"对于矛盾辩证法的逐步认识，不断提高了人们的认识能力，也推动了哲学的发展。正是在这个意义上，恩格斯说："由于矛盾辩证法在从古代希腊人起，到目前为止的哲学中所起的重大作用，甚至比杜林先生更强的反对者，在反对矛盾辩证法时，也必须提出别的论据，而不能只凭单纯的断言和许多的谩骂。"① 矛盾的客观性、普遍性正是矛盾规律正确性的有力证明，杜林只靠谩骂是驳不倒的。

恩格斯不但论述了矛盾的普遍性，而且在举例说明时也指出了各种不同运动形式中矛盾的特殊内容。在机械运动中是相对静止和绝对运动的矛盾；在生命运动中是同化和异化的矛盾；在思维运动中是认识的无限性和有限性的矛盾；在数学中是对立的形之间的矛盾以及对立的数之间的矛盾。恩格斯在这里虽然没有直接提出和明确论述矛盾的特殊性问题，但在分析各种物质运动形式中的内在矛盾时，不是一般地谈矛盾，而且指出了各种运动形式中矛盾的具体特点。这一点是可以清楚看到的。

毛泽东在《矛盾论》中，继承和发展了恩格斯关于矛盾普遍性的论述，不但引用了恩格斯上述的一大段话，而且列举了自然界、人类社会、认识领域中的大量事实来说明矛盾的普遍性，特别是更加深刻明确地第一次指出了矛盾普遍性的意义。毛泽东说："矛盾的普遍性或绝对性这个问题有两方面的意义。其一是说，矛盾存在于一切事物的发展过程中；其二是说，每一事物的发展过程中存在着自始至终的矛盾运动"。这就是我们通常说的：矛盾无处不在，无时不在。毛泽东对矛盾特殊性的论述那更是充分深刻和详尽的。

④矛盾的斗争性是绝对的，同一性是相对的。这个问题，恩格斯在这里并没有专门论述，但是从恩格斯所举的矛盾的例子中完全可以看到

_____

① 恩格斯：《反杜林论》，人民出版社 2018 年版，第 126 页。

这个思想。恩格斯指出了矛盾的普遍性，也就是说明了矛盾两个方面斗争的绝对性。值得注意的是，在谈到矛盾的同一性时恩格斯总是强调要有一定的条件，例如，恩格斯说"直线和曲线在一定条件下相等"，"在一定条件下，直线和曲线应当是一回事"。相交线和平行线的同一性，也要有条件，就是"要离开交点五六厘米"来看。产生 −1 的平方根，并不是绝对的，任意的，只有在"正确的数学运算"这个条件下，它才可能出现。总之，在曲线同直线，平行线同相交线，负数同正数，根或幂这些矛盾中，两方面的对立是绝对的，而双方的同一性是相对的，有条件的。它们在一定的条件下就会转化为自己的对立面。我们绝对不能说在任何情况下，直线和曲线相等，平行线和相交线一样，正数和负数相同。看待数学中的矛盾是如此，看待其他事物中的矛盾也是如此。

关于矛盾的同一性与斗争性这个问题，毛泽东更是做了充分的论述和极其重大的发展。《矛盾论》中有一节专门说了这一问题。

上述四个方面，就是恩格斯在这一章中，关于矛盾规律所阐述的几个十分重要的思想。这个思想归结到一点，就是矛盾规律是唯物辩证法的本质，辩证法就是矛盾辩证法。对此，我们应该认真学习，深刻领会。

（3）否认矛盾是机会主义路线的理论基础。恩格斯指出：杜林的"新的社会主义理论是以某种新哲学体系的最终实际成果的形式出现的。因此，必须联系这个体系来研究这一理论"①。这就是说，杜林的哲学思想是他的社会主义理论的基础，杜林的思想路线是为他的政治路线作论证的。研究杜林的机会主义政治路线必须联系他的哲学，同样，要弄清他的思想路线，解剖他哲学观点的实质，也必须看出他的政治观。杜林否认矛盾的形而上学观点在政治路线上的表现是什么呢？根据恩格斯在《反杜林论》其他篇章中的揭露和批判可以看出，杜林否认矛盾是为了否认阶级和阶级斗争。第一，他认为道德和法是超阶级的，是永恒的，是建立在"完全平等"的基础上的，平等是道德和法的"基本形式"。

---

① 恩格斯：《反杜林论》，人民出版社 2018 年版，第 3 页。

第二，他认为社会主义不是阶级斗争的产物，而是"社会的自然体系"，是置于"普遍的公平原则"之上的①。这种建立在"普遍的公平原则"之上的社会主义是由经济公社的联邦组成的。恩格斯批判说：按照杜林的观念："无需从根本上变革旧的生产方式……就一切都解决了"②。"资本主义的生产方式很好，可以继续存在"③。由此可见，"完全平等"是人类社会道德的基础，"普遍公平"是社会主义的原则。阶级对立没有了，阶级斗争取消了，无产阶级革命不需要了，这就是杜林从否认矛盾辩证法中得出的反动政治结论。机会主义的政治路线，的确像恩格斯说的，是他的哲学体系的"最强实际成果"。

第二部分：一般与个别的辩证关系是矛盾问题的精髓，违背这个原理就等于抛弃了辩证法。

（1）一般与个别的辩证关系是矛盾问题的精髓。马克思在《资本论》中，运用从个别到一般的分析方法，从资本主义的商品交换、价值、货币、资本、剩余价值等范畴的研究中，找到了资本主义经济的一般发展规律，提出了资本主义必然被社会主义代替的科学结论。列宁在《谈谈辩证法》一文中曾高度评价了马克思的这一方法。列宁说："这应该是一般辩证法的……叙述（以及研究）方法。"毛泽东在《矛盾论》中引用了列宁对马克思的这种方法的说明和评价，而且毛泽东还说："列宁自己也正确地应用了它，贯穿于他的全部著作中"，并且深刻指出："这是研究任何事物发展过程所必须应用的方法"，"中国共产党人必须学会这个方法，才能正确的分析中国革命的历史和现状，并推断革命的将来"。在《矛盾论》中毛泽东把这个方法进一步发展为矛盾的普遍性与特殊性的辩证法。毛泽东指出："这一共性个性、绝对相对的道理，是关于事物矛盾的问题精髓，不懂得它，就等于抛弃了辩证法。"可见，一般与个别的辩证法在马克思主义的哲学中是极端重要的，杜林

---

① 恩格斯：《反杜林论》，人民出版社 2018 年版，第 307 页。
② 恩格斯：《反杜林论》，人民出版社 2018 年版，第 321 页。
③ 恩格斯：《反杜林论》，人民出版社 2018 年版，第 322 页。

对这一方法进行攻击和歪曲绝不是偶然的。

（2）杜林把一般与个别的辩证关系歪曲为一般等于个别。杜林攻击说这种方法是一种"哲学偏见"，是"混乱而错误的观点"。他把这一方法歪曲为"一切可以在每一个东西中寻找，而每一个东西可以在一切中寻找"，"归根到底一切都是一个东西"。一句话，他把这个方法歪曲为"一切等于一个""个别等于一般"。这样就把个别与一般的对立统一关系，歪曲成了形而上学的"等同"。杜林之所以攻击和歪曲这一方法正是因为这个方法在唯物辩证法中极端重要，是辩证法的"精髓"。他在反对辩证法时，实行的是"挖心战"。

杜林先生说马克思《资本论》原两卷的内容是什么？他"实在是看不透的"，随后却又运用了他的"个别等于一般""一个等于一切"的观点，"蛮有把握地预言……《资本论》往后几卷的内容。"恩格斯讽刺他说："杜林先生的著作……属于具有……矛盾……的事物"。

（3）杜林歪曲和攻击辩证法的目的是反对无产阶级革命。杜林攻击谩骂马克思的《资本论》。他攻击马克思的《资本论》中的辩证法"缺乏自然的和可以理解的逻辑"，是对"健康的逻辑"的"侮辱"和"讽刺"。他污蔑这种辩证法是"神秘杂货摊"，是"根据逻各斯学说的准则复制"的。谩骂运用这种辩证法的目的是为了"诱惑"人，是"欺诈"，"欺骗"，是"为自己的信徒创造……奇迹"。

杜林为什么对马克思《资本论》中的辩证法这样仇恨呢？马克思在《资本论》第二版的跋中有一句话给我们揭示了这个原因。马克思说，他的辩证方法"引起了资产阶级和他们的夸夸其谈的代言人的烦恼和恐怖"。值得注意的是，马克思的跋是 1873 年写的，杜林在 1867 年 12 月写的对《资本论》的评论中就歪曲和攻击过马克思的辩证法，1868 年，马克思就曾经批判过他。由此可见，马克思在 1873 年写的《资本论》第二版跋中说的资产阶级的夸夸其谈的代言人显然是包括杜林在内的。

马克思的辩证法，引起了杜林哪些烦恼和恐怖呢？恩格斯在第 17—18 两段中就具体地批判了杜林的反动政治目的。

①杜林妄图通过反对马克思的辩证法来批判《资本论》的政治结论。马克思在《资本论》中"通过方法所获得的成果"，提出了资本主义社会的基本矛盾必然导致它的灭亡这个结论。杜林在1867年评论《资本论》时，还能够把方法和成果区别开来，就是说，还没有全盘否定马克思的结论。"而现在他声明非这样做不可了。"要通过"笼统的诋毁方法"……来"把成果一一驳倒"。

②杜林妄图通过歪曲马克思的辩证法，来抹杀阶级矛盾，混淆资本主义和社会主义的界限。杜林把个别与一般的辩证法歪曲为"一个等于一切""个别等于一般"。如果按照这种观点，那么"资本家和雇佣工人，封建主义的、资本主义的和社会主义的生产方式，'都是一个东西'，而最后连马克思和杜林先生也'都是一个东西'"。无产阶级和资产阶级的矛盾没有了，社会主义和资本主义的界限取消了，马克思主义和机会主义的对立不见了；那当然也就没有必要进行阶级斗争，进行无产阶级和社会主义革命了。这正是杜林的反动目的。可见，杜林反对马克思主义的辩证法是为他的机会主义路线服务的。

（4）杜林攻击辩证法的手法是"总括方法"。杜林反对马克思主义的手法是"总括方法"。这种"总括方法"的特点是：①"考虑到类和型"——即只做归纳，只扣帽子。②"不揭露细枝末节"——即不作分析，不拿论据。③"和完全真理的利益相符合，和对摆脱了社会的公众能承担的义务相符合"——符合真理没有偏见。

杜林为什么要用这种方法呢？原因是：①可以回避（"把一切确定的事实当做细枝末节忽略过去了"）；②便于攻击（"可以不去证明什么而只用一般的空话来做出论断和简单地加以斥责"）；③利于防守（"不给对方以任何实际的立足点，因而使对方没有任何别的可能来作答。"）一句话，用这种方法反对马克思主义"对杜林先生实在是很方便的"。

第三部分：质量互变是事物发展的普遍规律，否认质变是一切反动派反对革命的重要理论基础

（1）杜林否认质量互变规律是为了论证资本主义的永恒性。

①恩格斯引用的杜林攻击马克思的一段话意思有三点。A. 黑格尔关于量转变为质的思想是"混乱的模糊观念"。B. 马克思引证黑格尔的质量转化规律是"滑稽"。C. 马克思用量变质变得出预付款项达到一定界限时就会成为资本的结论。

既攻击黑格尔，又污蔑马克思；既反对质量互变规律本身，又歪曲了马克思引证的例子。这就是杜林这段话的全部意思。

恩格斯引证了马克思的原文，说明马克思关于质量互变规律的论述是正确的，并对杜林的歪曲和污蔑进行驳斥。

马克思的《资本论》第一卷的主题是分析资本的生产过程，即分析资本主义的生产关系是怎样产生的。为此，马克思首先分析了商品与货币的性质（因为商品生产是资本主义生产关系成长的基础，同时，资本总是采取商品和货币的形式），并揭示了商品通过流通变成了货币的历史过程。于是他得出了一个结论："商品流通的这个最后产物是货币"，"货币是资本的最初的现象形态"，"货币通过一定的过程，就转化为资本。"马克思在"第二篇"中就考察"由货币到资本的转化"。货币怎样才能转化为资本呢？马克思说："要把货币转化为资本，货币所有者必须在市场上找到自由的劳动者。"也就是说，货币为转化为资本必须以劳动力成为商品的前提。因为劳动力这种商品，在使用过程中能够形成新的价值，也就是能创造剩余价值。这个剩余价值正是资本主义剥削的源泉。当货币这种价值用来购买劳动力，并把这种劳动力用于生产过程时，它就会生出新的价值，用马克思的话说："它会产仔，或者说，它至少会生金蛋。"① 马克思在三、四、五、六篇里就分析了剩余价值的产生过程，揭露资本主义剥削的秘密。恩格斯在《反杜林论》第十二章中引用的话，就是马克思在考察剩余价值生产的那部分篇章中写的。这段话在《资本论》第三篇第九章，这一章的题目是"剩余价值率与剩余价值量"。

---

① 马克思：《资本论》第 1 卷，人民出版社 2004 年版，第 180 页。

马克思的这一段话是什么意思呢？我们在上面已经说了，要使货币转化为资本，就必须用货币购买劳动力。那么是不是不论这种货币额有多大，它都可以通过购买劳动力而转化为资本呢？马克思回答说："不是任何一个货币或价值额都可以转化为资本，相反地，这样转化的前提是货币所有者或商品所有者手中有一定的最低限额的货币或交换价值。"最低限额的货币是多少呢？马克思说："可变资本的最低限额，就是一个劳动力全年逐日利用以便获得剩余价值所需的成本价格。"就是说，货币向资本的这种质变必须以量变（量的积累进行一定程度）作为前提。马克思举例来说明了这个观点，我们将马克思举的例子列表说明于下。

假设一个货币所有者既不劳动，又有生产资料，用 4 元货币雇用 2 人，每天可创造 2 元剩余价值。那么随着付出货币额的增加，剩余价值量增加的情况如下：

项目　　数量	货币额	雇工人数	剩余价值量	
			用于生活	用于资本
增加情况	4 元	2 人	2 元（相当于一个 2 人）	0
	8 元	4 人	4 元（相当于两个 2 人）	0
	16 元	8 人	4 元（相当于两个 2 人）	4 元

可见，在这个设定条件下，货币要转化为资本，只有当货币额达到 16 元这个最低限额时，才有可能。它才能生下 4 元资本这个"金蛋"。也就是说，货币额的量变达到一定程度时，即达到可以带来剩余价值时，就能维持和扩大再生产，得出剩余价值增值，才会发生质变，转化为资本。所以马克思这种转化过程证明了黑格尔关于质量互变的思想是正确的。

马克思于 1867 年 2 月写给恩格斯的信中说："你会在我的第三章结束部分读到由于纯粹的量变的结果手工艺匠师变成资本家的地方，看到我在那里用原文引证黑格尔新发现的纯粹的量变转为质变的规律，这个在历史中和自然科学中都有效的规律。"①

恩格斯在引用原文说明了马克思的观点以后，就驳斥杜林的歪曲和攻击。（第23—24段）恩格斯指出，杜林对马克思的观点进行了两方面的歪曲。第一，马克思说：货币转化为资本的过程是量变质变规律的证明，杜林歪曲为：马克思由于引证黑格尔的观点，所以才得出货币额达到一定的量就转化为资本的结论。攻击质量互变规律是主观的。恩格斯说："可见这恰好相反。"第二，杜林把马克思说的可以转化为资本的货币额仅仅是用于原料、劳动资料和工资上面的预付，歪曲为是指任何一种预付。（歪曲了转变中的质变）

②杜林否认质量互变规律是为了论证资本主义的永恒性。马克思通过对货币转化为资本的观察，揭示了资本的来源是工人创造的剩余价值，资本的实质是资本家对工人的剥削，它体现了资本主义的生产关系。这就说明资本不是从来就有的，资本主义制度也不是从来就有的，从封建社会到资本主义社会的转变是质变。杜林把货币转化为资本的过程说成是货币用于"任何一种预付"都能成为资本。这就取消了资本的产生必须有劳动力成为商品这个历史条件。取消了剩余价值的生产这个根本条件，那么奴隶社会的大商人、封建社会的大地主，他们都有大量货币，他们也都是资本家了。这就得出一个结论：资本是自古就有的，资本主义社会也是自古就产生了。恩格斯在《反杜林论》"政治经济学编"的第七章中批判了他的这一谬论。恩格斯说，货币本身不是资本，生产资料本身也不是资本，只有当剩余价值产生了，货币转化为资本。杜林先生……消失……马克思发现剩余价值。这样在杜林先生看来，不仅科斯林和雅典的市民利用奴隶经营的动产和不动产，而且罗马帝国时代大土地所有者的财产，以及中世纪封建领主的财富，只要以某种方式为生产服务，毫无差别的都是资本。②毛泽东在《矛盾论》中也批判过这种否认质变的形而上学观点为资本主义制度作论证的反动实质。毛泽东说：

---

① 《马克思恩格斯书信选集》，人民出版社1962年版。
② 恩格斯：《反杜林论》，人民出版社2018年版，第222页。

"在形而上学家看来，资本主义剥削，资本主义的竞争，资本主义社会的个人主义思想等，就是在古代的奴隶社会里，甚至在原始社会里都可以找得出来，而且会永远不变地存在下去。"

由此可见，杜林歪曲马克思关于质量互变规律的辩证法是为他反动的政治观点服务的。杜林宣称："他的经济学涉及他的哲学中已经确定的东西。"① 果真如此，他在哲学中确定的否认质量互变规律的形而上学观点，成了他反动的政治经济学的理论基础。

③杜林反对质量互变规律的手法是编造胡话。杜林是怎样反对质量互变规律呢？恩格斯说，他的手法是把"他自己编造的胡话"，"用马克思实际所说的相反的话强加于马克思"，然后加以攻击。即"创造了虚幻的马克思，以便在后者身上证实自己的力量"。这不过是他的所谓"总括的方法"的另一种表现。恩格斯指出，杜林的这种手法已成为一种"习惯"，"愈来愈表明它是现实哲学的内在必然性"。这深刻揭露了杜林反马克思主义手法的卑鄙性和顽固性。特别注意的是恩格斯引用了杜林的原话以指出杜林采取这种手法的反动阶级实质。杜林说他采取"总括手法"是"为了'完全真理的利益'和'对摆脱了行会的公众所承担的义务'"，完全真理的利益是什么呢？其实就是创造一个反动的哲学体系同马克思主义对抗。摆脱了社会的公众是谁呢？资产阶级。资产阶级不正是摆脱了中世纪封建社会以后才独立出现在社会上的吗？

（2）质量互变是唯物辩证法的基本原理，它揭示了事物发展的状态和过程。恩格斯说过："我的对手的包罗万象的体系，使我有机会在同他的争论中阐明（而且是用比以前更连贯的形式）马克思和我对这许多形形色色的问题的见解。"② 在驳斥了杜林对质量互变规律的歪曲和污蔑以后，恩格斯就着手阐明马克思主义对于质量互变规律的见解。什么是质量互变规律呢？恩格斯在该章中说："量变改变事物的质和质变同样也改变事物的量。"这就是质量互变规律总的说明。恩格斯对这个规律

---

① 恩格斯：《反杜林论》，人民出版社 2018 年版，第 161 页。
② 恩格斯：《反杜林论》，人民出版社 2018 年版，第 349 页。

所阐明的观点，归纳起来主要有以下几点。

①质变和量变互相转化是客观的普遍规律。恩格斯针对杜林诬蔑这个规律是"混乱的模糊观念"，明确指出："'量能变为质'……在事物的过程中可以说是见诸形体的。除了杜林先生，谁也不感到混乱和模糊。"①——这说明了质量互变规律的客观性。恩格斯又指出：可以从自然界和人类社会中举出几百个这样的事实来证明这一规律。并说"在化学中，差不多在任何地方……都可以看到量转变为质"；马克思在《资本论》中"谈到无数"关于质量互变的情况。这说明了质量互变规律的普遍性。为了证明这个规律的客观性和普遍性，恩格斯举出了在物理学（水）、化学（碳化物）、经济学（协作资本）、军事学（骑兵）中的五个例子。A. 水随着温度的量的变化引起它的物理性质——固态、液态、气态的变化。B. 碳化物中由于元素数量的增加，形成了在化学性质和在物理性质上不同的物体。（马克思指出过这个例子）C. 许多劳动力的协作就造成一种新的力量。（《资本论》）D. 交换价值额数量增加到一定程度就能变为资本。（马克思《资本论》中的事例）E. 骑兵数量增加到一定程度就会形成新的战斗力。（马克思在《资本论》也提到过骑兵作战）

除过恩格斯举过的例子以外，还可以举出许多量变引起质变的例子。值得一提的是，毛泽东在《实践论》中指出了这个规律在认识领域中也起作用。毛泽东说："社会实践的继续，使人们在实践中引起感觉和印象的东西而反复了多次，于是在人们的脑子里生起了一个认识过程中的突变（即飞跃），产生了概念，并说："只有感觉的材料十分丰富（不是零碎不全）和合乎实际（不是错觉），才能把握这样的材料造出正确的概念和理论来。"这就是说从感性认识到理性认识的转变是量变到质变的过程。我们平常所说的"熟能生巧""书读百遍，其义自见""久病成医"等话，也都有量变引起质变的含义。

恩格斯当时为了捍卫唯物辩证法的世界观，同杜林的形而上学作战，

---

① 恩格斯：《反杜林论》，人民出版社 2018 年版，第 138 页。

主要是解决辩证法规律的客观性和普遍性，把量和质互相转化的规律，作为辩证法的三个规律之一，但是从恩格斯的论述中可以看出，恩格斯十分重视矛盾规律，认为辩证法就是矛盾辩证法，而关于质量互变是作为一个例子，是作为矛盾规律的体现提出的。列宁明确指出对立统一规律是辩证法的核心。毛泽东进一步发展了列宁的论述，指出矛盾规律是宇宙的根本规律（见《关于正确处理人民内部矛盾的问题》），并阐明了质量互变与矛盾规律的关系。毛泽东指出："辩证法过去是三大规律，斯大林说是四大规律，我的意见是，只有一个基本的规律，就是矛盾的规律。质和量，肯定和否定，现象和本质，内容和形式，必然和自由，可能和现实等等，都是对立的统一。""基本东西是对立统一。"（《对哲学工作者的谈话》《关于哲学问题的谈话》） 这就说明对立统一规律是质量互变的基础，质和量、肯定和否定都是矛盾规律的表现。这是毛泽东对辩证法的重大发现之一。

②任何事物都是质和量的统一体。从恩格斯列举的例子和引证马克思的例子中，我们可以看出，世界上任何事物同时具有质和量两种规定性，是质和量的统一体。A. 恩格斯用"液态"固态""气态"描绘水、冰、气的质的方面，用不同的温度来指出它们各自量的方面。B. 对于各种碳化物，恩格斯用"气体"、"固体"来指出它们各自的质的差别，而用含"碳、氢、氧原子"数目的多少来说明它们之间量的不同。C. 对于资本，马克思和恩格斯指出，它"仅仅是用于原料、劳动资料和工资上面的预付"，这就是说资本所反映的预付性质和一般的预付性质不同，它的性质在于购买劳动力（工资）和劳动资料，来进行剩余价值的生产。而它也有量的规定性，它的价值额的多少，就是量的方面。D. 对于协作，恩格斯和马克思指出，它的质的方面表现为一种"新的力量，而它的量的方面指的是"许多人""许多力量"参加的劳动。E. 对于骑兵，恩格斯用"骑术不精""有纪律"，来说明法国骑兵的质。用"善于格斗""没有纪律""马匹较好""剑法较精""勇敢""非正规"来说明马木留克骑兵的质，而用人数的多少来分别论证两种骑兵的量。总之，

恩格斯总是从质和量的两个方面来分析这些事物的。因为质和量是事物两种规定性。质是事物固有的一种规定性，它使该事物与其他事物区别开来，每个事物各有自己特殊的质。质量指一事物与他事物发生联系，进行比较时表现出来的属性和特性。事物的量是多方面的，但有一种是最主要的。量的规定性是指事物存在和发展的规模、程度、速度、水平，它可以用数量来表示，如规模的大小，速度的快慢，数目的多少，程度的深浅，水平的高低等等。组成物体原子、分子空间排列的不同也表现着量的差别。可见，质和量是有区别的两种规定性，二者是对立的，但又是统一的，一定的质，总是含有一定的量，一定的量也表现着一定的质。A. 量是以质为基础的，质规定着量的活动范围，例如液态的水，这种质决定了它的温度应在0℃到100℃之间。B. 反之，质又以量为条件，量的界限又制约着质。例如资本就必须以一定数量的货币额或价值额为条件。质和量的统一，就是度，是一事物保持自己质的数量界限。例如乙酸（$C_2H_4O_2$），它的度就是含有 2 个碳原子，4 个氢原子，2 个氧原子，超过了这个度，它就不是乙酸了，成了丙酸和其他酸了。

毛泽东指出，研究分析事物要从质和量两个方面分析，他说："胸中有数"，这是说对情况和问题一定要注意它们的数量方面，要有基本的数量的分析。任何质量都表现为一定的数量，没有数量，也就没有质量。我们有许多同志还至今不懂得注意事物的数量方面，不懂得注意基本的统计，主要的百分比，不懂得注意决定事物质量的数量界限，一切都是胸中无"数"，结果就不能不犯错误。（《党委会的工作才能》）这就阐明了质和量的关系，所谓决定事物质量的数量界限就是度。教导我们研究问题要分析事物的质，也要分析事物的量，从而掌握事物的度。毛泽东运用质和量统一的原理，为我们党制定了建设社会主义的总路线，指出在生产建设中，"一切产品不但求数量多，而且要求质量好。"学习和掌握质和量的辩证法，是十分重要的。

③发展是从量变到质变，又从质变到量变的过程。恩格斯说："量变改变事物的质，质变也同样改变事物的量。"什么是量变呢？恩格斯用

"温度的单纯的量变"说明水的量变，用"元素的单纯的数量增加"，说明碳化物的量变，用"许多人协作，许多力量融合"，说明劳动协作中的量变。马克思引用黑格尔的话说明量变就是"单纯的量的变化"。从这些论述中我们可以看到，量变是指事物性质不发生变化，只有数量增加的一种运动状态。所谓"单纯"，就是指性质不变，只有数量在变，量变的特点是渐近性。什么是质变呢？恩格斯用"从液态转变为固态，从液态转变为气态"来说明水的物理性质——"聚集状态"的质变。用"形成在质上不同的物体"说明碳化物的质变，用"仅存在于密集队形和有计划行动中的纪律的力量显示出来胜过对方的力量"来说明骑兵作战中的质变。马克思用"造成新的力量""本质的差别"来说明劳动协作中的质变，并引用黑格尔的话来说明"质变就是转化为质的差别"。恩格斯还用"骤然发生""转折点"来说明质变的特点。从这些论述中，我们可以看到，质变是指事物根本性质发生变化的一种运动状态，事物的一种"骤然"的显著的变化状态。质变的特点是飞跃性。

　　量变和质变的关系是怎样呢？马克思说："货币额增加到一定限度是它能变为资本的前提。"不是任何一个微小的价值额都足以转化为资本。只有达到一定限量"它才能转化"，恩格斯说"必须有"这个数量。恩格斯说水的状态发生质变，只有在量变达到一定点上才能引起，碳化物的质变是"由于元素的数量增加"，骑兵的战斗力发生质变，"就必须有一定的最低限度的骑兵的数量"。这些论述说明量变是质变的必要准备，事物的运动变化先从量变开始，没有一定量的变化不可能引起质变。"不积跬步，无以至千里，不积小流，无以成江河"，"九层之台，起于垒土，千丈之木，始于毫末"，而质变则是量变的必然结果。恩格斯说，当量变达到一定程度时，"就会转化为质的差别"，"就可以引起质变"，"就造成新的力量"。这就是说，量的积累不断发展，必然引起质的飞跃，这种趋势是必不可免的。"蝼蚁之穴，足以穿千里之堤，一指之疾，可以毁九尺之躯。"量变是质变的必要准备，质变是量变的必然结果，这就是二者的关系的一个方面。

事物的变化先是从量变到质变，量变达到一定程度引起质变，在质变发生以后，又在新质的基础上开始新的量变。例如货币转化为资本发生了质变，资本又有自己的积累过程。资本家先是把货币额用于雇用工人，生产出了剩余价值，这是质变，资本家把剥削来的剩余价值，又当作资本来用，就是资本的积累过程，就是在质变的基础上又开始新的量变。马克思在《资本论》第一卷论述了资本产生以后，就来分析资本的积累过程。通过这个过程的分析，资本家的财富不断增加，而工人的生活越来越苦。一端是财富的积累，另一端则是贫困的积累，这种量变达到一定程度，又要发生质变，马克思在资本的"积累过程"一篇最后得出一个结论，说资本积累的历史趋势是"这个外壳就是要炸毁。资本主义私有制的丧钟就要响了，剥夺者就要被剥夺了。"这个"炸毁"就是无产阶级的社会主义革命。

任何事物的发展都是这种从量变到质变，又从质变到量变的过程。

毛泽东对量变与质变互相转化的辩证过程有重大的发展。在《矛盾论》的"矛盾诸方面的同一性和斗争性"一节中，毛泽东用矛盾规律详细深刻地分析了什么是量变，什么是质变，并揭示了事物的发展是要从量变到质变的过程。毛泽东说，量变和质变两种状态的运动，都是由事物内部包含的两个矛盾的因素互相斗争引起的。事物总是不断地由第一种状态转化为第二种状态，而矛盾的斗争则存在于两种状态中，并经过第二种状态达到矛盾的解决。这些论述深刻揭示了从量变到质变的实质，说明量变和质变就是对立统一规律的表现。对于量变与质变的辩证关系，毛泽东也做了发展，而且第一次提出了在总的量变过程中有部分质变，质变过程中有量的扩张的光辉思想。毛泽东说，量变和质变是对立的统一。量变中有部分的质变，不能说量变中没有质变。质变中有量变，不能说质变中没有量变。并说在一定的过程中进入最后的质变以后，一定经过不断的量变和许多部分的质变，如果没有大量的量变，就没有部分的质变，最后的质变也是不能达到。毛泽东关于量变过程有部分质变的光辉思想，具有十分重要的理论意义和实践意义。

④质变是事物由低级到高级发展的决定环节——质变的意义。从恩格斯的论述中，我们不但可以看到质变是由量变引起的，而且可以看到质变是由旧质转化为新质的决定环节，是发展的决定环节。没有质变，货币到资本的转化不能"实现"；没有质变，水的聚集状态的变化不能"引起"。没有质变，碳化物系列中在质上不同的物体不能"形成"。没有质变，劳动协作中新的力量不能"造成"。没有质变，骑兵作战中新的战斗力不能"显示"。可见，在事物的发展中，渐近的量变过程固然重要，毛泽东说："否定量变就会走向冒险主义"，但骤然的质变，飞跃更为重要。量变只是质变的必要准备，但它绝不能代替质变，质变是由低级到高级发展的决定环节，只承认量变，否认质变，就必然从根本上否认了发展。恩格斯在第四章中明确指出，质变是飞跃，在第七章中又说："不管一切渐进性，从一种运动形成转变到另一种运动形式，总是一种飞跃，一种决定性的转折。"①并明确指出从机械运动到物理运动的转变，从物理运动到化学运动的转变，从化学运动到生命运动的转变，都是"通过决定性的飞跃完成的。"恩格斯指出的质变是飞跃，是发展的决定性环节，这个思想是十分重要的。

列宁多次论述过这个思想，在《哲学笔记》中说："没有飞跃，渐近性就什么也说明不了。"②在《欧洲工人运动中的分歧》一文中说："资本主义自己替自己造成了掘墓人，自己造成了新制度的因素，但是，如果没有'飞跃'，这些单个的因素便丝毫不能改变事物的总的状况，不能触动资本的统治。"③毛泽东也十分强调这一思想。毛泽东说："突变优于量变。"（在八大二次会议上的第三次讲话，1958 年 5 月 20 日下午）还说："各种突变，飞跃，都是一种革命，都要通过斗争。'无冲突论'是形而上学的。"（《工作方法六十条》（草案）1958 年 1 月 31 日）是否承认质变是两种发展观的原则分歧。在《矛盾论》中，毛泽东把是

①　恩格斯：《反杜林论》，人民出版社 2018 年版，第 63 页。
②　《列宁全集》第 55 卷，人民出版社 2017 年版，第 103 页。
③　《列宁选集》第 2 卷，人民出版社 1972 年版，第 393 页。

否承认质变提到了辩证法与形而上学对立的高度来论述。毛泽东说，形而上学家认为事物的变化"不过是数量上的扩大或缩小"，他们"否认辩证法所主张的事物内部矛盾引起发展的学说"。因此他们不能解释事物的质的多样性，不能解释一种质变为他种质的现象。"我们必须很好的学习和领会马克思、恩格斯、列宁、毛泽东关于质变是发展的决定性环节这一光辉思想，理解质量互变规律的精神实质。

恩格斯通过对质量互变规律基本观点的论述，有力地驳斥和深刻批判了杜林否认这一规律的谬论，并指出杜林对量变引起质变这一辩证法思想，根本无知。他"缺乏自然科学思维方式的卓越的现代教育因素，不知道化学的……主要成就"。而且对于拿破仑描写过的骑兵作战中的量变质变现象根本不懂。因此，即使再引证更多的例子，也不会使他懂得辩证法，他在构造自己的哲学体系时，从黑格尔那里抄来了"量的渐近性""质的飞跃"等范畴，但是实际上他是根本否认这一规律的。他抄来完全是为了体系的需要，好像在本质论中他也说过"力的对抗"，但并不承认矛盾的客观性一样，不搬来这些和黑格尔一样的范畴（如量和质），或编造一些同黑格尔哲学中位置相当的范畴（例如力的对抗），他就无法建立自己的体系。就如恩格斯说："他在意志薄弱的时刻，自己承认而且运用了度量关系的关节线。"杜林在构造体系时抄袭黑格尔的质量关节线，在反对马克思时又骂黑格尔的量转化为质是混乱的模糊观念，真是自相矛盾，自打嘴巴。他的本意是否认这一规律的，但在建立模式论时，又不得不违背本来的意愿来抄袭它，所以恩格斯说，在这里"杜林先生遭到了小小的不幸"。

四 《反杜林论》第十三章

（一）内容提要

恩格斯在第十二章中曾经指出"马克思的《资本论》给了杜林先生发泄他的反辩证法怒气以新的口实"，他"给我们至少举出两个马克思的不可饶恕的逻各斯学说的例子。"这就是说，杜林攻击《资本论》中的唯物辩证法，有两个目标：一是量转化为质，二是否定的否定。关于杜林对量转化为质的攻击，恩格斯在第十二章作了批判，第十三章批判他对否定的否定规律的攻击。

这一章，恩格斯批判了杜林否认否定的否定规律的形而上学观点，捍卫了《资本论》中的唯物辩证法，论述了否定的否定规律的客观性和普遍性，阐明了唯物辩证法是科学的世界观和方法论，辩证法是关于自然、人类社会和思维运动与发展的普遍规律的科学等重要观点。

全章共 27 个自然段，第 1—3 段是引述和说明杜林的谬论，第 4—27 段是恩格斯的批判和论述。恩格斯的批判和论述可以分为三个问题。我们先说一下杜林的观点，然后分成几个问题，学习恩格斯的论述。

杜林歪曲和攻击否定的否定规律的谬论，针对杜林的谬论，恩格斯进行了有力的批判，在批判的基础上论述了否定之否定规律的客观性和普遍性。在批判过程中，恩格斯阐明的主要观点包括三个方面。

1. 社会主义公有制是对资本主义私有制的否定（第 4—7 段）

（1）杜林把社会主义所有制歪曲为"既是个人的，又是公共的"。

（第 4 段）

杜林说，在马克思看来，社会主义所有制既是个人的又是公共的，是公有和私有的"更高的统一"。马克思这个结论，是凭着黑格尔的否定的否定之功才得出的。恩格斯指出，这是歪曲，这是把马克思没有说的话硬加给马克思，是按照黑格尔的谬论纠正马克思。

（2）马克思认为社会主义所有制是生产资料的公有制（第 5 段）

①社会主义社会的个人所有制是以社会化生产和生产资料的共同占有为基础的

②社会主义公有制代替资本主义私有制比资本主义私有制（以社会化生产为基础的私有制）代替封建社会的个人私有制（以个人劳动为基础的分散的个人私有制）要容易得多。因为前一个"代替"是多数人对少数人的剥夺，后一个"代替"是少数人对多数人的剥夺

③社会主义公有制包括土地和其他生产资料，个人所有制包括产品即消费品

可见，马克思说的社会主义所有制是通过否定资本主义私有制而建立起来的生产资料公有制，绝不是如杜林所说的既是公共的又是个人的所有制。

（3）杜林攻击马克思的手法是把自己的臆想硬加给对方，然后进行攻击（第 6 段）

（4）杜林歪曲和攻击马克思关于社会主义所有制问题的论述，其目的是妄图以自己的伪社会主义（"经济公社"）反对马克思的科学社会主义

恩格斯说，杜林歪曲马克思的原意，一不是出于"好意"；二不是由于"无能"；三不是因为"习惯"，而是"故意"歪曲，"以便能够与之对立的更加得意的指出……经济公社"。为什么这样说呢？因为第一，马克思的观点十分清楚，不会引起误解。第二，这种歪曲是在杜林的伪社会主义理论成熟时作出的。（第 7 段）

2. 唯物辩证法是科学的世界观和方法论（第8—12段）

恩格斯驳斥了杜林对社会主义所有制问题的歪曲以后，接着就深刻批判了他对马克思《资本论》中否定之否定规律的攻击，深刻指出唯物辩证法是科学的世界观和方法论，而不是像杜林说的是单纯证明的工具。

（1）资本主义生产方式的建立和灭亡是历史发展的客观规律（第8—9段）

马克思在《资本论》中概述了资本主义生产方式产生的历史过程和原因，说明资本主义的灭亡是历史的必然，是生产力与生产关系矛盾运动的结果。

①资本主义生产方式的建立是封建社会中生产力发展的结果。封建社会中的个人私有制只适应于狭隘的个体的小生产，随着生产力的发展，社会分工越来越细，商品交换日益发达，特别是15世纪海上航线的发现，以及工业中心和国际市场的形成，以个体劳动为基础的小私有制，不能满足生产发展的需要，于是就产生了资本主义的私有制，资本主义的生产方式就出现了，于是个人的分散的生产资料就转化为社会的集中的生产资料。

②资本主义私有制会随着生产资料的私人占有和生产的社会化这一矛盾的不断激化而灭亡。马克思说："生产资料的集中和劳动的社会化，达到了同他们的资本主义外壳不能相容的地步。这个外壳就要炸毁了。资本主义私有制的丧钟就要响了。剥夺者就要被剥夺了。"

由此可见，资本主义的灭亡，资本主义私有制被社会主义公有制所代替"是通过资本主义生产本身的内在规律的作用，即通过资本的集中进行的。""资本主义生产方式自己造成使自己必然走向灭亡的物质条件"。

（2）资本主义从产生到灭亡的历史过程是按否定的否定的辩证规律完成的过程。历史过程和辩证过程是统一的，也都是不以人的意志为转移的客观过程（第10—11段）

由此可见，马克思是以历史发展的客观过程来说明否定的否定规律的客观性和正确性，而不是把否定的否定规律当作死板的公式强加于历史，更不是以这个规律来推导出历史过程。杜林把马克思的辩证规律说成"助产婆""拐杖"，这是把唯物辩证法歪曲成主观的公式，诬蔑为单纯证明的工具。

（3）唯物辩证法是科学的世界观和方法论（第12段）

恩格斯在第12段，集中论述了这一问题。他通过辩证法和形式逻辑的比较，证明辩证法是比形式逻辑更高超得多的方法，他能指导人们从已知进到未知，探寻新结果，不断深入地去认识世界和正确地去改造世界。而且，唯物辩证法还是"更广的世界观"，是人们对客观世界的正确的科学的看法。"单纯的证明"在辩证法中肯定退居次要地位；正如在复数数学中"单纯证明"退居次要地位一样。

不但如此，辩证法和形而上学这两种世界观是根本对立的。正如微积分的证明从初等数学看来是错误的一样，辩证法的观点在形而上学看来也是错误的。

正因为二者是对立的，所以形而上学者不能理解辩证法的本性。要杜林接受辩证法是白费气力的。但是由于辩证法的强大力量和正确性，杜林如果活下去，他总会让步的。

3. 否定的否定是普遍的客观的规律（第13—27段），恩格斯着重从正面论述这一规律的客观性

（1）否定的否定在事物发展中是普遍存在的（普遍性）

①否定之否定规律在自然、社会和思维领域中的表现

a. 有机界

b. 地质

c. 数学

d. 历史

e. 哲学

f. 卢梭的平等观

g. 杜林自己也没有避开这一规律

②否定的否定发生的根本原因在于事物内部的矛盾斗争

③否定的否定是普遍规律不是特殊规律

（2）辩证法的否定观同形而上学是对立的（辩证性）

（3）否定的否定是客观规律（客观性）

（4）否定的否定规律的基本观点

①辩证法的否定是发展的环节（否定的重要性）

②新生事物是不可战胜的（否定的必然性）

③发展是波浪式的前进上升运动（否定的曲折性）

（二）讲义

第十三章中，恩格斯批判了杜林把辩证法看成单纯证明的工具这一错误观点，指出辩证法是科学的世界观和方法论，驳斥了杜林对否定的否定规律的污蔑，阐明了马克思主义哲学关于这一规律的基本原理，从而划清了在这一规律上唯物辩证法与形而上学以及唯心主义的界限。

全章共 29 个自然段。第 1—3 段，是引用和概括说明杜林的观点，第 4 段以后是恩格斯的批判和论述。

首先，来看杜林的观点，杜林攻击和污蔑马克思主义辩证法的一段话（总的意思是：否定的否定是马克思的单纯证明工具）共有三层意思：①马克思依靠黑格尔的否定的否定规律来证明社会革命的必然性和建立生产资料公有制的必然性。②马克思按照黑格尔的扬弃矛盾的第二个否定（否定的否定）作出社会主义所有制既是公有又是私有的结论。③否定的否定规律是黑格尔从宗教中抄来的"荒唐类比"。这段话的错误在于：①把辩证法看成单纯的证明的工具（"拐杖""助产婆"）。②混淆马克思的唯物辩证法同黑格尔的唯心辩证法的界限（杜林说马克思主义的否定之否定"表现出黑格尔的更多的统一"）。③否认否定之否定是普遍的客观的规律（杜林认为是"从宗教中抄来的荒唐类比"，"不能成为事实的逻辑根据"）。

针对杜林的错误观点，恩格斯逐一进行了批驳和批判，同时阐明了关于唯物辩证法特别是否定的否定规律的基本原理。

1. 唯物辩证法是科学的世界观和方法论，把辩证法看成单纯证明工具是形而上学的观点（第4—12段）

（1）杜林歪曲马克思关于社会主义所有制问题的理论，目的是推行伪社会主义。（第4—7段）

①杜林把社会主义所有制歪曲为"既是个人的又是公共的所有制"。（第4段）

杜林说，马克思关于社会主义所有制的理论，是按照黑格尔否定的否定作出的；这种所有制既是"个人所有制"，也是"公有制"，是"混混沌沌"的观念。恩格斯指出，这是用黑格尔的唯心主义否定的否定来歪曲马克思的观点，是"按照黑格尔来纠正马克思"。因为在黑格尔那里的否定的否定是"正题"与"反题"的"命题"。那么马克思的观点是什么呢？

②马克思认为社会主义社会是以生产资料公有制为基础的。（第5段）

马克思在《资本论》第1卷第1章和第24章都论述了社会主义社会的所有制问题。马克思认为在未来的社会主义社会里，生产资料是公有制，消费品是个人所有制。并且从哲学上分析了这种所有制建立的特点，指出：第一，社会主义公有制是对资本主义私有制的否定。因为它是资本主义社会生产的社会化同生产资料的私人占有这一基本矛盾斗争引起的社会性质的质变。第二，社会主义社会消费品的所有制是对资本主义生产方式确立之前的封建社会里存在的个体劳动者小私有制的形式上的"重建"或恢复。因为在个体劳动者私有制的社会中生产资料属于劳动者个人所有，在社会主义公有制社会中消费资料属于劳动者个人所有，虽然个人所有的内容不同（一个是生产资料个人所有，另一个则是生活资料的个人所有），但形式上是相似的。马克思要人们注意，个人所有制的重建和恢复只是指此而言，"并不是重建私有制"①。第三，资本主义的私有制代替劳动者个人的私有制的过程比社会主义公有制代替资本主义私有制的过程"要长久得多、艰苦得多、困难得多"。因为，前者是少数的掠夺者剥夺人民大众，后者"则是人民大众剥夺少数的掠夺者"。这就是说，社会主义必然战胜资本主义，因为这是多数人反对少数人的革命。

由此可见，马克思明白清楚地指出社会主义社会是生产资料公有制为基础的社会，并没有说这种所有制是公共所有与个人所有的"更高地统一"。杜林把它说成"既是个人的又是公共的所有制"，这是对马克思的歪曲，是把他自己的"自由创造和臆想"硬加给马克思。并且，他的歪曲达到了对马克思原文不作正确引证的程度。

③杜林歪曲马克思关于社会主义所有制问题的理论其目的是推行伪社会主义。（第6—17段）

那么，为什么杜林对马克思的观点要刻意歪曲呢？第一，因为马克思的观点"不合杜林先生的口味"，杜林为了反对社会主义公有制，维护资本主义私有制，所以进行歪曲；第二，为了反对科学社会主义，推行伪社会主义。恩格斯指出这绝不是"基于他自己的理解上的完全无能"，也不是基于草率马虎的"习惯"，而完全是别有用心的。他对马克思主义的多次歪曲和攻击已经达到由量转变为质的地步，其性质已经不是认识问题而是两条路线的斗争。他的目的在于反对马克思的科学社会主义，"以便与之对立的更加刻意的提出"他的伪社会主义的"经济公社"谬论。杜林在1867年12月登载于《补充材料》杂志的对马克思《资本论》第1卷的评论中和在1871年出版的《国民经济学和社会主义批判史》一书的第一版中，并没有把马克思关于社会主义所有制的学说歪曲为"既是个人的又是公共的所有制"。可是到了1875年出版的该书的第二版中才作出了这种歪

---

① 马克思：《资本论》第1卷，人民出版社2004年版，第842页。

曲。因为在第二版杜林已经形成了系统的伪社会主义理论，并提出他的伪社会主义理论的基层组织——"经济公社"。可见，他"急需"通过反对马克思的社会主义理论来推行他的伪社会主义。

杜林作为他的伪社会主义基层组织的"经济公社"究竟是什么东西呢？杜林说，多个经济公社对劳动资料具有独占的财产权，但为了避免各公社之间的贫富差距，又应该有一个全国商业公社，它可以支配社会的"整个土地、住宅和生产设备"。可以看出，杜林关于社会主义所有制的理论是自相矛盾的。既说经济公社对财产有独占权，又说商业公社对全国财产有支配权，而且经济公社中的生产方式同资本主义完全一样，"只是公社代替资本家而已"①。可见，在杜林的伪社会主义中，所有制才既是公共的又是个人的。这才是"混混沌沌的杂种"。这种经济公社的生产方式同资本主义一样，是打着社会主义招牌的资本主义。马克思认为资本主义社会必然被社会主义所代替，无产阶级的社会革命是不可避免的，而杜林认为："资本主义生产方式很好，可以继续保存。"② 正因为马克思的科学社会主义理论同他的伪社会主义谬论是根本对立的，所以，他"故意"进行恶毒的攻击和刻意歪曲。

（2）杜林歪曲否定的否定规律在马克思学说中的作用，错误在于他把辩证法看成单纯证明的工具。（第8—11段）

①杜林污蔑辩证法在马克思主义理论中起着"拐杖"和"助产婆"的作用。（第1段）

杜林不但攻击马克思关于社会主义所有制的理论，而且恶毒攻击马克思主义的辩证法。他说：马克思对资本主义的概述是"拄辩证法的拐杖"，在关于社会主义社会的理论中，否定的否定这一辩证法规律"执行助产婆的职务"。意思是，辩证法是单纯证明的工具。什么是证明的工具呢？所谓证明的工具就是用来论证某种观点、论题的正确性的根据。任何一门科学都具有证明工具的作用，它可以帮助人们判断某个观点是

---

① 恩格斯：《反杜林论》，人民出版社2018年版，第190页。
② 恩格斯：《反杜林论》，人民出版社2018年版，第198页。

否正确，辩证法也是这样，如果有一个观点，它符合辩证法，那就是正确的，违反辩证法就是错误的。在这个意义上可以说辩证法有证明工具的作用。但是，对于辩证法来说，证明作用只是极次要的作用，它的本质是世界观和方法论。杜林把辩证法看成单纯的证明工具，在他看来，马克思《资本论》的政治结论是用辩证法规律主观推导、演绎和证明出来的，马克思不是从对客观事物发展过程的分析中得出自己的经济学理论，而是把否定的否定这个辩证法当作"事实的逻辑的根据"。杜林把马克思主义唯物辩证法说成单纯证明工具错误在于：第一，把辩证法歪曲为主观的公式；第二，把辩证法看成死板的教条，其目的是把马克思主义的辩证法说成同黑格尔的唯心主义辩证法一样。第三，攻击马克思关于资本主义必然灭亡，社会主义必然胜利的理论只是逻辑推论，没有客观事实作根据。那么辩证法的否定的否定规律，究竟在马克思学说中起什么作用呢？是否如杜林说的是"拐杖"和"助产婆"呢？

②马克思以客观事物的发展过程为基础，揭示了事物发展运动的辩证规律。（第8—10段）

A. 马克思指出，资本主义的生产和灭亡都是社会生产力与生产关系矛盾发展的必然结果。（第8—9段）

在《资本论》中，马克思对资本主义的经济关系和历史过程，进行了科学的分析。第一，他说，资本主义生产的过程就是劳动者的私人所有制破坏的过程，"也就是人民大众的土地、生活资料和劳动工具的剥夺。"① 这种过程之所以会发生，没有别的原因，只是因为劳动者私有制为基础的生产关系已经不适应于生产力的发展，"它不得不被破坏"。第二，当资本主义生产方式建立以后，生产力与生产关系的矛盾运动仍然在新的社会条件中进行。从生产关系方面来看，资本家之间的竞争和相互掠夺，资本日益集中于少数的资本巨头手中，而形成垄断；从生产力方面来看，劳动协作日益发展，科学技术日益进步，生产资料的使用越

---

① 马克思：《资本论》第1卷，人民出版社2004年版，第840页。

来越转化为劳动者共同使用的东西。从而生产资料的少数私人占有与劳动生产的社会化这一基本矛盾日益尖锐，资本主义的生产方式同生产力的发展不能相容，这时资本主义就要走向灭亡。第三，马克思对资本主义从产生到灭亡这一历史过程的分析得出的结论是：资本主义的灭亡同共产主义的产生，都是由于生产力与生产关系的矛盾斗争引起的，所以是不可避免的客观规律。恩格斯说："正像以往小生产由于自身发展而必然造成消灭自身，即剥夺小私有者的条件一样，现在资本主义生产方式也自己造成使自己必然走向灭亡的物质条件。"

B. 马克思指出资本主义从生产到灭亡的过程是辩证的否定的否定的过程。（第 10 段）

在叙述了这一历史过程之后，马克思指出这是否定的否定，资本主义生产方式代替小私有的生产方式是第一个否定，社会主义要代替资本主义是第二个否定，即否定的否定。由此可见马克思主义的否定的否定规律是对客观事物辩证法的反映，是唯物主义的。第一，辩证唯物主义的否定的否定是事物发展的客观规律，辩证的过程和历史的过程是一致的，马克思并不是把否定的否定作为抽象的公式硬套到客观现实中去。这和黑格尔把否定之否定当作由思维产生的主观现成的公式套在一切事物之上，来拼凑他的唯心主义体系根本不同。第二，唯物辩证法的否定的否定规律是马克思对客观事物的历史发展过程进行科学研究所取得的哲学成果，主观辩证法是客观辩证法的反映。这说明马克思并没有把这一规律当作单纯证明的工具。社会主义必然胜利，是马克思根据社会发展的历史事实和经济规律所得出的政治结论。马克思并不是"挂了辩证法的拐杖"走向社会主义的。认为否定的否定规律在马克思那里起了"拐杖"和"助产婆"作用，"这些结论又都是杜林先生纯粹的捏造。"

③杜林歪曲否定的否定的目的是妄图否认资本主义灭亡，社会主义胜利的客观必然性。（第 11 段）

在他看来，马克思得出资本主义必然灭亡，社会主义必然胜利的结论，是依据黑格尔的否定的否定逻辑推导出来的，而没有事实的根据，所以是站不住脚的。是借辩证规律帮助，凭规律的信誉把逻辑作为事实的根据。辩证法既然不是如"拐杖"和"助产婆"一样的单纯证明工具，那么它在本性上是什么呢？

（3）唯物辩证法是科学的世界观和方法论。（第12段）

恩格斯指出，杜林对马克思否定的否定两点歪曲，其错误在于把辩证法看成单纯证明的工具，"这是对辩证法的本性根本不了解"。辩证法的本性是什么呢？恩格斯在《反杜林论·概论》中说："辩证法在考察事物及其在头脑中的反映时，本质上是从它们的联系、它们的连结、它们的运动、它们的产生和消失方面去考察的"。（第20页）毛泽东在《矛盾论》中说："唯物辩证法的宇宙观主要是从事物的内部、从一事物对他事物的关系去研究事物的发展"。这就是辩证法的本性。如果我们理解了辩证法的这种本性，那就不会把它看成单纯证明的工具。

①唯物辩证法是认识世界、改造世界的科学方法。

恩格斯针对杜林的错误，指出："甚至形式逻辑也首先是探寻新结果的方法，由已知到未知的方法；辩证法也是这种，只不过是更高超得多罢了。"这说明辩证法是比形式逻辑高超得多的一种认识世界的方法。形式逻辑是关于思维形式及其规律的科学，它从思维的形式方面揭示了思维必须遵循的几个规律（同一律、矛盾律、排中律和充足理由律），这些规律对人们认识世界是有作用的，它不仅可以使人们在思维时头脑清楚、思想集中，而是它通过逻辑的推论，可以使人的思想从已知的前提条件进入到未知的领域。所以恩格斯说，不能把形式逻辑"狭隘地理解为单纯证明的工具"，它"首先是探寻新结果的方法，由已知进到未知的方法"。但是，形式逻辑有很大的局限性，它只研究思维的形式，而不顾及思维的内容，它不是从认识对象的相互关系和发展运动中去把握事物，而是把认识对象当作孤立的、静止的成分来观察。当然它并不否认发展和联系。这样，如果把它的规律加以绝对化，就容易导致形而上学，不但不能发现真理，而且还会造成错误。

辩证法则不然，第一，它主张从事物的相互联系，发展运动的本质上去认识世界，从而就能指导人们按照事物的本来面貌，如实地去反映事物；第二，它还从事物运动发展和联系的方面把握事物运动的规律，这样就能够指示人们不断深入地去获得关于客观事物的知识，给人们开辟认识真理的广阔道路和无限前景。第三，它指导人们按照这些规律去改造世界。总之，唯物辩证法，教导人们如实地反映事物，引导人们正确地探求真理，指导人们能动地改造世界。所以唯物辩证法乃是人们认识世界、改造世界的科学方法。所以恩格斯说：这种方法比形式逻辑"更高超得多"。这就既划清了单纯证明的工具与科学方法的界限，又划清了形而上学方法与辩证法的界限。

②唯物辩证法是无产阶级的世界观。

恩格斯指出"因为辩证法突破了形式逻辑的狭隘界限，所以它包含着更广阔的世界观的萌芽"。辩证法不仅是认识世界的一种方法，而且它还是人们对于整个世界的一种总的最根本的看法，他认为世界是不断运动发展变化的，所以说它还是世界观。辩证法这种世界观，已经突破了形式逻辑从相对静止状态去反映事物这个狭隘界限，如果再把它和唯物论结合起来，那就成了唯物辩证法。唯物辩证法乃是"更广的世界观"，它不但同形而上学的宇宙观相对立，而且同一般辩证法的世界观也有原则区别。一般的辩证法例如黑格尔的辩证法、古代朴素的辩证法，它们虽然也是世界观，但都不是科学的唯物辩证法的世界观，只是包含"更广的世界观的萌芽"。恩格斯这段话，既划清了辩证法与形而上学的界限，又划清了唯物辩证法与以往一切辩证法的界限，指出唯物辩证法是无产阶级的世界观。

世界观与方法论是一致的，有什么样的世界观，就有什么样的方法论。马克思主义以前的旧哲学，都不是科学的世界观，都不能完整地、科学地说明世界，因而也不可能提出正确的认识世界和改造世界的科学方法论。马克思主义哲学是唯一科学的世界观和方法论，第一，辩证唯物主义认为，世界本质是物质的，而物质世界是不断运动发展变化的，发展变化的根源在于事物内部的矛盾性，这就是辩证唯物主义的世界观。

第二，根据这种世界观，去观察分析各种事物的矛盾运动，应找出解决矛盾的方法来处理问题、解决问题，从事改造世界的各种活动，这就是辩证唯物主义的方法论。所以辩证唯物主义的世界观和方法论是一致的。这种科学的世界观和方法论是无产阶级及其政党认识世界和改造世界的强大思想武器。

③辩证法同形而上学是对立的。

恩格斯以初等数学与高等数学的区别为例来说明形而上学与辩证法的区别。在初等数学中，总的来说"是在形式逻辑的范围内活动的"，形而上学的方法在初等数学领域还占统治地位，即它是以事物的相对静止状态去研究事物的相互关系。初等数学是研究常数的数学，常数就是在某一过程中，数值保持不变的数（或量）。初等数学在研究这种基本上不变的数量时，总的来说，是用形式逻辑的推理来论证的，或者说基本上应用的是形而上学的方法。由于常数数学不可能反映事物运动的过程，计算变速运动中的位置、速度以及力的变化规律等问题，为要做到这一点，就需要在数学中引进变数。"变数的数学——其中最重要的部分是微积分——本质上不外是辩证法在数学方面的运用。"由于初等数学与高等数学所应用的方法不同，所以高等数学中的几乎所有证明"从初等数学的观点看来严格地说都是错误的。"

高等数学与初等数学的这种关系，如同是辩证法同形式逻辑的关系。运用辩证法认识事物所得出的结论，在运用基本上是形而上学方法的形式逻辑看来，是错误的。这说明辩证法同形式逻辑是有区别的，辩证法同形式逻辑是根本上对立的。

④形而上学者不能理解辩证法的特性。

既然如此，"对于一个像杜林先生这样愚蠢的形而上学者来说，企图仅仅用辩证法向他证明什么东西，……是白费气力的。"因为，他的形而上学头脑对辩证法的本性根本不了解。例如，①在辩证法看来，真理是相对与绝对的统一，而在杜林看来"真正的真理是根本不变的"；②在辩证法看来，在阶级社会中道德是有阶级性和历史性的，不同的阶级有不同的道德标准，不同的历史时期有不同的道德观念，可是在杜林看来"道德的世界有其恒久的原则"，而且这种原则是凌驾于"历史差别"之上的；③在辩证法看来，平等是相对的，它是历史的产物，可是在杜林看来"两个人的意志是彼此完全平等了"，等等。对杜林讲辩证法只是对牛弹琴，白费力气，犹如莱布尼茨向当时数学家证明微积分定理一样。既然杜林对辩证法的本性不了解，那么他把辩证法看成单纯的证明工具，也就没有什么奇怪了。恩格斯的批判启示我们，必须把辩证法看作认识世界、分析矛盾、解决问题的方法和工具，不能当作单纯的证明工具，如果作为单纯证明工具，就会把辩证法当作教条、公式去套事物，就会犯从原则出发的唯心主义错误，我们必须从实际出发，而不能从原则出发。

2. 否定的否定是事物运动发展的普遍规律，它发生的根本原因在于事物内部的矛盾斗争。（第 13—25 段）

（1）自然界、人类社会和思维都按否定的否定这一过程由低级到高级发展。（第 13—23 段）

针对杜林对否定的否定规律的污蔑和攻击，恩格斯指出：否定的否定"是一个非常简单的、每日每地都在发生的过程"，并列举了大量的事例来说明否定的否定的普遍性。

①自然界。

A. 麦粒—植物—麦粒（种子—植物—种子）

B. 卵—蝴蝶—卵

C. 原始地壳—原始地壳的破坏—新的地层形成

②人类社会。

原始的公有制—私有制社会—共产主义的公有制社会

③人类思维。

A. 自然科学（数学）

初等数学：$a-(-a)-a^2$

高等数学：x、y—dx、dy—x′、y′

B. 社会科学（卢梭的平等观）

平等—不平等—平等（新的）

C. 哲学：原始的自发的唯物主义——唯心主义——现代唯物主义（辩证法唯物论）

从恩格斯论述否定之否定的普遍性中可以看到唯物辩证法关于这个规律的基本思想包括三个方面。

第一，波浪式前进（或叫螺旋式上升）是事物由低级到高级、由简单到复杂的前进运动形式。否定的否定规律告诉我们，任何事物的内部都有肯定和否定两个方面，肯定是事物保持其存在的方面，否定是促使事物发展和转化的方面。由肯定到否定，就是旧质向新质的飞跃，由否定到否定的否定，是事物发展的又一次飞跃。经过两次飞跃，否定的否定阶段重复了肯定阶段的某些特征、特性，好像又回到了原来的出发点，例如，麦粒被植物否定，后来植物又被新的麦粒所否定，新的麦粒好像又回到原来的麦粒。用恩格斯的话说，我们又有了原来的大麦粒，再如：共产主义的公有制好像重复着原始社会的公有制。恩格斯说是重新变为公有制，但是这种重复绝不是完全地回到了肯定阶段，而是前进和发展。因为，首先，它仅仅是在某些特征、特性方面的重复，仅仅是"仿佛像旧东西的回复"（列宁）。其次，它是在更高的基础上的重复，不是简单的"还原"。所以从肯定到否定，从否定到否定的否定是一个从低级到高级、从简单到复杂的上升运动。从恩格斯对所举的例子的说明中，我们可以清楚地看到这一点。大麦的植株被新的麦粒否定后"作为这一否定的否定的结果，我们又有了原来的大麦粒，但是不是一粒，而是加了十倍、二十倍或三十倍。"大丽花或兰花的种子经过否定的否定，"我们得到的这个否定的否定的结果，不仅是更多的种子，而且是品质改良了的、能开出更美丽的花朵的种子，这个过程的每一次重复，每一次新的否定的否定，都提高了这种完善化。"原始的壳经过否定的否定"结果是十分积极的"，新的地层利于植物生长。数学中正 a 经过否定的否定

"已经处在更高的阶段"；微积分中 x 和 y 经过否定的否定，并不是又回到了出发点，而是由此解决了普通几何代数也许碰得头破血流也无法解决的课题。原始所有制经过否定的否定到了共产主义社会并不是要恢复原始的公有制，而是要建立高级得多、发达得多的公共公有形式，如此等等。但是由于经过两次否定事物的发展是在斗争中进行的，这种前进上升运动，其道路不是直线的而是曲折的，如同前进的波浪，又为上升的螺旋。任何事物发展都具有这样的性质：总的趋势是上升前进的，前进道路是迂回曲折的。毛泽东说："一山飞峙大江边，跃上葱茏四百旋。"要跃上葱茏的峰顶，必须经过曲折的道路。这是描写上庐山的诗，也是事物发展的真理。事物的发展是前进性与曲折性的辩证统一，既不能把事物的发展看成团团转，也不能看成一条线。

如果否认了事物发展的前进趋势，那就是循环论（否认前进性），在政治上导致为复古主义；如果否认了事物发展的曲折途径，那就是直线性观点（否认曲折性），导致政治上的左倾盲动主义。毛泽东根据事物发展具有波浪式前进性质这种客观规律，作出了"道路是曲折的，前景是光明的"这一科学论断，正确地反映了历史发展的普遍性和曲折性的辩证统一。

第二，新生事物是不可战胜的。从恩格斯所论述的事物发展的否定的否定过程可以看出，"辩证法在对现存事物的肯定的理解中同时包含对现存事物的否定的理解，即对现存事物的必然灭亡的理解"①。世界上没有什么东西是永恒的、不变的。任何事物在完成了它要经历的使命之后，最终必然灭亡而为新生事物所代替。如植物代替种子，果实代替植物，阶级社会代替原始社会，共产主义社会又代替阶级社会等。新生事物是符合发展规律的，是历史的发展过程中进步的，代表发展趋向，具有远大前途的东西，旧事物是日趋灭亡和逐渐丧失其必然性的东西。新事物总是后于旧事物出现，但时间上后出的不一定都是新事物；要把新

① 马克思：《资本论》第 1 卷，第二版跋，人民出版社 2004 年版，第 22 页。

事物同旧事物的新表现区别开来。新事物虽然在发展初期，往往是较为弱小的，在发展过程中也不是一帆风顺的，总要受到旧事物的反对和抵制，但是经过斗争，新事物就会由小变大、由弱变强，并最后代替那些保守的、趋于灭亡的旧事物。为什么新事物不可战胜？因为，①它在新旧两方面斗争中处于上升地位。②它适应着客观发展的需要。③它克服了旧事物的消极腐朽性，具有积极的内容和生命力。我国社会主义制度中产生的共产主义新生事物，都是对旧社会的残余和痕迹的否定，它具有不可战胜的强大生命力和无限广阔的前途，我们要热情支持，积极扶植，让它成长壮大。

（2）否定的否定发生的根本原因在于事物内部的矛盾斗争。（第24段）

恩格斯在讲卢梭的平等学说以后指出，从对卢梭的叙述中可以看到马克思所使用的整个一系列辩证的说法：按本性说是对抗的，包含着矛盾的过程，每个极端向它的反面的转化，最后作为整个过程的核心的否定的否定。这段话说明了唯物辩证法的本质，揭示了否定的否定过程发生的根源。

①事物发展的本质是矛盾。马克思主义辩证法最重要的思想是认为矛盾规律是辩证法的核心和实质。这一观点是列宁在1919年写的《哲学笔记》中第一次明确提出的。但是马、恩都十分重视事物的矛盾运动和矛盾规律在整个辩证法中的地位。他们有时把辩证法称为矛盾辩证法，马克思在1847年写的《哲学的贫困》中总结出对立面的统一和斗争是"辩证运动的实质"。在《反杜林论》中恩格斯论述了辩证法的三个规律，但更重视矛盾规律，在十二章中他把辩证法叫作"矛盾辩证法"，在这里他概括马克思关于辩证法的思想时，首先指出在马克思看来，事物的发展和运动按本性说是对抗的，包含着矛盾的过程。事物由量到质的发展，从矛盾的本性来看是每个极端向它的反面的转化。对立面的转化就是事物性质的变化，马、恩的事物发展的本性是矛盾的思想，后来由列宁和毛泽东将其进一步深刻地论述和发展。

②否定的否定的根源是矛盾。恩格斯说，事物发展的本性是矛盾斗争，是对立面的转化，而否定的否定则是矛盾斗争的结果。他说最后，作为整个过程的核心否定的否定，这里所说的核心并不是否定之否定是唯物辩证法的核心，而是指事物由于矛盾斗争而最后形成的结果是旧事物被新事物否定。在这里恩格斯把否定的否定看成事物发展过程最后才出现的，显然他在于说明，否定的否定的根源是矛盾斗争。关于这个思想，恩格斯在《自然辩证法》中讲得很明确，他说："由于矛盾所引起的发展，或否定的否定——发展的螺旋形式。"① 这就是说，否定的否定是由矛盾所引起的发展。

马克思、恩格斯关于否定的否定根源是矛盾这一思想，具有十分重要的意义。它说明①辩证的否定是事物的自我否定。任何事物都具有内部矛盾，因此任何事物都是要被否定的；一事物在它的产生时，已经孕育了否定自己的因素。新事物对于旧事物的否定，就是事物内部这种否定因素发展的结果，而不是起因于外力的作用。②否定的否定规律是以矛盾规律为基础的。否定与肯定是事物矛盾的两个侧面，它们的斗争过程是矛盾规律的一种表现。恩格斯当时虽然看到了矛盾规律在辩证法当中的重要性，并注意了质变量变和否定的否定规律与矛盾规律的关系。但在当时的历史条件下，恩格斯还是把辩证法的基本规律概括为三条。后来，毛泽东在列宁关于矛盾规律是辩证法的核心这一思想的基础上指出，辩证法的根本规律只有一个，就是对立统一，其他如质与量、否定与肯定都是矛盾规律的表现。这个思想是对唯物辩证法的重大发展。

（3）否定的否定是事物发展的普遍规律。（第25段）

辩证法是关于普遍规律的科学。恩格斯在论述了自然界、人类社会和思维领域中所表现的否定的否定过程之后，得出了一个结论："它是一个极大普遍的，因而极大广泛的起作用的、重要的自然、历史和思维的发展规律。"并且指出，各种事物在发展中所表现出来的否定的否定

---

① 恩格斯：《自然辩证法》，人民出版社1971年版，第1页。

过程各具有自己本身的特点，在分析具体事物按否定的否定规律发展时，要注意到它的特殊性。如果不注意发展的特殊性，就会把各种具体事物的否定的否定过程完全等同起来。但也不能因为注意了每一个个别的特殊过程的特点而否认了这一规律的普遍性。只有把普遍性和特殊性结合起来，才能正确地理解唯物辩证法的各个规律。恩格斯这里强调的是这一规律的普遍性，他说："当我谈到所有这些过程，说它们是否定的否定的时候，我是用这一运动规律来概括所有这些过程。正因为如此，我没有去注意每一个个别的特殊过程的特点。"①

在论述否定的否定规律普遍性的基础上，恩格斯进一步对辩证法下一个经典性的定义：辩证法不过是关于自然、人类社会和思维的运动和发展普遍规律的科学。恩格斯关于唯物辩证法的这个定义，说明了唯物辩证法最根本的特点：①辩证法的规律是最普遍、最一般的规律，它适用于整个宇宙的各个领域，它的作用是无限的，它既是世界观又是方法论。②辩证法的规律是研究具体事物的指南，而不能当作死的公式向具体事物上硬套。普遍规律不能代替特殊规律，唯物辩证法不能代替各门具体的科学，不能代替对具体事物的具体研究。如果否认了唯物辩证法的普遍性，那就会陷入形而上学；如果用唯物辩证法的规律代替了具体领域具体事物的特殊规律，那就走向从抽象公式出发的唯心论。

3. 辩证的否定是发展的环节，否定的否定是客观的规律。（第 26—27 段）

恩格斯在论述了否定的否定规律的普遍性之后，进一步阐明了辩证的否定在事物运动中的作用和否定的否定规律的客观性。

（1）辩证的否定是发展的环节，它和形而上学的否定观是根本对立的。（第 26 段）

唯物辩证法的否定观与形而上学的否定观是根本对立的，恩格斯从

① 《马克思恩格斯选集》第 3 卷，人民出版社 2012 年版，第 520 页。

三个方面划清了二者的界限。

①形而上学否定观，把肯定和否定绝对对立起来，辩证法的否定观认为肯定和否定是对立的统一（在否定内容上的对立：抛弃—扬弃）。

形而上学者认为，否定就是绝对的无，就是把事物消灭，例如把大麦粒磨碎，昆虫踩死，把正数 a 涂掉，就是对它们的否定。这种否定是简单抛弃、一笔勾销，认为肯定和否定是绝对不相容的，要否定就没有肯定，要肯定就没有否定。恩格斯说这表现了"形而上学思维的狭隘性"，它完全破坏了事物的发展。

在辩证法中，"否定不是简单的说不，或宣布某一个事物不存在，或用任何一种方法把它消灭……任何的限制或规定同时就是否定"。这就是说，肯定中包含着否定，主要是肯定；否定中包含着肯定，主要是否定。否定与肯定不是绝对对立的，而是对立中有统一。这种否定观的特点是扬弃。"就是说：既被克服又被保存"①，有批判也有继承。在否定旧事物时，要保留以往发展中对新事物有积极意义的因素，并把它发展到新的阶段。这种否定是对旧事物质的根本否定，并不是把旧事物内部的一切因素全盘抛弃。例如，马、恩对黑格尔哲学的否定，就是抛弃体系而保留"合理内核"。只有这样，否定才不会使事物发展中断或停止，而是旧质向新质过渡的桥梁，是事物由低级到高级的发展环节。也只有经过这种否定，事物才能继续发展。可见，辩证的否定是事物在发展过程中具有决定性作用的环节，正如恩格斯说的，经过这样的否定，它同时就获得了发展。总之，事物是肯定与否定的对立统一，否定是克服与保留的对立统一。由此可见，肯定一切是错误的，它否认了事物的发展，否定一切也是错误的，它割裂了事物的联系。

②形而上学否定观把否定看作外力作用的结果，辩证法认为否定是事物内部的矛盾运动（在否定根源上的对立：外因—内因【矛盾】）。

形而上学者认为事物发展的动力不在事物内部，而在于外因。表现

---

① 恩格斯：《反杜林论》，人民出版社 2018 年版，第 136 页。

在否定观点上，它把否定看作外力作用，例如用磨磨碎麦粒，用脚踩死昆虫，用手涂掉正数 a，等等。

辩证法认为否定的根源存在于事物内部的矛盾斗争，否定是事物的自我否定。关于这一观点，恩格斯不但在分析事物的过程中做了说明，而且从理论上明确指出了，我们不再重复。否定的根源是在于事物内部的矛盾运动，还是由于外力的作用，这是两种否定观对立的要害。

③形而上学把否定方式只看作简单的抛弃，辩证法认为否定方式既取决于过程的一般性质，又取决于过程的特殊性质。

形而上学的否定观认为，每一事物的否定方式都是一样的，都是简单地抛弃，彻底地消灭。这种观点意味着事物发展的停止，意味着否认一事物与另一事物之间有性质上的根本区别和发展上的具体特点，它看到事物的多样性和发展的无限性。

辩证法认为否定的方式在这里首先取决于过程的一般性质，其次取决于过程的特殊性质。事物发展过程的一般性质是什么呢？就是质变，旧事物的灭亡，新事物的产生，就是螺旋式上升，波浪式发展。由过程的一般性质所决定的否定方式，就是实现了第一个否定，同时还使第二个否定成为可能，即为第二个否定准备条件，提供前提，并且促使它实现。用恩格斯的话说：我们不仅应当否定，而且还应当重新扬弃这个否定。

事物发展过程的特殊性质是什么呢？就是各具体事物在发展中所具有的特点。由于过程的特殊性所决定的否定方式，就是：各个具体事物各自具有它具体的否定方式。用恩格斯的话说，各具体事物采取什么样的否定方式"要以每一种情况的特殊性质而定"。"每一种具体事物都有它的特殊否定方式，经过这样的否定，它同时就获得发展"。① 他举例说，微积分中的否定不同于从负根得出的乘方时的否定。我们还可以举出很多例子说明这一点，例如冰对水的否定，就不同于社会主义社会对

---

① 《马克思恩格斯全集》第26卷，人民出版社2014年版，第150页。

资本主义社会的否定。在谈否定的否定规律的普遍性时，恩格斯说："我没有去注意每一个个别的特殊过程的特点。"在谈到具体事物的否定方式时，恩格斯则要我们注意具体事物发展过程的特点。这就告诉我们要从普遍性与特殊性，共性与个性的关系中，去把握唯物辩证法的规律。既不能把一般的否定形式与特殊的否定方式等量齐观，又不能以一般的否定方式代替特殊的否定方式。反之亦然。辩证规律在各种具体事物的发展中都有其特殊表现形式，因而我们在运用辩证法时，一定要坚持一般与特殊相结合的原则，把马克思主义的普遍真理同革命的具体实践相结合。如果我们只注意普遍性，忽视特殊性，那么就不能使唯物辩证法发挥其指导各门科学进到具体研究的方法论的作用。恩格斯举了微积分计算、大麦播种和提琴演奏等例子说明了这个道理，指出掌握了普遍规律，并不能代替研究具体事物发展的特殊规律。

由此可见，辩证法的否定观与形而上学的否定观是根本对立的。这些对立表现在否定的内容、否定的根源、否定的方式等问题上。对立的焦点在于，是否把否定看作由内部矛盾引起的事物发展的环节。

（2）唯物辩证法的否定的否定规律具有客观性，它同黑格尔的唯心辩证法有本质区别。（第27段）

杜林不断用形而上学的否定观反对辩证的否定观，而且，他把马克思主义的辩证法同黑格尔的辩证法混为一谈，说什么马克思主义的否定的否定是抄袭黑格尔的，黑格尔的否定观是从宗教中抄袭来的荒唐类比。这完全否认否定的否定是客观事物发展的规律。

恩格斯指出，唯物辩证法是客观事物的发展规律，主观辩证法乃是对客观辩证法的反映。人们远在知道什么是辩证法以前，就已经辩证地思考了。否定的否定这个规律在自然界和历史中起着作用，而在它被认识以前，它也在我们头脑中不自觉地起着作用。这就是说，否定的否定乃是自然、历史和人类思维所具有的客观规律，人们认识它时，它在起作用，人们不认识它时，它仍然起作用。显然，它并不是人类的思维的创造物，也不是由人类思维强加在自然和历史头上的模式，辩证法的其他规律也是这样。

正是由于否定的否定是客观规律，是客观事物和人类思维本身固有的，所以它并不是黑格尔的发明，黑格尔的功绩只在于他把这一规律第一次明确地表述出来。黑格尔之所以能够明确地表述这一规律，是因为他在概念的辩证法中，猜到了事物的辩证法，是客观规律在他"主观头脑"中不自觉地反应。黑格尔由于其资产阶级立场和建立唯心主义哲学体系的目的，在表述这一规律的时候，同时就歪曲了这一规律。第一，他否认了这一规律的客观性，而把它说成"绝对精神"的自我发展过程，说成纯粹精神领域内的东西。第二，他不是把这一规律作为指导研究事物的科学方法，而是当作建立唯心主义体系的僵死公式，把不论什么过程硬塞进正题—反题—合题三段论式的框框里。在他那里，方法是体系的奴仆，体系是方法的枷锁。他的体系是套在辩证法头上的"紧箍咒"。第三，他不是把否定的否定看作自始至终的矛盾斗争过程，而是在第二次否定，即否定的否定——他的合题中，排除矛盾，取消斗争，追求调和矛盾的所谓"统一"。这样，就走向了形而上学。由此可见，黑格尔的辩证法以及否定的否定规律，虽然具有"合理内核"，但它同马克思主义的唯物辩证法有着本质的区别。

唯物辩证法，否定的否定规律的客观性是不以人的主观意志为转移的，黑格尔的唯心主义哲学不能扼杀它，杜林的形而上学头脑也不能掩盖它。如果他想从思维中排除这件事，那么请他先把它从自然界和历史中排除出去。马克思主义的唯物辩证法哲学清除了旧唯物主义哲学盖在它上面，而且由杜林先生一类无可救药的形而上学者为了自身利益继续盖在它上面的神秘的垃圾，使辩证法的否定的否定规律成了无产阶级认识世界、改造世界的强大思想武器，成了科学的世界观和方法论。

根据《反杜林论》哲学编第十三章所阐明的观点和所列举的事例，我们可以把否定之否定规律（或称为肯定否定规律）基本观点概括如下。

什么是否定之否定规律呢？它是对立统一规律的具体体现，它揭示了事物发展的趋势和道路。这个规律指出，事物的发展是由矛盾引起的新事物对旧事物的否定，发展的总趋势是由低级到高级、由简单到复杂的前进上升运动，发展的道路是曲折的，波浪式的或螺旋形的。这一规律的中心内容是说明事物发展是前进性和曲折性的统一。否定的否定规律的基本观点有三个。

第一，辩证的否定是发展的环节。任何事物内部都包含着肯定和否定两种因素，事物的发展正是通过否定因素战胜（即否定）肯定因素而实现的。否定就是质变，就是飞跃，就是新的产生和旧的灭亡。没有否定就没有质变，没有飞跃，没有发展。所以说，否定是事物发展的环节，是旧事物过渡到新事物的桥梁，是渐进过程的中断。（否定的重要性）

第二，新事物是不可战胜的。否定是新事物战胜旧事物的环节，这个环节的出现是必然的，就是说，新事物否定旧事物是必然的，新事物是不可战胜的。为什么呢？因为，①新的方面在新旧矛盾双方中处于上升地位。②它适应着客观发展过程的需要，代表着前进的方向和发展的前途。③它克服了旧事物的消极腐朽性，具有积极的内容和生命力。所以说，新事物是不可战胜的。

第三，发展是波浪式的前进上升运动。事物总是要向前发展的，但发展的道路又不是笔直的，而是迂回曲折的，这是由于事物内部矛盾斗争的复杂性决定的。①新旧矛盾双方这种强弱优劣的关系，必须经过长期反复斗争，此起彼伏、此消彼长地一再较量，才能得到改变，否定的方面逐步成熟，新的否定的因素必须经过许多挫折、失败，最后才能战胜腐朽的肯定因素，实现对旧事物的否定。甚至在总的前进趋势中，在一定时期，一定条件下，也会出现某种局部的暂时的倒退现象。②一般地说，在事物发展的总过程中，经过两次否定，即由肯定到否定，再由否定到第二次否定，事物的运动就表现为一个周期。否定之否定阶段，重复了否定阶段的某些特征、特性，好像又回到了原来的出发点，但它又是和旧东西根本不同的，比较高级的新东西。否定之否定规律的作用要在一个较长的过程中，即事物运动完成一个周期才能呈现出来。事物发展呈现的周期性，是一个螺旋形的、波浪式的前进上升运动。这些都说明发展的道路是曲折的，不是直线的。

总之，否定的否定规律揭示了事物发展的前进性和曲折性相统一的性质。离开前进性谈曲折性就是循环论（团团转），在政治上表现为复古主义、右倾主义；离开曲折性谈前进性就是直线论（一条线），在政治上会表现为冒险主义，"左"倾盲动主义。

《矛盾论》讲义

（1978 年 8 月）

《矛盾论》发表的历史背景和伟大意义

　　毛泽东的《矛盾论》，是继《实践论》之后发表的又一部光辉的马克思主义的哲学著作。这部著作是党内两条路线斗争经验的科学总结，是对马克思主义哲学的重大发展，是无产阶级改造客观世界和主观世界的强大思想武器。今天我们学习《矛盾论》，对于在 21 世纪内把我国建设成为农业、工业、国防和科学技术现代化的伟大的社会主义强国，具有极其重大的意义。

（一）《矛盾论》是党内两条路线斗争经验的科学总结

　　《矛盾论》是毛泽东 1937 年 8 月在延安发表的，曾在延安的抗日军事政治大学作过演讲。这部著作，是在阶级斗争和路线斗争的紧要历史关头，在中国革命面临重大历史任务的时刻产生的。当时的历史特点是，由第二次国内革命战争转入抗日战争，中国革命进入了一个新的历史阶段，我党结束了王明的"左"倾机会主义在中央占据的主导地位，党的路线走上了马列主义毛泽东思想的正确轨道。

　　这是具有历史性的两个转折，一个是革命转折（由国内革命战争转到抗日民族战争），一个是路线转折（由错误路线转到正确路线）。前者以 1937 年 7 月 7 日的卢沟桥事件为标志；后者以 1935 年 1 月的遵义会议为标志。

这两个转折给我党提出了两个重大任务。一是领导抗日战争，二是继续清算王明路线，《实践论》《矛盾论》就是适应这两个重大任务而写的，《矛盾论》为实现这两个重大任务起了巨大的指导作用。

（1）《矛盾论》为我党制定抗日战争的路线方针、政策和策略，提供了理论依据。1935 年 12 月 27 日，毛泽东就在《论及对日本帝国主义的策略》一文中指出："当着革命的形势已经改变的时候，革命的策略，革命的领导方式，也必须跟着改变。"在《矛盾论》中毛泽东运用对立统一规律，对抗日战争开始后，国内主要矛盾的变化、各阶级之间矛盾的状况以及每个矛盾双方所具有的特点都做了深刻的科学分析，这些分析为我党制定领导抗日战争的路线和策略提供了哲学根据，奠定了理论基础。毛泽东关于抗日战争的几部重要著作，如《抗日游击战争的战略问题》《论持久战》《战争和战略问题》等都是对立统一规律的具体运用。这些著作是抗日战争胜利的光辉指针。

（2）《矛盾论》揭露了王明机会主义路线的思想根源，批判了其形而上学的世界观。在第二次国内革命战争时期，王明的"左"倾机会主义路线统治了全党。这条路线以教条主义为其特征，它在世界观上的根源就是以唯心论和形而上学冒充马克思主义的唯物辩证法。"左"倾机会主义者们"不认识事物的互相联系，不认识事物的内部规律"，不是从中国革命的实际情况出发，而是从自己的主观愿望出发；他们否认深入事物里面研究矛盾特点的必要性，不去对中国社会的各种矛盾进行具体的分析，而是千篇一律地使用一种自以为绝对正确的公式到处乱套，他们不懂得应当用不同的方法去解决不同的矛盾，不是把马克思列宁主义看成革命的指南，而是看成僵死的教条。总之，他们违背了主观和客观相统一的原则，抛弃了"具体地分析具体的情况"这个马克思主义活的灵魂，割裂了马克思主义普遍真理与中国革命的具体实践相结合的关系。因此，给革命造成了重大损失，导致了第二次国内革命战争的失败。

1935 年的遵义会议结束了王明路线在全党的统治，改变了"左"倾机会主义的领导，确定了毛泽东在全党的领导地位。但是由于当时处于长征途中，会议只着重解决了最急需解决的军事问题和组织问题，没有来得及从理论上彻底清算王明路线，红军到达陕北后，毛泽东在1935年12月在瓦窑堡党的活动分子会议上作了《论反对日本帝国主义的策略》的报告，批判和清算了王明的政治路线，1936年毛泽东写了《中国革命战争的战略问题》，批判和清算了王明的军事路线。为了进一步揭露和批判机会主义路线的思想根源，从世界观的高度清算王明的错误路线，肃清其唯心论和形而上学对全党的影响，在1937年抗日战争全面爆发后，毛泽东相继发表了《实践论》和《矛盾论》这两部光辉的哲学著作。《矛盾论》就是用唯物辩证法批判"左"倾机会主义的形而上学世界观的。

《矛盾论》不但对王明路线进行了批判，从哲学上总结了我党同王明"左"倾机会主义路线的斗争经验。而且，还批判了陈独秀、张国焘等人的错误路线。它重点批判了"左"倾机会主义，批判了教条主义，同时还批判了右倾机会主义，批判了经验主义。总之，它对建党以来党内的6次路线斗争，从哲学上作了全面的总结。从唯物辩证法和形而上学的对立上说明了马克思主义路线同左、右倾机会主义路线斗争的哲学基础，阐明了只有坚持唯物辩证法的世界观，才能执行马克思主义的革命路线；而坚持唯心论形而上学，必然会执行错误路线这个真理，所以说《矛盾论》是两条路线斗争的科学总结。

（二）《矛盾论》是对马克思列宁主义的唯物辩证法的重大发展

《矛盾论》是毛泽东对马克思主义哲学的唯物辩证法的重大发展，他对唯物辩证法的主要贡献有三个方面。

（1）《矛盾论》发展了列宁关于对立统一规律是唯物辩证法的"实质"和"核心"的思想，从两种宇宙观的历史和对立斗争的焦点，从事物联系的根本内容和发展的根本动力，从矛盾学说同辩证法其他原理的关系，从认识世界（分析矛盾）和改造世界（解决矛盾）的根本的方法论等各个方面，全面地说明了"对立统一的法则，是唯物辩证法的最根本的法则"。

（2）《矛盾论》对对立统一规律作了完整、深刻、全面的论述，使对立统一规律成为了一个完整的系统化的哲学学说，这在马克思主义的发展史上还是第一次。

（3）《矛盾论》对矛盾规律所涉及的基本内容和诸多观点，作了深刻的阐明，提出了许多新思想。例如关于矛盾的普遍性，恩格斯在《反杜林论》《自然辩证法》中，列宁在《谈谈辩证法》中都有过论述，但毛泽东第一次概括出了矛盾普遍性的两种含义。又如关于矛盾的特殊性问题，列宁提出了"具体地分析具体的情况"这一光辉思想。毛泽东详尽地论述了矛盾特殊性的几种情形，大大发展了列宁的思想，并且还创造性地做出了关于共性和个性、绝对和相对的道理"是关于事物矛盾问题的精髓"的新概括。再如关于主要矛盾和矛盾的主要方面，列宁在制定无产阶级革命的战略策略时，一再强调要抓主要环节，而毛泽东则提出了关于主要矛盾的系统理论，并把这个问题作为对立统一规律的重要内容加以论述，再如，关于同一性和斗争性问题，列宁概括地指出同一性是相对的，斗争性是绝对的。毛泽东则进一步发展了列宁的论述，详细地分析了同一性的两种含义以及同一性和斗争性的关系，等等。

总之，《矛盾论》极大地丰富和发展了马克思主义唯物辩证法，是对马克思主义哲学的极大贡献，也是毛泽东留给我们党的最宝贵的理论遗产。

引　言

（一）内容提示

《矛盾论》① 的引言共两段，阐述了两个问题。第一，指出矛盾法则，即对立统一，是唯物辩证法的最根本的法则。（第 1 段）第二，说明《矛盾论》批判的主要目标是教条主义。（第 2 段）学习"引言"要深刻理解对立统一规律是唯物辩证法的根本规律这个重要观点。

（二）问题讲解

唯物辩证法是马克思主义学说的哲学基础，是无产阶级的世界观和方法论。无产阶级革命导师的全部著作中有一个伟大的思想贯穿始终，这就是唯物辩证法。要理解马克思列宁主义、毛泽东思想的基本原理和精神实质，就必须深刻领会和掌握唯物辩证法。唯物辩证法是关于自然、人类社会和思维运动与发展的普遍规律的科学，它的根本规律就是矛盾规律，即对立统一规律。

1. 对立统一规律是唯物辩证法的根本规律

关于辩证法包括哪些规律，它的实质和核心是什么，这个问题在马克思主义哲学史上，有一个发展过程。恩格斯曾将辩证法的规律归结为

---

① 这里选用的版本是人民出版社 1975 年版。

量转化为质和质转化为量、对立的相互渗透、否定的否定三个规律。列宁论述过辩证法的十六要素，特别是第一次明确指出对立统一规律是辩证法的实质和核心。斯大林有关于辩证法"四个特征"的提法。毛泽东继承和发展了马克思列宁主义哲学，特别是直接继承和发展了列宁的思想，深刻指出对立统一规律是唯物辩证法的根本规律，并对这一规律的根本内容做了全面、完整、系统的论述。这是毛泽东对马克思主义的唯物辩证法的杰出贡献和重大发展。毛泽东说："关于辩证法，列宁说过：'可以把辩证法简要地确定为对立统一的学说。这样就会抓住辩证法的核心，可是这需要解释和发展。'解释和发展，这就是我们的工作。要解释，我们现在解释太少了。还要发展，我们在革命中有丰富的经验，应当发展这个学说。"①《矛盾论》就是解释和发展对立统一学说的光辉著作。

新中国成立后，毛泽东反复强调对立统一规律是辩证法的根本规律这一思想，说："对立统一这个辩证法的根本规律"②，"马克思主义哲学认为，对立统一规律是宇宙的根本规律"③，"辩证法的基本观点就是对立面的统一"④，"一分为二，这是个普遍的现象，这就是辩证法"⑤。毛泽东还用了许多明白易懂、准确深刻的通俗语言来表述对立统一规律。如"一分为二""两点论""两分法""对子""对台戏""扯皮主义""不是冤家不聚头""你中有我，我中有你"，等等。

这充分表明，毛泽东以新的历史经验，进一步肯定和深刻论证了对立统一学说在唯物辩证法中的核心地位，直接继承和发展了列宁的思想。

为什么说对立统一规律是唯物辩证法的实质核心和根本规律呢？第一，对立统一规律说明了事物普遍联系的基本内容。恩格斯说，辩证法是关于普遍联系的科学。唯物辩证法认为，世界上的万事万物都是普遍

---

① 《毛泽东文集》第 7 卷，人民出版社 1999 年版，第 192 页。
② 《毛泽东文集》第 7 卷，人民出版社 1999 年版，第 213 页。
③ 《毛泽东文集》第 7 卷，人民出版社 1999 年版，第 331 页。
④ 《毛泽东文集》第 7 卷，人民出版社 1999 年版，第 331 页。
⑤ 《毛泽东文集》第 7 卷，人民出版社 1999 年版，第 332—333 页。

联系的，而不是彼此孤立、相互隔离的，事物的联系构成了物质世界的运动。事物之间联系的具体形式是多种多样的，但是，联系的基本内容是对立统一，是矛盾。毛泽东指出："究竟是什么东西联系呢？就是对立的两个侧面的联系。各种事物都有对立的两个侧面。"① 这就是说，辩证法所说的联系是指矛盾的联系，是矛盾双方既对立又统一的联系，而绝不是无缘无故什么东西都是联系的。对立统一规律说明了事物内部联系和事物之间联系的基本内容，坚持了矛盾的观点，也就能坚持普遍联系的观点，把握了矛盾规律，也就能把握事物的普遍联系。

第二，对立统一规律揭示了事物运动发展的根本动力。恩格斯说，唯物辩证法是研究事物运动发展规律的科学。世界上的一切事物都是运动、变化和发展的，发展的源泉和动力就是事物的内部矛盾，任何事物都包含着自己的内在矛盾，由此推动它的运动和发展。恩格斯指出："矛盾是客观地存在于事物和过程中的，而且是一种现实的力量。"② 列宁说："要认识世界上一切过程的'自己运动'、自生的发展和蓬勃的生活，就要把这些过程当做对立面的统一来认识。"③ 毛泽东说："事物发展的根本原因，……在于事物内部的矛盾性。任何事物内部都有这种矛盾性，因此引起事物的运动和发展。"④ 这就告诉我们，矛盾规律揭示了事物运动和发展的根本动力，掌握了矛盾规律，就在根本上掌握了辩证法的发展观。

第三，对立统一规律是唯物辩证法其他规律和范畴的基础。唯物辩证法研究客观事物的普遍规律，这些规律不是互不相关的，也不是并列的。唯物辩证法的其他规律和范畴都是以对立统一规律为基础的，是对立统一规律的具体表现和展开。例如，量变和质变规律揭示了事物发展的两种状态和基本过程，而这两种状态都是由事物内部的矛盾所引起的，

---

① 《毛泽东文集》第 7 卷，人民出版社 1999 年版，第 194 页。
② 恩格斯：《反杜林论》，人民出版社 2018 年版，第 117 页。
③ 列宁：《哲学笔记》，人民出版社 1960 年版，第 408 页。
④ 毛泽东：《矛盾论》，人民出版社 1975 年版，第 4 页。

从量变到质变的过程是事物内部矛盾斗争发展的过程。肯定否定规律揭示了事物发展的基本趋势和道路，趋势就是新陈代谢，新事物战胜旧事物，道路就是波浪式前进，螺旋式上升。这种前进性的趋势和曲折性的道路都是矛盾斗争和发展的具体表现，是矛盾斗争所引起造成的。至于辩证法的一系列范畴，现象和本质、内容和形式、原因和结果、必然和偶然、可能和现实等等，本身就是对立的统一，是矛盾的具体表现。由此可见，对立统一规律是唯物辩证法其他规律和范畴的基础，它贯穿于唯物辩证法的各个规律和范畴之中。正是在这个意义上，列宁指出：对立统一规律"才提供理解一切现存事物的'自己运动'的钥匙，才提供解决'飞跃'，'渐进过程的中断'，'向对立面的转化'，旧东西的消失和新东西的产生的钥匙。"[1] 毛泽东也指出，质和量、肯定和否定、现象和本质、内容和形式、必然和自由、可能和现实等等，都是对立的统一。

第四，是否承认对立统一规律是辩证法和形而上学斗争的焦点。一部哲学史，就是唯物论和唯心论、辩证法与形而上学斗争的历史，辩证法和形而上学斗争的焦点在于是否承认对立统一规律。辩证法认为事物发展的根本原因在于事物内部的矛盾性，形而上学反对辩证法的观点很多，但最根本的一点在于否认唯物辩证法所主张的事物因内部矛盾引起发展的学说。否认矛盾，特别是否认内部矛盾是形而上学宇宙观的要害。所以，毛泽东说："形而上学，……要么这样，要么那样，不承认对立统一。"[2] 辩证法和形而上学这两种宇宙观的斗争说明，对立统一规律是唯物辩证法的实质、核心和根本规律。

总之，从矛盾规律在事物存在和发展中的作用，矛盾规律和辩证法其他规律、范畴的关系以及辩证法与形而上学斗争的焦点可以充分说明，对立统一规律是唯物辩证法的根本规律，掌握了对立统一规律就从根本上懂得了唯物辩证法。

正由于对立统一规律是唯物辩证法的实质、核心、根本规律，所以

---

① 《列宁选集》第 55 卷，人民出版社 2017 年版，第 300 页。

② 《毛泽东文集》第 7 卷，人民出版社 1999 年版，第 195 页。

它的内容涉及广泛的方面，涉及很多的哲学问题。《矛盾论》论述的两种宇宙观，矛盾的普遍性，矛盾的特殊性，主要矛盾和主要的矛盾方面，矛盾诸方面的同一性和斗争性，对抗在矛盾中的地位等六个问题就是对立统一规律所包括的主要问题。

2.《矛盾论》批判的主要目标是教条主义

在"引言"中，毛泽东指出："我们现在的哲学研究工作，应当以扫除教条主义为主要的目标。"这就明确告诉我们，《矛盾论》一书批判的重点是教条主义。为什么《矛盾论》要以扫除教条主义为主要目标呢？

首先，因为以王明为代表的教条主义是当时党内的主要危险。我们在介绍历史背景时已经说过，1931年到1934年，王明、秦邦宪、张闻天等贯彻"左"倾机会主义路线，致使白区党的力量几乎损失百分之百，苏区损失百分之九十，这条机会主义路线的认识论特征是教条主义。1935年的遵义会议，确立了毛泽东在党内的最高领导地位，结束了王明机会主义路线在全党的统治。但是，教条主义的思想影响仍然在党内和革命队伍内部严重存在，一些同志还分不清正确路线与错误路线。红军长征到达延安以后，王明的教条主义思想在党内还有一定的市场，直到1940年，王明还在延安发行他的小册子《为中共更加布尔什维克化而斗争》。所以，从1935年到1942年，党内思想路线上的主要任务，都是批判教条主义。毛泽东在《关于正确处理人民内部矛盾的问题》中说："1942年，我们……解决共产党内部的矛盾，就是教条主义者和广大党员之间的矛盾，教条主义思想和马克思主义思想之间的矛盾。"正由于教条主义是当时党内的主要危险，所以《矛盾论》的批判重点是教条主义。

其次，《矛盾论》以批判教条主义为主要目标，还为了肃清苏联德波林学派的唯心论影响。德波林（1881—1963）从1926年到1930年间任《在马克思主义旗帜下》杂志主编，1929年当选为苏联科学院院士、哲学研究所所长。1927—1929 年，以他为首的德波林学派在苏联较为流行，德波林肆意歪曲马克思主义哲学，特别是抹杀列宁对马克思主义哲学的伟大贡献，公开否定马克思主义哲学的列宁阶段，他的哲学在本质上是唯心论和形而上学的。他否认世界的物质性和物质的客观实在性，说"物质是所有无限的、具体的'中介'的总和，即关系和联系的总和。"并认为运动不是物质的运动而是概念的运动，他否认辩证法的客观性，说辩证法只是一种图式，给事物加上了内部联系，而事物本身是没有这种联系的。德波林还竭力否认矛盾的普遍性，断言矛盾不是一开始就存在于事物中，而是事物发展到一定阶段才出现的。他说："从单纯的等同，经过差异和对立到达于极端的矛盾。"在关于矛盾的斗争性问题上，他一方面否认矛盾斗争的绝对性，公开宣扬"对立面的和解，"倡言，辩证唯物主义的方法就是"调和对立面"。另一方面，却又否认矛盾斗争形式的相对性，断言一切矛盾归根到底都会发展到对抗。例如工农矛盾，在他看来一定会"发展敌对的冲突"。德波林这些谬论，完全是违背马克思列宁主义的，是为托洛茨基主义、布哈林的机会主义提供哲学武器的。

德波林学派的作风特点是哲学脱离政治、理论脱离实践。他认为哲学讨论的是怎样创造新的绝对孤立的逻辑体系，这些问题和现实无关，现实生活中的问题都是"非哲学的"。这正是一种典型的教条主义作风。

30 年代初，苏联哲学界在斯大林领导下，开展了对德波林学派的批判。斯大林明确指出，这个学派是"孟什维克化的唯心论"。1930 年 12 月 29 日，苏联红色教育学院支部局根据斯大林的指示精神，作出了《关于反德波林派的决议》。德波林于 1933 年作了检讨。

德波林的唯心论在中国共产党内产生了极坏的影响，这主要表现为王明的教条主义思想。王明 1925—1930 年在苏联中山大学学习的时候，正是德波林学派流行的时期，王明接受了这个学派的唯心论和形而上学世界观，特别是这个学派的理论脱离实际的恶劣作风。当 30 年代初，德波林学派在苏联受到批判时，王明已经离开莫斯科回国，他所受的思想影响，没有受到清算，而且把德波林派的教条主义作风，带回国内，流毒党内。空谈马列主义的词句，不分析研究中国社会的实际情况和具体特点，炮制了一条"左"倾机会主义路线，严重危害了革命。所以，毛泽东指出："我们党内的教条主义思想不能说和这个学派的作风没有关系。"《矛盾论》以批判教条主义为主要目标，是批判德波林学派的继续和发展，是为了扫除和肃清它在中共党内的流毒和影响，也是为了捍卫马克思列宁主义哲学。

《矛盾论》的重点是批判教条主义，但同时也对经验主义作了批判。它既抓住重点又十分全面地进行了哲学上两条路线的斗争。

一 两种宇宙观

（一）内容提示

在这一节中，毛泽东论述了形而上学和辩证法演变的历史，以及形而上学和唯物辩证法的基本观点，深刻阐明了形而上学和唯物辩证法这两种宇宙观对立的焦点在于是否承认内部矛盾是事物发展的根本原因，并指出学习唯物辩证法的根本意义就在于掌握分析矛盾和解决矛盾的根本方法，学习这一节重点是理解外因是变化的条件，内因是变化的根据，外因通过内因而起作用这个唯物辩证法的基本原理。

这一节共六段，除了第一段，概括论述两种宇宙观外，可以分为三个问题。

1. 形而上学的历史演变和基本观点（第 2—3 段）

（1）形而上学宇宙观的历史演变（第 2 段）

（2）形而上学的基本观点（第 3 段）

2. 唯物辩证法的基本观点和辩证法的发展历史（第 4—5 段）

（1）唯物辩证法的基本观点（第 4 段）

（2）辩证法宇宙观的发展历史（第 5 段）

3. 学习唯物辩证法的意义（第 6 段）

（二）问题讲解

《矛盾论》第一节通过论述形而上学和辩证法的历史演变、基本观点，中心说明唯物辩证法和形而上学是两种根本对立的宇宙观。

宇宙观就是世界观，它包括对于世界本原的看法，也包括对于世界发展的看法。在关于世界本原的问题上有唯物论和唯心论的对立，在关于世界发展的问题上，则有辩证法和形而上学的对立。一个哲学史就是唯物论和唯心论，辩证法与形而上学斗争的历史。毛泽东说："在哲学里面，唯物主义和唯心主义是对立统一，这两个东西是相互斗争的。还有两个东西，叫做辩证法和形而上学，也是对立统一、相互斗争的。一讲哲学，就少不了这两个对子。"①

列宁在《谈谈辩证法》一文中，对两种发展观的基本特征作了一个概括的说明，指出形而上学发展观认为发展是数量增减，辩证法的发展观认为发展是对立统一（一分为二）。毛泽东在第一节中就以列宁这段话为纲要来论述两种发展观的对立。

1. 形而上学宇宙观，用孤立、静止和片面的观点看世界

（1）形而上学宇宙观的历史演变。

形而上学宇宙观在人类的认识史中有着一个演变过程，这个过程可以分为三个阶段。第一个阶段是唯心论的形而上学，它是奴隶社会和封建社会中占统治地位的思想。在奴隶社会和封建社会时期，一方面由于生产力水平低下，使人们的认识有很大的局限性；另一个方面奴隶主和地主阶级为了维护自己的统治地位，阻止社会前进，竭力宣扬和提倡否认发展变化的观点。因此，就使形而上学同唯心论结合在一起，在人们的思想中占了统治地位。欧洲公元前 6 世纪到前 5 世纪的毕达哥拉斯学

---

① 《毛泽东选集》第 7 卷，人民出版社 1999 年版，第 193 页。

派和爱利亚学派是古希腊奴隶社会中唯心主义和形而上学的典型代表，他们或者宣称"数"是万物的本原，把氏族贵族奴隶主的统治秩序说成符合永恒不变的数的比例原则；或者认为存在是静止不变的，欧洲中世纪时期的经院哲学是封建统治阶级的官方哲学，它也是唯心主义和形而上学的。中国封建社会中的形而上学宇宙观的代表观点，就是"天不变，道亦不变。"

形而上学宇宙观发展的第二阶段是唯物论的形而上学。它是资本主义上升时期，新兴资产阶级的世界观。资产阶级为了同封建阶级做斗争，采用唯物论为思想武器与宗教神学相对抗，但是由于资本主义初期的生产规模还有限，与此相适应，在自然科学中，只有力学和数学有了较大的发展，其他自然科学则处于收集材料的阶段，这种情况给予哲学的影响就是用力学、数学的观点说明一切。而且对自然界分门别类地收集材料，这种孤立、静止的方法被一些哲学家（如英国的培根和洛克）所采用，形成了形而上学的世界观，17 世纪英国的唯物论、18 世纪法国的唯物论和 19 世纪德国费尔巴哈的唯物论都是形而上学的。

形而上学宇宙观演变的第三阶段，是马克思主义产生以后的庸俗进化论。马克思主义唯物辩证法的产生，宣告了形而上学的破产。但是资产阶级为了维护自己的反动统治，一方面继续鼓吹露骨的唯心主义，另一方面形而上学改头换面，抛出了庸俗进化论来对抗马克思主义的唯物辩证法。庸俗进化论产生于 19 世纪末 20 世纪初，主要代表人物是英国的斯宾塞（1820—1903）。斯宾塞把达尔文的生物进化论引进到社会科学领域中来，认为社会的发展同生物界一样，只有量的渐近，没有质的飞跃。由此出发，他只主张进行点滴的社会改良，反对社会革命，企图以微小的改良来永远维护资本主义制度。

形而上学宇宙观的历史演变告诉我们，这种宇宙观在人类认识史上是从来就有的，它随着社会的发展，科学的进步，不断改变自己的理论形式，但它总是和辩证法对立的。形而上学和唯物辩证法的斗争将会永远存在下去，批判形而上学宇宙观是思想战线上长期的任务。

（2）形而上学宇宙观的基本观点。

在第三段中，毛泽东集中剖析和批判了形而上学宇宙观的基本观点。指出："所谓形而上学的或庸俗进化论的宇宙观，就是用孤立的，静止的和片面的观点去看世界。"这概括说明了形而上学宇宙观的特征。

所谓孤立的观点，就是把世界一切事物，一切事物的形态和种类都看成永远彼此孤立，相互隔离，没有关系的，互不相干的。否认呈现在我们面前的世界，是一幅由种种关系和相互作用无穷无尽地交织起来的画面。

所谓静止的观点，就是把世界一切事物都看成永远不变化的，"如果说有变化，也只是数量的增减和场所的变更。而这种增减和变更的原因不在于事物的内部，而在于事物的外部，是由于外力的推动。"否认事物性质的变化，否认一种事物经过质的飞跃而变化为另一种事物的可能性。

所谓片面的观点，就是只看局部，不看全体，只见树木，不见森林，只知其一，不知其二。不懂得从总体上、各个方面去观察事物。

形而上学宇宙观的这种孤立、静止、片面的观点，究其原因，完全是由于否认矛盾而产生的。我们在讲到"引言"时说过，①矛盾是事物的本质联系，否认了事物的矛盾，就必然会孤立地看问题。②矛盾是事物运动和发展的源泉和动力，是一事物变为他事物的根本原因，否认了事物的矛盾，就必然会静止地看问题，必然会陷入单纯的量变论和外因论。③矛盾两方面的对立统一，构成了事物的整体和全貌，否认矛盾，必然会片面地看问题。由此可见，否认矛盾，特别是否认事物的内部矛盾，是形而上学宇宙观的要害，是它的各种错误观点产生的总根源，抓住了这一点，就抓住了形而上学宇宙观的本质。毛泽东说，形而上学者"否认唯物辩证法所主张的事物因内部矛盾引起发展的学说，因此他们不能解释事物的质的多样性，不能解释一种质变为它种质的现象。"这就深刻指出了形而上学者否认事物的质变，是由于他们不承认事物的内部矛盾，揭示了形而上学宇宙观的本质。

因为形而上学的宇宙观否认矛盾，用孤立、静止、片面的观点看世界，所以它会给人们的认识带来很大的局限性，导致人们的认识走向错误的道路。恩格斯说："形而上学的思维方式，虽然在依对象的性质而展开的各个领域中是合理的，甚至是必要的，可是它每一次迟早都要达到一个界限，一超过这个界限，它就会变成片面的、狭隘的、抽象的，并且陷入不可解决的矛盾……"① 因此，我们要取得对客观事物的正确认识，就必须克服形而上学，批判形而上学，用唯物辩证法的宇宙观作指导观察世界、研究问题。

2. 唯物辩证法认为事物发展的根本原因在于事物内部的矛盾

这一节的第4、5两段，毛泽东论述了唯物辩证法的宇宙观的基本观点以及辩证法宇宙观的发展历史，阐明了内因和外因的辩证关系，划清了两种宇宙观的界限。

（1）唯物辩证法的基本观点。

和形而上学的宇宙观相反，唯物辩证法的特征是用联系的、发展的、全面的观点来看世界。在它看来，世界并不是一些彼此孤立的东西的偶然堆积，而是一个具有内在联系的统一整体；世界并不是一个固定不变的僵死事物，而是一个生气勃勃的运动过程；世界的事物并不是只有一重性，一个方面，而是万事万物都具有两重性，两方面都是一分为二的。

唯物辩证法的这种联系的发展的全面的观点，是建立在承认矛盾规律这个基础之上的，它认为世界充满着矛盾，矛盾就是事物，就是过程，就是生命。一事物不但与他周围的事物有联系，一事物的内部也有矛盾。事物的这种内部矛盾与外部联系是事物发展的原因，内部矛盾即内因，外部联系即外因。内因与外因在事物发展中的地位是不同的，二者又是互相联系的。内因是事物发展的第一位原因，外因是第二位原因。内因是根据，外因是条件，外因通过内因而起作用，这就是唯物辩证法的最

---

① 《马克思恩格斯全集》第3卷，人民出版社1995年版，第360页。

根本观点。

①内因（内部矛盾）是事物发展的根本原因，外因（外部联系）是事物发展的第二位原因。

唯物辩证法认为："事物发展的根本原因不是在于事物的外部，而是在事物的内部，在于事物内部的矛盾性。"为什么内部矛盾是事物发展的根本原因呢？a. 内部矛盾是事物存在的基础。没有内部矛盾，事物就谈不到存在，谈不到同别的事物的区别。内部矛盾规定着这一事物的本质。b. 内部矛盾是事物发展的根本动力。事物的运动变化和发展，首先是事物自己的运动，它的内部矛盾的两个方面，既统一，又斗争，推动它变化和发展。c. 内部矛盾决定事物发展的方向。事物沿着什么方向变化，取决于它内部矛盾双方的斗争的发展情况，以及矛盾双方力量的变化情况。

内部矛盾是事物发展的根本原因，那么是否排除外因的作用呢？并不排除，因为"每一事物的运动都永远和他周围其他事物互相联系和互相影响着"。这种联系和影响对事物的发展是起作用的，但是因为它不决定事物的性质，不决定事物的发展方向，只是对事物的发展起加速或延缓的作用，所以它不是事物发展的根本源泉和动力，不是根本原因，只是第二位的原因。

内部矛盾引起事物的发展是宇宙间的普遍规律，机械运动也要通过事物内部的矛盾，生物的成长主要靠内部矛盾，社会的发展，主要的是由于内因。总之，"自然界的变化，主要地是由于自然界内部矛盾的发展。社会的变化，主要地是由于社会内部矛盾的发展"①。

形而上学者，否认唯物辩证法所主张的事物因内部矛盾引起发展的学说，简单地从事物外部去找发展的原因，他们的这种外因论是完全错误的。因为单纯的外因，只能引起事物的机械运动，即范围的大小，数量的增减，不能引起事物性质的根本变化。形而上学者坚持外因论，在

---

① 《毛泽东选集》第 1 卷，人民出版社 1991 年版，第 302 页。

说明事物发展时是无能为力的，它不能说明是物质的多样性，解释不了事物的性质差别，它不能说明事物的质变，解释不了事物的性质变化。这就是形而上学由于否认事物的内部矛盾而产生的不可克服的局限性。这种局限性是通向唯心论的桥梁。唯心论者正是根据它的这个弱点，把事物性质的区别和变化说成是上帝的意志和上帝在创造万物时就表现出来的万能智慧。

②外因是变化的条件，内因是变化的根据，外因通过内因而起作用。

外因是变化的条件是指，事物之间的相互影响和相互作用，给事物的变化提供了必要的环境和外部力量。一个事物假如没有外部因素、外部条件的作用是不可能变化、发展的。在一定条件下，外因对事物的变化甚至起决定作用。但是，外因的作用即使很大，也绝不是事物变化的根据，它仍然是一种条件。

内因是变化的根据是指，内部矛盾是事物变化的主体，根本动力，内在源泉。"根据"就是主体、动力和源泉的意思。为什么内因是根据呢？因为内部矛盾决定事物的性质，提供运动的源泉，决定发展的方向。假如一个事物没有内部矛盾。它本身就无法成为事物，也就根本不存在了，当然谈不上什么变化。所以，内因是变化的根据。内因是根据，绝不是说它是事物变化的唯一原因，它可以离开外因而使事物发生变化。

为什么说外因只有通过那一面才能起作用呢？因为，一个事物的外部条件要对这一事物的发展起作用，就必须通过各种方式深入到它的内部去转化为它的内部因素，才有可能。同时，外部条件作用于一事物，这个事物只有这样或那样接受外部的影响才有可能使这个外因对自己的变化发生作用。总之，外因必须深入到事物内部去，事物必须接受外因的影响，才能对事物变化发生作用，所以外因只有通过内因而起作用。

外因如何通过内因而起作用呢？外因是通过对事物内部矛盾某一方面的加强和对另一方面的削弱而起作用的。事物的内部矛盾，总是有两个方面，两个方面既联系又斗争，推动发展变化。外因通过加强矛盾一方面，而削弱矛盾另一方面，使矛盾双方的斗争力量对比发生较大的变化，这样就对事物的发展起了作用。

外因是变化的根据，内因是变化的条件，外因通过内因而起作用，这就是内因和外因的辩证关系，这个关系就是内因和外因的对立统一。

掌握内因和外因的辩证法，对于我们改造主观世界和客观世界，进行革命和建设，开展各项工作，都有重大的指导意义。①一个国家革命的胜利，主要依靠本国人民自己的力量，靠本国共产党把马列主义的普遍真理同本国革命的具体实践相结合，领导本国人民来完成。革命不能输出。当然，在主要依靠自己力量的同时也要争取国外的支持和尽可能多的同盟者。②我国的社会主义建设要遵照毛泽东制定的"自力更生为主，争取外援为辅"的方针。如果不坚持独立自主，自力更生，那就会走向奴隶主义，洋奴哲学；如果在自力更生的基础上，不认真学习各国的好经验，那就是故步自封，夜郎自大。③"一个政党要引导革命的胜利，必须依靠自己的政治路线的正确和组织上的巩固。"④一个人的进步主要靠内因，靠自觉磨炼和修养，积极参加实践，努力学习理论知识，认真改造主观世界。同时，也要积极争取学校和社会的教育和同志们的帮助。

（2）辩证法宇宙观的发展历史。

毛泽东叙述的辩证法的发展历史可以分为三个阶段。①第一阶段是古代的朴素的辩证法。古代的辩证法带着自发的朴素的性质。自发性是它没有科学的理论作基础，只是直观的猜测到客观世界的辩证发展轮廓。朴素性是指它没有形成完备的理论体系，只是以朴素的形式表述出辩证的观点。

古代朴素的辩证法在人类认识史上有着杰出的成就，他认识到世界是普遍联系的整体；认识到事物都在运动、变化、产生和消失；认识到事物中包含有对立统一的两个方面，双方的矛盾斗争引起变化、发展。

古代辩证法的主要代表，中国先秦时期的《周易》说："一阴一阳之谓道"，这是古代辩证法的两点论。《老子》一书中说："有无相生，难易相成，长短相形，高下相倾，音声相和，前后相随。"在欧洲古希腊的赫拉克利特是"辩证法的奠基人之一"（列宁语），他的名言是："一切皆流，无物常住。""同一事物既存在又不存在。""人不能两次踏进同一条河流""统一物是由两个对立面组成的。""一切都是斗争所产生的。"亚里士多德也是古代辩证法的杰出代表，他的《形而上学》一书中，充满了辩证法的活的萌芽的探索。

古代朴素的辩证法由于没有科学的基础，没有完整的体系，对世界的说明是笼统的，对于问题的回答是总括的。对于世界物质运动的具体特征、详细面貌它是解释不了的。所以后来被形而上学代替。

②第二阶段是以黑格尔为代表的唯心论辩证法。黑格尔辩证法的重要贡献就是批判了形而上学，第一次系统表述了辩证法的基本特征，即三大规律。黑格尔辩证法的性质是客观唯心主义。——他的"辩证法是概念的自我发展。"（恩格斯语）因为他的辩证法是建立在唯心主义基础上，是为唯心主义体系服务的，所以方法为了迎合体系，不得不背叛自己，"革命的方向就被过分茂密的保守的方面所闷死。"也就是说，他的辩证法全身都沾染了形而上学，从而也就不能战胜形而上学。

③第三阶段是马克思主义的唯物辩证法。唯物辩证法是综合了人类认识史的积极成果，批判吸收了黑格尔辩证法的"合理内核"而建立起来的。它的产生在人类认识史上起了一个空前的大革命。马克思、恩格斯不但创造了唯物辩证法的理论，而且把它用来指导革命实践，并在实践中不断发展它。后来列宁根据新的实践经验又进一步发展了它，特别是毛泽东对唯物辩证法的发展做出了巨大贡献。

3. 学习和掌握唯物辩证法的意义

毛泽东在这一节最后一段指出："这个辩证法的宇宙观，主要的就是教导人们要善于去观察和分析各种事物的矛盾的运动，并根据这种分析，指出解决矛盾的方法。"这就告诉我们学习和掌握唯物辩证法的根本意义在于学会分析矛盾、解决矛盾的方法，指导改造世界，改造社会。

在这里，毛泽东提出了一个重要的马克思主义的原则，这就是宇宙观和方法论的统一。唯物辩证法是无产阶级对世界的总的看法，即宇宙观，也是无产阶级认识世界、改造世界的根本方法，即方法论。世界充满着矛盾，事物都是一分为二的，这是我们的世界观；我们用一分为二的矛盾方法去认识世界，改造世界，这是我们的方法论。世界观和方法论的统一，也就是理论与实践的统一，认识世界与改造世界的统一。

二 矛盾的普遍性

（一）内容提示

在第二节中，毛泽东论述了矛盾普遍性的原理，阐明了矛盾存在于事物发展的一切过程中并贯穿于一切过程的始终这个唯物辩证法的根本观点，并指出了分析矛盾的普遍性对于研究一切事物，指导社会革命所具有的重大意义。学习这一节，要重点理解和掌握矛盾普遍性的基本思想。这一节共 22 段，可以分为三个问题。

1. 在《矛盾论》中先分析矛盾普遍性的原因（第 1 段）
2. 矛盾普遍性的基本观点（第 2—18 段）
概述矛盾普遍性的含义（第 2 段）
（1）矛盾存在于一切事物的发展过程中（第 3—16 段）
（2）矛盾存在于事物发展过程的始终（第 17—18 段）

3. 分析事物发展过程中自始至终的矛盾运动具有重要意义（第 19—22 段）

（二）问题讲解

第二节中心论述矛盾的普遍性问题，首先毛泽东说明了在分析矛盾法则时为什么先来分析矛盾的普遍性，接着全面阐明了矛盾的普遍性的含义，最后指出分析矛盾普遍性的重大意义。

1. 研究矛盾法则必须先来分析矛盾的普遍性

在第一段中，毛泽东指出，在研究矛盾法则时，首先来分析矛盾的普遍性。为什么呢？因为，矛盾普遍性原理，在唯物辩证法中有着十分重要的地位。

首先，矛盾普遍性是唯物辩证法的根本观点，是研究对立统一规律的前提。研究矛盾问题，先得说明事事有矛盾、时时有矛盾，世界充满着矛盾。如果不先说明矛盾是普遍存在的，就谈不到关于矛盾规律的其他内容，马克思、恩格斯创立唯物辩证法，列宁、斯大林丰富和发展唯物辩证法，说到底就是承认和坚持矛盾是普遍存在的这一观点。不然，就谈不到这一宇宙观的创立是人类认识史上的空前大革命了。

其次，矛盾普遍性原理是认识世界、改造世界的根本指导思想。马恩列斯正是用这一原理作指导，在认识世界—分析人类历史和自然历史，改造世界—变革社会和变革自然等方面获得了巨大的成功。

正由于它是唯物辩证法的根本观点，是改造世界的强大武器，并且在实践中证明了它的无比正确性和巨大武力，所以矛盾的普遍性已经被很多人所承认。

因此在研究矛盾法则的时候，必须"先分析矛盾的普遍性问题，……最后仍归到矛盾的普遍性问题。"

接着，毛泽东指出，为了以批判教条主义为主要目标，所以必须在分析矛盾普遍性之后，对矛盾特殊性问题要着重地加以研究并用足够的篇幅加以说明。为什么要这样呢？①教条主义者对特殊性问题弄不清楚，不了解普遍性寓于特殊性之中这个重要观点。②教条主义者对研究特殊性问题不重视，不了解研究矛盾的特殊性，对指导革命实践的重要意义。

因为矛盾的普遍性问题重要，所以要先说，因为矛盾的特殊性问题是同教条主义者斗争的焦点，所以要多说。这充分体现了毛泽东把理论的全面性，和为实际斗争服务的重要性巧妙结合了起来。

2. 矛盾存在于事物发展的一切过程中，并贯穿于过程的始终

毛泽东说："矛盾的普遍性或绝对性这个问题有两方面的意义，其一是说，矛盾存在于一切事物的发展过程中；其二是说，每一事物的发展过程中，存在着自始至终的矛盾运动。"这就是矛盾普遍性原理的基本思想，用我们通常的话说，这就是"矛盾无时不有时时有，无处不有处处有"，或"矛盾无处不在，无时不有"，"事事有矛盾，时时有矛盾。"后来毛泽东把这一原理，通俗深刻地概括为："事物都是一分为二的。"一分为二就是矛盾，就是对立统一的形象而通俗的说法。矛盾普遍性的原理说明，任何事物在任何时候都是包含着矛盾的，没有矛盾就没有世界，就没有事物。自然界的历史，人类社会的历史，人类认识发展的历史，科学发展的历史，都证明一切事物是遵循着矛盾规律而变化发展，不可能找到任何例外。

（1）矛盾存在于一切事物的发展过程中。

毛泽东引用恩格斯、列宁的许多论述，并做了一些补充，来阐明这一观点。深刻指出了矛盾在事物发展过程中的作用，即矛盾是一切事物发展的动力，是各种运动形式的基础。

①矛盾是一切事物发展的动力。

恩格斯在《反杜林论》第一编第十二节《辩证法·质量与质》中说运动本身是矛盾的。这就是说，矛盾是运动的实质和力量，运动是矛盾的表现和结果。世界上除了运动的物质之外，什么也没有，运动本身就是矛盾，可见矛盾存在于一切事物之中。

列宁在《谈谈辩证法》一文中给对立统一规律下了一个定义，说它是"承认（发现）自然界（也包括精神的和社会的）一切现象和过程具有矛盾着的、相互排斥的、对立的倾向。"在这个定义中，列宁明确指出，矛盾存在于一切事物、一切现象、一切过程中。

恩格斯、列宁的这两段话，中心意思是说，矛盾是一切事物发展的动力。矛盾怎样推动事物发展的？毛泽东说："一切事物中包含着矛盾方面的相互依赖和相互斗争，决定一切事物的生命，推动一切事物的发展。"对于这个问题，毛泽东的回答是明确而全面的，在事物发展的动力问题上，有两种片面性观点。一种认为，只有矛盾方面的相互依赖是动力，说什么"合二而一"构成运动。具体说来，他们认为，"物体间的作用和反作用'合二而一'成为物体的机械运动。物体内分子间的吸引和排斥'合二而一'构成物理运动"，等等。这种观点是把对立面的相互依赖、相互联系，看成一切事物运动发展的根本原因。另一种观点认为，发展的动力只是对立面的相互斗争，说什么"矛盾斗争是一切事物发展的根本动力。没有矛盾斗争就没有发展，就没有生命，就没有一切"。宣扬矛盾就是"对着干"，双方"对着干"，推动事物发展，是这种片面性观点的典型代表。这两种观点都是片面的形而上学观点。唯物辩证法认为，事物发展的根本动力，是事物内部的矛盾运动，即对立面的互相依赖和对立面的互相斗争。

②矛盾是各种运动形式的基础。

"矛盾是简单运动形式（例如机械性的运动）的基础，更是复杂的运动形式的基础。"毛泽东引用了恩格斯对机械运动、生命运动和人类认识运动的说明，并且补充对战争、运动和党内斗争的分析，来阐明这一观点。不同的科学是以不同的物质运动形式为研究对象的，矛盾既然是各种运动形式的基础，当然它就是各门科学分析研究的对象，也可以说是各门科学的基础。毛泽东引用恩格斯和列宁的论述，说明在自然科学（包括数学、力学、物理学、化学等）和社会科学中都普遍存在着矛盾。根据毛泽东的分析，A. 矛盾是各种运动形式的基础。B. 矛盾是各门科学研究的对象。"由此看来，不论是简单的运动形式，或复杂的运动形式，不论是客观现象，或思想现象，矛盾是普遍存在着，矛盾存在于一切过程中。"[①] 这就是毛泽东在分析了矛盾是一切事物发展的动力和矛盾是各种运动形式的基础以后所作出的结论，这个结论是对矛盾普

———————

① 《毛泽东选集》第 1 卷，人民出版社 1991 年版，第 306 页。

遍性的第一方面意义的概括。

（2）矛盾存在于一切发展过程的始终

从空间方面看，矛盾到处有，从时间方面来看，矛盾时时有。就是

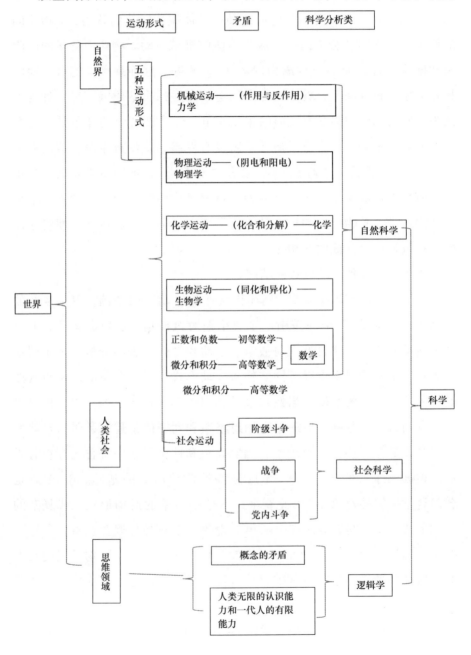

说它存在于过程的始终。毛泽东从两个方面阐明了这一观点。

①矛盾在过程开始时就出现（差异中包含着矛盾）。

苏联的德波林否认矛盾的普遍性，认为过程开始时只有差异，没有矛盾；矛盾是在过程发展的一定阶段才出现的。

毛泽东批判了这种错误观点，指出：第一，这种观点在哲学上是形而上学的外因论。第二，这种观点在政治上是为鼓吹阶级合作的机会主义路线服务的。所以"这类见解是反马克思主义的"。

针对德波林的观点，毛泽东提出了"差异就是矛盾"的科学论断。为什么说差异就是矛盾呢？因为：第一，所谓矛盾就是对立统一，两个对立的方面在一定条件下处于统一体中，并且互相排斥和斗争。世界上两个有差异的事物之间，如果在一定条件下能形成对立统一关系，那么，这种差异就是矛盾。第二，矛盾在其发展的过程中会表现出许多不同的形态，如差异、对立、冲突、对抗等都是矛盾的一些不同形态。事物间的差异，尽管不是达到对抗和冲突等激烈程度的矛盾形态，而是斗争没有激化的矛盾，但它总是矛盾斗争的一种形态。所以说，差异就是矛盾，是没有激化或对抗的一种矛盾。这是矛盾的差别性的问题，不是矛盾的有无问题。

②矛盾在过程完结时不消失（新过程包含着新矛盾）。

矛盾在过程开始时就出现，那么在过程中终结时还是否存在呢？毛泽东指出，旧过程的完结就是新过程的发生，这个新过程代替旧过程的实质是旧矛盾让位于新矛盾，即"旧的统一和组成此统一的对立成分让位于新的统一和组成此统一的对立成分。""新过程又包含着新矛盾，开始他自己的矛盾发展史"。这就是说，新旧过程的交替，是矛盾性质或矛盾形态的转化，而不是矛盾的消失。可见，矛盾既存在于过程开始的时候，也存在于过程完结的时候。

因为矛盾在过程开始时就出现，在过程完结时不消失，所以说，矛盾存在于过程发展的始终。这是矛盾普遍性的第二方面的意义。

3. 矛盾普遍性原理的实践意义

毛泽东在分析了矛盾普遍性原理的基本思想之后，深刻指出分析事物发展过程自始至终的矛盾运动对于认识事物、指导革命的重大实践意义。

（1）分析过程自始至终的矛盾运动是研究任何事物都必须应用的辩证方法。

毛泽东指出马克思和列宁在他们的著作中，模范地应用了这种方法。马克思在《资本论》中从分析商品交换入手暴露了资本主义社会的一切矛盾，然后继续分析这些矛盾在资本主义社会里的自始至终的发展。

①商品的矛盾是使用价值和价值。这种矛盾是由体现在商品中的劳动的二重性决定的。生产商品的劳动的矛盾是具体劳动和抽象劳动的矛盾。具体劳动是人类社会生存的条件，抽象劳动则是劳动的社会属性。所以体现在商品中的劳动的二重性，反映着商品生产的基本矛盾——私人劳动和社会劳动的矛盾。这就暴露了资本主义社会的基本矛盾（生产资料的私人占有和生产社会化的矛盾）的萌芽。

②货币是固定地起一般等价物的商品。货币和商品的矛盾是商品的内部矛盾（使用价值和价值）发展的结果。货币可以买来任何商品。当它把劳动力当作商品买来时，它就能给资本家带来剩余价值。这时，货币转化为资本。因为，在劳动力这个特殊商品中有内在矛盾，即劳动力的价值和劳动力的使用（即劳动）所创造的价值之间的矛盾。后一个量要比前一个量大得多。这个差额就是剩余价值的来源。这就暴露了无产阶级和资产阶级在经济上的矛盾，即剥削和被剥削的矛盾。

③资本的积累过程，是剩余价值再转化为资本的过程，剩余价值愈大，积累愈多。资本积累过程是资本家的财富积累和无产阶级的贫困积累的矛盾过程。财富积累和贫困积累的矛盾发展，是两个阶级矛盾不断激化的过程，它的历史趋势将导致资本主义灭亡。

④往后在对资本的流通（《资本论》第2卷）过程的分析中，和对

剩余价值的分配过程的分析中（《资本论》第 3 卷），分析了资本主义社会在流通和分配领域内的各种矛盾。

可见，马克思对资本主义社会的研究，就运用了分析过程自始至终的矛盾运动的辩证方法。列宁在研究帝国主义的本质时，也是运用这种方法。毛泽东说："这是研究任何事物发展过程所必须应用的方法。"

（2）分析过程自始至终的矛盾运动的方法是指导革命的思想武器。

毛泽东指出中国共产党人必须学会这个方法，才能正确地分析中国革命的历史和现状，并推断革命的将来。为什么这样说呢？因为如果我们坚持矛盾存在于过程发展始终这一观点，并且用这一观点分析问题，就能看到革命发展过程的实质，即各阶级之间的矛盾和斗争。在革命的整个过程中，阶级矛盾和阶级斗争贯穿始终，只是在各个不同阶段，矛盾的激化程度、矛盾的表现形态不同罢了。只要社会革命的全过程没有完结，那么不论是历史、现状还是将来，都是矛盾运动的过程。

总而言之，矛盾无时不有，无处不在，矛盾是事物发展的普遍原因或普遍根据。"矛盾即运动，即是事物，即是过程，也即是思想。否认事物的矛盾就是否认了一切。这是共同的道理，古今中外，概莫能外。"

既然肯定了矛盾规律在一切事物中的普遍性，那么，这就要求我们在研究观察任何问题的时候，自始至终都必须坚持分析矛盾、解决矛盾的方法，坚持一分为二的辩证方法，在任何时候、任何地方都不应该有所动摇，不应该把任何问题看作例外，否则就不能避免认识上的错误。

三 矛盾的特殊性

（一）内容提示

在这一节中，毛泽东深刻分析了矛盾特殊性的五种情形，指出了研究矛盾特殊性的方法，论述了矛盾的普遍性和特殊性的关系。从而，阐发了对具体事物作具体分析是马克思主义的活的灵魂这一光辉思想，作出了共性与个性、绝对与相对的关系是关于事物矛盾问题的精髓的科学论断，大大发展了对立统一学说，深刻批判了教条主义思想。一个"灵魂"，一个"精髓"，是学习这一节必须深刻理解的重要问题。这一节共25段，可分为三个问题。

1. 矛盾特殊性的五种情形（第1—16段）
（1）各种运动形式中矛盾的特殊性（第3—5段）
（2）每个发展过程中矛盾的特殊性（第6—7段）
（3）每个发展过程中矛盾各方面的特殊性（第8—10段）
（4）多个发展阶段中矛盾的特殊性（第11—14段）
（5）每阶段中矛盾各方面的特殊性（第15—16段）

2. 研究矛盾特殊性的方法（第17—20段）
（1）研究矛盾特殊性的方法是具体问题具体分析（第17段）
（2）马克思恩格斯是运用具体分析方法的模范（第18—20段）

3. 矛盾的普遍性与矛盾的特殊性的关系及其意义（第21—25段）

（1）普遍性与特殊性的关系（第21—22段）

①二者是互相转化的（第21段）

②二者是互相联结的（第22段）

（2）普遍性与特殊性关系的重大意义（第23—25段）

（二）问题讲解

什么是矛盾的特殊性呢？矛盾的特殊性就是指每一具体矛盾及其矛盾的各方面所具有的特点。毛泽东说："矛盾着的事物及其每一个侧面各有其特点。矛盾的普遍性是指矛盾无处不在，无时不有，但矛盾在各个不同事物中、在各个不同的时期，表现出来的形态和所具有的内容各不相同，这就是矛盾的特殊性，或叫作有特殊性的矛盾。

为什么要研究矛盾的特殊性呢？因为，矛盾的特殊性构成了一事物的特殊本质，是这一事物同其他事物区别的内在根据，所以研究矛盾的特殊性是我们正确认识事物的基础。又因为，不同质的矛盾，只有用不同质的方法才能解决，所以认识矛盾的特殊性，又是我们正确地处理矛盾、成功地改造世界的前提。总而言之，为了正确地认识事物，正确地解决矛盾，成功地改造世界，必须研究矛盾的特殊性。

那么，矛盾的特殊性有些什么表现呢？毛泽东把它概括为五种基本情形。

1. 矛盾特殊性的五种情形

矛盾特殊性的五种情形，就是矛盾特殊性的五种基本表现。这五种情形是相互依存又相互区别的。相互依存是说，五种情形是由大到小，由浅入深地逐步深入地分析特殊性的表现，同时，分析后一种情形是为了更进一步认识前一种情形。互相区别是说，五种情形包含的范围和内容并不完全相同。

在分析五种情形时，毛泽东既说明了研究这种特殊性的必要性，又指出了分析这种特殊性的方法。在分析前两种情形时着重说明研究特殊性的必要性，在分析第三种情形时，则着重指出研究特殊性的方法。后两种情形不过是前三种情形的引申。

（1）各个物质运动形式中的矛盾都带特殊性。

世界上有多种物质运动形式，概括起来有五种基本运动形式，这些物质运动形式有共同点，即它们都是矛盾引起的物质运动，但各种运动形式也有自己的特点，这些特点，则是由其本身的矛盾特殊性决定的。研究各个运动形式的矛盾的特殊性有何重大意义呢？

①每一物质运动形式的特殊矛盾规定这一物质运动形式的本质，只有研究各种物质运动形式中的特殊矛盾，才能认识它的本质，辨别事物。

②每一物质运动形式的特殊矛盾构成不同的科学研究的对象，只有研究各种物质运动形式中的特殊矛盾，才能区别科学研究的领域。

③每一物质运动形式的特殊矛盾是人类认识运动中一个过程的开始和归宿，只有研究各种物质运动形式中的特殊矛盾，才能遵循从特殊到一般，又从一般到特殊这个人类认识真理的正常秩序，使人类认识不断提高和深化。教条主义者不懂得特殊——一般——特殊这个认识秩序，所以把真理僵化，即把它变成为人们所不能够捉摸的纯粹抽象的公式。

总之，研究每一物质运动形式中的特殊矛盾，是认识事物的基础，是区分科学的标志，是发展真理的前提。如果不研究它，就无从确定一事物不同于他事物的特殊的本质，就无从发现事物运动发展的特殊的原因，或特殊的根据，也就无从辨别事物，无从区别科学研究的领域。并且也不能使人类的认识不断提高和深化。

（2）每一物质运动形式在其发展长途中的每一过程的矛盾都带有特殊性。

一切物质运动形式在其发展长途中会有许多过程（例如社会运动在发展长途中有原始社会、奴隶社会、封建社会、资本主义社会、共产主义社会等过程），这些发展过程有共同点，即都是矛盾运动，但是过程与过程之间也有区别，一切运动形式的每一个实在的非臆造的发展过程内，都是不同质的。

这种区别于它过程的不同性质，是由这一过程的特殊矛盾决定的。研究每一过程的矛盾的特殊性有何重要意义呢？

①每一过程的特殊矛盾决定这个过程的本质，只有研究这种特殊矛盾，才能区别每一物质运动形式在其发展的长途中的不同过程。

②每一过程的特殊矛盾的性质决定解决此一矛盾的方法，只有研究这种特殊矛盾，认识它的性质，才能正确地解决矛盾，遵守用不同的方法去解决不同的矛盾这个马列主义原则。教条主义者违背这一原则，使用一种公式解决不同的矛盾，只能使革命遭受挫折。

总之，只有研究这种矛盾的特殊性，才能区别旧过程与新过程，区别旧矛盾与新矛盾；才能找出正确的解决矛盾的方法。过程变化，旧过程和旧矛盾消灭，新过程和新矛盾发生，解决矛盾的方法也因之而不同。

（3）每个发展过程中矛盾的各方面有其特殊性。

一个大事物，在其发展的长途，一个过程与另一个过程中的矛盾不同，即使在同一过程中，它内部包含的许多矛盾，也各有其特殊性。不仅如此，每一矛盾的两方面，也各有其特点。研究过程中矛盾各方面的特殊性有何重要性呢？

①每个矛盾总体都是由对立的双方构成的，只有研究矛盾各方面的特点，才能了解矛盾的总体，而只有了解矛盾体的特殊性质才能暴露过程的本质。

②每个事物都有相互连接互相对立的两方面，只有了解各方的特点，才能做到全面地看问题，找到解决矛盾的方法。教条主义者和经验主义者用主观的片面的表面的方法看事物，所以总是犯错误。

怎样研究过程中矛盾各方面的特殊性呢？总的来说就是具体地分析具体的情况。可以从三个方面去分析。①了解每一方面在矛盾中各占何等特定的地位。②了解每一方面各用何种具体形式和对方发生互相依存又相互矛盾的关系。③了解每一方面各用何种具体的方法和对方做斗争。

总之，一句话，分析矛盾双方所处的具体地位，联系的具体形式和斗争的具体方法。这种具体地分析具体的特殊情况，是马克思主义的最本质的东西，马克思主义的活的灵魂。

（4）每个发展过程在其各个方面发展阶段上的矛盾都有特殊性。

同一发展过程的各个阶段都有其共同点，这共同点就是这一发展过程的根本矛盾，但是，各个发展阶段的情形又有区别，这种区别是由各个阶段上的特殊矛盾决定的。研究这种矛盾的特殊性有什么重要性呢？①能区别过程的阶段性。过程的阶段性是由阶段中矛盾的特殊性决定的，这种特殊性是指过程的根本矛盾在各阶段的激化程度不同，以及那根本矛盾所规定的许多大小矛盾的变化情况不同。只有研究这种特殊性才能区分阶段。②能根据各阶段的矛盾特点，适当地处理事物的矛盾。

（5）各个发展阶段中矛盾的各个方面都有特殊性。

为什么要研究这种特殊性呢？①只有研究矛盾各方面的特点才能了解矛盾这一方面同其他事物的关系。②只有研究矛盾各方面的特点，才能了解矛盾双方之间的关系。

以上毛泽东分析了从五个方面研究矛盾特殊性的重要性。它的基本精神是既从纵的发展上找差别，也从横的方面上划界限。这就是分析矛盾特殊性的基本精神。

2. 矛盾特殊性的分析方法

毛泽东在论述了矛盾特殊性的情形之后，还集中地指出了分析矛盾特殊性的方法，这个方法已经在论述特殊性几种情形时提到了。但还需要概括明确地予以说明。

这个方法就是列宁指出的对于具体的事物做具体的分析。这是不论研究何种矛盾的特性都必须实行的方法。

什么是具体问题具体分析的方法呢？所谓具体问题具体分析就是从客观的实际运动所包含的具体的条件，去看出这些现象中的具体的矛盾、矛盾各方面的具体的地位以及矛盾的具体的相互关系。从一个"具体"（具体条件）出发，看出三个"具体"（具体矛盾、具体地位、具体关系）。这就是具体分析方法，这是唯一正确的方法，舍此没有第二种研究法。

为什么要用具体问题具体分析的方法呢？因为这个方法十分重要。列宁说，这种方法是马克思主义最本质的东西，是马克思主义的活的灵魂。为什么说它是最本质的、是活的灵魂呢？因为只有这种方法才能认识矛盾的特性，从而找出正确的解决矛盾的方法，做好革命工作，完成改造世界的任务。正如毛泽东说的，离开具体的分析，就不能认识任何矛盾的特性，从而，是不能找出解决矛盾的方法的，是不能完成革命任务的，是不能做好任何工作的，是不能正确地发展党内的思想斗争的。所以具体分析的方法是马克思主义最本质的东西，是活的灵魂。

那么，怎样才能做到具体分析呢？概括毛泽东在这一节中讲的基本思想。我们可以概括为，树立三个"观点"，做到三个"了解"，把握一个"关系"。

（1）坚持客观的观点、发展的观点、全面的观点，防止主观性、片面性和表面性。第一，要有客观的观点。就是说要如实地反映事物的矛盾情况，实事求是地认识客观的事物的互相关系和内部规律，不能带主观随意性。毛泽东说，这一点，他在《实践论》中已经说过了。第二，要有发展的观点。事物中的矛盾，在每一运动形态中，每一过程中，以及一个过程的不同阶段中，都有其特点。这些特点是矛盾在发展过程中所表现出来的。没有发展的观点，就不能认识这些特点。毛泽东在分析五种情形中的（一）、（二）、（四）种情形时，就是用发展的观点来看矛盾，然后具体分析。第三，要有全面的观点。简单的事物包含着矛盾的两个方面，复杂的事物由许多矛盾组成因而包含着许多矛盾方面。矛盾这些不同的方面，都有各自的特点。只有坚持全面的观点，才能既看到这一面，也看到另一面，做到对各方面的具体分析，不然就是知其一，不知其二，只见树木不见森林。毛泽东在分析特殊性的（三）、（五）两种情形时，就是用全面性观点看矛盾，了解矛盾各方面的特点。

这三个观点，就是唯物辩证法的观点，它同主观性、片面性、表面性的唯心论形而上学观点是根本对立的。毛泽东批判了这三"性"，就是要我们坚持唯物辩证法的观点。

（2）了解矛盾双方占据的特定地位、联系的具体形式和斗争的具体方法。这就是毛泽东在讲第三种特殊性情形时，就指出的了解矛盾的各个方面的方法。即①了解矛盾每一方面各点何等特定的地位。②了解矛盾每一方面各用何种具体形式和对方发生互相依存又互相矛盾的关系。③了解矛盾每一方面在互相依存又互相矛盾中，以及依存破裂后，又各用何种具体的方法和对方做斗争。总之，就是了解矛盾双方占据的特定地位、联系的具体形式、斗争的具体方法。这三个"了解"是具体分析的根本方法。通过这三个"了解"，就能从总体上认识矛盾的特点。我们认识任何一个矛盾的特点，必须也只能运用这个方法。

（3）掌握普遍性和特殊性的辩证关系，也就是说懂得共性个性、绝对相对的道理。要深刻理解和掌握共性与个性及普遍性与特殊性的互相转化和互相联结，从而在分析矛盾时，发现一事物内部的特殊性和普遍性的两方面及其互相联结，发现一事物和它以外的许多事物的互相联结。毛泽东指出，马克思、恩格斯在分析社会历史过程和资本主义经济结构时，斯大林在说明列宁主义的历史根源时，都杰出地遵循了共性个性互相联结的道理，在分析特殊性的基础上阐发普遍性，在普遍性指导下认识特殊性。也就是说，在特殊中把握普遍，在普遍中认识特殊，将二者巧妙地结合起来。这就能做出具体分析。毛泽东在领导中国革命中，也深刻地论述了、巧妙地运用了个性与共性辩证关系的原理。

这三条，概括起来可以说，坚持三个"观点"，做到三个"了解"，掌握一个"关系"。第一条是观点问题，第二条是方法问题，第三条是理论问题。只要我们按照这些要求去做，就能做到具体问题具体分析。

3. 矛盾的普遍性与特殊性的关系及其意义

毛泽东在说明了分析矛盾特殊性的方法之后，进一步阐明了矛盾普遍性与特殊性的关系，提出了普遍性与特殊性即共性与个性的关系是矛盾问题精髓的科学论断。

（1）矛盾普遍性与特殊性的关系。

关于二者的关系，毛泽东指出了两点，一是相互转化，二是相互联结。

①矛盾的普遍性与特殊性是相互转化的。

这是二者关系的一个方面。二者互相转化的意思就是说在一定场合为普遍性的东西，而在另一场合则变为特殊性。反之，在一定场合为特殊性的东西，而在另一场合则变为普遍性。例如，生产社会化和生产资料私人占有制这个矛盾，对于资本主义各国来说是共有的，是矛盾的普遍性；而对于一般阶级社会来说，则是它在某一阶段中特有的，是矛盾的特殊性。

为什么二者相互转化呢？这是由于事物范围的极其广大，发展的无限性决定的。由于范围广大，所以在小范围中是普遍性的矛盾，在大范围中则是特殊性的矛盾。由于发展无限，在小阶段中是普遍性的矛盾，在大阶段中则是特殊性的矛盾。可见，某一矛盾的普遍性和特殊性是对不同的空间和不同的时间而言的。

②矛盾的普遍性与特殊性是相互联结的。

什么是二者的互相联结呢？就是"普遍性即存在于特殊性之中"，"特殊性中间就包含了矛盾的普遍性"。也就是说，共性包含于个性之中，但并不完全等同于个性；个性中包含了共性，但并不完全进入共性。世界上没有离开个性的共性，也没有不包含共性的个性。例如，帝国主义矛盾的普遍性即存在于美、法、德、俄等帝国主义国家的矛盾特殊性之中，而每一帝国主义国家的矛盾特殊性中都包含着帝国主义的矛盾普遍性。

为什么二者会互相联结呢？这是由于特殊的事物是和普遍的事物联结的。也就是说，是由于事物的普遍联系性决定的，世界上的万事万物都是互相联系、互相影响的，而不是孤立存在的。这样，就使事物与事物之间，既有个性的区别，又有共性的联系。由此决定了矛盾的共性与个性的联结，而且每一事物内部都含有普遍性和特殊性两个方面，所以，矛盾也有普遍性和特殊性两个方面。

普遍性与特殊性在一定条件下的相互转化和相互联结，说明了客观事物发展的无限性和联系的广泛性，认识普遍性和特殊性的关系，无论在理论上和实践上都具有重要意义。

（2）矛盾普遍性和特殊性关系问题的重大意义。

毛泽东在说明普遍性与特殊性关系之后，进一步指出了这一问题的重大意义。

①矛盾普遍性与特殊性的关系是具体问题具体分析这一研究方法的理论基础。

毛泽东指出，由于普遍性与特殊性是互相联结的，所以当我们研究一定事物的时候，就应当去发现这两方面及其互相联结，这样就能做到从客观的实际运动所包含的具体的条件，去看出这些现象中的具体的矛盾、矛盾各方面的具体的地位以及矛盾的具体的相互关系。也就是说才能做到具体问题具体分析。这就是说，普遍性与特殊性的关系是具体分析的基础。只有抓住矛盾问题的"精髓"（个性与共性的关系）才能掌握马克思主义活的"灵魂"（具体问题具体分析）。

为什么呢？因为客观事物都是普遍性与特殊性的统一，每一客观事物正是在这两方面的联结和统一中，呈现着它的具体性，所以，只有认识普遍性和特殊性的关系，坚持共性和个性的统一，才能达到具体分析。具体分析，既不是把一般原理抽象化（不去研究个性），也不是离开一般原理就事论事（不去研究共性），而是把共性和个性结合起来。

教条主义者和经验主义者都不懂得普遍性与特殊性的关系，所以也就不会具体分析，弄得一无是处，以主观随意性代替了事物的客观性，陷入了抽象的研究。

②普遍性（共性）与特殊性（个性）的关系问题是矛盾问题的

精髓。

矛盾的普遍性和特殊性的关系，就是共性和个性的关系。矛盾的共性是无条件地始终地存在的，所以是绝对的，矛盾的个性是有条件地暂时地存在的，所以是相对的。

这一共性个性、绝对相对的道理，是关于事物矛盾的问题的精髓，不懂得它，就等于抛弃了辩证法。为什么这个问题是矛盾问题的精髓呢？

第一，共性与个性关系的原理贯穿于矛盾学说的各个方面，掌握它就抓住了研究矛盾学说的纲领。毛泽东在《矛盾论》的结论中，集中说明了这个问题。毛泽东指出，矛盾存在于一切事物中并贯穿于一切过程的始终，这是矛盾的普遍性和绝对性。矛盾着的事物及其每一个侧面各有其特点，这是矛盾的特殊性和相对性。矛盾着的事物依一定条件有同一性，这又是矛盾的特殊性和相对性，矛盾的斗争是不断的，在共居和转化时都有斗争存在，这又是矛盾的普遍性和绝对性。可见，矛盾学说的全部内容都是围绕共性个性、绝对相对这一问题展开的，懂得了共性个性，绝对相对的道理，才能理解矛盾学说。

第二，共性与个性的关系的原理规定着人们认识事物的辩证过程，掌握它是认识矛盾、解决矛盾的关键。认识事物就是认识矛盾，任何矛盾都是共性与个性的统一。人们要认识某一矛盾，必须既分析它所包含的共性，又分析它所具有的个性。并且，在特殊性中发现普遍性，又在普遍性的指导下认识特殊性。人类的认识秩序就是由特殊到普遍，再从普遍到特殊。即先认识许多事物的特殊本质，然后概括出诸种事物的共同本质，当认识了共同本质以后，再以此为指导，去继续研究各种具体事物的特殊本质，从而丰富和发展对原来的共同本质的认识。人类正是在共性与个性的联系统一和矛盾中，提高认识、发展认识的。如果离开个性谈共性，那就会把共性抽象化、孤立化，犯唯心主义错误；如果离开共性谈个性，那就否认了事物的普遍联系，犯形而上学错误。离开了共性与个性的关系，不能正确认识任何事物的矛盾，当然也就不能解决矛盾了。

　　所以说，共性个性关系问题，是矛盾问题的精髓。不懂得它就不能理解矛盾学说，不能认识和解决各种矛盾，这就等于抛弃了辩证法。

　　理解和掌握共性个性关系对于我们搞好革命和建设，批判错误倾向，做好各项工作，都具有重大的指导意义。

四　主要的矛盾和主要的矛盾方面

（一）内容提示

在这一节中，毛泽东分析了矛盾特殊性中矛盾力量不平衡的两种情形，阐明了主要矛盾和主要矛盾方面在事物发展中的地位和作用，指出了抓主要矛盾和掌握矛盾的主要和非主要方面互相转化的重要性。从而提出了"捉住了主要矛盾，一切问题就迎刃而解了"这一科学论断，阐明了新陈代谢、除旧布新或推陈出新这个宇宙发展的普遍规律。这一节共 20 段，分为四个问题。

1. 主要矛盾和主要矛盾方面在矛盾规律中的地位（第 1 段）

2. 主要矛盾在事物发展中的作用（第 2—9 段）

（1）主要矛盾的作用（第 2—8 段）

（2）抓主要矛盾的重要性（第 9 段）

3. 主要矛盾方面的作用及主要方面与次要方面的转化（第 10—19 段）

（1）主要矛盾方面的作用（第 10 段）

（2）矛盾的主要方面与次要方面的转化（第 11—19 段）

4. 研究主要矛盾和主要矛盾方面的重要意义（第 20 段）

（二）问题讲解

主要矛盾和主要矛盾方面是矛盾特殊性问题，研究这两种情形是对矛盾特殊性的进一步分析。为什么要对矛盾特殊性中的这两种情形特别地提出来加以分析呢？这是因为，主要矛盾和次要矛盾在事物发展中的地位和作用是有差别的，主要的矛盾方面和次要的矛盾方面在事物中的地位和作用也是有差别的。这两种差别性都是矛盾力量不平衡性的表现。只有对主要矛盾和矛盾的主要方面进行分析，才能抓住问题的中心和事物的本质，并找出解决矛盾的正确方法。所以，对这个问题的研究，是对矛盾学说中重点论的阐明。不懂得这个问题，就不懂得两点论和重点论的关系。因此，对这两种情况，"必须特别地指出来加以分析"。

1. 主要矛盾的作用和提出主要矛盾的重要性

（1）主要矛盾在事物发展中的作用。

什么是主要矛盾呢？主要矛盾就是在事物中起领导和决定作用的矛盾。它的这种作用表现在"由于它的存在和发展，规定或影响着其他矛盾的存在和发展"。其他矛盾"则处于次要和服从的地位。"毛泽东以资本主义社会中的矛盾为例说明了主要矛盾（无产阶级与资产阶级的矛盾）的地位和作用。

主要矛盾在事物中存在的特点是：第一，它在有许多矛盾的复杂事物发展过程中存在。第二，在有许多矛盾的复杂事物中，它的存在是必然的、必要的，而不是可有可无的。第三，在过程发展的各个阶段中，主要矛盾只有一种。

主要矛盾和次要矛盾的关系怎样呢？①两者在不同的地位上是互相作用的。主要矛盾规定或影响、领导和决定次要矛盾；次要矛盾服从主要矛盾，而且它对主要矛盾也有影响，两者之间存在着领导和服从的关系，存在着互相作用的关系。②两者是互相转化的。在一定条件下主要矛盾和次要矛盾的地位可以转化。就是说，在一定条件下，主要矛盾可以转化为次要矛盾，次要矛盾也可以转化为主要矛盾。毛泽东用半殖民地国家内部矛盾的变化情况，阐明了主要矛盾与非主要矛盾可以在一定条件下互相转化的道理。并且指出，无论主、次矛盾怎样变化，每个阶段只有一个主要矛盾。

（2）抓主要矛盾的重要性。

抓主要矛盾在分析问题和解决问题中都是十分重要的。因为主要矛盾在事物发展中处于领导和决定的地位，它规定或影响其他矛盾的存在和发展。所以，"研究任何过程，如果是存在着两个以上矛盾的复杂过程的话，就要用全力找出它的主要矛盾。抓住了这个主要矛盾，一切问题就迎刃而解了。"这就是说，抓主要矛盾就抓住了解决问题的关键，就找到了做好工作的中心，就掌握了处理其他矛盾的纲。不然，就会如坠烟海，找不到中心，也就找不到解决矛盾的方法。

主要矛盾，我们抓住了这个主要矛盾，就能纲举目张，把各项工作都抓起来。毛泽东说："有句古语，'纲举目张'。拿起纲，目才能张，纲就是主题。社会主义和资本主义的矛盾，并且逐步解决这个矛盾，这就是主题，就是纲。提起了这个纲，克服'五多'以及各项帮助农民的政治工作、经济工作，一切都有统属了。"①

我们在日常工作中也要分清矛盾的主次，抓住主要矛盾，明确主题掌起纲。只有这样，才能认识事物的本质，掌握发展的规律，规定主攻的目标，明确前进的方向，把千头万绪的工作做好。

（3）抓主要矛盾的方法。

那么怎样才能抓住主要矛盾呢？①对事物发展中的各种矛盾的地位、作用及其相互关系进行分析，加以比较。主要矛盾与次要矛盾是相互联系而存在的，所以我们要相比较而认识它，在比较中分清主次。②特别注意主、次矛盾在一定条件下的相互转化，当客观过程在发展中出现新

---

① 《毛泽东文集》第6卷，人民出版社1999年版，第302页。

条件时，要及时地分清各个矛盾在新条件下的变化情况。这样就能及时抓住主要矛盾，由一个中心环节转移到另一个中心环节。③抓主要矛盾时，不能分散实力，必须集中力量。不能眉毛胡子一把抓，芝麻西瓜一齐捡。④在集中力量抓主要矛盾时，也要注意解决次要矛盾，次要矛盾解决得好，可以为抓住解决主要矛盾创造条件。次要矛盾解决不好，会使主要矛盾的解决增加困难。丢掉次要矛盾，主要矛盾就会变成空中楼阁。要善于抓纲举目，抓重点照顾一般，要统筹兼顾，全面安排。学会弹钢琴，防止单打一。

所谓抓主要矛盾包括认识和解决两个方面，把抓主要矛盾的方法概括起来就是分析比较、注意转换、集中力量，主次结合。前两句主要谈如何认识或找出主要矛盾，后两句主要说的是解决主要矛盾时应注意的问题。

2. 矛盾主要方面的作用以及矛盾主要方面和次要方面的转化

事物发展过程中不但矛盾与矛盾之间力量不平衡，不能平均看待，必须分清主次；而且每一矛盾的两个方面，力量也不平衡，也不能平均看待，必须分清主要方面与次要方面。

（1）矛盾主要方面的作用。

什么是矛盾主要方面呢？矛盾主要的方面就是矛盾起主导作用的方面。次要方面就是处于服从和被支配地位的方面。

矛盾主要方面在事物发展中起着十分重要的作用。①毛泽东指出，"事物的性质主要地是由取得支配地位的矛盾的主要方面所规定的。"这就是说，矛盾主要方面决定事物的性质。那么，认识和掌握了矛盾主要方面，就能把握事物的性质。②承认矛盾双方有主要和次要的区别，是马克思主义重点论的哲学根据。

（2）矛盾主要方面与次要方面的转化。

矛盾主要方面和次要方面的区别不是固定不变的，二者可以在一定条件下互相转化。

①转化的情况和原因。

所谓主要方面和非主要方面的转化，就是说，"在矛盾发展的一定过程或一定阶段上，主要方面属于甲方，非主要方面属于乙方，到了另一发展阶段或另一发展过程时，就互易其位置"，主要方面属于乙方，非主要方面属于甲方。所谓转化，就是主次双方互易位置。

为什么会发生这种转化呢？"这是依靠事物发展中矛盾双方斗争的力量的增减程度来决定的。"也就是说，力量增强的一面会上升为主要方面，而力量减弱的一面会成为非主要方面。

②转化的意义。

主要方面与非主要方面转化的根本意义在于取得支配地位的矛盾的主要方面起了变化，事物的性质也就随着起变化。根据这一原理，才能理解新陈代谢这一规律的实质。什么是新陈代谢呢？毛泽东说：依事物本身的性质和条件，经过不同的飞跃形式，一事物转化为他事物，就是新陈代谢的过程。这就是说，新陈代谢就是事物在一定条件下的质变。

新陈代谢的根本原因在于事物内部新旧两个方面的矛盾斗争。"斗争的结果，新的方面由小变大，上升为支配的东西；旧的方面由大变小，变成逐步归于灭亡的东西。而一当新的方面对于旧的方面取得支配地位的时候，旧事物的性质就变化为新事物的性质。"由此可见，新陈代谢是由新旧矛盾双方主次地位的变化所引起的。这就是新陈代谢的实质。为什么新的方面能够上升为支配地位呢？因为事物内部新的矛盾方面，代表着事物发展的方向，具有强大的生命力，所以在它刚出现时，尽管力量弱小，处于次要的地位，但它能够在斗争中由小变大，由弱变强，逐步取得支配地位，上升为主要的矛盾方面。正由于新的矛盾方面的这种不可战胜的性质，所以说新陈代谢是宇宙间普遍的不可抵抗的规律。

毛泽东以资本主义社会战胜封建主义社会，社会主义社会代替资本主义社会，以及在中国民主革命过程中，清帝国的灭亡，北洋军阀的倒台，革命根据地内地主阶级的被打倒等历史事实为例，说明了新陈代谢的必然性。

他深刻指出："世界上总是这样以新的代替旧的，总是这样新陈代谢，除旧布新或推陈出新的。"毛泽东还根据这一规律，做出了一切国家必然要走向社会主义道路，旧中国必然要变为新中国的科学预见。

③转化的两种可能性。

矛盾双方的地位经过斗争必然发生转化，但是这种转化有两种可能性。一种是对革命有利，一种是对革命不利。革命者的任务就在于创造条件，使矛盾双方朝着有利于革命的方向转化。毛泽东指出，困难和顺利这两个矛盾着的方面，都有可能处于支配地位，要使革命斗争中的困难局面让位于顺利局面，必须经过革命党人的努力。如果革命党人犯了错误，那么困难就会超过胜利而处于主要方面，使革命失败。在学习中不知和知的矛盾也是如此，努力学习可以由无知转化为有知，由知之不多转化为知之甚多，由对马列主义的盲目性转化为自觉性。反之，如果不努力学习，不知的方面就会永远处于支配地位，如果学了一段又停止，那就会由有知转化为无知。这就告诉我们，必须始终积极努力创造条件，使矛盾双方的转化有利于革命事业，有利于社会发展，有利于思想进步。

④转化的普遍性。

矛盾的主要方面和非主要方面在一定条件下互相转化，这是一个普遍规律，任何矛盾都是如此，无一例外。否认主次方面转化的普遍性是形而上学观点。

毛泽东以生产力与生产关系的矛盾，理论和实践的矛盾，经济基础和上层建筑的矛盾为例，说明矛盾主次方面的转化是普遍现象。毛泽东说：生产力、实践、经济基础，一般地表现为主要的决定的作用，谁不承认这一点，谁就不是唯物论者。然而，生产关系、理论、上层建筑这些方面，在一定条件之下，又能反过来表现为其主要的决定的作用，这也是必须承认的。承认这一点，正是避免了机械唯物论，坚持了辩证唯物论。

3. 研究主要矛盾和主要矛盾方面的重要意义

毛泽东在这一节的最后一段说明了研究主要矛盾和主要矛盾方面的

重要意义。毛泽东指出了四点。

（1）研究这两种情况能避免抽象的研究，坚持具体的分析。

（2）研究这两种情况能反对均衡论，坚持重点论。

（3）研究这种情形能理解新事物战胜旧事物的必然性，掌握新陈代谢的规律。

（4）研究这两种情况能决定正确的战略战术方针。

五 矛盾的同一性和斗争性

（一）内容提示

在这一节中，毛泽东分析了矛盾同一性和斗争性的含义，阐明了同一性和斗争性的辩证关系，论述了有条件的相对的同一性和无条件的绝对的斗争性相结合构成了一切事物的矛盾运动这个重要原理。从而，丰富和发展了马克思主义辩证法关于同一性和斗争性的学说。学习这一节，要深刻理解，同一性是相对的，斗争性是绝对的，同一性和斗争性是紧密结合的这个重要观点。这一节共 27 段，除开头第一段为由上几节到这一节的过渡段以外，可分为两个问题。

1. **矛盾的同一性（第 2—18 段）**
（1）矛盾同一性的含义（第 2—14 段）
①矛盾双方的互相依存（第 4—7 段）
②矛盾双方的互相转化（第 8—13 段）
小结（第 15 段）
（2）矛盾同一性的特点（第 15—18 段）
①矛盾的同一性是客观的（第 15 段）
②矛盾的同一性是现实的具体的（第 16 段）
③矛盾的同一性是有条件的（第 17—18 段）

2. **矛盾的斗争性及同一性与斗争性的关系（第 19—27 段）**
（1）同一性是相对的，斗争性是绝对的（第 19—24 段）

（2）矛盾的同一性和斗争性是结合的（第25—27段）

（二）问题讲解

毛泽东在这一节的第一段中首先指出："在懂得了矛盾的普遍性和特殊性的问题之后，我们必须进而研究矛盾诸方面的同一性和斗争性的问题。"为什么必须研究同一性和斗争性的问题呢？这是由这一问题在矛盾学说中的地位决定的。

矛盾的普遍性和特殊性主要说的是矛盾与矛盾之间的关系问题，矛盾之间的关系既有联系又有区别，或者说它们的关系是共同性与差异性。而矛盾的同一性与斗争性问题则说的是矛盾诸方面之间的关系，矛盾双方之间的关系是既同一又斗争。毛泽东在第三节中说过："所谓了解矛盾的各个方面，就是了解它们每一方面各占何等特定的地位，各用何种具体形式和对方发生互相依存又互相矛盾的关系，在互相依存又互相矛盾中，以及依存破裂后，又各用何种具体的方法和对方作斗争。"由此可见，同一性和斗争性就是研究矛盾双方的互相依存又互相矛盾的关系。研究矛盾诸方面之间既同一又斗争的关系是十分重要的。

（1）研究矛盾诸方面的同一性和斗争性，才能了解矛盾的总体。因为任何矛盾都有两个方面，把矛盾双方的关系弄清楚了，就对这一矛盾的总体有了认识。毛泽东说只有从矛盾的各个方面着手研究，才有可能了解其总体。

（2）研究矛盾诸方面的同一性和斗争性，才能进一步了解矛盾的普遍性和特殊性。因为，矛盾的普遍性，或者说矛盾之间的共性，正是由各矛盾双方的斗争性决定的；而矛盾的特殊性，或者说矛盾之间的个性区别，正是由各矛盾双方的同一性决定的。也就是说，矛盾双方的斗争决定了此一矛盾与彼一矛盾之间的共性，矛盾双方的同一性决定了各个矛盾的个性。所以，只有弄清楚矛盾内部双方之间的关系，才能弄清矛盾与矛盾之间的关系（共性与个性）所由产生的根据。

（3）研究矛盾诸方面的同一性和斗争性，才能掌握对立统一规律的基本内容。因为，对立统一规律就是说事物内部有互相同一又互相斗争着的两个侧面，这两个侧面又同一又斗争推动事物的发展。所以，对立统一的本来意义就是矛盾两个方面又对立又统一的意思。因此，只有弄清楚了矛盾的同一性和斗争性，才能理解对立统一规律的实质和内容。列宁在说明什么是对立面的统一时指出，对立面的统一就是统一物之分为两个互相排斥的对立面以及它们之间的互相关联，这正是从矛盾双方的关系上来说明对立统一规律的含义的。

总之，矛盾的同一性和斗争性问题，说明了矛盾双方的关系，揭示了普遍性与特殊性的根据，表达了对立统一规律的基本内容，所以必须很好地研究和掌握。

1. 矛盾的同一性的含义和特点

（1）矛盾同一性的含义。

什么是矛盾的同一性呢？所谓矛盾的同一性说的是如下两种情形：第一，事物发展过程中的每一种矛盾的两个方面，各以和它对立着的方面为自己存在的前提，双方共处于一个统一体中；第二，矛盾着的双方，依据一定的条件，各向着其相反的方面转化。

第一种情形就是说矛盾的双方互相依存，第二种情形就是说双方互相转化。

①矛盾双方的互相依存。互相依存（或者叫互相联结、互相依赖）就是说，矛盾着的各方面，不是孤立存在的，而是互相依对方为自己存在的条件，没有对方的存在，自己一方面存在就成为不可能。这也就是说，矛盾双方的内容特点是彼此规定的，一方的内容特点只有在同对方的联系中才能存在；矛盾双方的力量变化是彼此牵制的，一方力量的增强意味着另一方力量的削弱。双方内容彼此规定，双方力量相互牵制，这就是互相依存、互为存在条件的意思。例如生与死、上与下、祸与福、顺利与困难、地主与农民、无产阶级与资产阶级、帝国主义与殖民地都

是互相依存的。又如民主与集中、工业与农业、中央与地方、领导与群众、乱与治等等也是如此。

②矛盾双方的互相转化。这是同一性含义中更重要的方面。什么是双方的互相转化呢？就是说矛盾着的两方面，因一定的条件，各向着和自己相反的方面转化了去，向着对立面的地位转化了去。即转化到对方原来所占的地位，这一个变到那一个。

为什么对方会互相转化呢？因为它们之间在一定条件下互相联结，有一条由此达彼的桥梁。

矛盾双方的互相转化有两种情况。首先，是双方地位的转化，原来是矛盾的主要方面转化为主要方面，次要方面转化为主要方面，这样事物的性质也随之发生变化。例如处于被统治地位的无产阶级经过革命转化为统治者，而处于统治地位的资产阶级却转化为被统治者。其次是双方的内容特点的转化，转化前具有某种性质，转化后失去了原有性质，或者转化前没有某种性质，转化后具有了这种性质。例如，国民党在一九二七年的革命性，经过转化后具有了反革命性，帝国主义由真老虎转化为纸老虎，战争转化为和平，私有制转化为公有制等等。地位的转化与内容特点的转化不是孤立的，而是相互联系同时发生的。

矛盾双方的互相转化是同一性更重要的方面。因为转化意味着事物的发展，意味着新事物代替旧事物。虽然，在发展过程中，转化有两种相反的方面：一种是前进的运动，新的产生和旧的死亡；另一种是暂时的倒退，新的方面成为主要方面之后又被旧的所战胜，例如资本主义复辟。不管道路多么曲折，总的必然趋势是新事物战胜旧事物。正由于转化意味着发展，所以，矛盾双方的相互转化，在同一性的两种情况中是更重要的。

总之，一切矛盾着的东西，互相联系着，不但在一定条件下共处于一个统一体中，而且在一定条件之下互相转化，这就是矛盾的同一性的全部意义。

在理解同一性的含义时，我们必须注意的是，相互依存和相互转化是有机地统一，不能截然分开。依存是对立面的相互依存，依存自身就包含着相互转化的因素，而且在相互依存的过程中矛盾双方就有局部的部分的转化；转化是由依存而来是向对立的方面转化而去，转化自身既意味着旧的依存关系的破裂，同时也意味着新的依存关系的产生。转化时有依存，依存中有转化。互相依存是说，矛盾双方一方依赖一方，互相转化是说，一方走向一方。互相依存是说，双方联结，互相转化是说，双方可通。在联结中相通，在相通中联结。毛泽东把同一性喻为桥梁，这就包含着既相联结，又相过渡的意思。可见，互相依存和互相转化这两种含义二者不能分割。

（2）矛盾同一性的特点。毛泽东在论述了同一性的含义之后，进一步分析了唯物辩证法的同一性观点的特点，并由此而说明了坚持唯物辩证法关于矛盾同一性观点的实践意义。唯物辩证法的同一性观点的特点是：

①矛盾的同一性是客观事物本来就有的。为什么唯物辩证法承认矛盾的同一性呢？因为客观事物本来是如此的。"客观事物中矛盾着的诸方面的统一或同一性，……反映在人们的思想里，就成了马克思主义的唯物辩证法的宇宙观"。这就是说，矛盾双方的同一性是客观事物本身所具有的性质。唯物辩证法承认同一性，不过是正确如实地反映了客观事物的真实情况罢了。同一性是事物本来的辩证法。

无产阶级及其先锋队共产党人的任务就在于宣传事物本来的辩证法，促成事物的转化，达到革命的目的。无产阶级的革命事业、革命活动从哲学上说就是创造条件，促成事物的转化。

②矛盾的同一性是现实的具体的。马克思主义辩证法说的同一性是对现实变化的科学反映。"所谓矛盾在一定条件下的同一性，就是说，我们所说的矛盾乃是现实的矛盾，具体的矛盾，而矛盾的互相转化也是现实的，具体的。"这里说的，就是辩证法同一性的具体性。现实中矛盾的同一性都是具体的，辩证法的同一性就是对现实中矛盾同一性的科学反映。

神话或童话中的许多变化是对现实、具体同一性的歪曲反映，是一种幼稚的、想象的、主观幻想的变化。我们要坚持同一性的现实性和具体性，把它与幻想的同一性区别开来。幻想中的同一性尽管千奇百怪，变化多端，很有吸引力，但它不能使我们去正确认识客观事物中的矛盾。

③矛盾的同一性是有条件的。唯物辩证法的同一性是有条件的，缺乏一定的必要的条件，就没有任何的同一性。一定的条件具备了，事物发展的过程就发生一定的矛盾，而且这种或这些矛盾互相依存，又互相转化，否则，一切都不可能。矛盾双方的互相依存，互相转化都是有条件的，这就是同一性的条件性。研究对立面之间的同一性，重要的是研究转化的条件，认识转化的条件，并在认识条件的基础上，积极创造使矛盾向有利于新事物，有利于革命方面转化的条件；并努力消除使矛盾向旧事物和不利于革命方面转化的条件。

是否承认转化条件是辩证法与诡辩论的重要分界线。诡辩论抹杀和歪曲转化的条件，在它看来，矛盾双方的转化是任意的。

唯物辩证法的矛盾同一性的客观性、现实具体性和条件性既同形而上学划清了界限，也同唯心主义的辩证法划清了界限。

2. 矛盾的斗争性

矛盾的同一性已如上述，那么，什么是矛盾的斗争性呢？

毛泽东说："一切过程中矛盾着的各方面，本来是互相排斥、互相斗争、互相对立的。"又说："'相反'就是说两个矛盾方面的互相排斥和互相斗争。"这里说的就是矛盾的斗争性。可见，矛盾的斗争性是指矛盾双方互相对立、互相排斥、互相反对的趋势、作用、性质。矛盾的斗争是一个具有广泛意义的哲学范畴，它普遍地存在于自然界、人类社会和人们的思想中。例如，无产阶级和资产阶级的斗争、正确思想和错误思想的斗争，自然界中，作用和反作用、吸引与排斥、阴电与阳电、化合与分解之间的斗争等等。由此看来，斗争性除了表示矛盾双方互相排斥的趋向和性质之外，没有任何别的意义。我们在日常生活中，往往把斗争的一种形式或几种形式误认为斗争的全部，因而，一提到斗争就只想到战争、敌我斗争，而把其他形式的对立倾向排斥在斗争的含义之外，这是对斗争性的一种狭隘理解。

3. 矛盾的同一性和斗争性的关系

毛泽东在论述了矛盾的同一性问题之后，进一步深刻阐明了同一性和斗争性的关系。毛泽东从两个方面说明了二者的关系。

（1）同一性是相对的，斗争性是绝对的。

列宁在《谈谈辩证法》一文中曾经指出了这一点，他说："对立面的统一（一致、同一、均势）是有条件的、暂时的、易逝的、相对的。相互排斥的对立面的斗争则是绝对的，正如发展、运动是绝对的一样。"为什么说同一性是相对的，斗争性是绝对的呢？毛泽东说："所谓相对，就是暂时的，有条件的。所谓绝对，就是永久的，无条件的。"

①同一性是暂时的，斗争性是贯穿过程始终的。

同一性是暂时的，要从事物的稳定性是暂时的，变动性是绝对的这一观点出发去理解。毛泽东说："一切过程的常住性是相对的，但是一种过程转化为他种过程的这种变动性则是绝对的。"常住性就是指事物的质的稳定性。任何一个事物的稳定性都是暂时的，它的存在过程是有始有终的。也就是说，任何过程中矛盾双方在一定条件下相互依存共居于一个统一体中，这不过是暂时的现象，这种统一体，由于对立面的不断斗争，很不稳定，经常存在着分解、分裂的趋向，不断发生着变化；它的稳定性是相对的。而且，由于斗争的发展，终究要被矛盾的斗争所打破，而变为另一种新的统一体，所以说，矛盾的这种同一性是暂时的。

从矛盾斗争性在事物运动中的作用和地位来看，斗争性是贯穿于事物运动过程的始终的。无论什么事物的运动都采取两种状态，相对地静止的状态和显著地变动的状态。相对地静止的状态是量变状态，显著地变动的状态是质变状态。这两种状态的运动都是由内部包含的两个矛盾着的因素所引起的，而且矛盾的斗争则存在于两种状态中。由于斗争在事物运动中的这种作用和地位，可以看到，斗争性是永恒的，贯穿始终的。

事物的常住性是暂时的，变动性是永恒的，事物在量变状态时，统一体保持着，在质变状态时统一体破裂，而在量变、质变状态中，斗争性都存在，都发生作用。可见，矛盾的同一性是暂时的、易逝的，斗争性是永恒的，贯穿始终的。

②同一性是有条件的，斗争性是无条件的。

从存在的时间上看，具体事物的同一性是暂时的，斗争性是永恒的。从条件上看，同一性是有条件的，斗争性是无条件的。同一性的两种情况即互相依存、互相转化，都是有条件的。在一定条件之下，矛盾的东西能够统一起来，又能够互相转化；无此一定条件，就不能成为矛盾，不能共居，也不能转化。由一定的条件才构成了矛盾的同一性，所以说同一性是有条件的、相对的。

矛盾的同一性是相对的，主要说的是条件性。任何矛盾的同一性——不论是矛盾双方的互相依存或互相转化，都必须具备一定的、具体的条件，无此一定的、具体的条件，就无所谓同一性。也就是说，矛盾的同一性都因一定的条件具备而存在，因一定条件的消失而消失。

由于其条件性，任何矛盾的同一性都是可变动的、暂时的、易逝的，而不是抽象的、凝固的、永恒不变的。

由于其条件性，任何矛盾的同一性又都是特殊的，具有个性的。世界上没有千篇一律的抽象的同一性，只有各个特殊、各具个性的同一性。A. 不同物质运动形式中矛盾的同一性各不相同。例如，自然界各种矛盾的同一性和社会上各种矛盾的同一性各不相同，各具特点。B. 同一个过程的不同矛盾的同一性也各有特点，并不相同。例如，在社会过程中，不同阶级之间的矛盾同一性各不相同，各具特点。C. 就是同一矛盾，在其不同阶段上的同一性也各不相同，各具个性。例如中国人民同帝国主义、封建主义的矛盾，在北伐战争、土地革命战争、抗日战争和解放战争时期的同一性就不完全相同。由此可见，由于条件性，同一性就是矛盾的个性和特殊性。

因此，同一性的相对性，主要是说的条件性。由于有条件，同一性是暂时的；也由于有条件，同一性也是特殊的。同一性是相对的，全部问题集中在一点，就在于它的条件性。

为什么说斗争性是无条件的呢？因为 A. 矛盾的斗争贯穿于过程的始终；B. 矛盾的斗争使旧的统一体破裂，新的统一体产生，使一过程向着他过程转化；C. 矛盾的斗争无所不在。所以说，矛盾的斗争是无条件的。当然，矛盾的斗争总是在一定条件下的统一体中进行的，但是斗争性，不为条件所局限，不被统一体所约束，它能够打破一定的条件，冲破旧的统一体，所以说是无条件的。

我们说斗争性是贯穿始终的，是无所不在的，这绝不是说，矛盾斗争的激化程度，矛盾斗争的形式和方法是始终不变的。其实，在不同过程，不同阶段，不同矛盾中，矛盾斗争的程度和方式并不相同。那么，这能否说，斗争也是依条件的变化而变化，也是暂时的、相对的呢？不能。因为，斗争方式、斗争程度的可变性，恰恰是依矛盾的同一性情况为转移的。正由于不同过程、不同阶段、不同矛盾的同一性不同，所以，矛盾斗争的激化程度和斗争形式也不一样。但是，尽管矛盾斗争的程度和形式不同，可是矛盾双方互相排斥的趋势却始终如一，只要矛盾存在，斗争总是存在的。所以，斗争性是无条件的、绝对的。

总之，"对于任何一个具体的事物来说，对立的统一是有条件的、暂时的、过渡的，因而是相对的，对立的斗争则是绝对的"。①

（2）同一性和斗争性是相互联结的。

同一性和斗争性尽管各有自己的特点，一个是相对的，一个是绝对的，但是二者是不能分割的，是不能孤立存在的，而是互相联结在一起的。毛泽东说："有条件的相对的同一性和无条件的绝对的斗争性相结合，构成了一切事物的矛盾运动。"任何矛盾的两方面都是相反相成的，

---

① 《毛泽东的五篇哲学著作》，人民出版社 1970 年版，第 133 页。

即既有斗争性，又有同一性。二者在矛盾中是同时存在的。任何矛盾都是同一性和斗争性的联结。二者的联结表现在两个方面。

①斗争性寓于同一性之中。没有同一性就没有斗争性。一切矛盾的斗争都是在一定的统一体中进行的。如果对立双方不存在同一性，彼此孤立，毫不相干，没有一个由此达彼的桥梁，没有一条联系的纽带，就无法进行斗争。矛盾双方的斗争是在其互相依存和互相转化中进行的。斗争性不能离开同一性。所以列宁说："在对立面的统一中把握对立面。"①

②没有斗争性就没有同一性。这就是说，同一性不能离开斗争性，矛盾双方的依存是斗争的依存，不是僵死凝固的依存，矛盾双方的转化是斗争的结果，离开斗争就不能转化。矛盾双方的依存靠斗争来维持，矛盾双方的转化靠斗争来实现。同一性的两种情形都不能离开斗争。所以毛泽东说："同一性中存在着斗争性。"

斗争性寓于同一性之中，同一性中存在着斗争性，这种相互联结并不是多么神秘的东西，它也是客观事物最普遍的关系的反映。它是无数客观存在着的具体事物矛盾的同一性和斗争性的概括反映。客观事物中，存在着许多同一性和斗争性的具体表现形态。例如，在自然界物体之间的矛盾具有吸引和排斥；分子之间的矛盾具有凝聚和扩散性；元素之间的矛盾具有化合和化分；生物机体同外界环境之间的矛盾有同化和异化，亲子之间的矛盾有遗传和变异。又如在人类社会中，上层建筑与经济基础间的矛盾、生产力和生产关系之间的矛盾有适合和不适合这两重性，工、农业之间，国民经济各部门之间的矛盾有平衡和不平衡，统一战线各阶级之间的矛盾具有联合和斗争，人民内部矛盾中，又团结又批评，在思维领域中的分析和综合等等，都是斗争性和统一性的一些具体表现形态。当然，我们不能将这些范畴同同一性和斗争性绝对等同，但无疑我们也不能说这些范畴不是同一性和斗争性的表现形态。在上述的范畴中，吸引、凝聚、

---

① 列宁：《哲学笔记》，人民出版社 1960 年版，第 97 页。

化合、同化、遗传、适合、平衡、联合、团结等都是同一性的具体表现形态，都是相对的；而排斥、扩散、化分、异化、变异、不适合、不平衡、斗争、批评等都是斗争性的具体表现形态，都是绝对的。绝对的排斥寓于相对的吸引之中，相对的吸引之中存在着绝对的排斥，其他也是如此。二者是不可分割的，正如同一性、斗争性不可分割一样。

斗争性寓于同一性之中，没有斗争性就没有同一性。同一性与斗争性是互相联结，不能割裂的，割裂了就会违反唯物辩证法。

因为斗争性寓于同一性之中，所以离开同一性谈斗争性是不可思议的。这种离开同一的斗争，必然是一种主观设想的斗争，是无缘无故的乱斗，而不是具体矛盾中的斗争。这种观点会陷入唯心主义的泥坑。

因为同一性中存在着斗争性，没有斗争性就没有同一性，所以离开斗争性谈同一性是十分荒谬的。这种离开斗争性的同一性，必然是形而上学的等同，而不是对立的统一。

总之，离开同一性谈斗争性和离开斗争性谈同一性都是错误的。我们必须把同一性和斗争性结合起来，在同一中把握斗争，在斗争中把握同一，才能坚持唯物辩证法。

4. 掌握矛盾同一性和斗争性辩证关系的重大意义

只有掌握相对的同一性和绝对的斗争性相结合的原理才能理解事物的发展动力。

毛泽东说："有条件的相对的同一性和无条件的绝对的斗争性相结合，构成了一切事物的矛盾运动。"（《矛盾论》）又说："矛盾着的对立面又统一，又斗争，由此推动事物的运动和变化。"（《关于正确处理人民内部矛盾的问题》）又说："任何一个过程，都是由矛盾着的两个侧面互相联系又互相斗争而得到发展的。"（《加强互相学习，克服故步自封、骄傲自满》）列宁说："发展是对立面的统一（统一物之分为两个互相排斥的对立面以及它们之间的互相关联）。"（《谈谈辩证法问题》）

发展的动力是什么呢？是矛盾，是矛盾双方的同一性和斗争性的结合。只有掌握了同一性和斗争性的结合，才能理解发展，说明发展，认识发展。这就是掌握同一性和斗争性辩证关系的根本意义。我们如果割裂二者的辩证关系，就会否认发展，歪曲发展。

毛泽东把同一性和斗争性结合起来，分析了中国革命的发展过程，并且根据这一分析，制定了推动革命发展的一系列路线、方针、政策和策略。例如，在统一战线中又联合又斗争的方针，处理人民内部矛盾的团结—批评—团结的方法等等。

由此可见，割裂了矛盾双方的同一性和斗争性，必然歪曲、否认了事物的发展，只有掌握二者的结合，才能坚持唯物辩证法的发展观。

六　对抗在矛盾中的地位

（一）内容提示

这一节分析了矛盾斗争的基本形式，阐明了对抗性矛盾和非对抗性矛盾的区别和转化，深刻论述了"解决矛盾的方法，即斗争的形式，则因矛盾的性质不同而不相同"这个重要原理。从而使矛盾斗争的绝对性和斗争形式的相对性统一起来，为我们正确区分和处理不同性质的矛盾提供了理论根据和科学方法。这一节的基本思想是教导我们在研究矛盾问题的时候，要注意矛盾的各种斗争形式的区别。这一节共 8 段，可分为两个问题。

1. 对抗是矛盾斗争的一种形式（第 1—4 段）

（1）对抗形式的特点（第 2—3 段）

（2）认识对抗形式的意义（第 4 段）

2. 对抗性矛盾与非对抗性矛盾的区别和转化（第 5—7 段）

（1）矛盾的性质决定斗争形式（第 5 段）

（2）对抗性矛盾与非对抗性矛盾的转化（第 6—7 段）

小结（第 8 段）

（二）问题讲解

毛泽东说："当我们研究矛盾的普遍性和斗争性的时候。要注意矛盾的各种不同的斗争形式的区别。"矛盾的斗争形式问题是一个十分重要的问题，研究这一问题对于我们正确区分不同性质的矛盾和用不同的方法解决不同的矛盾都具有指导意义。特别是在社会生活中，正确区分和处理不同性质的社会矛盾，是共产党人制定政策、执行政策的理论根据。所以，在研究了矛盾斗争的绝对性之后，必须进而弄清矛盾斗争的不同形式问题，把矛盾斗争的绝对性和斗争形式的相对性统一起来。

1. 对抗是矛盾斗争的一种形式

毛泽东指出："对抗是矛盾斗争的一种形式，而不是矛盾斗争的一切形式。"矛盾斗争的对抗性形式具有自己的特点，认识这种形式对于指导革命斗争有十分重大的意义。

（1）对抗形式的特点。

矛盾斗争的对抗形式有什么特点呢？从毛泽东所举的例子中可以看出。对抗形式的特点是外部对抗和外部冲突。例如人类社会中一个阶级对另一阶级的革命和不同阶级、集团、势力之间的战争，自然现象中的炸弹爆炸，火山爆发等等。这些现象都是矛盾双方发展到了一定阶段，只能采取外部冲突的方法来解决矛盾。这种解决矛盾的方法就是矛盾斗争的对抗形式。毛泽东说：对抗是矛盾斗争的一种特殊的表现，只是矛盾斗争的一种形式，而不是矛盾斗争的一切形式。不能到处套用这个公式。

（2）认识对抗形式的重要意义。

毛泽东指出：认识这种情形，极为重要。它使我们懂得，在阶级社会中，革命和革命战争是不可避免的，舍此不能完成社会发展的飞跃，不能推翻反动的统治阶级而使人民获得政权。又指出共产党人必须揭露反动派所谓社会革命是不必要的和不可能的等等欺骗的宣传。这就深刻说明了认识矛盾斗争的对抗形式的重大意义。认识矛盾斗争的对抗形式是坚持暴力革命论的理论基础。马克思主义的社会革命论是暴力革命论，他坚信枪杆子里可出政权这一科学真理。为什么呢？就是因为在马列主义的哲学看来，矛盾斗争有对抗形式，而在阶级社会中，剥削阶级与被剥削阶级之间，革命阶级与反动阶级之间的矛盾是对抗性的，它发展到一定程度，必然要采取外部冲突的形式去解决。因此，受剥削被压迫的阶级要进行革命斗争必须坚持暴力革命，舍此不能解决与反动统治阶级的矛盾，不能取得政权，不能建立新的社会制度。暴力革命是阶级社会中阶级斗争发展的客观规律，是为历史经验所证明了的科学真理。

2. 对抗性矛盾和非对抗性矛盾的区别和转化

我们说，对抗是矛盾斗争的一种形式，认识这种形势具有重要的意义，这并不是说，对抗是矛盾斗争的唯一形式。矛盾斗争的形式因矛盾的性质不同而不同。由于矛盾性质的变化，矛盾斗争的形式也会随着变化。

（1）矛盾的性质决定矛盾斗争的形式。

毛泽东指出：矛盾和斗争是普遍的，绝对的，但是解决矛盾的方法，即斗争的形式，则因矛盾的性质不同而不相同，有些矛盾具有公开的对抗性，有些矛盾则不是这样。这就告诉我们矛盾的斗争形式是由矛盾的性质决定的。

为什么矛盾性质决定斗争形式呢？因为，矛盾的性质不同，矛盾双方互相依存和互相斗争的具体方法就不同。也就是说，不同质的矛盾，有着不同质的解决方法。这种解决方法即是斗争的形式。所以说，矛盾的性质决定斗争的形式。矛盾的性质和矛盾的斗争形式，在一般情况下是一致的。斗争形式为矛盾的性质所决定，同时表现着矛盾的性质。对抗性矛盾和非对抗性矛盾，既是指斗争形式说的，也表现了矛盾的性质。矛盾的性质和斗争形式是内容和形式的关系，内容决定形式，但形式对内容也有作用。斗争形式对矛盾本质的形成，起着重要作用。

矛盾的性质和斗争形式，可以区分为两大类：对抗性矛盾与非对抗性矛盾。对抗性矛盾是到了最后必然要采取外部冲突的形式去解决的矛盾，它的特点已如前述。所谓非对抗性矛盾，就是不必通过外部冲突形式去解决的矛盾。在自然界中，如生物体内的同化与异化，大脑皮层的兴奋与抑制；在社会生活中，人民内部的批评与自我批评等，都是非对抗性矛盾。这些矛盾却不须通过外部冲突的形式来解决。

在第五节中说过，矛盾的斗争性是普遍的，绝对的，这里又说各种矛盾的斗争形式是特殊的，相对的，这如何理解呢？我们说，矛盾的斗争性是指矛盾双方互相排斥，互相反对，互相对立的趋向，这种趋向任何矛盾都有。而矛盾的斗争形式是指矛盾双方进行排斥、斗争的具体方法，这种方法则因具体矛盾的具体性质（特殊性质）不同而有区别。所以说，矛盾的斗争性是绝对的，而矛盾斗争的形式是相对的。由此可见，矛盾斗争形式的区别是矛盾特殊性的一种表现。

区分具体矛盾的性质和斗争形式对于革命事业极为重要。如果混淆两种不同性质的矛盾，采取不适当的斗争形式，就会犯右的或"左"的错误。如果用非对抗性形式去解决敌我之间的对抗性矛盾就是右的错误，用对抗性形式去解决人民的内部、革命阵营内部的非对抗性矛盾就是"左"的错误。

（2）对抗性矛盾和非对抗性矛盾的转化。

对抗性矛盾和非对抗性矛盾的区别并不是固定不变的，在一定条件下，二者是可以互相转化的。

毛泽东说："根据事物的具体发展，有些矛盾是由原来还是非对抗性的，而发展成为对抗性的；也有些矛盾则由原来是对抗性的，而发展成为非对抗性的。"毛泽东以共产党内正确思想和错误思想的矛盾，经济上城市和乡村的矛盾为例，说明了转化的情况。

对抗性矛盾和非对抗性矛盾的转化是有条件的，没有条件，不会转化。毛泽东在分析党内的矛盾性质的转化时指出，如果党组织一方面对错误思想进行严肃的斗争，另一方面又充分地给犯错误的同志留有自己觉悟的机会，而犯错误的同志又能够改正错误，那就不会发展为对抗。但是，如果党组织采取过火的斗争，而犯错误的人坚持并扩大错误，矛盾就会转化为对抗。在这里，毛泽东从主观、客观两方面分析了矛盾性质转化的条件。城乡矛盾的性质转化也是有条件的，在资本主义条件下，是对抗的；在社会主义条件下就变为非对抗的。

认识对抗性矛盾与非对抗性矛盾的转化非常重要。这可以使我们在实际中积极创造条件，使矛盾性质和斗争形式向有利于事物发展、社会前进和革命胜利的方面转化。

（3）两类矛盾学说是对对抗性矛盾和非对抗性矛盾原理的发展。

到了社会主义革命时期，特别是在生产资料改造基本完成后，毛泽东提出了正确区分和处理社会主义社会中人民内部矛盾和敌我矛盾的学说，这是对《矛盾论》中关于对抗性矛盾和非对抗性矛盾原理的重大发展。关于两类矛盾学说的基本内容，见《关于正确处理人民内部矛盾的问题》一书，这里不再叙述。

这里需要说明两点。第一，就是在《关于正确处理人民内部矛盾的问题》中，毛泽东指出，有些矛盾除了对抗性的一面外，还有非对抗性的一面。例如，工人阶级和其他劳动人民同民族资产阶级的矛盾就是如此，这是一个新的提法。第二，后来，毛泽东根据社会主义革命的实践，继续发展了对抗性矛盾与非对抗性矛盾的原理。毛泽东曾指出，有些本来是对抗性的矛盾在一定条件下可以用非对抗性的方法去处理，例如有些敌我矛盾按人民内部矛盾处理就是如此。

根据毛泽东在《矛盾论》中的论述和以后的发展，在研究对抗性矛盾和非对抗性矛盾时，必须注意五个问题。①对抗性矛盾与非对抗性矛盾是两类性质根本不同的矛盾，必须严格区分。②有些矛盾既有对抗性的一面，又有非对抗性的一面。③对抗性矛盾与非对抗性矛盾在一定条件下可以转化。④对抗性矛盾并不是在任何时候都采取对抗形式，而是发展到一定阶段才发生对抗。⑤一般情况下，对抗性矛盾用外部对抗的方法去解决，非对抗性矛盾用和平的方法（非对抗的方法）去解决。在一定条件下，对抗性矛盾可以用非对抗的形式去解决；但在任何情况下，非对抗性矛盾绝对不能采取对抗的方法去解决。

这些问题，是我们在理论上和实践上都应该十分重视，否则就会犯错误。

七 结论

（一）内容提示

在这一节中，毛泽东对《矛盾论》全书做了总结，说明了对立统一法则，在唯物辩证法中和在哲学发展史上的重要地位，概述了对立统一法则的基本观点，指出了掌握对立统一规律对于开展党内路线斗争的重大意义。这一节的基本思想是，只有掌握对立统一这个宇宙发展的根本原则，才能坚持马克思主义原则，克服教条主义和经验主义两种错误倾向，推动革命事业的发展。

（二）问题讲解

1. 对立统一规律的重要地位

在《结论》中，毛泽东首先概括说明了对立统一法则的重要地位。

（1）从理论上看，对立统一规律是宇宙发展的根本法则。

毛泽东说：事物的矛盾法则即对立统一法则是自然和社会的根本法则，因而也是思维的根本法则。这就说明了对立统一法则的理论地位。从唯物辩证法理论上看，矛盾法则是核心，是实质。因为：①它具有根本性。辩证法的其他法则都以它为基础，都是它的展开和表现。②它具有普遍性。自然、社会、思维中等各种运动，各个事物都受它的支配。③它具有客观性。它首先是自然和社会的客观法则，然后才是思维的法则，主观辩证法不过是对客观事物的辩证法的反映。毛泽东说它是自然、社会的根本法则，因而也是思维的法则。这就说明了它的客观性，也说明了主观辩证法与客观辩证法的关系。

（2）从哲学路线上看，对立统一法则是同形而上学根本对立的宇宙观。

毛泽东说：他是和形而上学的宇宙观相反的。为什么是相反的呢？第二节已经作了回答。

（3）从认识发展史上看，对立统一法则的创立和发现是人类认识史上的一个大革命。

毛泽东说，对立统一法则对于人类认识史是一个大革命。这里说的是唯物辩证法的对立统一法则的重大历史意义，也说明了它同以前的旧哲学，包括朴素的辩证法和唯心的辩证法有性质上的区别。

总之，无论从理论上，哲学路线上，还是从人类认识史的发展上看，对立统一法则都处于重要的地位。这是对《矛盾论》全书的指导思想的概括说明和精神实质的高度总结。

2. 对立统一规律的基本观点

毛泽东总结了《矛盾论》全书的内容，概括地叙述了对立统一规律的基本观点。

（1）矛盾存在于一切客观事物和主观思维的过程中，贯穿于一切过程的始终，这是矛盾的普遍性和绝对性。（总结第二节）

（2）矛盾着的事物及其每一个侧面各有其特点，这是矛盾的特殊性和相对性。（总结第三节）

（3）矛盾着的事物依一定条件有同一性，因此能够共居于一个统一体中，又能够互相转化到相反的方面去，这又是矛盾的特殊性和相对性。（总结第五节的前半部分）

（4）矛盾的斗争是不断的，在共居或转化的时候都有斗争存在，尤其在互相转化时，斗争的表现更为显著，这又是矛盾的普遍性和绝对性。

（5）在研究特殊性和相对性的时候，要注意矛盾和矛盾方面的主要

的和非主要的区别。（总结第五节）

（6）在研究普遍性和斗争性的时候，要注意矛盾的各种不同的斗争形式的区别。（总结第六节）

毛泽东对矛盾法则基本观点的概括叙述中可以看出三个问题。①共性个性，绝对相对的道理是矛盾学说的精髓，它贯穿于矛盾法则的所有内容之中。②《矛盾论》一书的逻辑顺序是：普遍性—特殊性—普遍性。为什么要按照这个顺序组织全书的内容呢？毛泽东在第二节的第一段中作了说明。③注意矛盾和矛盾方面的主要的和非主要的区别，注意矛盾的各种不同的斗争形式的区别具有重要的方法论意义和实践意义，否则就要犯错误。

3. 掌握对立统一法则的重大意义

毛泽东着重指出了掌握对立统一法则在路线斗争中的重大意义，这是针对当时党内路线斗争的情况的。

（1）掌握了对立统一法则，就能够击破教条主义。

教条主义者，只看到矛盾的普遍性，不懂得特殊性，只看到矛盾斗争的绝对性，不懂得斗争形式的相对性。这种违背对立统一法则的形而上学思想，必然导致他们违反马克思主义的基本原则（理论联系实际，具体问题具体分析）。

（2）掌握了对立统一法则，就能够避免经验主义。

经验主义者，只看到矛盾的特殊性，忽视矛盾的普遍性，把局部经验误认为普遍真理。也违反了马列主义的基本原则。

这两种错误倾向都是违背对立统一规律的形而上学观点，尽管其表现形式不同，但都是一种片面性，都是主观主义，只有掌握了矛盾法则才会做到客观地、全面地、深刻地看问题，才能坚持马列主义的基本原则。

从毛泽东对掌握矛盾法则重大意义的论述中，可以清楚地看到，我们学习《矛盾论》，掌握对立统一规律的根本意义归结到一点，就是坚持马列主义的正确路线，提高执行正确路线的自觉性，推动革命事业向前发展。辩证法则哲理宏，矛盾规律是主峰。普遍存在事物内，始终贯穿过程中。"共性""个性"相联系，"主要""次要"莫泯同。依存转化有条件，斗争绝对不消融。

哲学原论讲义

（2000 年 9 月）

引　言

（一）哲学原论的性质和目的

名称：多种称谓，如哲学导论、哲学通论、哲学概论、哲学原论、哲学元论、哲学学等等。根据其内容应是"原论"（唐代韩愈写有《原道》一文，论述道的本原是什么。按照这一句式，哲学概论可以称为"原哲学"）。

对象：以哲学本身为对象。

性质：是研究和探讨哲学本身的理论，它揭示哲学的本质、特点和功能，回答哲学本来是什么这一根本问题。它是哲学学科最根本、最基础的内容。它是哲学的自我认识，自我反思（反思具有批判性）。

目的：达到哲学自觉，自觉就是对哲学有正确认识，当然这是一个过程。（费孝通先生提出"文化自觉"，意思是说，在 21 世纪文化多元的时代，对中国文化要有一种正确认识，包括它的历史、特征、价值、局限，等等）

哲学原论出现的原因：是哲学学科自身发展的需要。在学科发展的某个特殊时期才需要提出、才会出现"原"问题，即提出自我认识的任务。主要有两个时期。

（1）是该学科形成自己独特的研究领域、研究对象；达到了学科成熟的时候。（首先是具有独立性；其次是达到成熟性）这个时期需要与其他学科划清界限，区分领域。

（2）是当一门学科遇到新问题、新挑战，需要重新探索自身发展的时期。这个时期需要重新认识自己，重新定性、定位，才能更好地发展、展现自己。

①该学科有了新的学科积累、学术成果，需要重新安排内容，需要重新编码，重新构筑体系。

②该学科遇到实践和其他学科（或知识体系）的挑战，需要应对，新的问题需要解决。原有观点、内容或其排列方式、学科结构不能回答新的问题，于是，有了重新认识和反思的必要，需要有新的知识要素或新的结构。

当代世界、当代中国哲学原论大量出现，主要在于第二个原因。例如中国哲学的合法性问题就是关系到哲学的"原"问题。

（二）哲学原论形成的历史

（1）包含原哲学内容的书：1769 年德国学者写的《哲学理论纲要》；后来，1831 年，德国赫尔巴特出版了《哲学导论教程》；黑格尔撰写了《哲学全书纲要》。

（2）典型的原哲学著作：1892 年，德国巴尔沙《哲学导论》；1950 年，德国亚斯特尔斯《哲学导论》。

（3）最早用"原"命名的著作：1965 年，列斐伏尔《原哲学导论》。

（4）原理论的出现是 18 世纪，是近代的事情。这是学科分化出现的结果，与学科独立与成熟有关。

（5）到了近代，人类历史上才有了专门从事哲学学科的职业。康德是第一位以哲学为职业的大学教授。

（6）中国有哲学，也有哲学原理论，但无原哲学著作。

中国的知识、图书也有学科分类（经、史、子、集）意识，其划分意识比西方还分明，其方式不同，原因是中国文化早熟，中国人重视典籍分类整理。这是文化自觉的表现。（如经子之学，孔子将以前的典籍称为经，"孔子以六经教弟子"；子是学者表达个人见解的著作。）庄子说：战国时期"道术将为天下裂"；道术就是哲学，道是原理，术是方法。道体术用。《庄子·天下篇》是历史上第一部哲学史著作。《易传》是对《易经》的解释，它要回答《易经》本身是什么？也讲了许多关于哲学本身的看法。

（三）哲学原论的特点

（1）晚出性：先有学科，后有反思学科的原理论。

（2）总结性：是对哲学发展和共同性问题的总结和概括。

（3）贯通性：对哲学各个构成部分及各学派的贯通。

（4）反思性：哲学是反思性的。原哲学是对哲学本身的反思。

（5）基础性：是哲学理论的基础。

（6）引导性：对学习研究者具有指导、引导的功能。

哲学反思与其他学科反思的不同。（1）哲学反思是自我认识，是其他学科反思的基础；其他学科是用哲学进行反思的，只有这样，其反思才能成为可能。离开哲学层次，其他学科是不能进行反思的。（2）哲学追求就是探索终极存在、终极认识、终极价值，是在自我纠缠中解决的，哲学反思是自己折腾自己。"欲求至道常忘器，说到无言却费辞。"（赵馥洁诗）哲学的重要领域是思想自身。（3）任何一个学科，当它进入自我认识阶段时，就进入了哲学。恩格斯说：自然科学进入理论思维领域是不可避免的。

（四）哲学原论的内容

（1）哲学的本质——体（"哲学为何?"）

（2）哲学的功能——用（"哲学何为?"）

（3）哲学的方法——术（"哲学焉治"?）

这里说"哲学的本质"，不用"哲学的对象"，是因为"对象"有一种"倾外"感，容易从外在来考察；也不用"哲学的定义"，是因为其从逻辑角度考虑。"本质"既宽泛又厚实，决定着哲学的对象，是下定义的根据。

（五）学习哲学原论的意义

（1）思考探索原问题，可以提高我们学习的自觉性。了解哲学本身功能、哲学与其他学科的关系就能了解哲学的本质意义。

（2）深化对各类各派的思想观点、精神取向的理解。哲学观就是关于哲学是什么的观点，有什么样的哲学观就会有什么样的哲学。哲学观是进入哲学大门的入场券，并非历史上的哲学家都明确表述自己的哲学观，但其都有哲学观。如司马迁，"通古今之变"是他的历史观，"究天人之际"是他的哲学观。

（3）有助于掌握哲学学习的方法。方法实质就是对本质、规律认识后的外化，或者说是本质、规律主体化。

（4）增强哲学修养。具有什么样的哲学修养就会有什么样的人格、素养。只有具有好的哲学修养，才能适应哲学学科特点，适应哲学学科发展。有什么样的人，才能有什么样的哲学。中国哲学对哲学家的人格要求多，充分体现了中国人"以人论事""以人论言"（"以人取言""以人废言"）的思维方式。中国人认为，做好人，是做好事情的前提！

一　哲学的本质

哲学的本质回答哲学是什么的问题。对这一问题，每个哲学家都有自己不同于他人的答案。这里，我们采取一种"顾名释义"即学科名称的本义解释和马克思主义哲学观相结合的方式来回答这一问题。

（一）哲学是爱智之学

"哲学"的希腊语本义是"爱智慧"。19 世纪 70 年代，日本最早的西方哲学传播者西周用古汉语将"爱智慧"一语译作"哲学"，1896 年前后，黄遵宪、康有为等把日本的译称介绍到中国，后渐通行。之所以用"哲学"二字译"爱智慧"，这是由于在汉语中"哲"有聪明、智慧之义，"学"有学习、追求之义。"爱智慧"一语包括两个意义要素，一是"爱"，二是"智慧"。"爱"是热爱、倾慕、追求；"智慧"是什么呢？这却是一个很难回答的问题。从哲学上说，各派哲学家观照智慧的视点各不相同。有的主要从聪明、才能的角度理解智慧，这是中国古代的智慧观；有的主要从辨析、彻悟能力的角度言说智慧，这是印度佛学的智慧观；还有的着重从知识的角度解释智慧，这是西方古代的智慧观。

在我看来，智慧是一种基于知识，现于才能，达于彻悟的高、远、深、广的认识能力和认识境界。首先它是一种认识能力，人的深层次、高水平、创造性的认识能力，即一种高屋建瓴、高瞻远瞩、探赜索隐的洞察能力（包括判断力、辨析力、洞察力、彻悟力、创造力、预见力等）。《现代汉语词典》释"智慧"为"辨析判断、发明创造的能力"。

其次，它还是一种通彻事理、了悟世情、洞达人生的精神境界。智慧具有三个特征。

1. 它是知识和才能的升华

智慧基于知识但不等于知识，是知识的升华；它现于才能但不等于才能，是才能的升华。它是知识和才能升华而成的结晶。所谓升华就是融会贯通。知识和才能融会贯通之后形成的见识和思想就是智慧。刘知几说史家应有"才、学、识三长"。章学诚说史家应有"德、识、才、学四长"。袁枚也认为诗人应有"德、识、才、学四长"。"德"是道德，"才"是能力，"学"是知识，"识"就是智慧。冯契说："意见是以我观之，知识是以物观之，智慧是以道观之"。

2. 它是知识和才能的统率

从智慧的形成而言它是知识和才能的升华，从智慧的功能而言它又是知识和才能的统率。它不但主导着知识和才能的获得，而且指导着知识和才能的运用。就"获得"而言，智慧对于知识和才能起着方法作用；就"运用"而言，智慧对于知识和才能起着定向、指引作用。袁枚说："学如弓弩，才如箭镞，识以领之，方能中鹄。……我有神灯，独明独知，不取亦取，虽师勿师。"袁枚将"识"的功能喻为"神灯"，颇有深意。清人叶燮在《原诗》中认为诗人应具备识、才、胆、力四要素，他尤其强调"识"对其他三者的主导作用。他说：没有识的才、胆、力有害无益，"无识而有胆，则为妄、为卤莽、为无知，其言背理叛道蔑如也。无识而有才，虽议论纵横，思致挥霍，而是非淆乱，黑白颠倒，才反为累矣。无识而有力，则坚僻妄诞之辞，足以误人惑世，为害甚烈。"（《原诗·内篇下》四）因此，清末刘熙载说："文以识为主。审题立意，非识之高卓精审，无以中要。才、学、识三长，识为尤重，岂独作史然耶？"（《艺概·文概》）

3. 它是人类生存和个人生存的指针

智慧是有层次的。就一般性智慧而言，常识、经验、科学、道德、艺术、宗教之中都包含着智慧因素。而哲学所追求的则是超越某个领域、某个学科的特殊智慧因素的"大智慧"。这种智慧是对一般智慧的超越。其超越性在于它是关于人类生存发展和安身立命的大智慧，是人类生存和发展的"最高支撑点"。方以智说，科学是"质测"之学，政治是"宰理"之学，哲学是"通几"之学。"通几"是大智慧。科学是"格物"之智，政治是"治世"之智，艺术是"通情"之智，伦理是"尽性"之智，宗教是"信仰"之智，而哲学则是"通情达理"之智。人生处事须"合情合理"，"合情"是合人情、合世情。合情的实质是价值认同；"合理"是合物理、合事理。合理的实质是规律遵循。要做到"合情合理"就必须"通情达理"，而通情达理就要靠哲学指引。所以，学哲学有助于人通情达理；通情、达理后做事就会合情合理。做到了合情合理，对国家就能治国安民，对个人就能安身立命。治国安民是"外王"，安身立命是"内圣"。

哲学不仅是超越性智慧的表现，而且是对智慧的态度，即对智慧的热爱。热爱，包括追问、反思、批判。即追究生活信念的前提，探寻常识的根据，反思历史的尺度，探索价值的标准。它要对一般的智慧"探赜索隐"，"追本求源"。它既要"洞明世事"（"世事洞明皆学问"），"达练人情"（"人情达练即文章"），还要"明体达用"（"读圣贤书明体达用"），"致远经方"（"行仁义事致远经方"）。因此，不能将哲学混同于知识，（虽然它包含知识），等同于科学（虽然它可以是科学的），局限于智慧本身（虽然它也是智慧的表现）。因此，学习哲学，需要"高举远慕的心态，慎思明辨的理性，体会真切的情感，执着专注的意志和洒脱通达的境界"（孙正聿）。

（二）哲学是世界观的理论：哲学是世界观的理论，是理论化了的世界观

1. 世界观

哲学是世界观，不是事物观，所谓世界观有四重含义。其一，它是关于世界总体的观点。这里所谓的"总体观点"有三层含义：（1）它是超越个体、特殊、局部的事物的普遍性观点。（2）它是包括所观与观者在内的全面性观点。世界观是对人在其中的这个世界的看法和观点。人在世界之中观世界而形成的观点，和人在世界之外观世界所形成的观点不同。哲学是人对自己所在其中的世界的整体观点。是"观者都在庐山中"，而又"欲观庐山真面目"。于是，这种总体观的实质是关于世界与人的关系的观点，关于世界与人的统一性的观点。它是包括对人的观点在内的观点。（3）它是超越有限性而追求无限性的观点。世界的总体是无限的，不可穷尽的。由此可见，对世界的总体观是一种普遍性、全面性、无限性观点。这种总体观把握的对象就是古代哲人们所谓的"大全""大化""大一""大道""大象""大音"。这种总体观所形成的和所运用的概念不是私名（例如"张三有德"），也不是类名（如"人各有志"），而是达名（如"物各有性"）。可以说，"私名"是生活用语，"类名"是科学用语，"达名"是哲学用语。中国古人对哲学世界观是关于世界的总体看法有明确的认识。《系辞》云："易与天地准，故能弥纶天地之道。"又云："知周乎万物而道济天下"，"范围天地之化而不过，曲成万物而不遗"。庄子说："析万物之理，判天地之美"。

其二，它是关于世界根本的观点。哲学要形成对世界总体的看法，不是采取包罗所有知识、综括各门科学的方式，而是采取抓实质、抓关键、抓根本的路径。抓住了根本就能以本举末、纲举目张、以一统多、提纲挈领、牵一发而动全局。"根本"观点就是不停留在现象界，而是把握本质、追溯本原的观点。因而根本的观点是深层次的观点。

"深层次"即世界的本质、本原、规律。根本的观点的含义有四：（1）超越现象而达于本质（由表及里）；（2）越过外在关系而认识内部联系（由外入内）（一般规律）；（3）超越形上之器而认识形上之道（由下达上）；（4）通过多样性、差异性而认识统一的本原（由多达一）。中国古代哲人对"世界观是关于世界的根本看法"，也有一定的认识。"夫易，圣人所以极深而研几也。唯深也，故能通天下之志；唯几也，故能成天下之务。"（《系辞》）（宋）释延寿《心赋》云："以本摄末，驾智海之津梁；举一蔽诸，辟玄关之规矩。"都说明了"根本观点"对于智慧的意义。

其三，它是关于人与世界关系的观点。既然世界观是总体观点、根本观点，当然就包括着关于人与世界关系的观点。而且这一观点乃是世界观的核心和实质。司马迁说的"究天人之际，通古今之变"，就是指世界观的这一核心内容而言的。

其四，它是关于世界的认识、解释和态度的融合。世界观的"观"是由认识、解释、态度三个层次构成。世界观虽以认识为依据，但它不停留于认识，还提供了对于世界知识总体的解释和态度（包括评价）。回答世界对人的意义，回答人的本质、地位及其价值。

2. 理论化的世界观

哲学是世界观，但不是感觉的、表象的、印象的认识，而是由概念、判断、推理等组成的逻辑体系；哲学是世界观，但不是孤立的零散的观念，而是有结构、有组织、有秩序的观念系统。

（三）哲学是以思维与存在关系
为基本问题的学说

世界观意义上的世界是包括人与宇宙在内的世界。因此，哲学其基本问题是思维与存在（仅指物质存在）的关系问题。

（1）基本问题的含义：①基本问题是哲学的其他问题提出的基础；②基本问题是哲学其他问题解决的前提；③基本问题是贯穿整个哲学体系始终的问题。

（2）基本问题的确立：①理论依据：世界观是对包括人在内的世界的整个看法，人与世界的关系是世界观的核心问题。而思维又是人所独有的，于是人与世界的关系问题通过高度抽象，就转换为思维与存在的关系问题。②历史依据：从古代的肉体与灵魂，中世纪的人与神，到近代的物质与精神，都是思维与存在问题的表现形式。历史证明这一问题是哲学基本问题。

（3）思维与存在关系问题的内涵：广义的"存在"一词包括物质存在和精神存在，狭义的"存在"一词仅指物质存在。基本问题中的"存在"一词是狭义，指的物质存在。思维与存在关系问题的内涵包括两个方面：一是思维与存在何者为第一性的问题；二是思维与存在二者有无同一性的问题。第一方面决定第二方面，第一方面是最高问题。

（4）思维与存在关系问题在哲学中引出的问题域：①什么是存在，什么是最高的存在？②什么是思维，什么是思维的本质？③存在、思维是怎样的？④存在与思维的关系是什么？A. 何者为第一性？本体论。B. 有无同一性，怎样同一？认识论。⑤思维着的人的本质？人论。⑥思维着的人的存在方式？历史观。⑦人与世界存在的方式？方法论（规律论）。⑧世界对人的意义？价值论。

（5）思维与存在关系问题的反思性特征：所有科学、艺术、伦理、宗教都以思维与存在的关系为基础，都体现了思维与存在二者的统一关系。但它们都不以这一关系为问题，而是以这一关系为既定的前提。

哲学则把思维与存在的关系作为问题来思考。即它把在其他把握世界的方式中（科学、艺术、伦理、宗教等）作为前提的东西，当作问题来研究、来反思。

由此看来，哲学的对象不是存在，而是思想。存在（包括物质世界、意识世界、文化世界——波普尔所谓的三个世界）是思想的对象，而思想是哲学的对象。

以思维与存在的关系为问题，就是反思。即揭露二者的矛盾：什么是思维？什么是存在？为什么思维和存在能够统一？是怎样统一的？

智慧以言哲学的性质，世界观以言哲学的内容，思维与存在之关系问题以言哲学的对象。概而言之，哲学是研究世界的本质及人与世界关系的世界观理论，这种理论体现着人对智慧的无限热爱和不懈追求。

中国古代有"哲人"之称而无"哲学"之名，称谓哲学的名称有：道、道术、诸子之学、玄学、道学、理学等。

二 哲学的属性和特征

哲学是把握世界的方式之一，也是意识形态的基本形式之一。哲学与其他意识形态之间既有共同性，也有差异性。哲学的一般属性是哲学与其他意识形态共有的（哲学有其特殊内涵）。哲学的特征是相对于人们把握世界的其他方式如常识、科学、伦理、艺术、宗教等等而言的，也是相对于政治思想、法律、道德、艺术、宗教等意识形态而言的。

（一）哲学的一般属性

1. 社会意识性

哲学由社会存在决定的社会意识，它是第二性的，是反映社会存在的。但哲学反映社会存在经过许多中间环节的折射，因此，它与社会存在关系具有间接性、模糊性。

2. 时代性

马克思说：哲学家的成长并不像雨后的春笋，他们是自己的时代、自己的人民的产物，人民最精致、最珍贵和看不见的精髓都集中在哲学思想里；任何真正的哲学都是自己时代精神的精华。——这说明哲学是时代精神的理论表征。

所谓"时代"是指人的生活活动所创造的"生活世界"发展的阶段；所谓"时代精神"是指不同阶段的生活世界的"意义"；所谓"时

代精神的精华"是指对时代性的生活世界的意义的理论把握。

人们把握某一时代的生活世界意义（"时代精神"）的基本方式有三，也就是说时代精神体现在三种意识形式中。其一是科学、艺术、伦理、宗教、政治思想、法律等等；其二是该时代占主流的个体自我意识，如普遍的社会心理；其三是哲学理论形态，哲学是该时代的社会自我意识。

哲学之所以是时代精神的精华，是因为：（1）它最集中、最深刻、最强烈地表现（反映和表达）了时代精神，它是其他时代精神表现方式的"聚焦点""普照光"，也是个体自我意识的理论升华。（2）它批判地反思地创造性地塑造着，有力地引导着时代精神。（塑造和引导）

哲学理论的时代性特征：（1）古代：人的存在方式——以自然经济为基础的人对人的依附性；哲学理论表征——塑造神圣形象（"信仰的时代"），寻求世界的统一性。（2）近代：人的存在方式——以市场经济为基础的人的独立性（以物的依赖性为条件）；哲学理论表征——塑造非神圣的形式。其中可分为几个阶段："冒险的时代"（文艺复兴时期）、"理性的时代"（17世纪）、"启蒙的时代"（18世纪）、"思想体系的时代"（19世纪）。近代寻求的是思维与存在的统一性。（3）现代：人的存在方式——市场经济所造成的人的异化的方式。哲学理论表征——人的困惑，消解异化。"分析的时代"。寻求实践统一性，文化、语言的统一性。（4）当代：人的存在方式——寻求超越异化的方式；哲学理论表征——对人的全面而自由的发展的渴求。

3. 民族性

哲学问题具有人类性、普遍性，而这些问题的求索、回答却有民族性。哲学的民族性是指哲学在传统、旨趣、范畴等方面都具有民族性特征：（1）思维方式传统上的民族性特征：西方哲学传统由于基督教精神的影响，在道德上倾向于性与情分裂，在知识论上倾向于真理与意见对峙。中国哲学是现实主义传统，本体论上主张天人合一，知识论上主张知行合一，道德论上主张情性合一。（2）价值旨趣上的民族性特征：西哲以求真为旨趣，中哲以求善为旨趣。（3）理论范畴上的民族性特征：西哲多用分析性范畴，中哲多用综合性范畴。

4. 阶级性

在阶级社会中哲学具有阶级性，不同阶级有不同的世界观。即使在同一阶级内部，不同阶层的世界观也不完全一致。

（二）哲学的主要特征：哲学的特征是通过与其他意识形式的比较而呈现的

1. 超经验的观念层次——与常识比较

相对于常识而言，哲学具有超验性。即它以经验为基础却超出经验之上，对经验进行追问，追问它的合理性及其根据。这种超验性表现在：常识是表象性的，哲学是抽象性的；常识是有限性的，哲学是无限性的；常识是非批判性（接受性、存在性），哲学是批判性的。因此，常识不应该哲学化，而哲学应该常识化。常识哲学化，就是把常识当作哲学，用经验常识去运用哲学；哲学常识化，就是使哲学的思维方式、价值观及世界观成为人们的共识。即用一种批判、反思的态度对待生活常识。常识是熟知而不一定是真知，常识知"名称"而不去求"概念"。

2. 抽象性的思维形式——与艺术比较

相对于艺术的形象性、形象思维而言，哲学具有抽象性特征。抽象性是指运用概念去把握对象。抽象性表现在：表述的真理是群体性的共识而非个体性的感受；表述的方式是逻辑性的理论而非情感性的形象；运用的是表述语言而非表达语言。

哲学与艺术二者也有联系，艺术中蕴含哲理，（艺术中的哲学意蕴）；哲学也有追求美和艺术的旨趣（诗化哲学、哲学的诗性向往）。

3. 论理性的观念支柱——与宗教比较

哲学与宗教都是理解和解释人与世界关系的世界观，但是哲学的本质是批判性的理性思考，而宗教则是狂热性的神灵信仰。由于这一根本区别，还形成了哲学的单纯观念性（意识形态）和宗教的观念、体制结合性的差别；哲学的逻辑抽象性和宗教的抽象、形象、表象的综合性的差异。

哲学和宗教也有联系，其联系性在于：（1）哲学曾脱胎于宗教；（2）哲学曾服务于宗教；（3）宗教中包含着哲学。我们对二者的态度：批判宗教，弘扬哲学。

4. 反思性的思维方式——与科学比较

哲学和科学都有超验性、抽象性、理性等共性，二者的区别在于：（1）科学以思维与存在的统一为活动的前提，运用思维去探索自然、社会、精神的规律，达到对客观事物的真理性认识，哲学则以思维与存在的关系为问题进行思维。也就是说，科学思维的对象是存在，哲学思维的对象是思维、思想。对思维、思想的思维就是反思。可见，哲学是对科学活动（思维）和科学成果（思维成果）的反思。哲学反思科学，包括反思科学活动的基础问题（思维与存在的关系），反思科学活动方法，反思科学活动的成果，反思科学发展的逻辑，反思科学精神。（2）哲学与科学的另一重要区别在于科学以求真为主旨，哲学则追求真、善、美的统一。

哲学与科学的联系在于哲学曾经包括科学（古代），哲学曾经规范科学（近代），哲学以科学为重要基础（当代）。但二者不能互相取代。当代科学主义的实质是以科学取代哲学。而科学哲学是对科学进行哲学研究，以哲学反思科学。

5. 普遍性的问题系列

哲学的问题都是具有最高普遍性的问题，其普遍性在于：（1）哲学不仅对科学进行反思，而且其反思对象包括人类文化的一切领域，常识、科学、艺术、宗教、伦理、语言、历史等等。因此哲学的反思具有普遍性。"永忆江湖归白发，欲回天地入扁舟。"（唐代李商隐诗）（2）哲学的普遍性还表现在哲学问题的人类性。这些问题概括起来是人与世界的关系问题，包括思维与存在、生活（人）与生存（生物）、主体与客体，小我与大我（个体与群体），理想与现实、共性（统一价值标准）与殊性（自我选择）等等。由于哲学问题的普遍性，因此哲学名词都是"达名"（科学名词是"类名"，历史名词是"私名"）。

三　哲学的派别

　　哲学以其在形式、风格和问题重点等形态上的差别而区分为不同的类型。以其在内容、观点和思想路线等理论上的差别而区分为不同的派别。

（一）类型

1. 表达方式上的类型

　　（1）体系论著式的表达方式：亚里士多德、荀子、墨子、王充、董仲舒。

　　（2）阐释注解式的表达方式：朱熹的著作《四书集注》《哲学词典》（伏尔泰）。

　　（3）对话式的表达方式：苏格拉底、《论语》《孟子》、布鲁诺。

　　（4）诗体式的表达方式：《物性论》（卢克莱修）、《老子》《庄子》、尼采。

2. 风格上的类型

　　（1）抽象的逻辑推演型：黑格尔、《墨辩》、严谨型、思辨型、罗列的范畴解释型（如《袖珍神学》，伏尔泰《哲学词典》，陈淳《北溪字义》）。

　　（2）形象的情理交织型：孔子、尼采、庄子。

3. 问题重心上的类型

（1）知识型（西方）——物本型。

（2）伦理型（中国）——人本型。

（3）宗教型（印度佛教哲学）——神本型。

4. 研究方法上的类型

（1）分类研究型：中国如朱熹的《近思集》，以道体、为学、致知、存养等问题分类研究。西方则分为形上学、认识论、人生论、方法论、历史观等问题类型研究。

（2）系统建构型：大而全的逻辑系统研究。德国哲学家多采用这种研究方法。

（3）问题分析型：取出一些问题深入分析。英国哲学家多采用这种研究方法。

（4）答案罗列型：对各派观点罗列比较。美国哲学家多采用这种研究方法。

（二）派别（学派）

1. 哲学派别的区分维度

（1）物质与精神、思维和存在，何者为第一性、为本原问题上的派别有：唯物主义、唯心主义。决定了认识论上的派别：先验论和反映论。

（2）世界统一性与差异性问题上的派别有：一元论、二元论、多元论。

（3）主体能否认识客体：可知论、不可知论。

（4）认识方式上的派别：先验论、反映论。

（5）认识形式上的派别：经验论、唯理论等。

（6）思维方式上的派别：辩证法、形而上学。

（7）哲学观（哲学对象）和方法论上的派别：科学主义、人本主义。科学主义（或实证主义）——狭义的科学哲学思维。以自然科学的理论、方法来改造哲学的哲学派别，把科学作为衡量一切的标准。把自然科学理论方法作为重心。

人本主义（或人道主义思潮）——以人的本质、价值、地位为研究重心的哲学思维，反对把自然科学作为文化样式的典范。

科学主义：重知识，重真理，重"格物致知"，重"析万物之理"。重"明"。

人本主义：重人格，重价值，重"正心诚意"，重"为天地立心、为生民立命、为往圣继绝学、为万世开太平"，重"判天地之美"。重"诚"。

2. 哲学派别（学派）的命名方式

观点不同是学派区分的根据和实质，所以哲学派别（学派）多以其观点命名，如一元论、二元论、唯心论、唯物论、先验论、反映论、辩证法、形而上学等。但并非所有派别都以其观点命名，而是十分复杂，命名方式很多。或以职业命名，如儒家，或以宗师命名，如墨家、康德主义、黑格尔主义，或以核心范畴命名，如道家、法家，或以地域命名，如宋代理学的濂、洛、关、闽。现代西哲的弗莱登学派。

（三）争论

1. 哲学派别争论的意义

（1）深化人们的哲学思维——加强对问题的理解（"深"）。

（2）推动哲学的发展——提高哲学层次（"新"）。

（3）丰富哲学的内容——扩大问题（"广"）。

（4）增进哲学的真理性——充实真理，展开真理（不是走向真理）

（"真"）。

2. 哲学派别争论的特征：复杂性

（1）派别争论具有时代性特征——各派、对立的派别在不同时代会有不同的形式。不能从低级形式看高级争论。

（2）派别争论具有真理交织性特征——争论双方可能都具有部分真理。

（3）派别争论具有问题的反复性——一些重要问题或者元问题会在不同的时代反复出现，新时代争论的问题，可以是旧瓶装新酒的老问题。

《庄子·天下》云："天下大乱，贤圣不明，道德不一，天下多得一察焉以自好，譬如耳目鼻口，皆有所明，不能相通，……悲夫！百家往而不反，必不合矣。……道术将为天下裂。"这是对哲学争论的消极看法。我们应该积极地看待哲学争论。我有诗云："鱼熊兼得亦难求，历代哲人辩未休。莫谓百家往不返，慧光智海映千秋。"

四　哲学的历史

在哲学概论课中回顾哲学的历史，是为了从历史演变的维度来观察哲学的本质。哲学的历史是人类智慧发展的历史，是人类认识世界及其与人的关系的认识史，是人对思维与存在关系问题的反思史，也是哲学类型的变革和哲学派别的斗争史。总之，哲学的历史归根到底就是世界观理论的发展史。真正的哲学是"一种建立在通晓思维的历史和成就基础上的理论思维"。

我们从两个方面去观察哲学的历史：一是哲学演变的历史过程，即哲学的历程；二是哲学演变和发展的内在规律，即哲学演变规律。这两方面的统一就是历史和逻辑的统一。

（一）哲学的历程

由于各民族社会历史的历程不同，哲学的历程也有差异。从普遍性、共性来看，哲学的历史过程可分为三个阶段。

（1）古代的本体论哲学时期：以探索世界本原为目标，寻求世界的统一性。虽未自觉地提出思维与存在的关系问题，但该问题蕴含其中，即思考和探讨思维与存在何者为第一性。形成了关于世界本原（本体）的诸多论点。其标志本原（本体）的范畴有：水、火、风、空、无限者、数、原子、理念、实体、上帝、气、道等等。

（2）近代的认识论哲学时期：以探讨真理性认识为目标，以思维与存在能否同一、如何同一为中心问题。形成的哲学理论有可知论、不可知论、反映论、先验论、唯理论、经验论等等。

（3）现代的实践论、语言论、价值论哲学时期。探讨的中心问题是追求主体与客体、主观与客观、思维与存在统一的实现。马克思哲学主张通过实践中介实现统一、语言哲学主张通过语言中介实现统一、价值哲学主张通过价值中介实现统一。于是，形成了多元的以人的历史存在之诸环节为中介，实现思维与存在的统一性、同一性的哲学智慧。

（二）哲学的发展规律

（1）哲学是社会意识形态，它是社会存在的反映。社会存在是哲学发展的根源，生产力是哲学发展的根本动力。哲学对社会存在有反作用。哲学是在与社会存在的矛盾关系、矛盾运动中发展的。因此，在不同的社会形态中，哲学有着不同的历史形态。

（2）哲学是人的自我意识，是人的生存方式的反映。人类（主体）存在的历史形态决定着人的理论形态。从人与人、人与自然关系的角度即人这一主体的存在方式来看，人类存在的历史形态是：①人的依赖关系；②以物的依赖性为基础的人类独立性；③以个人全面发展为基础的自由个性。因此，哲学的历史形态表现为以神权崇拜（西方）和圣人崇拜（中国）为价值取向的哲学；以功利价值为价值取向和以科学工具理性为思维方式的哲学；以实践理性和人的自由为价值取向的哲学。三种存在形态的经济形态，是自然经济、市场经济、产品经济，政治体制是专制主义、民主主义、自由人联合体。

（3）哲学是在与其他意识形态、其他把握世界的方式的互相影响、互相作用的互动关系中发展的。即是与政治法律思想、道德、科学、艺术、宗教的互动中发展的。这些形态为哲学的发展准备了资料、成果。而哲学则为其提供了指导（方法论、世界观）。其中特别是科学的发展与哲学关系密切，对哲学影响极大。哲学形态的历史发展基本上与科学史同步。此外，政治斗争对哲学影响也很大。

（4）哲学派别的斗争、辩论是哲学的内在矛盾，派别斗争是哲学发展的直接动力。其中唯物论与唯心论、辩证法与形而上学，唯理论与经济论，科学主义与人本主义、科学哲学与价值哲学的斗争对哲学的历史发展具有重要意义。

（5）哲学的历史发展是哲学理论形态的自我扬弃过程。即间断与连续辩证统一的过程。这一历史过程呈现为波浪式发展、螺旋式上升（一串圆圈）的过程。黑格尔说：哲学的具体的运动"乃是一系列的发展，并非象一条直线抽象地向着无穷发展。必须认作象一个圆圈那样，乃是回复到自身的发展，这圆圈又是许多圆圈所构成；而那整体乃是许多自己回复到自己的发展过程所构成。"① 列宁认为这是一个非常深刻而确切的比喻。每一种思想＝整个人类思想发展的大圆圈（螺旋）上的一个圆圈。"② 这就是说：哲学发展表现为肯定－否定—否定之否定的扬弃过程。第三阶段仿佛向第一阶段的回归。

（三）哲学史研究中的方法论原则

哲学的历程和发展规律是我们研究哲学史的方法论根据。在哲学史研究中的方法论原则是有三个方面。

（1）坚持社会存在决定社会意识的唯物史观。哲学的发明是既由社会存在的决定又有其相对的独立性，这种独立性表现在哲学总是从前代的思维成果中汲取营养和资料。

（2）坚持历史与逻辑的统一。即哲学的历史次序与概念的逻辑次序的统一性。在这一统一中，历史决定逻辑，逻辑反映历史，而不能如黑格尔那样使历史屈从于逻辑。这里的历史指的是认识史而不是客观的物质资料生产史和政治史。在任何一个哲学体系中都以逻辑形式表达历史的演进过程。这种统一是矛盾的统一而非完全吻合、绝对对应。人类认

---

① ［德］黑格尔：《哲学史讲演录》，贺麟译，商务印书馆1978年版，第31页。
② 《列宁全集》第38卷，人民出版社1990年版，第271页。

识史的范畴逻辑进程，与认识史的历史进程是统一的。

（3）共性与殊性的统一是研究各民族哲学史的基本方法，各民族、各时代的哲学同中有异，异中有同。同是共性，异是殊性，求同以观其通，求异以观其变。知其殊，以认识民族思维、民族文化的特征，认识其优点与缺点，利于取人之长补己之短，推动本民族哲学的发展。知其共，以认识人类思维，人类文化的共同规律和共同追求，利于促进各民族哲学的对话、交流和融合。"人心不同各如其面"，"树林中没有两片相同的叶子"，以言个性，以言特殊，以言异；"人同此心，心同此理""南学北学，道述未裂；东海西海，心理攸同"（钱钟书），以言其共性，以言其同。研究哲学史必须将二者统一起来。

五 哲学的功能

哲学的功能就是指哲学的功用、能力、作用。哲学的功能决定了它的价值，它的意义。无功能即无价值。功能、价值、意义都是对人而言的，也即是对人和社会而言的。

认识哲学的功能，必须以深刻认识哲学的本质和特性，本质以言哲学是什么，功能以言哲学有何用。本质以言哲学之"体"，功能以言哲学之"用"。只有明"体"，才能达"用"（古语云：读圣贤书，明体达用），也只有达"用"，才能更深入地明"体"。因此，考察哲学的功能，就是在进一步理解哲学是智慧之学（性质）、世界观之论（内容）、意识形态的最高形式（特征）。"体"表现为"用"，"用"决定于"体"。庄子称哲学为"道术"，道指体，术指用。

（一）哲学功能的失位与正位

哲学的功能与哲学的本身一样，也有其特点。根据其特点分析、确定它的功能，就会使功能处于正位。即处于正确、恰当的位置上。不依据特点，谈论功能，评判价值，阐明意义，就会失位。

1. 哲学功能的失位

对哲学功能的失位性认识，有两种观点。一曰"哲学万能论"。此种看法认为，哲学即然是智慧，是世界观、是最高的意识形态。因之，它就能居高临下，成为是一切知识，一切认识，一切科学，一切意识形态的最高标准，最大规范，最终裁决。人类的全部知识领域，整个精神世界，甚至一切行为，都可以由哲学直接来判定正误，辩别善恶、评价美丑。在这种功能观看来，哲学是真理的化身，权威的象征。掌握了哲学就会无理不可知，无事不可成，无病不可医，无坚不可摧，无往不可胜。它能包揽一切真理，代替一切认识，完成一切事业。这种观念是古代以哲学为"知识总汇""科学之母"和近代以哲学为"科学的科学"这种片面看法的遗留。我国 20 世纪六七十年代，对马克思主义哲学功能的看法，就有这种倾向。"哲学万能"论的根本错误，在于误解了哲学的本质和特征，在误解的基础上夸大了哲学的功能，也过分夸大了社会意识（哲学是最高层次的意识形态）的反作用。

二曰"哲学无用论"。此种功能观认为哲学既是高悬于空中的思想世界，又是最抽象的理论体系，是形而上学。因此，它远离经济基础，脱离社会现实，疏远人的生活。是些大而不当、虚而不实、浮而不入、玄而不明、变而无常的论说。既不能给人以实际知识，更不能教人以实用技术。所以，既不能为功，更不能谋利。再结合它在"文革"时期的为极"左"思潮辩护的种种诡辩，认为哲学不但无用，甚至有害。特别是改革开放以后，国家以经济建设为中心，很多人片面地持有一种"物质是基础，功利是目标，效益是生命，金钱是元帅"的实利主义观念。认为人需要的只是经济知识、科学技术、应用技能、谋利手段。哲学已失去其价值和功能。"无用论"的错误在于忽视了世界观的重要引导作用，认为凡不能带来实际利益的知识、理论都是无用的。它以空洞、玄虚来误解哲学，以实用、技能来要求哲学。一个学生曾问欧几里德："学几何能得到什么实际利益吗？"欧氏说："给他两个钱，让他走吧。"

万能论、无用论二者都是对哲学的误解，都是功能观的失位。二者的共同点是都企求哲学发挥实用的功能性作用。在中国，万能论实质上是企求哲学发挥具体的为政治斗争作用，无用论是企求哲学发挥经济功利作用。前者认为哲学能够发挥这种作用，所以万能；后者认为哲学不能发挥具体功利作用，所以无用。两种失位，使哲学在近几十年来，饱经了人情冷暖、世态炎凉。现在必须让哲学的功能观回归正位。

2. 哲学功能的正位

正位就是让哲学在智慧、在世界观的意义上发挥作用。世界观包括人生观、价值观、历史观。世界观与认识论、方法论是统一的。对世界是什么的回答，决定着对人应该如何认识世界，如何处理对待问题的回答。

作为世界观理论，它不等于政治，因此不能直接作为政治斗争的工具；作为世界观理论，它不等于科技，特别是不等于实用技术和操作手段，因之不能作为谋取利益的直接技能和具体方法。

（二）哲学功能的历史、民族特征

由于哲学本身具有历史性、民族性，所以其功能也有历史性和民族性。

（1）西方：古代哲学家被作为辩论问题和追求真理的技艺；中世纪被用来论证上帝的全知全能，充当神学、宗教的奴婢；近代哲学曾发挥过填补知识空白、裁决科学，解放思想、推动启蒙，充当政治革命先导的作用；当代哲学在提供科学方法论和反思人事精神方面至今发挥着作用。西方的哲学终结论，不能成立。

（2）中国：古代哲学在伦理道德、政治思想、人生观方面的引导功能比较突出，近代现代在社会变革方面的作用比较明显。

（三）哲学功能的基本内涵

哲学是世界观、方法论、价值观的统一（内容），也是求真、求善、求美的统一（目标）。其功能要从这一基点出发去认识。

1. 哲学的反思批判功能

哲学的思维方式是反思，反思的指向是认识和思想，即对认识的认识，对思想的思想。因此，它以现实流行的一切思想观念如事物观、科学观、常识观以及经济思想、法律思想、政治思想、文化思想、道德思想、艺术观念、宗教观念等都是它反思的对象。哲学从世界观的高度，以真、善、美为尺度对社会现实中的各科观念进行反思，也就是设定一个真、善、美统一的终极理想目标，作为走向未来的要求，揭示现实观念以及这些观念所反映的现实生活的内在矛盾，评价人与对象世界的关系，批评现实社会的局限和缺点。伊壁鸠鲁说："哲学家的逻各斯如果不治疗人的苦难，就毫无意义。"尼采说："任何一种形式的艺术和哲学都可视为人们……用以治疗伤痛与帮助前进的凭藉。"哲学反思批判的实质是"追问前提""清理地基"。就是对常识的追问、对生活的审视、对概念的反思。康德说：哲学是一种"清理地基"的工作，是对"自明性的东西"进行分析。胡塞尔说：哲学思维就是对"认识的可能性"进行理性批判。法兰克福学派的代表人物霍克海默提出："哲学的真正社会功能在于它对流行的东西进行批判。"英国哲学家伯林说："如果不对假定的前提进行检验，将它们束之高阁，社会就会陷入僵化，信仰就会变成奴隶，想象就会变得呆滞，智慧就会陷入贫乏。"未经追问的熟知（常识）中隐含着无知，未经审视的生活没有意义，未经反思的概念只是"名称"。只有经过批判，熟知才会转化为真知，生活才会呈现出价值，概念才会丰富其内涵。

哲学的批判一是用理想性叩问现实性，一是用必然性要求现存性（用合理性引导不合理性），是用未来召唤当今。所以是积极的批判，辩证的批判，扬弃的批判。

以往的哲学是通过解释世界来进行精神批判，马克思主义哲学既通过解释世界来进行精神批判，更通过改造世界来进行实践批判。

要发挥哲学的反思批判功能：哲学家第一要有独立思想。以真美善为唯一目标；第二要有忧患意识，能居安思危，存不忘亡，治不忘乱，在莺歌燕舞中看到花落水流，在柳暗花明中看到山重水复，更能在纸醉金迷中看到民瘼民怨；第三，要有批判精神，反潮流精神，为真理献身的精神；第四，要有超越境界。

2. 哲学的社会变革的先导功能

反思是为了更新，批判是为了变革。哲学以理想来批判现实，也以理想来引导现实、重构现实。通过反思、批判，在死的中救出活的，在旧的中发现新的，在现存中开出未来。从而使人们思想解放、观念更新，进而引导人们变革现实，推动历史。这就是先导功能。

文艺复兴时期哲学以人道批判神道，启蒙思想（17—18 世纪）时期，哲学以人权（天赋人权）批判君权，都对社会变革起到了先导作用。

中国五四时期哲学用科学、民主批判封建纲常，民主主义革命时期，先是以西方近代哲学批判封建主义，后来用马克思主义批判封建主义；社会主义改革时期，以实践标准，批判两个凡是，都发挥了哲学的先导作用。恩格斯说：18 世纪法国的唯物主义成了 1789 年政治变革的哲学先导。

哲学的社会政治变革的先导作用集中表现了哲学的政治功能，具体地说：①它对于建立政治制度有设计作用；②它对政策、路线、方针的制定有理论指引作用；③它有提高国民政治思想素质的引导作用。

3. 哲学的方法指导功能

哲学是世界观和方法论的统一，任一哲学原理都是世界观和方法论的统一体，是以世界之道治世界之身。哲学方法论是普遍性的方法论，是方法论的一般原则，它具有指导人们认识世界和改造世界的一般原则功能。哲学是智慧层次的方法论，不是操作技术。哲学的方法论指导功能，突出表现在：①它为具体科学的研究提供世界观、思维方式的启示和方法论的指导。②它为人们解决和处理社会实践中的问题提供方法论的指导。

哲学方法论功能的特点：①普遍哲学方法须通过中介化为具体方法。它不能直拉作为操作方法。②方法论功能和世界观功能是统一的，所以方法论功能的发挥和帮助人们树立正确的信念、端正活动的方向和确立价值观念是统一的。哲学方法论功能的发挥不是孤立的。

4. 哲学的思维训练功能。

哲学是以最抽象的思维形式和范畴体系所表达的世界观，它是人类思维的最高形式，也是人类思维的最高成果。它是纯思，又是反思，纯思指抽象思维形式而言，反思指思维指向和思维方式而言。纯思指运思形式，反思指致思趋向。纯思和反思决定了它对思维训练的重要功能，所以哲学思维是思辨。

哲学思维比科学思维更抽象、更根本、更开阔，其理论思维训练的具体功能包括五个方面。

①训练高度的抽象思维能力。抽象的程度愈高，思维难度越大，越需要培养。②训练深度的本质思维能力。本质思维能力就是透过现象把握本质、透过偶然把握必然、透过个性把握共性、透过联系把握规律的思维能力。即由外入内、由表及里、去粗取精、探赜索隐的思维能力。③训练广阔的宏观思维能力。宏观思维就是高屋建瓴、高瞻远瞩、博古通今、由点及面、由面及体，既能纵贯又能横通的思维能力。所谓"会当凌绝顶，一览众山小。"大处着眼、视野宏阔。④训练灵活的辩证思维能力。从思维上把握一与多、动与静、同与异、对立与统一等系列矛盾辩证关系。激发思维活力，触动思维灵性，开拓思维空间。⑤训练严谨的逻辑思维能力。思维严密、严谨，不仅言之有物，而且言之有力；不仅言之有力，而且言之有序；不但言之有序，而且言之有理。"物"指论据言、内容言，"力"指论证言，"序"指逻辑言，"理"指观点、思想言。所谓条清理明。条清——"井井有条"，理明——"头头是

道"。

学哲学的过程，就是训练思维的过程。理论思维能力，是智慧的条件，也是智慧的标志。是人的理性的旗帜。恩格斯说："一个民族要想站在科学的最高峰，就一刻也不能没有理论思维。""但理论思维必须加以发挥和锻炼。而为了进行这种锻炼，除了学习以往的哲学，直到现在还没有别的手段。"我觉得，不懂草书，不算真正懂得书法；不懂音乐，不算真正懂得艺术；不懂诗歌，不算真正懂得文学；不懂哲学，不算真正懂得理论。

5. 哲学的精神提升功能

精神提升就是精神境界的提升、升华。精神境界是人对人的地位和价值、人生意义和理想的理解（"觉解"）、体悟和追求。理解得愈深刻，体悟得愈透彻，追求得愈高远，精神境界的层次愈高。（冯友兰认为，儒家把人的人生境界分为自然、功利、道德、天人四个境界。天人境界是最高境界）精神境界是人生的精神家园，是人生的安身立命之所，是人生的精神归宿，终极关怀。

哲学世界观、人生观、价值观的统一（内容），是对真、善、美的追求（目标）。它在揭示世界的深层本质和普遍规律的基础上，在对人与自然、人与社会、人与历史等关系（其核心是思维与存在关系）反思的前提下，为人提供和建构了一个理想的精神境界。这种精神境界包括的内容是：首先，对世界的理解；其次，对人的理解。对人的理解包括四个方面。

①对人的本质的理解。理解人何以异于物？人异于物、高于物、贵于物的标志是什么？人何以为人？人之为人的最高标准和最初界限是什么？"人之为人"的含义是什么？

②对人的地位的理解。人在自然、社会、历史上处于什么地位？人在什么关系坐标中确立自己的地位？在这世界中人是不是处于主体地位？人何以是主体？个人在社会中处于什么地位？与它（物）、与他（人）

是什么关系？即"人生在世"意味着什么？个人的自立性（独立性）、自主性、自由性、自觉性、自愿性，自知性与个人对社会、他人的依赖性、相关性、受制性、被动性是什么关系？人如何处理主体与客体、自由与必然、主动与受动、目的与规律、选择与决定的关系？即如何处理力与命、欲与理的关系。

③对人的价值的理解。人对自己、对他人、对社会有何价值？他人、社会对自己有何价值？人生之价值理想、价值目标、价值实现应该是什么？人怎样才能实现自己的价值？善恶、美丑、真伪、贵贱的价值标准是什么？

④对人生意义的理解。人为什么活着？怎样活着才有意义？人活着意味着什么？人的生与人的死有何区别？如何对待人的生死？人应该树立什么样的人生观、生命观、死亡观？这是"人活一世"的问题。人生应该追求什么？什么是幸福、欢乐？什么是灾祸、痛苦？人是目的，还是手段？

这些问题形成了哲学的永恒争论问题。即所谓人禽之辨（关于人的本质）、主客之辨（关于地位）、善恶之辩（关于价值）、苦乐之辩（关于人生）。通过学习哲学可以使我们理解、体认这些问题，从而确立一个合理合性的境界理想。并且人只有在超越世俗、超越红尘、超越现世功利中才会去认真思考这些问题。佛教所谓的"看破红尘"，就是实现精神超越。正是因为哲学有提升人的精神境界和培养崇高人格的功能，所以，苏格拉底说：哲学教人"认识你自己"。西塞罗说："哲学是灵魂的医师。"

谢林说：哲学是"精神漂流归记"。黑格尔说："哲学本身正是人的精神的故乡。"德国诗人诺瓦利斯说："哲学就是怀着一种乡愁的冲动到处去寻找家园。"海德格尔说：哲学就是引导人"诗意地栖居在世界上"。

孔子说：哲学就是"志于道"，学哲学就是"闻道"（"朝闻道，夕死可矣"）。老子也说：哲学就是引人"闻道"，教人"法道"。孟子说：哲学就教人"尽心、知性、知天"，教人养"浩然之气"、培养"大丈夫精神"，教人确信"人皆可以成尧舜"。庄子说：哲学就是教人"逍遥游"、达到"至人"境界。陆九渊说：哲学就是教人"堂堂正正做个人"。张载说：哲学的使命就是"为天地立心，为生民立命，为往圣继绝学，为万世开太平。"佛教说：哲学就是教人"看破红尘"。

总之，哲学的精神功能就是启发、引导人去求真、求善、求美。真善美的理想境界就是人的精神家园、精神故乡。人回到了精神故乡。虽然"乡音未改"，但却有了"儿童相见不相识"的新面貌。

当然追求精神家园却是人一生不懈的反思、探索过程。这一过程常常有一种"云横秦岭家何在""日暮乡关何处是"的困惑，也有一种"西望长安不见家""烟波江上使人愁"的茫然。而人正是在这不断消解困惑和突破茫然的过程中实现精神升华的。

我曾有诗云："真是根本美是花，善如枝叶蕴新芽。人生是棵常青树，贵在精神能升华。"

提高精神境界应注意的问题有三个方面。

①精神境界不是抽象的虚幻。精神境界在不同时代、不同民族、不同派别的哲学中有不同的内容。吸取古今中外哲学的优秀成果，坚持用马克思主义塑造精神。为人类解放而斗争，实事求是、乐观进取、批判革新。

②精神境界不是凝固的目标。它是一个不断体认和理解的过程，是一个不断追求的过程，对人生价值的理解没有终点，对终极关怀的追求没有界限。

③精神境界不是神秘的天国。它与人们的现实的日常的生活不是绝对对立的。它渗透于日常生活之中，又超越于日常生活之上，它是理性的，不应该是宗教的；它是现实的，不应该是神秘的。一方面，它是"道通大地有形外，思入风云变态中"的超越；另一方面它又有"万物静观皆自得，四时佳兴与人同"的平易。

六 哲学的走向

哲学有近三千年的历史，在这实际的 2600 多年中，它历经人世沧桑、世态炎凉，在当今并未终结，依然具有生命活力。按西方哲学家的说法，哲学从古至今的发展，经历了三大阶段、两次转向。当代哲学的动态如何，走向何方，是一个至今众说纷纭、见仁见智的问题，也是一个值得研究的问题。

（一）现代哲学的转向

古代的本体论哲学（面向客体），近代的认识论哲学（面向主体），现代的中介论哲学（面向主客体统一的中介）。由近代向现代哲学转变，是一次重大变革。

1. 时间：19 世纪中叶

2. 特征

（1）批判和超越以追求世界的本质（物质或精神）为目标，以心物相互独立和主客完全分离为理论前提的近代哲学思维方式，即超越二元分立、基础主义、本质主义为特征的近代哲学。

（2）转向具有自主个性的人及其所牵涉的世界，转向人的现实生活和实践，建立一种以强调人的现实生活和实践以及人的能动性和创造性为特征的以适应现代时代精神要求的新的思维方式。这一特征是西方现代哲学和马克思主义哲学所共同具有的，或类似的。

3. 名称：这种转向的名称有（主题有）

（1）"实践转向"：指以实践作为人与世界对立统一的根据，用实践观点解决全部哲学问题。这一转向集中体现在马克思的两段名言中："哲学家们只是用不同的方式解释世界，而问题在于改变世界。"他说，从前一切唯物主义——包括费尔巴哈的唯物主义——的主要缺点是：对事物、现实、感性，"只是从客体或者直观的形式去理解"，而不是当作"人的感性活动，当作实践去理解"；唯心主义抽象地发展了能动性，也"不知道真正现实的，感性的活动本身"。（《关于费尔巴哈的提纲》）实践转向有普遍性，当以马哲为代表。

（2）"语言转向"：指以语言为出发点，通过对语言的反思解决哲学的基本问题和全部问题，治疗传统哲学的由于误用语言而产生的主观性、一极性缺点，之所以要以语言为哲学的反思对象和问题基点，因为在他们看来："语言是思想的寓所"——"语言是历史文化的水库"——"语言是交往实践的中介"——"语言是世界的寓所"。由对语言的功能性认识扩展到对语言的本体论理解。用中国哲学的话来说，"言"之内容是"意"，"意"之对象是"物"，由此，"物本于言"。玄学家要人"得意而忘言"，因为"意是本"，西方语言哲学则要人知道，意由言定，文以言传，人以言道，物以言达，世以言成。

现代西方哲学中，不仅语言哲学注意语言，其他各派都关注语言。科学主义关注语言的逻辑性，人本主义关注语言的人文性（文化性）。

（3）"方法论转向"：这种转向观认为，现代西方哲学的语言转向，只是方法论转向的一个部分，语言分析方法只是西哲方法的一种。西哲的现代特色应该概括为方法论转向。因为，经过本体论、认识论研究之后，哲学研究的发展领域就是方法论。西哲普遍重视方法论，主张通过对方法的反思去解决认识的基础和认识的方式问题。诸如数理逻辑方法、语言分析方法、符号化方法、结构主义方法、精神分析方法、解释学方法、现象学方法、实践方法等等。

（4）"中介论转向"：这种转向观认为，现代西哲要超越主客对立所以重视对主客中介的哲学反思。实践、语言、方法、价值等都是主客间的中介。因此，概而言之，现代西哲实现的是中介性或中介论转向。

上述这些说法的着眼点不同，可以互补。

（二）当代哲学的走向

哲学走向指当代哲学演变和发展的趋向和特点。特别是进入 21 世纪，哲学将朝什么方向发展，将会发生哪些重大变化？

1. 马克思主义哲学的走向——在实践基础上和争论的过程中获得新发展

马克思主义哲学把实践当作首要的基本的观点，从而使它具有高度的现实性和实践性。①它不恪守任何与实践背离的抽象原则，它不关注建构新的哲学体系（像西方哲学家那样）。因此，它坚持一种能动地面向现实生活和实践、面向未来的开放思维方式。从而使它的理论能不断得到丰富和发展，显示出强大的生命力。②它尽管在发展过程中遇到过困难与曲折，受到过曲解和误解，但这不是由于它本身存在矛盾或片面性。因此，它能克服困难不断修正、丰富和发展自己。未来的世纪，仍然是马克思主义哲学不断发展的世纪，它不但不会如有的西方哲学家说的那样会过时，会停滞，会消亡，而且会在新的历史条件下获得新的发展。它的发展不是走向另一种哲学。萨特说：马克思主义哲学是当代唯一不可超越的哲学。

2. 当代西方哲学的走向——在矛盾、困境中探索前进

西方哲学从近代到现代的转向，也是哲学思维方式的变更。但首先，他们对近代哲学的超越很不彻底，甚至自相矛盾，往往以不同形式重犯近代哲学的片面性。①在抨击近代哲学的思辨形而上学的同时，自己又

以新形式去构造同样片面的形而上学；②在批判独断的片面性时，又走向片面的相对主义和非理性主义；③在揭露主客、心物二元分立弊端，特别是使人对象化、物化（异化）的弊端时，强调发挥人的能动性、创造性，但又走向了无视客观实际的主观主义。因此，它们对近代的超越还有一个长期发展历程。

其次，现代西方哲学遇到许多矛盾和挑战，可谓矛盾重重，危机四伏。这是由它的未能摆脱资产阶级的狭隘眼界存在着严重的内在矛盾造成的。为了摆脱矛盾和困境，西方、现代哲学学派林立、更替频繁，没有一个流派或理论具有长久的生命力。20 世纪 60 年代以来，分析哲学衰落、现象学存在主义受到挑战，后现代主义兴起，都表明西方现代哲学在克服矛盾、摆脱危机中探索。

再次，20 世纪 60 年代兴起的后现代主义具有反思和变更的意义，它不但要求超越近代，也要求超越现代哲学（19 世纪中叶到 20 世纪中叶的现代哲学），为哲学开辟新的方向。它提出反体系哲学，即反绝对一元论、反二元分立、反人类中心论、反绝对化的理性主义和非理性主义、批判基础主义、本质主义、逻各斯中心主义，反映了现代哲学发展的一种趋势。但是它们有强烈的主观主义、相对主义、虚无主义、非理性主义甚至神秘主义的倾向。从而，使哲学的内在矛盾更加激化。因此，近几年因受到越来越多的批评而呈冷落之势。西方哲人们开始讨论如何超越后现代主义，于是所谓的后后现代主义思潮由之而起。

总之，当代西方哲学由于脱离现实生活和实践、内在矛盾重重、困境接二连三，至今仍在克服矛盾和摆脱困境中探索、论争，朝着完善现代哲学思维方式的方向发展。他们与已经走向现代思维方式的马克思主义的对话，会得到加强，甚至会在不同程度上接近马哲，即走向马克思主义开辟的与现实实践紧密相连的道路。

3. 中国哲学的走向——在深入研究和升值中向现代转换

中国传统哲学博大精深、源远流长，它经过了先秦子学—两汉经学—隋唐佛学—宋明理学（高峰）—明末清初实学—近代新学等几个发展时期。从鸦片战争以后走上向现代转换的历程，其经历的主要阶段包括四个。

（1）与西学交流、比较、对话中受到西学挑战和冲击的时期（1840—1919）。（2）用西方哲学研究、解释中国哲学的时期（1919—1949）。是与西方近代哲学交融时期（西化）。（3）用马克思主义研究中国哲学的时期（1949—1979），在中国大陆是与马克思主义哲学相结合（马化），在中国港台地区是与西方哲学结合（新儒家）。（4）用现代化的实践和需要作为标尺、用马哲作指导，用西哲作参照的研究时期。即改革开放以来向现代哲学转换时期（现代化）。

21世纪中国哲学仍然处于这种向现代形态转换时期。在这一走向中，第一，它的智慧资源将受到更多关注和大力发掘。其智慧价值会得到极大提升。第二，它的转化是用多种方式对它进行现代阐释，使古代哲学智慧具有现代意义和生命活力。第三，它会进一步走向世界，影响西方当代哲学的走向。第四，它在中国会与马哲相结合。一方面使马哲中国化，另一方面使中哲马克思主义化。

总之，21世纪的中国哲学仍是中、西、马对话、交流、争论和融合时期。其主要哲学仍是马哲。

（三）当前中国哲学研究的动向

1. 马克思主义哲学争论的主要问题

改革开放以来马哲方面的大争论有十多次，如关于真理标准问题的讨论、关于人道主义与异化问题的讨论、关于主体性与主体性原则的讨论、关于价值论的讨论、关于实践唯物主义的讨论、关于哲学体系的讨论、关于应用哲学的讨论、关于人学的讨论、关于文化的讨论、关于人权的讨论、关于东方社会发展理论的讨论、关于人文精神的讨论、关于邓小平哲学思想的讨论。

当前进行的是关于 21 世纪马克思主义哲学形态和未来命运的讨论。特别是马哲所面临的重大社会问题，以及马哲与中哲、马哲与现代西哲的关系。在面临的社会问题中，可持续发展、知识经济、网络文化、全球化等问题的讨论具有重要意义。

2. 关于中国传统哲学的研究动向

对中国传统哲学的研究从 20 世纪 80 年代以来，取得了显著进展，通过哲学史方法论、中国哲学特点、中国哲学的发展规律、中国哲学与中国社会发展的关系、中国哲学对现代化的意义、中国哲学与西方哲学的比较、中国哲学对西方的影响、中国哲学的新形态、新儒家和新道家等问题的研讨，取得了重要成果。

80 年代以来的中哲研究的主题是中国传统哲学与现代化的关系。80 年代受西化思潮影响有民族文化虚无主义倾向；90 年代受"回归传统"和"重振国学"思潮影响有文化保守主义倾向。

当前研究的动态是学界对中国哲学如何实现现代转换、中国哲学对解决当代全球问题的重大意义、儒学与道家在中国文化中的地位、中西哲学的会通前景、中国传统的人生哲学等问题的探讨。

3. 关于西方哲学的研究动向

20 世纪 80 年代以来西方哲学的研究摆脱了以前基本否定的局面，取得了具有重要学术价值的研究成果。其主要特点是：

（1）摆脱了日丹诺夫简单地将哲学史归结为"两军对战史"的教条主义方法论原则，以认识史的发展逻辑研究西方哲学史。重视对唯心主义思维成果的科学评价。

（2）突破了主要以黑格尔、费尔巴哈为研究西哲重点的狭隘领域，拓开了西哲的研究范围，特别是对"文革"前不被重视的或以批评为主的哲学家的研究，如对康德的研究，取得了新的重大成果。

（3）改变了对现代西方哲学的全盘否定倾向，比较全面地介绍和分析了西方现代哲学的流派和著作。尤其是对西方马克思主义、萨特存在主义、尼采叔本华的唯意志论、弗洛伊德心理分析哲学、库恩科学哲学、分析哲学、马赫实证主义、语言哲学（维特根斯坦）、心理哲学（皮亚杰、马斯洛）、解释学（伽达默尔）、海德格尔存在主义、胡塞尔现象学、斯宾格勒的文化哲学、汤因比的历史哲学、斯特劳斯的结构主义、实用主义等的研究颇有成就。

（4）走出了不注意西方哲学发展新动态，而封闭式独立研究的落后局面，随着开放之风，放眼世界，关注新潮，及时反映、评介和研究西方哲学的新思潮和新流派。20世纪90年代的西哲研究，对西方思潮较为敏感，尤其对后现代主义研究颇多关注。

当前西方现代哲学的研究动向包括七个。（1）西方现代哲学与西方社会、政治、文化的关系，特别是与西方社会文化危机的关系研究。（2）西方现代哲学与马克思主义哲学的关系。它与马哲的异同，马哲如何汲取其有价值的成果。（3）中国传统哲学对现当代西哲的影响及比较研究，如海德格尔与道家、胡塞尔现象学与道家的比较。（4）西方马克思主义的哈贝马斯之交往理论研究。特别是他的主体间性研究。（5）对西方现代化理论的研究。（6）西方哲学未来走向的研究。（7）对西方环境哲学、环境伦理、生态哲学、文化哲学的研究。还有对宗教哲学的研究。

总之，当前动向是回顾、反思和展望、前瞻相结合，特别是对世纪之交的马哲、中哲、西哲的命运的反思。

七　哲学的学习和研究

哲学学科既有与其他学科同样的共性，又有自己特有的殊性。因此，哲学的学习和研究也有自身的特点，主要的特点有六个。

1. 学习目标的智慧性

哲学学习的目标是化理论为智慧。哲学的知识形态是理论，而不是关于客观事物的认识性描述。所谓化理论为智慧包括三个方面。一是化理论为方法，指导人生实践活动，包括工作实践。二是化理论为德行，提高道德情操。三是化理论为精神，不断提升自己的精神境界。通过化理论为智慧，以成就人格，成就事业。学哲学不是要使自己成为某种人，而是要使自己成为真正的人。学哲学不是要使自己去掌握从事某种职业的本领，而是要使自己学会如何成就人生的事业。专业、职业、事业既有联系又有区别。其联系是专业知识是职业选择的条件，是成就事业的基础，人生的目标是事业，任何事业知识都可以成就事业，任何职业都可以做成事业。事业是目标，职业是岗位，专业是能力。其区别是，一种专业可以从事多种职业，可以成就各种有意义的事业。特别是哲学专业，社会上并没有与哲学专业对应的哲学职业，但它能适应于所有职业，可以帮助人成就各种伟大的事业。因此，不能把哲学专业的学习日的局限在职业上，而应该确定在成就事业上。

职业是指个人在社会中所从事的作为主要生活来源的工作，专业是指高校根据学科分工或生产部门分工所划分的学业门类，事业是人所从事的具有一定目标、规模和系统而对社会发展有影响的经常活动。职业评价标准是个人生活，专业的评价标准是学科价值，事业的评价标准是人生意义和社会意义。在处理三者的关系中，要以事业统率专业和职业。学习哲学的意义和价值不在于成就某种职业，也不在于实现某一专业，而在于促成人生事业。怀特海说："在古代学校里，哲学家们渴望的是传授智慧，在现代学校中，我们降低了目标，只是教授各门科目。"从神奇的智慧下降到各门学科的知识，标志着教育的失败。"当理想沉着到与实际拉平的时候，就会造成停滞不前"。

2. 学习基础的经典性

哲学学习的基础是阅读经典。历代哲学智慧凝结在哲学家的著作之中，所以哲学学习的基础是阅读哲学家的经典著作。所谓经典著作，具有四个特点：一是原创性；二是奠基性（奠定了本学派的基础）；三是持续影响性（影响后代哲学）；四是义蕴丰富性（内含深刻丰厚多义）。

为什么要读经典？因为，（1）经典著作代表了哲学思维的最高水平，也是人类思维的最高水平，人类智慧的精华凝结在经典中。（2）哲学经典著作思考的问题、思维的方式、思想的成果，具有普遍性价值。至今对人类的思想观念、思维方式，即世界观、人生观、价值观、方法论有重大的启示，而且永远会有影响。

怎样读经典？第一，广泛性和重点性相结合。以自己有兴趣、有能力、有研究愿望的哲学家的著作为重点。第二，由点到面到体的辐射方法。由一部著作作为点辐射开去。"上挂下联""左顾右盼""纵索横比"。第三，精读。一字一句弄懂。不怕困难，不断深入。

3. 学习方法的学思合一性

哲学学习的方法是学习与思考的合一。所谓学思合一就是把学习知识和思考问题结合起来。在探求知识中善于思考，在思考问题中勤于求知。

首先，要养成广博的知识情趣。关心各种知识，留心各种学问。对知识保持浓厚的情趣。勤学悦学，好学乐学。哲学是对智慧的热爱和追求。智慧一方面是知识的统率，是获取知识的能力；另一方面又是知识的提炼和升华。它既超越于知识，又依赖于知识。不讲超越，哲学智慧就失去了自己的品性，不讲依赖，哲学又丧失了自己的资源。因此，要想超越知识，须先汲取知识。只有在广博、深厚的知识基础上，才能升华为智慧、为智慧之学。超越知识的方式是反思知识，但不了解知识，如何反思。扩充知识包括两个方面：一是科学知识。要热爱知识，热爱科学，对自然科学知识，人文科学知识都要有所了解，最好能对某门知识有较深入的了解。二是哲学本身的知识。哲学的本质不是知识，但不等于它不包含知识。而是说它不停止于知识，不局限于知识。

其次，要养成良好的思维习惯。哲学是思维学科，具有纯思、反思、沉思、远思的思维品性。纯思是哲学的思维形式，反思是哲学的思维方式，沉思是哲学的思维风格，远思是哲学的思维目标。孔子曰："学而不思则罔，思而不学则殆。"司马迁云："好学深思，心得其意。"可以作为对哲学学习者的要求。哲学学习者要勤于思考，善于动脑。康德在匹斯堡大学任教授时说，多数大学生将来并不会成为也不应成为学者。不应采取让他们成为饱学之士而教他们然后去理解，而相反，首先教他们如何思考。这样即使将来他们不继续从事该专业的研究，也会终身受益。他说，学哲学不在于背诵哲学，而在于学会如何进行哲学式的思考。学生应该学的不是思考的结果，而是思考过程。雅斯贝斯说："哲学教师应关心那些愿意独立思考，而且能虚心听取别人意见并跟着思考的人，这些人中或许会出大哲学家。"他把哲学教育分为三个层次，一是学习哲学知识，二是参加思考活动，三是将哲学思考转化为日常生活。

思考，不是胡思乱想，而是抓住有意义的问题，探索答案；思考，也不是苦思冥想，而是学思结合，思问结合。勤思考，开思路，理思绪，有思想。哲学学习者要学会思考，在勤于思考中达到善于思考，在善于思考中实现乐于思考。勤于思考是"态度"，善于思考是"能力"，乐于思考是"境界"。所谓"知之者，不如好之者，好之者不如乐之者"。这是哲学思维提升的三个层次。"学贵自得"，只有思考，才会有心得、体会、有自己的观点。读书得到的思想是别人的，思考得到的思想是自己的。不但要进行独立思考，还要重视对话、交流，在思维碰撞中激发思考活力。哲学在古代是通过辩论、对话、问答等方式进行思想活动的。"对话"是哲学思想活动的原创方式、经典方式。苏格拉底的哲学是对话式的哲学，孔子的哲学也是对话式的哲学，释迦牟尼的哲学也是对话式哲学。《论语》有"子曰"，佛经有"如是我闻"等语。对话的意义在于思想相互交流，获得更多的思想；思想相互碰撞，激发更新的思想；思想相互追问，引入更深的思想；思想双向互动，激活单一的思想。要对话、讨论，必须发现问题、提出问题。这就要在似乎无疑处置疑。而置疑本身就是思维活跃的表现。哲学有学科价值，更有思想价值，思想价值高于学科价值。哲学可贵，贵在学有所思，问有所思，思有所得。

4. 研究意义的创新性

哲学研究的目的和意义在于追求理论创新。学术研究贵在创新，创新就是提出新问题，运用新方法，发表新见解，形成新观点。超越前人，超越时贤，有新发现，新突破，新开拓。能够推动学科发展，促使哲学进步。

5. 研究基点的问题性

哲学学术研究的出发点是学术问题和现实问题。哲学的探索方式是追问，不断追问。因此，研究哲学，要有敏锐的问题意识。要对学术问题和现实问题多多关心，多多留意。这就要求，全面而准确了解哲学研究的最新成果和最新动态，从中发现问题，提出问题，作为进一步研究的起点。对自己感兴趣的问题，准备研究的问题要把有关资料广泛收集，资料包括学术研究的新观点、哲学史上有关论述。此外，还要特别关注现实社会问题和人们关心的实际问题。思考现实问题，才能使书本上的内容与现实相联系，加深对书的理解；更能使我们的思想具有生机，具有活力，具有现实感。思考现实问题，也是哲学学术创新的重要基础。相对于现实实践来说，哲学、常识、科学都是流，实践和现实社会生活才是源。不关注现实，不从现实中获取问题资源，哲学就成了无源之水，无本之木。只有哲学面向源头，才会有生机和活力。"问渠那得清如许，为有源头活水来。"

6. 研究的范式的主体性

哲学研究者要形成自己独特的研究方式和角度，建立自己的研究范式。哲学学说派别众多，每一学派都有自己独特的理论体系和独有的方法范式。哲学研究者在研究问题时，对自己持有的哲学观念，选取的哲学视角，运用的哲学方法，要有清醒的认识和自觉。特别是要体现自己研究范式的主体性。

八 哲学的修养

　　孙正聿教授在《哲学通论》中提出哲学态度的培养要求有"高举远慕的心态，慎见明辨的理性，永无止境的求索"。这是概括性的要求。学习、研究哲学的哲学家和哲学工作者，应该从个人与社会、个人与历史文化、自我与他人关系上全面把握自己的修养目标。具体而言，哲学家和哲学工作者应努力从五个方面进行修养。

　　1. 使命意识修养：确立为民族理论思维的提高和民族精神境界的提升而进行哲学思维的强烈使命意识

　　民族理论思维水平和精神境界是民族精神、民族素质的重要组成部分，是民族理想、信念、信仰的最高支撑点，因之也是民族振兴、民族发展的重大动力。黑格尔说：一个有文化的民族，如果没有哲学，"就像一座庙，其他各方面都装饰得富丽堂皇，却没有至圣的神那样"。所以哲学工作是塑造精神、锻炼思维、磨砺智慧的工作，从事哲学工作，是为民族在思维，是代民族在思维。哲学家应该有这种崇高的使命感。只有具有这种自觉的使命意识的哲学家，才是一个真正的哲学家。北宋张载云："为天地立心，为生民立命，为往圣继绝学，为万世开太平。""立心"是帮助人们树立正确的世界观，"立命"是帮助人确立正确的价值观，"继绝学"是延续民族的文化生命，"开太平"是建构民众的社会理想。这就是哲学家的使命。

2. 自觉意识修养：增强以爱智慧为本性，以学术为生存方式，以求真理为人生目标的内在自觉意识

使命感是外在要求，是自愿原则，化学术为生存方式是内在追求，是自觉原则。人生从事任何事业，研究任何学问，都必须将其化为自己的生存方式，化为自己的生命过程，化为自己的血脉心灵。实现人生与事业合一，才会达到高境界，取得大成就。如果将事业、学问视为外在的任务，视为取得某种功利的手段，当作谋生的途径，都是外在化的境地。人生有限，做事无多，选准目标，只要对人类、社会有益，就要孤注一掷、全力以赴，如醉如痴，如恋如慕，行、走、坐、卧皆为它，炎凉寒暑皆想它。爱此事业，不汲汲于富贵，不戚戚于贫贱，此之为情深；

认此事业为最高、最重、最好、最贵，只此一家，别无分店；悠悠万事，唯此为大，万般皆下品，唯有此事高。其他山高而不慕，其他水深而不羡，其他名重而不求，其他利大而不取。此之为识明；

做此事业，刻苦、努力、勤奋、执着，不辞艰难困苦，不惜流血流汗，"衣带渐宽终不悔，为伊消得人憔悴"，此之为功勤。

情深，仁也，识明，智也，功勤，勇也。三者皆取决于"化"（内化）。

3. 超越意识修养：养成崇高宏大、厚德载物、心境并阔的超越意识

哲学是追求崇高、追求终极关怀的超越性学科。学哲学要养成超越境界。所谓"大其心则能体天下物"。超越境界主要有四个。

第一，超越狭隘的常识眼界。扩大视野，扩大心境。不受孤陋寡闻的经验束缚。张载曰："不以见闻梏其心。"

第二，超越渺小的功利追求，不为蝇头微利，蜗角虚名，斤斤计较，耿耿在怀、鼠目寸光、急功近利。而要树立公心，关心社会，志向远大，心胸开阔。宽容待人，厚德载物。不要格局小，小家子气。张载曰："不以嗜欲累其心。"

第三，超越平庸的生活习俗。不追逐世俗的庸俗风气，不赶时髦，不求物质生活的奢侈和物质享受的超前。不跟着感觉走，不随着潮流跑。心定气清，做高人雅士。冷观俗文化，追求雅文化。养浩然之气，求应然之道，做自然之人，保超然之心。人的生活不能被世俗的功利性活动充塞得太满，一定要给精神超越留有窗口，留有空间，如丰子恺漫画所绘："小桌呼朋三面坐，留将一面与梅花。"如果小桌四面都坐满吃饭喝酒的人，就没有一点超越性情趣了！

4. 宁静心态修养：养成宁静致远的心态

搞学问不能要小聪明，不能浮而不入、华而不实，所以要克服浮躁之气，养成沉潜之风。浮源于躁，躁源于急，急什么呢？急功近利。为了追求立竿见影之功效，就会漂浮在上面，不求沉着深入。急则躁（不安、好动），躁则浮（浮在上面），浮则浅（不能深入），浅则止（不能进步）。

所以，克服浮躁的关键在于，第一，淡泊名利，第二，宁静心态。学问乃寂寞之道，守静之道，要甘于坐冷板凳。古代哲人们深刻阐明了宁静心态对形成智慧的意义。老子云："致虚极，守静笃，万物并作，吾以观复"；庄子云："以恬养知"；《管子·心术》云："静则得之，燥则失之"；荀子云："心何以知？曰虚一而静"。陆机《文赋》云："罄澄心以凝思，眇众虑而为言。"《文心雕龙》云："陶钧文思，贵在虚静。"诸葛亮云："宁静致远"。苏轼云："静故了群动，空故纳万境。"朱熹云："不虚不静，故不明；不明，故不识。"洪亮吉云："静者心多妙。"龚自珍云："静能生智慧。"

5. 严谨学风修养：要养成严谨的学风

严谨就是认真、细致，一丝不苟，不粗枝大叶；严谨就是谦虚、谨慎，自知不足，不骄傲自满；严谨就是扎实、诚实，实事求是，不华而不实；严谨就是语言准确、文字信达，条清理明，不哗众取宠。

中国古代儒家强调"敬"，"敬"就包含严谨之意。严谨学风的修养，对于"治学"有重要意义，对于"做人"也有重要意义。

价值哲学讲义

（1989 年 8 月）

一　绪　论

（一）价值哲学的对象

价值哲学又称价值论或价值学。关于它的研究对象和范围，学术界有五种不同的观点。

（1）伦理学范围说。这种观点认为价值学研究，仍属于伦理学和元伦理学范畴，他以道德上的善为研究对象。美国的《哲学百科全书》是这种观点的代表，这是一种传统看法。我国解放前一些学者所说的价值论，也主要着眼于伦理学问题。

（2）人道论范围说。这种看法认为价值哲学属于人道论的范畴。唐君毅先生在《哲学概论》一书中说："我们今以人道论之名，概括中国从前所谓圣贤之学，人伦之学，即德性之知之学，正心诚意修身之学；道家之教人成为真人、至人、天人、圣人之学，以及佛家之引证之学，与印度哲学中之瑜伽学。概括西方哲学中所谓伦理学、人生哲学、道德哲学、价值哲学及一义上之美学等。"[1] 为什么价值哲学可概括于人道论之内呢？唐先生说："价值哲学或价值论一名，则为十九世纪到二十世纪西方哲学中乃特注重者，其义为指一般价值理论，此东西概括人生价值，自然价值，乃超自然之价值，而并论之；然要以人生之价值为主。人所论之自然价值及超自然价值，亦不能离人之心，与人之价值经验而说。人生之价值所在，恒即人所选择之目标所在，人生之理想所在，及

---

[1]　唐君毅：《哲学概论》，中国社会科学出版社 2005 年版，第 77 页。

人生活动之方向道路所在。故价值论亦可包含于人道论中。"① 在他看来，第一，价值论以人生价值为主；第二，一切价值都离不开人心。所以，价值论属人道论。

同时唐先生也说明了价值论与人道论的区别，他说，价值论只及于一般价值。不专论某一特殊之人生价值，所以不如伦理学，美学具体。中国人道论一名，必归于由伦理之道以言人道，故含义具体，内容也较丰富。就是说，价值论虽属于人道论，但只讨论一般的人生价值，未涉及人道论之全部内容，也不如人道论具体、丰富。

可见，将价值论归属于人道论，实质上是将其归属于人生哲学。

（3）人文论范围说。此种观点将价值论视为哲学研究由人生活动所创造的各类文化成果中的一般问题的学说。周予同先生研究孔子哲学和朱熹哲学时，将其分为本体论、价值论、认识论三部分。而价值论的内容包括伦理哲学、教育哲学、政治哲学，宗教哲学（见《周予同经学史论著选》）。他未明确说明价值哲学的范围和对象，从其包括的内容结构成分来看，他认为价值论是研究人文科学或社会科学的一般原理的哲学学说。

这种观点，比伦理学范围和人道论范围，都更为宽泛。

（4）广义之善说。这种看法认为价值论研究的是广义的善或价值，也即是一般的价值。《简明不列颠百科全书》持这种观点。它说：价值学是"对最为广义的善或价值的哲学的研究，它的重要性在于：①扩充了价值一词的意义；②对于经济，道德美学以至逻辑方面的各种各样的问题，提供了统一的研究。这些问题以往常常是被孤立开来考虑的。"②

这种观点不是从价值归属的学说范围或包容的学术内容为其作规定，而是从研究对象上着眼，并且将其对象的伦理学之善扩大到广义的善（即一般价值）。但对其规定得比较笼统。

（5）意义说。此看法比广义价值说进了一步，比较具体地说明了价

① 唐君毅：《哲学概论》，中国社会科学出版社 2005 年版，第 79 页。
② 《简明不列颠百科全书》第 4 卷，中国大百科全书出版社 1985 年版，第 306 页。

值论的对象，而且指出了它考察问题的特点。

意义说认为价值论是"关于价值的性质、构成、标准和评价的哲学学说。它主要从主体的需要和客体能否满足及如何满足主体需要的角度，考察和评价各种物质的、精神的现象，即人们的行为对个人、阶级、社会的意义。"这里指出，价值就是对人的积极意义，价值论就是考察这种意义。

从上述观点看来，我们可以发现，对哲学价值论或者价值哲学的对象和范围存在着狭义与广义的理解。狭义的伦理学范围说，是一种传统说法，已为哲学家们所不取，广义的一般价值说则是当代流行的且占主导地位的看法。我国学术界，以《中国大百科全书·哲学》卷为代表也持这种观点，我们也以此作为价值哲学对象的规定。既然价值论是研究一般价值问题的哲学理论，那么就有两个问题必须予以说明。

一是价值论的内容、结构。对此问题有两种意见：①价值论研究价值的性质、构成、标准和评价。① ②价值论研究价值的存在地位、种类、次序、人的价值态度（乐观、悲观）、自由意志、选择原则、价值实现等七个问题。② 应将这两种意见结合起来，构筑价值论的理论框架。在此体系中，价值的本质、价值的评价、价值的实现无疑是最重要的。

二是价值论的基本线索，就是贯串价值论的基本问题和理论前提。这也有两种说法。

①主体—客体关系问题是了解价值问题的理论前提。李连科在《世界的意义——价值论》一书中指出："主体—客体关系问题是马克思主义哲学的中心问题之一，也是正确了解价值问题的理论前提。如果否定主体—客体关系问题，或者否定主体—客体关系的辩证法，就取消了价值问题；而如果在主体—客体关系问题上离开了唯物论，也会在价值问题上陷入唯心主义。只有从本体论和认识论的不同角度搞清主体—客体的关系，并且指明在主体—客体关系问题上，如何既坚持唯物论，又坚

---

① 《中国大百科全书·哲学》，中国大百科全书出版社 1992 年版，第 343 页。
② 唐君毅：《哲学概论》，中国社会科学出版社 2005 年版，第 1046—1047 页。

持辩证法，才能同现代西方各种价值观划清界限，并因此为马克思主义价值论奠定理论基础。"①

李德顺在《价值论》一书中也说："研究价值问题必须以具体地、辩证地考察主客体现实关系为基础"，"只有对主客体关系的客观性和实践性有正确的理解，对这一关系的结构、过程和主客体各自的特性加以深入的科学研究，才能说明价值的客观基础和本性、价值问题的特点和哲学地位"。② 不过，他更突出地强调主体性问题在价值论中的重要性，"在价值问题和主体性问题之间有着高度的内在一致性。……价值问题是主体性问题的一个最典型的形式，而主体性问题则是价值论研究中的一个关键问题。"③ 由此，他把该书的副标题定为"一种主体性的研究"。

②价值论研究的轴心问题是事实与价值，以及事实判断与价值判断的关系问题。

赖金良在《当代价值轴心问题的方法论反思》一文中对这个问题做了比较详细的讨论，他说正是这个关键问题在"近现代价值论研究中引起了无休止的论争"（见《价值和价值观》一书），而且他认为能否科学地解决这个问题（即普遍价值规范如何起源），是价值论研究能否成为一门科学的关键。这个问题至今并没有得到真正科学的、比较令人满意的解决。（第82页）

上述关于价值论基本问题的说法角度不同，一就要点而言，一就难点而言。但二者是有联系的，如果主客体关系问题得到了科学的解决，那么价值和事实的关系也就能够解决。由此看来，以主客体关系问题作为价值论的基本问题更为适当。

综上所述，我们可以结论如下：价值论是研究一般价值的本质、构成、类型、评价和实现，以及人们的价值观的哲学学说，主客体的关系问题是其基本问题。

---

① 李连科：《世界的意义——价值论》，人民出版社 1985 年版，第 55—56 页。
② 李德顺：《价值论》，中国人民大学出版社 1987 年版，第 119 页。
③ 李德顺：《价值论》，中国人民大学出版社 1987 年版，第 3 页。

（二）价值哲学的地位

价值哲学的理论地位问题也是一个分歧很大的问题。首先，价值论是否应该属于哲学的组成部分，看法不一。绝大多数哲学家认为价值论是哲学的基本理论，而且是十分重要的组成部分，它具有其他哲学理论如本体论、认识论、方法论等不能取代的独立性地位。如果不研究价值论问题，哲学体系则不够完整。但有一些哲学家如西方的一些科学主义哲学家把价值问题排除在哲学研究范围之外。

其次，价值论在哲学中处于什么地位，有几种看法。①价值论是哲学的中心，哲学的根本任务就是研究价值问题。西方人本主义哲学家如萨特等人持此观点。②价值论在哲学中是与本体论、认识论并列的、相对独立的部分。③价值论属于认识论，广义的认识论应包括价值问题。

我们认为价值问题是主客体关系的一个重要方面，它与研究主客体关系的其他方面的本体论、认识论虽有渗透性关系，但却具有相对的独立内容，不能完全被认识论所含，因此应是与上两论并列的独立部分。但也不是哲学的中心和哲学的全部。

再次，价值论在马克思主义哲学中应否有确定的地位。长期以来，苏联哲学界和我国哲学界认为"价值"概念是一个非马克思主义哲学概念。价值论是"唯心主义哲学""资产阶级哲学"的专有部分，马克思主义哲学中不应有它的位置。50 年代出版的《苏联大百科全书》把价值论看作资产阶级唯心主义思想体系的表现，我国在 80 年代以前长期忌讳价值问题，就是这种观点的反映。

苏联自 60 年代，我国自 80 年代以来，多数学者都认为马克思主义哲学中也包括价值论，而且十分注意对这一哲学领域的研究。

但价值论在马克思主义哲学中处于何种地位，它与马克思主义哲学其他组成部分，特别是与认识论、历史观的关系怎样，由于对马克思主义哲学体系看法不同，对价值论的对象认识不同，所以有不同的回答。

（三）价值论与认识论的关系

关于价值论和认识论的关系问题，在苏联哲学界和中国哲学界都是一个有争论的问题。主要有三种观念。①归属关系说。这种观点认为价值范畴属于认识范畴，价值论属于认识论范围。②并列关系说。价值论和本体论、认识论在哲学中都是相对独立的部分，它们的关系是并列的。③渗透关系说。价值论虽然不属于认识论，但和认识论关系密切，二者相互作用，彼此渗透。

我们认为价值论在哲学中地位的确定必须有两个理论前提。一是对哲学的对象和体系的看法，二是对价值论对象和内容的理解。

我们现行的以教科书形式呈现的马克思主义哲学体系一般包括唯物论、认识论、辩证法、历史观四大块。它的基本特征是以客体性为基础，重视对客体的本质和规律的研究，认识论以探索主观如何符合客观实际为根本旨趣，历史观也以人符合客观规律为最高原则。而忽视了对主体性的研究，认识论中虽然很强调认识的能动性，但仅将能动性局限于人通过变革世界而获得认识和人能使认识从感性上升到理性这两大方面。而对人作为主体如何使客体满足自己的需要这一方面，即人以主体尺度衡量客体这一方面，不予涉及。也就是说，即使谈能动性也只是客体尺度所要求的能动性。

这种唯客体尺度的体系模式是对马克思、恩格斯哲学思想未能全面理解造成的。马克思曾批评旧唯物主义"对事物、现实、感性，只是从客体的或直观的形式去理解，而不是把它们当作人的感性活动，当做实践去理解，不是从主体方面去理解。"（《费尔巴哈论纲》）所谓"从主体方面去理解"①不仅指主体的活动形式，如实践，②还应包括主体的活动动机、目的、需要、利益等内容。而我们却长期将这些内容排除在外。这就造成了排斥价值论的现象。因为价值论正是研究主体的需要、愿望、理想及其满足这个问题的，是从主体尺度角度观察世界的。

　　根据以上看法，我们认为，价值论应是哲学特别是马克思主义哲学不可或缺的内容。

　　那么，价值论在哲学中处于什么位置呢？我们认为它是相对独立的部分，位置应在认识论之后，历史观之前。即本体论、认识论、价值论、历史观。

　　价值论和认识论虽然各自相对独立，但却相互影响，相互渗透，关系密切。

　　（1）追求真理和实现价值是主体的两个基本目标，是人类实践活动的两翼。真理是认识活动的结果，价值是创造活动的结果。这两方面的活动都统一于实践。因此，认识论和价值论虽然是两个并列的哲学领域，但都是以主体人的活动目标为对象的，以人的实践为基础，二者有着内在的统一。（"主体活动两翼"论）

　　（2）人们追求真理的认识活动归根到底是为了满足人生存和发展的需要及实现价值。因此，认识对象的选择，认识角度的确定，认识方法的采用，认识成果（知识）的应用都受到人们价值取向的影响和制约。人常说："利令智昏"，生动而通俗地说明了价值取向对认识的影响，在认识中必然有价值因素的渗透，认识论的研究如果离开了价值问题必然会陷入机械反映论。以往在哲学中我们只读到人们的认识会受主、客观条件的限制，可是主观条件的具体内容是什么都未能深入、具体地分析，顶多只谈认识能力问题，或者只强调立场、观点、方法，但从未涉及价值因素，即利益观念、情感愿望、理想动机等价值意识。其实，"不识庐山真面目，只缘身在此山中"，"当局者迷，旁观者清"说的都是价值意识对认识的影响。所以必须在认识论研究中引入价值问题，才能深化认识论，发展认识论。（"价值制约认识"论）

　　（3）人们的价值追求必须以对事物和对象本质、属性、规律的认识为基础和前提。人们要求事物"应如何"，即要求事物满足人时，首先必须解决事物"是什么"，即弄清它的性质和特点。客体属性虽然本身不是价值，然而它是价值的客体承担者。因此认识是价值的前提，认识论是价值论的基础。如果不承认这一点，就是把事实、知识、真理和价值对立起来，甚至会认为价值是主观随意的东西。西方一些学者认为从"是什么"不能推出"应如何"，或从"实然"不能推出"应然"，这虽然看到了事实与价值、真理与价值的区别，但却完全割裂了二者的联系。我们认为从"是什么"能否推出"应如何"是个逻辑问题，这个问题可以探讨。但即使推不出，也不能否定"是什么"是"应如何"的基础，事实是价值的基础。只有承认这一点才不至于使价值论陷入主观唯心的泥潭。（"认识决定价值"论）

总之，价值论和认识论是相互渗透、相互影响的。认识论中的主体性、能动性的分析必然要涉及价值问题；价值论中的评价问题，必然要贯彻认识论的原理。

（四）价值哲学的历史

价值范畴进入哲学领域，成为哲学理论，不是从哲学史一开始就形成的，而是经过了一段漫长的过程，包括几个重要阶段。

1. 价值意识的形成和价值问题的探讨

人类的价值意识是随着主体观念的形成而萌生的，原始人不能区分主体与客体，不能从主体尺度来观照世界，所以没有明确的价值意识。当人从原始的主客不分的混沌世界里走出来时，逐渐认识到自己和客观世界是有区别有矛盾的，并且开始以主体的身份，以主体需要来观照、衡量、要求客体，这时价值意识就萌生了。

价值意识的形成，并不等于价值范畴的形成，当时人们用真、善、美、利、益、好、吉、福等用语来表达客体对人的意义，即表达价值，但还不能将它们抽象概括为"价值"。在中国和西方的哲学史上长期没有价值概念，但哲人们都十分重视讨论价值问题。价值问题贯穿于整个哲学史之中。

2. 价值范畴进入哲学

价值概念开始并不是哲学概念而是经济学概念。其意义是某物的价值，主要指经济学中的交换价值。18 世纪亚当·斯密的著作中即有此概念。马克思《资本论》中的价值、使用价值也还只具有经济学的意义，并无哲学意味。马克思说，价值概念最初用来表示"物的对人有用或使人愉快等等的属性"，又说"使用价值表示物和人之间的自然关系，实际上是表示物为人而存在"。① 这还是从经济学上解释价值含义的。

价值概念被延伸至哲学领域，乃是 19 世纪发生的。进行这项工作的 R.H 洛采，尼采，首次将这个概念用于书名。

法国哲学家洛采把世界分为事实、规律、价值三大领域，并认为事实、规律是手段，价值才是目的，把价值概念捉到了哲学的中心地位，引出了一个价值哲学流派，即新康德主义的弗赖堡学派。人们把洛采看成价值哲学之父。不久，尼采提出了价值重估理论，并掀起了重新反省西方文化，反省价值观的运动，突出了价值问题的重要性。

价值概念在西方哲学中较早使用的是笛卡尔、康德，但仍然不是一个重要哲学概念。洛采、尼采使价值概念成为哲学的中心概念，表现了西方古典哲学衰落之后，试图到价值领域寻求出路的倾向，标志着西方哲学从研究"怎样认识世界"的认识论中心转移到研究"世界应该怎样"的价值论中心，从近代哲学转到现代哲学。（西方古代哲学重点研究"世界是什么"的问题，从培根开始转到认识论。）

3. 价值哲学（价值论）的建立

价值成为哲学范畴，为价值论的建立开拓了道路，然而比较系统的一般价值论大致是 19 世纪 90 年代前后才开始出现的。这时，一些哲学家认为从古希腊以来哲学家们就一直谈论好、善、美、正义、正当等问

---

① 《马克思恩格斯全集》第 26 卷Ⅲ，人民出版社 1974 年版，第 326 页。

题，它们在性质上属于一个共同的家庭；如果建立一种统摄它们的一般价值论，它们可以得到更恰当、更系统的处理。以文德尔班为代表的法国新康德主义巴登学派对价值哲学的建立做出了巨大贡献。

首先明确采用价值哲学这个术语的是法国哲学家 P. 拉皮埃（1869—1927）和德国哲学家惠特曼。同时期的许多哲学家也通过他们的著作尝试建立价值论体系。其代表性的著作是：

1889 年　［德］布伦塔诺：《我们的正确和错误知识的起源》

1894 年　［奥地利］迈农：《价值理论的心理——伦理研究》

1896 年　［奥地利］艾伦菲尔斯：《价值理论体系》

1900 年　［德］G. 席美尔：《货币哲学》

1902 年　［法］P. 拉皮埃：《愿望的逻辑》

1906 年　［美］W. M. 奥尔班：《评价》（此书将价值论引入英语世界）

1908 年　E. 惠特曼：《价值论概论》

1909 年　［德］H. 孟斯特贝格：《永久价值》

1912 年　鲍桑葵：《个性和价值的原则》

1918—1921 年　W. R. 索雷：《道法价值和上帝观念》

1923 年　迈农：《一般价值论的基础》

1926 年　哈特曼：《伦理学》

［美］R. B. 培里：《一般价值论》（又译为《价值通论》）

1929 年　［英］I. 莱尔德：《价值观念》（叙述价值问题的历史）

1936 年　A. Y. 艾尔：《语言、真理和逻辑》（从逻辑实证主义出发，认为价值无意义）

1937 年　I. 赫森：《价值哲学》（概述德国的价值论）

1939 年　［美］I. 杜威：《评价哲学》

上述这些著作研究了价值的性质、标准、类型，价值与事实的关系等问题。由于哲学家的派别不同，他们对这些问题的看法分歧很大，甚至完全相反，但都对价值论的建立和形成作了可贵的探索。

4. 价值哲学的发展

价值论自 19 世纪末 20 世纪初兴起后，在许多哲学家的努力下，有了进一步的发展。

（1）30 年代以前哲学家主要从事价值规范理论的研究，旨在回答什么是有价值的，什么是价值判断，评价的标准和规则这些问题。他们的贡献在于，①提出了价值分类的种种理论；②探索了价值评判的种种规则和标准。但他们在价值判断的正当性能否得到逻辑证明这个问题上遇到了严重的困难。

（2）"二战"前和以后一段时期，分析哲学家和存在主义哲学家如罗素、维特根斯坦、萨特等人则把重点放在价值元理论的研究，旨在分析和确定价值术语的性质和意义，分析和确定价值判断的根据和标准是否合理，从根本上探索价值规范的基础。具体地说它解答某物有价值的意思是什么？价值判断的有效性、正当性是否能够从逻辑上给予证明？由于他们把价值论研究限制在元理论的范围之内，否认规范理论的合法地位，因此规范理论在 30 年代后特别战后一段时期内都比较沉寂和低落。

（3）50 年代价值论的研究有新的特点，一些哲人试图将规范理论和元理论统一起来，代表人物是分析哲学家图尔闵和黑尔。图尔闵的《理性在伦理学中的地位》（1953）提出"评价推理"的概念，认为可以从公认的社会风气这样的中性事实推出道法价值判断的正当性。黑尔在《伦理语言》（1952）和《自由与理性》（1963）中提出和描述性语言相异的规定性语言（包括命令句和价值判断句）这类语言有其自身的逻辑，它遵循的是"普遍规定性原则"，要害是以人们的利益作为伦理判断的正当性的标准。他们的理论虽然也有局限，但对于把规范理论和元理论结合起来，探寻规范理论的逻辑基础是有积极意义的。

（4）60 年代以来，一些哲学家试图重建规范理论，美国哲学家罗尔斯的《正义论》（1971）是突出代表。他探讨了正义和善这两个价值范畴的关系，重建了关于正义问题的规范理论，推动了价值论中规范理论的研究。这部书影响很大，有人为他出版了专题论文集，有人为它撰写了辅导读物。哲学家凯里说，它已经成了美国"全国各大学的政治科学和哲学课程的标准精神食粮"。有的文章认为它标志着价值论、伦理学研究的重要转移，甚至有人认为它可以列入现代哲学经典著作之林。这部书会不会导致价值论中规范理论的全面复兴还需拭目以待。

从价值论产生至今的发展历程表明，价值论在西方哲学的发展中走的是一条马鞍形的道路。20 世纪初至战前，哲学家们主要研究价值规范理论，探讨人应该追求什么样的价值；战后至 60 年代之前，元理论占主导地位，着重于对价值的本性和价值判断的逻辑问题的研究；60 年代以后，元理论衰落，哲学家们呼吁回到规范理论去，这说明元理论的研究日益脱离实际，脱离生活，不能挽救社会上的价值危机，人们要求价值论面向实际生活，讨论政治、经济、法律、道德、生态等一系列领域中的价值选择问题。

（五）苏联哲学家对价值论的研究

长期以来苏联学者把价值问题排除于马克思主义哲学之外，甚至不承认它是哲学科学，1960 年《苏联哲学百科全书》（第一卷）公开说"辩证唯物主义摒弃价值哲学"。60 年代以后苏联哲学家才开始注意价值问题。这是由于三方面因素的推动：①西方哲学家发表了大量价值论著作，而且价值理论也广泛深入于人文科学。他们直接、间接地将价值论同辩证唯物论对立起来，向马克思主义哲学发出挑战；②理论界从斯大林的个人迷信下解放出来，摆脱僵化，面对现实生活，思考价值问题；③力求改变在国际哲学学术交流中的被动局面，努力加强与西方学术交流。1958 年在意大利的第十二届国际哲学大会上，苏联学者施什变教授《关于道德价值问题》的发言未引起多大注意，而法国现代存在主义者里列和蒙那斯·阿隆索的《自由与价值》的发表却引起强烈反响，使苏联哲学家受到极大启发和震惊。正是在上述背景下，苏联学者才开始关注价值理论。从 60 年代至今，苏联价值哲学的研究大体经过了三大阶段。

（1）1960—1964 年为开始阶段，1960 年列宁格勒大学出版社出版了该校哲学教授图加林诺夫的《论生活和文化的价值》一书，这本仅有 155 页的书，揭开了苏联价值理论研究的第一页，学术界认为它是"首次从马克思主义立场来解决价值问题"的著作。作者在书中指出，价值问题有重要的理论和实践意义，马克思主义哲学中应确定价值论的地位。一石激起千层浪。该书出版后，反对者有之，赞同者有之，反对者认为他是反马克思主义的，赞同者认为他结束了苏联哲学界视价值论为资产阶级唯心主义哲学的历史。不论评价如何，这本书大大推动了价值问题的研究。尔后，苏联《哲学问题》《哲学思想》《新时代》等杂志发表了一系列关于价值问题的重要论文。价值论在苏联哲学界迈出了第一步。

（2）1964 年 12 月至 20 世纪 60 年代末为高潮阶段。这期间兴起了研究价值问题的热潮，表现是：①召开学术会议讨论价值问题。苏联科学院哲学研究所学术委员会先后两次召开学术会议讨论应否有马克思主义的价值理论；1965 年 10 月在第比利斯专门就价值论召开了全国性学术讨论会，苏联一些著名哲学家如康斯坦丁诺夫、米丁、约夫楚克、凯德诺夫、图加林诺夫等人参加了会议，30 余人在大会上发言，盛况空前。这几次学术会议大大推动了价值研究。②发表了大量学术论文。几家主要哲学杂志在短短几年内发表了近百篇讨论价值的文章，几家杂志还开设专栏讨论价值问题。③出版了一批有代表性的著作，如哈尔恰夫主编的《哲学中的价值问题》论文集（1966），德罗布尼茨基的《复兴对象的世界：价值问题与马克思主义哲学》（1967），特别是出版了图加林诺夫第二本价值论专著《马克思主义的价值理论》（1968）和学比莫娃的《资产阶级社会学中的价值概念》（1970）。④价值问题进入到社会学、伦理学、美学等学科领域，这些领域中的著作也从自身的角度涉及价值问题。如果说第一阶段是以图加林诺夫的《论生活和文化的价值》

一书为开始标志的话，第二阶段则以他的《马克思主义的价值理论》为高潮标志，这绝不是一种耦合。

（3）70年代以后为深入发展阶段。在前两阶段研究的基础上，苏联的价值论研究从70年代以来进入稳步的深入发展时期。其特点是：①从一般理论研究进一步转向具体学科中价值问题的研究。如美学中的审美价值，伦理学中的道德价值，宗教学中的信仰价值等等。②广大知识界、文化层普遍关注价值问题。③重视价值论与社会主义建设实践关系的研究。④开展对西方资产阶级价值理论的研究。这个时期出版的重要著作有文集《哲学和意识的价值形式》（1978），A. T兹德拉娃、梅斯诺夫的《需求、利益、价值》（1986）。还有许多重要论文。

从60年代以来苏联哲学界的价值论研究探讨了许多重要问题，涉及广泛的哲学问题。主要是：

①价值理论在马克思主义哲学体系中的地位；②价值的本质和价值存在的理论结构；③价值范畴属于什么学科；④价值和评价的美学以及评价标准和特征；⑤价值的产生和分类；⑥价值与现象世界和科学知识的关系；⑦价值变化的原因；⑧价值标准作为个人和社会群体行为动机的作用。上述问题的哲学回答在学者间很不一致，分歧甚大，但不同的探索和争论都使价值论的研究不断深化。

（六）中国价值论研究的兴起

如果说苏联的价值研究比西方落后了六十年的话，我国的研究比苏联还晚了二十年。价值问题在中国是从80年代才开始起步的，价值论是中国80年代的新生哲学。我国价值论兴起的背景有四个方面。

1. 改革实践的要求

改革的目的是发展生产，满足人们的物质、文化需要，满足需要是价值问题；改革要讲提高效率，增强效益，这也是价值问题；改革要正确处理利益关系，利益还是价值问题；改革要建设精神文明，重视道德价值、审美价值；改革要变革观念，价值观念的变革是重要内容。可见，改革呼唤哲学研究价值问题。

2. 真理标准讨论的深入

真理标准的讨论，一方面解放了思想，使过去成为哲学禁区的价值问题敢于问津，另一方面确定实践的成败为标准来检验认识的真理性，进而会提出实践的成败以什么来判别的问题，也就是说实践的结果是否达到预期目的究竟是什么意思，这自然要涉及价值问题，目的的达到就是价值的实现。反过来说，实践的结果既是认识的真实性的标准，也是认识的合理性标准。这个问题势必结合价值探寻才能深化。因之，价值问题提出乃是真理标准深化必然提出的理论课题。

3. 异化和人道主义问题讨论的引发

异化问题、人道主义问题是真理标准讨论后又一重大的理论问题，这两个问题的核心是人的价值问题。人道主义在西方兴起时就是和神权对立的人权思潮，中心是要重视、尊重人的地位和价值。我国随着"左"的错误的纠正和个人迷信迷雾的扫除，"文革"中践踏人权的被否定，人道主义问题被理论界提出。这场讨论尽管遇到了波折，但从理论上和学术上还是结下了果实，也引发了其他一些问题。价值论就是引发出的一个重要问题，可以说是人道主义讨论的进一步发展和哲学深化。

4. 现代西方哲学思潮的挑战

在开放的时代，西方哲学思潮涌入中国，而现代西方哲学中，无论人本主义、科学主义几乎无不谈价值问题，特别是存在主义、弗洛伊德学派、尼采学派、西方马克思主义都把价值问题作为重要问题予以阐述。这些思潮的传入，开阔了我们的学术视野，启发了我们的学术思路，提出了我们长期以来忽视和反对的哲学问题，要我们思考、探讨、回答。

面对这种挑战，我们哲学工作者出于学术责任心和赶上时代哲学的重大课题，努力以马克思主义予以解决，于是就把价值问题提到了学术日程。

在这种理论与实践、内部和外部的历史条件下，我国的价值理论研究就在 80 年代兴起。十年来，价值论研究的历程有三个阶段。

1. 初起阶段：1980—1984 年

价值研究开始的标志是 1980 年第 10 期的《学术月刊》发表的杜汝辑的《马克思主义论事实的认识和价值的认识及其联系》一文，文章回顾了西方哲学对事实和价值的探讨，认为事实认识和价值认识既有区别又有联系，实践作为真理标准，既是事实真理的标准，又是价值真理的标准。

该文受到学术界的广泛注意，1981 年 8 月 8 日何祚榕在《光明日报》发表《一个值得研究的问题》一文，认为杜文提出了一个值得研究的问题，为解决"实践目的是衡量实践成败的标准"这一问题提供了一把钥匙。

其后，《哲学研究》《光明日报》《国内哲学动态》《社会科学战线》《江海学刊》等报刊相继发表了关于价值问题的论文，其中李连科、刘庸的论文比较重要。

但这个时期，价值研究还未引起学术界的应有重视，而且其研究角度还多在认识论角度，许多哲学工作者还未将价值论收入视野。

2. 价值与真理的讨论阶段：1985—1986 年

价值问题提出后，经过几年的探讨，到 1985 年形成了价值热。热点是围绕着价值与真理问题开展讨论。1983—1985 两年内研究的成果甚为丰富。①发表了大量学术论文。1985 年《中国社会科学》第三期发表了李德顺的《真理与价值的统一是马克思主义的重要原则》一文，随后，齐镇海、袁贵仁、薛克诚、赖金良、黄森等人相继发表文章就这一问题开展争鸣，两年内发表关于价值问题的论文 80 余篇；②召开了两次重要的学术讨论会。1985 年 5 月在安徽屯溪开了全国真理问题讨论会，就真理与价值的关系开展了争鸣；1986 年 5 月在杭州召开了价值与认识的讨论会，着重对价值本质、价值论在马克思主义哲学中的地位进行讨论，研究问题的广度、深度都比以前前进了。③人民出版社 1985 年出版了李连科的《世界的意义——价值论》一书，对马克思主义价值观作了简明而多方面的论述，是我国研究价值论的第一本著作，虽然只有 11 万字，但开创了我们价值论研究的著作史。

这两年，是价值论研究的丰收年，许多重要的价值问题以及研究的方法论问题都是这个时期提出的。但研究的视野还没有从价值与认识、价值真理等问题上向更广的领域扩展。文章的内容也有些重复，思路还不够开阔。

3. 深入和扩展阶段：1987 年至今

1987 年以来，价值论研究继向深度、广度上发展，其特点主要有以下几点：

（1）对研究的现状进行反思，郝晓光在《光明日报》（1987 年 1 月 5 日）、《江汉论坛》上发表文章，对前几年不少论者以马克思《评价瓦格纳的"政治经济学教科书"》一文中的话（"'价值'这个普遍的概念是从人们对待满足他们需要的外界物的关系中产生的"）作为"普遍价值定义"提出否定，指出这段话是瓦格纳的话，是马克思否定的观点。随后李连科、刘奔、李德顺、郝孚逸相继发表争鸣文章。这桩学术公案涉及的不只是如何理解这段话的问题，而是如何从哲学上给价值概念下定义的问题，因此促进了价值范畴的深入研究。同年，景天魁在《哲学动态》第五期发表《哲学论研究六问》，对价值的客观性、价值与评价、价值真理及其检验、价值论与认识论的关系的问题提出了自己的见解。1988 年王玉樑发表《我国价值论研究的时代背景、发展阶段及方法论问题》《关于价值论与价值观念变革的几个问题》《价值论研究中几个有争论的问题》，李德顺发表《当前价值论研究中的几个理论问题》，赖金良发表《当代价值论轴心问题的方法论反思》。这些文章归纳、概括了八年来价值论研究中提出的理论问题和各种观点，探讨了方法论方面存在的问题。这种回顾和反思是进一步研究的必要环节和契机。

（2）对中外价值论研究的历史进行回顾。刘继《现代西方价值论概述》、王克千《苏联哲学界对价值理论的若干问题研究》、赵馥洁《中国传统哲学的价值观》是这方面的代表文章。

（3）对中国传统哲学家和西方重要哲学家的价值观进行研究，张岱年的《中国古典哲学的价值观》（《学术月刊》1985 年第 7 期）、郑晓红《对中国传统价值观的思考》（《学术月刊》1986 年第 3 期）、傅云龙《中国哲学史上人的价值观问题》（《哲学动态》1986 年第 9 期）、郑永年《中国传统价值观与现代化问题》（《社会科学》1986 年第 9 期）、赵馥洁《儒家哲学的价值论》和《儒家的价值标准论》以及《中国哲学史研究》1987 年第 1 期发表的 9 篇关于中哲史上人的价值观问题都是这方面的研究成果。《哲学动态》发表的对萨特价值观的研究也是属于这一类文章。

（4）对当代改革中人们价值观的变化和改革与价值观的关系进行探讨。这方面的文章可见《价值与价值观》一书。

这个期间的重要学术活动和成果除上述之外还有会议、专著、译著等。

会议：1987 年 11 月在西安召开的价值论与价值观念变革学术讨论会，会上对价值的本质、价值评价、价值论的哲学地位、价值观念的实质、性质、构成、价值观念的变革等问题进行了广泛深入的热烈讨论，还回顾了历史上和当代价值论研究的概况，对价值论研究是一个有力的推动。

专著：李德顺：《价值论》，中国人民大学出版社 1987 年版。

封祖盛、林英男：《开放与封闭——中国传统社会价值取向及其当前流变》，河北人民出版社 1987 年版。

远志明：《沉重的主体——中国人传统价值观考察》，人民出版社

1987 年版。

译著：马斯洛主编：《人类价值新论》，河北人民出版社 1988 年版。

80 年代中国哲学界的价值论研究虽然已经取得了重大进展和显著成果，但从理论上看还不很成熟，在许多重大问题上意见纷纭，莫衷一是；在方法论上也有不少局限。

争论比较多的问题有：①价值的本质和价值的定义问题；②价值的特性问题，价值是主观的还是客观的；③价值的标准问题；④价值的评价和事实的反映是什么关系？⑤有没有价值真理？价值真理的提法是否科学？⑥价值认识、价值认知、价值评价是什么关系？⑦价值观、价值观念、价值论的关系。⑧价值范畴属于什么哲学领域？是认识论范畴、本体论范畴，还是历史观范畴？⑨价值论与认识论的关系。⑩价值论在马克思主义哲学中的地位。⑪人的价值的含义。⑫我国新时期社会评价标准和价值观念体系发展的特点和趋势。

方法论方面的局限有四个方面。

（1）教条式地寻找价值概念的理论依据，不少论证热衷于从马列主义经典著作中直接找出哲学上价值概念的现成定义和引申定义，特别是从马克思关于经济上的价值和使用价值的含义中扩展或转化出哲学价值的定义，而这一点是困难的。"瓦格纳引语"就是例子。正确的方法应该是以马列主义为指导，掌握他们论述价值问题的精神实质，认真分析现实生活和各门学科中对价值概念的运用，通过由实践到理论的抽象方法科学概括出价值定义。在价值论研究的初期阶段，这种引经据典的方法是必然的，可以理解的，但如果局限于这种方法，就不会使研究深入。

（2）狭隘地理解价值论的哲学领域范围。我们的价值论研究是从认识和真理问题入手的，这是我国价值论兴起的重要特点，但几年的研究大都在认识论范围内思考，这固然对价值认识、价值评价、价值真理等问题的探索有一定进展，但是都局限了研究的视野和角度，致使对价值与其他哲学问题的关系、价值论的独立性等讨论不够，思维方式呈现出点、线式特征，而全面的、全方位的面式、体式思维不够拓展。为了从整个哲学的坐标系上和从现实社会生活的基地上广阔开拓研究视野，必须克服这种狭隘性，让价值研究扩大到有关的领域，沉入到生活的深处，发挥价值哲学的广泛功能。

（3）学究式地探讨纯学术问题。价值论是与现实社会关系密切、活力性强的哲学问题。现实的改革实践、实际的生活领域也向价值论提出了许多重要课题，特别是人们价值观念的变化问题，很值得重视。可是近年的研究对基本概念基础理论注意得多，实际问题分析得少，有一定的学究气。这在理论初兴期也难免，但如果继续停留在这种状态中，就会扼杀价值论的生命力，也会背离现实社会对理论的需要，使价值论研究道路不广、活力不足、现实性不强。必须面向沸腾的现实生活，使价值论之树常青。

（4）未认真研究中外哲学史上的学术成果。价值论虽然兴起于19世纪末20世纪初，但人们对价值问题的思考由来已久，中西哲学史上许多哲学家都探索、研究过价值问题，特别是20世纪以来西方哲人们写了许多重要的价值论著作。对于这些成果我们还未来得及介绍、翻译、整理，深入地研究更谈不到。即使十分重要的著作，例如培里的《一般价值论》等，我国还没有译本。对中国传统哲学中的价值观研究，可以说还处于起步尝试阶段，这种状态如不很快改变，势必影响价值论研究的深入。我们应该以"敞开胸怀纳百川"的学术气魄和"中西兼通""古今并重"的治学风格，广泛地借鉴、汲取前人的研究成果，使价值论在广度、深度上不断发展，孤陋寡闻的现状不能再继续下去了。

上述几个方面的局限，有些是在理论初步阶段必然要经历的，有些是难以避免的，还有些则是我们所忽略的。随着研究的进一步发展，这些局限将会逐渐被克服。

以上我们对价值哲学的对象、地位、历史作了一个多方位的宏观说明，这种鸟瞰式的观照有利于我们从总体上概括了解这个哲学领域，为进入本论奠定基础。这里提出的许多问题和介绍的许多观点，都是引导思考和研究的路线。

二　价值本质论

本章研究和讨论价值的本质、特性、分类等问题，解决价值是什么？哲学上价值概念的含义应如何规定？价值有哪些性质和特征等重要问题，价值的本质及价值是什么是整个价值论的基石。

（一）价值的本质

要从哲学上揭示价值的本质，首先要将日常生活中使用的价值概念，具体科学中的价值概念和哲学上的价值概念区分开来。

日常生活中人们常用价值这个词，主要有两个含义：一是指对人有实际用处的东西，如房子可以住、衣服可以御寒、食品可以充饥，我们就说它是有价值的；二是指事物中的某种积极作用或有益的意义，如优秀作品、歌曲、美好的理想对人有意义，即具有崇高价值。

经济学中的"价值"是指凝结在商品中的一般的人类劳动，"使用价值"指商品能满足人们某种需要的质性，其他如政治学、文化学、社会学、教育学、管理学、伦理学、美学、领导学中也有它这个学科所规定的价值概念。

哲学中的价值概念是通过抽象概括现实生活和具体科学中的价值概念的一般含义而形成的。人们在生活中使用的表达价值的具体词语很多，如"好""美""利""益""吉"等等，特别是"好"的使用率最高，抽象度也最高。一般价值都可以用"好"来表示。价值概念源于西方，中国人表示价值的概念是"好""善""美""贵"等。

作为哲学的价值概念有普遍性和一般性的特点，它和生活中的价值概念、具体科学中的价值概念是一般与个别、普遍与特殊的关系。二者之间既有区别也有联系。

那么从哲学上来讲什么是价值呢？如何给价值下定义呢？这是一个分歧很大的问题。

1. 西方哲学家对价值本质的探讨

西方哲学家的价值定义很多，主要有 14 种。

（1）价值是产生于快乐的感情。这是一种传统观点，古希腊的伊壁鸠鲁说："快乐是我们最主要和最普遍的好（善），因为快乐是我们一切选择和厌恶的发端，是我们的归宿，使我们的感情成为据以批判一切好（善）的东西的规矩。"

（2）价值是良好愿望的满足。古代伦理学中快乐的感情和良好愿望差不多是同义语，到了近代人们把两个术语分开使用。认为"事物的价值是它的合乎愿望性"（C. V. 埃伦费尔斯）而不在于感情，这种满足愿望（欲望）论是迄今较为流行的观点，新康德主义者，实用主义者，各种人道主义者大都持这种观点，虽然他们对价值定义的表述略有差异。

（3）价值是兴趣和利益的对象。新实在论者乔治·桑塔亚纳认为价值与人们的兴趣有关，兴趣是一切价值的根源和不变的特征。而美国新实在论者培里在《价值通论》中说："就最根本和最一般意义上说，一种东西，当它是利益（不管是什么利益）的对象时，它就是有价值的。"或者说："x 的价值 = 从 x 中取得利益。"

（4）价值即是自由。法国存在主义者萨特认为价值的基础是自由，自由即是价值，价值是通过自由选择实现的。他说："我们的个人自由就是价值的唯一基础，此外绝没有任何东西给我们提供这种或那种价值，或者哪一种价值尺度是否正确。"（《存在与虚无》）他有时又说："价值是人的存在的一种虚无的产物"，是一种"缺乏"，是"不具有存在的存在"。这一观点和中国庄子的价值观有相通之处。

（5）价值是美好的物质生活。经济人道主义者克劳夫在《西方文化的基本价值》（1960）中认为社会的经济繁荣和人们物质生活的财富才是衡量价值的重要内容。因此能为人们提供美满的物质生活的东西才是有价值的，这似乎是说价值等于金钱。

（6）价值就是正义。美国哲学家罗尔斯在其名著《正义论》中，认为功利和至善都不是价值，真正的价值是社会正义。"正义"是人天生具有的情感，它的原则是承认和维护人们占有社会福利的平等权利。而这种正义才是价值的精义。

（7）价值是人心中关于美好的和正确事物的观念。美国的杰克·普拉诺等主编的《政治学分析辞典》（1982）中说，价值是"值得希求的或美好的事物的概念"，"反映的是每个人所需求的东西"，是"人们心中关于美好的和正确的事物的观念，以及人们'应该'做什么，而不是'想要'做什么的观念价值是内在的、主观的概念"。

（8）价值是人们做出有充分根据的决定。这是 G. C. 佩伯的观点。佩伯不承认价值对象（包括现实的、潜在的）有共同的性质。但认为人们在寻求价值的行动中有共同的问题，"这就是在人们的事务中如何做出有充分根据的决定"，价值"是指用跟人们的决定有关的一种选择系统和所有这样的自然规定作出的选择。"（佩伯《价值通论》）

（9）价值为客观事物的属性。美国哲学家穆尔认为价值（善）是客观之对象事物的一种单纯的性质。因之，价值是客观的。此说法针对"价值性为主观的"这种说法而来。欲望说、快乐说都从主观经验出发，事实上有些价值并不能给人们带来快乐，甚至还会造成一些痛苦，如忍寒而让衣于人，忍饥而让食于人，虽于己无乐，但却是善德。于是一些人就提出客观质性说。

（10）价值乃自存的普遍永恒性。柏拉图提出的本体说，认为理念世界中存在着善的本体或善的范型，现实事物的善源于善本体，这就是把价值看成客观自存的、普遍的东西，它不依附于任何具体事物。现代法国哲学家，批判本体论的创始人哈特曼认为价值是由抽象观念组成的精神的存在，它存在于时空之外；价值与由特殊事物组成的实体的存在（时、空中之存在）是两种不同的存在形式。这种观点所说的价值的客观性是摆脱客观具体事物的自存，其实乃是客观精神理念性的存在。

（11）价值是绝对完全存在的上帝本身。这种观点认为价值不能自存，也不依附于一般实际存在，因为一般实际存在总有缺陷，不能完全地表现价值，美玉有瑕，善人有疵。只有完全存在的上帝乃是至善，为一切价值所依附。价值依附于此超越之存在，才不随世间存在物质状态而存亡。此观点源于亚里士多德，亚氏提出凡存在者而能将其潜能逐渐实现以趋向于完全者为善（价位）。这种以趋向于更完全的存在作为价值的观点，至中世纪即发展为以绝对完全之存在的上帝为价值的理论。这是西方的宗教神学价值论的代表性观点。

（12）价值是存在事物的生命发展历程。这种观点既反对价值为自存，亦反对价值超越之存在（上帝），还反对价值为客观事物之属性，它认为价值存在于事物的发展历程中。或如斯宾塞以价值为一切生物之适应历程；或如居友以价值为一生命之扩大历程；或为柏格森以价值为宇宙生命之进化历程。他们由此指出价值有运动性、创新性、生命性的特征。从而否认了静止或无生命事物的价值。

（13）价值是主体与对象之关系。西方著名的价值哲学家培里认为价值是人对于对象发生兴趣时，对象就是之性质。就是说，当发生兴趣之主体与兴趣之对象构成一关系时，价值就形成。这种观点将客观对象与主体心灵两个方面统一了起来，是现代西方价值论中有代表性的观点之一。

（14）价值是事物的和谐关系。此理论认为凡一切存在事物能和谐而相生之处，皆表现为一客观价值。即事物和谐关系的存在为价值之所在。莱布尼茨认为上帝之善表现为无数可能的存在现实并且包含有其内在预定的和谐关系。怀特海也认为，一切现实存在在其具体化历程中将无数潜能力聚合为一，形成和谐关系，就是价值的实现。和谐关系论者的关系承担者泛指一切事物而言，不仅人与对象的关系。这就会使价值离开人这个主体而存在。其实离开人为关系主体的物—物关系，虽可能有和谐之性，但并非即是价值。

以上 14 种关于价值本质的观点，不过是西方哲人们提出的代表性理论而已，并非关于价值本质观的所有看法。这些看法可以归纳为主观说（第 1、2、3、4、7、8）、客观说（第 5、6、9、10、11、12）、关系说（第 13、14）三大类。在主观说内部也可以分类，客观说也可分为属性说、自存说、上帝说、历程说。说明哲学家在探讨价值本质时，其思路是多元化多方向的。然而其科学性为何，暂不讨论。

2. 苏联学者的价值本质观

苏联哲学家从 20 世纪 60 年代以来研究价值问题，但对价值论最核心的价值本质问题，回答也很不一致。

（1）价值是对一定的人们有益、需要、理想的东西。这是图加林诺夫的定义，在这个定义中他强调了两点十分重要：一是对价值主体的人做了具体规定，指出价值主体是具体历史的社会或阶级的人们，这同西方不少学者把人看成抽象的人有明显不同；二是认为价值不仅指现实存在的东西，也指必须存在以及必须为之奋斗的可想象的理想的东西。因此，价值既是事物，但就其准则、目的和理想而言也是观念和动机。

（2）价值是一个系统的存在和消亡的意义。这是伦理学家 B. A. 民西连柯的观点，他把价值视为现象间相互依赖关系的因素，即关系中一方对于另一方的意义。这样，价值关系的主体就不一定是人，价值也不一定是对人的意义。任何一现象存在的意义都是价值。

（3）价值是某种对人的生活活动的整个社会发展的意义。这是德罗布尼茨基提出的定义，特夫扎泽、弗拉索娃皆有类似的看法。这种观点从两个方面突出了价值的社会性，一方面认为价值存在于社会存在条件之中，另一方面指出价值是对整个社会发展的功能和意义。

（4）价值是生命现象和人类观念能够得到满足或不满足的人们在实践过程中的需求的属性。这是罗任的观点，他明确指出价值与人的需求的关系。

（5）价值是评价的社会形式。克瓦恰喜雅的这个主张以评价这种意识形式来规定价值。认为价值是社会地规定的对现象进行评价的社会形式，是意识的社会形式。它表现在阶级及其他社会集团的文化、语言、传统、社会规律、心理之中。

（6）价值是价值的对象性用于满足人类和个人的一定需要的方式。这是 70 年代以后苏联学者索洛杜欣的看法，他说价值的对象性其实也就是体现并凝聚在对象中的社会关系，即马克思说的人的本质力量的对象化。人的本质力量对象化的目的是满足人类和个人的需要，因此价值就是价值的对象性的表现和显现。

（7）价值是利益的客体。兹德拉瓦梅斯洛夫、《苏联百科词典》、伊文都从利益角度考察价值。尽管具体说法不同，但都认为价值是对人有用的有利益的客体，并指出这是价值的本质。

上述的价值本质观表明苏联学者的价值本质观有几个鲜明特点：①强调价值的客体性，包括载体的客观性和人的需求的客观性；②强调价值的社会性，这是与人的社会性联系在一起的；③强调价值的本质是主客观的统一，是主客体间的关系，这是他们自觉地以唯物史观作为方法论的指导而形成的。因此，他们的定义与西方学者有很大的不同。

3. 中国哲学界对价值本质的争论

20 世纪 80 年代我国学者的价值论研究所争论的重要问题之一是价值本质问题，即什么是价值？主要有 7 种观点。

（1）属性说。

持这种观点的人认为价值是属性范畴，它标志的是客体对主体的有用性。所谓价值，从哲学意义上说，就是客体对主体的有用性，是客体满足主体需要的一种属性，并认为价值以价值物的形态存在着。价值物是价值的感性存在形态；价值是价值物的本质属性。

这种论点的问题在于：第一，价值对象局限于"物"，就排斥了精神价值的地位，也否定了人的行为、人格也具有价值意义；第二，价值与实用等同，摒弃了非实用性的审美、道德的价值意义。第三，忽视了价值的主体性特征，着眼于从客体属性方面揭示价值。这种论点拘泥于从商品使用价值引申出哲学上的价值。

（2）主观说。

主观说是属性说的对立面。它认为价值是人的主观的产物和表现，不是客观事物的属性。主观说的具体观点有三种，一是认为价值是意识形态。燕宏远说："价值是某一阶级某一社会制度的意识形态的集中表现，也就是说，价值以人类生活有意义的计划、目标、理想和规模的形式表达某一社会形态和阶级力量在历史上具体的，产生于实践社会利益的要求。"①

二是认为价值是主体确认的产物。郑庆林说："一旦某一大天然存在物被主体确认为价值物，便意味着它的自身属性已表现为价值属性，它的自身属性已同主体的需要建立了肯定关系。"② 就是说价值是由主体通过确认而赋予客观事物的。

三是认为价值是主体对客体的态度和反映。比如说，"价值是主体人根据自己的需要自觉地、有意识地赋予客体的属性，它反映了主体对客体的态度"。"价值是客体同主体之间，前者满足后者的需要的这样一种关系的反映。"

把价值说成一种意识和一种确认或一种态度都是主观说。主观论者从人的意识、精神范围内来规定价值的含义，其方法论上的偏差在于夸大了价值与主体意识联系的一面，混淆了价值与价值意识，价值评价的界限。此种看法为多数学者所不取。

（3）关系说。

这种看法认为价值是关系范畴，它标志着主客体间的一种关系。由

---

① 燕宏远：《价值哲学》，载《现代外国哲学》第 4 辑，人民出版社 1983 年版，第 298—300 页。

② 郑庆林：《价值问题的哲学探讨》，《哲学研究》1983 年第 8 期。

于对关系的内容（什么样的关系）看法不一，因此形成了五种不同的表述。

①需要关系："价值是客体同主体之间，前者满足后者的需要这样一种关系的反映。"李连科说法与此类似。

②效用关系：价值是"客体对主体的特殊效用关系"。

③肯定关系："价值是客体与主体需要之间的肯定与否定关系，即利害关系。"

④意义关系："价值是客体对主体所具有的积极和消极的意义。价值关系就是意义关系。"或者"哲学价值范畴是指客体对主体的生存和发展所具有的作用和意义。"

⑤符合（适合）关系：价值"是指客体的存在作用以及它们的变化对于一定主体需要及其发展的某种适合、接近或一致"①。又，在主客体相互关系中有一种特定的相互关系就是价值关系。"这种关系就是：在主体的实践认识活动中，客体的存在属性和合乎规律的变化，具有与主体的生存和发展相一致、符合或接近于否的性质。"②

这几种表述上的差异不只是文字上的，而是在对价值本质理解上强调了不同的侧重点。但他们都认为价值是主体（人）与客体之间的某种特定关系。关系说中还有一种见解认为价值是人与人之间的关系，是主体与主体之间的关系。这种看法没有注意到即使是人与人的关系，也有主、客体之分，一方为主体，另一方即为客体，将双方都说成主体，没有逻辑上的对应，因此不能成立。

（4）系统说。

用系统方法研究价值问题是我们国家价值论起步时一个新的现象。其中关于价值本质的分析，主要提出了两种看法。一是认为价值是"人—物系统在需要和满足需要上实现一体化的系统质"。这时人是需要者，物是满足需要者，二者的关系系统一旦形成，就会使价值存在；二者构

---

① 李德顺：《价值论》，中国人民大学出版社 2007 年版，第 13 页。

② 李德顺：《价值论》，中国人民大学出版社 2007 年版，第 108 页。

成的系统一旦折断，价值就消失。价值存在于人—物系统的一体化中，它是这种系统的质。二是认为一切自控系统（即一切能自我调节的功能系统）都有目的，能满足自控系统目的的就是价值。就是说价值是一切自控系统目的的满足。这种看法的突出特点是将价值主体扩大到包括人在内的一切自控系统。随着主体的扩大，价值也随之泛化。

系统说的价值本质观虽然在论证中还不够完整、严谨，但却颇有新意。

（5）意义说。

这种看法用"意义"概念表述价值，认为意义就是价值，它提出价值主体不仅是人，而且包括一切有机体。凡是对有机体有意义的，都有价值。阳光、空气对植物有意义，也就是价值。上述关系论者也引用意义概念说明价值，但对意义对象有明确限制，认为价值只是指客体对主体人的意义并非指一切意义，一物对另一物的效用可以叫作意义，但不能叫价值。价值仅对人而言。

用意义范畴规定价值在西方哲学中由来已久，李凯尔特主张意义和价值是同等程度的概念，认为价值的实质在于它的意义性，而不在于它的事实性。这样价值就成了超现实的存在。苏联学者也曾用意义说明价值，但一些学者指出价值并非一切意义，只是积极意义，意义的含义比价值要广。可见，用意义说明价值本质是个重要问题，但对意义的用法有广、狭之分，对主体的外延也有广、狭不同的规定。

（6）负熵说。

用物理学中热力学第二定律的熵概念来说明价值本质的尝试是有趣味的。这种观点认为价值是某一事物对于与其有联系的事物存在与发展的意义和作用。价值存在于事物之间（不仅是人与物之间）。在宇宙中，总的发展趋势是能量的散逸是不可逆的，能量和温度都在扩散和趋于均衡，即熵增加原理。但这只是总的趋势。在这个过程中，只要宇宙还存在可利用的能量（尚未达到最后平衡点），就会出现非平衡，非均匀。这种发展是有序的、有组织、有选择的。它与宇宙演化总趋势是相反的。

因此是熵减少的过程。这个过程就是形成价值的过程。所以说，价值是负熵。由于一个系统的能量聚集，必然要由体系外的能量补充，从更大体系来看就是熵的增加。熵增就是负价值增长。于是得出结论："能量物质、信息的结合、聚集，消除不定性和绝对均衡就是价值。"①

负熵价值观及价值主体从人扩张到整个自然界和人类社会，将价值关系确定为主体从客体取得能量（负熵）的关系，使价值带有鲜明的宇宙论色彩。但如果这样来探讨价值，就等于取消了价值论的独特意义，价值不过成为自然科学中某种现象的表述词句罢了。

（7）"第三世界"说。

上海社科院王克千研究员在《人文杂志》1988 年第 5 期撰文《价值是"第三世界"》指出，价值与其载体（价值对象）有关但不是价值对象本身；价值与人的需求、利益有关，但又不是人的需求、利益本身。价值是主观客观的统一物，是主客观的，它既不是主观的，也不是客观的，而是个特殊的，独立的社会存在。价值就是价值，因此，价值属于"第三世界"。这种看法强调了价值的相对于事实、意识的独立性，企图超越于上述各种对价值本质的解释之上，有利于使人们把握价值领域的特殊性。然而过分强调这一面，却会使价值与事实、真理、利益、需求的联系被割断，导致价值的神秘性和价值论的玄学化。

以上的几个代表性的价值本质论，表现了探讨价值本质的五种思路：

主观性思路：主观说

客观性思路：属性说

关系性思路：关系说、系统说

泛化性思路：负熵说、意义说

超越性思路："第三世界"说

这五种思路中的四种各有所见也各有所弊，或蔽于客而不知主，或蔽于主而不知客，或蔽于天而不知人，或蔽于虚而不知实（"第三世界

---

① 舒虹：《价值原则的科学基础》，《中州学刊》1988 年第 2 期。

说")。唯关系说思路是揭示价值本质的科学途径，学术界多数学者提出的价值定义学说表述方式并不相同，但都是沿着主客关系、主客统一的路子走。我们认为这是正确的。

4. 对价值本质的马克思主义回答

根据辩证唯物主义（或实践唯物主义）原理研究价值本质，我们认为价值是主体生存和发展的需要与客体适应和满足主体需要而建立的一种特定关系。这个定义包括以下几个理论要点：

（1）价值是一种关系。

首先我们根据日常生活、社会实践中人们对价值的表述和运用的实际，运用哲学从特殊概括出一个抽象方法，可以发现，价值是一种关系，价值概念是关系范畴。

价值辞中的好、真、善、美、利、贵、益所表示的总是某种对象与人的关系。价值不能离开主体人而独立存在于客体对象上；也不能离开客体对象而独立存在于主体中。它总是作为一种关系而存在着，后来作为一种关系而建立起来。

属性说把价值归结为客体属性、功能，主观说把价值归结为主体经验，虽然都看到了价值的一个方面的特征，但不能从总体上把握价值，都失之于一偏。

如果以一个比喻来说明客体属性说和主观说的片面性，苏轼的《琴诗》是极好的：

若言琴上有琴声，放在匣中何不鸣？

若言声在指头上，何不于君指上听？

音乐的美（价值）既不只在"琴上"，也不单在"指"上，而是在琴与指的关系（相互作用关系）中。

（2）人是价值的主体。

价值是对人而言的，客体是否有价值，有意义，是以人为尺度来衡量的。人是一切价值的享有者、评价者、选择者、创造者，如果离开了人就无所谓价值。在哲学史上，价值问题的提出，是由人们在社会实践、社会生活中主体地位的确定和人对主体地位的自觉意识而产生的。肯定和承认人是价值的主体，是说明价值本质的重要理论因素。

属性说以客体属性为价值，实际会导致取消人的价值主体地位；关系说中一些人把价值说成一切事物间的相互作用，认为一事物对另一事物发生作用，就是要有价值，受作用的一方就是主体，这是主体的泛化，实际上是人的主体地位失去了必然性、绝对性的特征而成为偶然的、相对的主体了。把物—物关系说成价值，必然导致取消价值、取消价值论。因为物—物的相互作用问题是本体论的内容，是世界一切事物相互联系的辩证特征，并不是也不需要价值论去专门研究，价值论研究此问题是越俎代庖。

意义说中有的观点将价值等同于意义，认为一物的存在对另一物有意义，就有价值，这也是一种泛化。价值是意义，但仅仅是客体对人（主体）的意义，而且是人意识到了的意义。只有承认人的价值主体地位，意义范畴才能作为价值概念的相同意义来使用。

价值是关系，但是以人为主体的关系；价值是意义，但是以人为主体的意义。这是我们的价值本质观中的重要论点之一。

陶渊明说："不觉知有我，安知物为贵。"（《饮酒》）很好地说明了人的价值主体地位。

（3）人的需要是价值的动因。

人作为价值主体和人作为认识、实践主体意义并不相同。在价值中人的主体性表现在他是价值关系的建立者和推进者，他有着强烈的"为我"（包括"人类之我""国家民族之我""阶级之我""集团之我""个人之我"等各种范围）倾向。他以自身需要为出发点对客体发生作用。所以，人的需要是价值的动因。

人的需要是各种各样的：

从需要的发生机制看有生理需要和心理需要；从需要的对象性质看有物质需要和精神需要；从需要满足的效果看有生存需要和发展需要；

从需要的层次结构看有低级需要和高级需要。关于人的需要层次的著名理论是美国心理学家马斯洛提出的"五层次说"。他认为人的行为动机是按照一种等级状态依次排列的，呈梯形，最底层是人的生理需要，顶端是自我实现的需要，二者都有一系列中层次需要：

自我实现；受人尊敬（寻求有威严的地位，职业、自尊）；爱情和归属（寻求爱，寻求与社会团体的认同）；安全（寻求安全感及相应的物质条件）；生理需要（含物、空气、水分、休息、逃避痛苦）。

马斯洛的"需要五层说"在西方学术界有相当的影响，传入中国后也得到一些学者的认同，并认为它与中国传统的人性论和价值观有一致之处。但是心理学家维克多、弗兰克尔提出自我实现并非人的最高动机，在它之上还应有另一需要：探讨意义的需要，即探求个人生活的意义，追求生活的价值。

人的需要总希望满足，当某种对象能满足人的某种需要时，它就成为价值，与人形成价值关系；当某种对象不能满足人的需要时，它就不是价值；而当某种对象不但不能满足人的需要，反而成为人满足需要的妨碍时，它就是负价值。所以说，需要是人的一切行为的动因，是价值的动因和出发点。需要是人的兴趣、动机、目的的根源。

（4）客体的属性是价值的条件。

价值不是客体，也不是客体的属性，但它并不能离开客体及其属性。主体的需要是多方面的，但它都不能只通过主体自身来使需要得到满足，必须从客体那里取得满足自己需要的资料。处于价值关系中的客体由于它们的属性，能够为主体提供满足主体需要的条件，而且只有以客体的属性为条件才能使价值形成。不然，"巧妇难为无米之炊，良将难作无兵之战"，离开了客体条件，根本无价值可言。"主观说"的错误正在于否认了客体条件的作用。

客体的属性是产生价值的基础、条件和原因之一，但它并不是价值本身，价值乃是客体属性同人相互作用的结果，是客体属性为主体服务的效果。如果将客体属性视为价值，就是把原因当成了结果，把条件当成了成品。属性说之所以错误就在于混淆了原因与结果、条件与成品、作用与效应的关系。

（5）客体对象对主体需要的满足是价值的基本标志。

主体的种种需要从客体那里得到满足，二者之间就形成了价值关系，这种关系就是主、客体的统一。在这种统一中，以主体的需要为动因，使客体向主体接近，即客体主体化。当这种接近达到与主体的生存发展相一致、相符合的程度，主体需要得到满足，于是价值关系就形成了。所以说，价值代表着客体主体化过程的性质和程度。对象同主体的一致程度是价值的基本标志，或者说需要和需要的满足是价值的基本标志。

由此可见，价值关系的性质就是客体与主体生存和发展的一致性。用中国古代哲学家的话说，就是"宜"（适宜性）与"和"（和谐性）。

由此可见，价值关系的程度就是客体主体化、客体与主体一致性所达到的标准，即适宜性、和谐性的程度。这种程度愈高，价值就愈高。

性质和程度（客体主体化的性质和程度）以什么来衡量呢？只能以主体（人）的内在尺度来衡量。人的内在尺度就是人的需要和"本质力量的性质"（马克思语）所规定的尺度。它的内容是指：①主体自身的结构、规定性和规律；②上述规定性在主体对客体关系中的作用；③这种作用在结果中的显现。①

因此，所谓价值关系即主客体关系的主体性内容，也就是以主体的内在尺度为特征的关系。

（二）价值的特性

既然价值是主客体关系中的一种特定关系，即我们研究价值特性时就必须从分析主客体之间的关系入手，进而再来看价值这种关系的特点。

---

① 李德顺：《价值论》，中国人民大学出版社 1987 年版，第 101—102 页。

1. 主客体关系的基本形式

主客体之间的相关关系，就是它们的相互作用，主客体之间的任何相互作用只能通过实践和认识的途径和方式来进行。实践和认识是主客体关系的两种基本形式。

实践包括了人的一切感性的物质活动形式，认识包括了意识反映存在的一切形式，二者都是广大的。在两种形式中实践是首要的、根本的形式，认识和实践是以实践为基础的现实的统一。

实践和认识本身只是主体活动的方式，是主客体相互作用，相互联系的层层结构，并不是活动的内容和目的。因此，二者是主客关系的形式。

2. 主客体关系的基本内容

在实践和认识中，主客体的相互作用包含两个基本方面的内容。

一是客体对主体的作用。即指客体以其自在的规定性，影响、限制、制约和改变主体，客体在主体身上映现自己、实现自己，从而使主体客体化。这是主客体关系中的客体性内容表现为主体对客体的反映、接近和"服从"。这种内容就是人的活动所遵循的由"对象的性质"所决定的客体尺度。主客体关系中的这种内容就是"非价值性内容"。李德顺在《价值论》中主张用"真理"来表述这个内容。他说："真理范畴高度地概括了人类生活中普遍存在的一个基本内容—主体客体化和客体尺度的内容，并在现实中起着客体尺度所起的作用。"[1]

二是主体对客体的作用。即主体通过实践认识形式，从物质和观念上去接触、影响、改造客体，在客体上显现和直观自己的本质或本质力量，从而实现自己的发展。这个过程是客体愈来愈带上主体所赋予的特征的过程，即是客体主体化的过程。这是主客体关系中的主体性内容，

---

[1]　李德顺：《价值论》，中国人民大学出版社 1987 年版，第 109 页。

表现为主体对客体的改造并使它为自己"服务"。这种内容就是人的活动所遵循的由人的"本质力量的性质"所决定的主体内在尺度。主客体关系中的这种内容就是"价值内容"。

因此，真理和价值是主客体关系中的两个基本内容。真理是客体性内容，价值是主体性内容。分析和认识价值的特性，就是将价值与真理进行比较，来说明价值关系在主客体关系中的特殊性。

3. 价值的主要特性

关于价值的特性，学术界也有许多不同的看法。我们按照李德顺在《价值论》和有关文章中的观点予以阐明。李德顺认为，价值本质上是一个关系范畴，应该从这一本质出发说明价值的特性。然而，即使承认这一本质，在说明价值的特性时仍有两种基本的研究方式。

一是面向客体为主的方式。这种方式把考察价值特性的根据和着眼点主要放在价值关系中客体的方面，这种方式通过对客体属性的分析来说明价值的特性。其思路是"主体不变，价值取决于客体"。如同医生看病时对同样病症的病人在病因、体质等方面的差异略去不计，只是"对症下药"。他说，这种方式"能够引导人们进行某些具体的、实用的科学或技术工作，并取得成果"。例如以对产品的功能（使用价值）分析为基础建立起来的"价值工程学"等等。

二是面向主体为主的方式。这种方式把考察价值的特性的根据和着重点放在价值关系中的主体方面。就是通过对主体的结构、需要、能力、活动的分析说明价值的特性。其思路是不管客体变不变，具体的价值以主体的需要和结构、尺度为灵魂"（把客体放在基本稳定的形态下加以考察）。如同医生看病时"辨症开方"——同病症的病人的不同特点是开方的根据。

这两种方式对揭示价值的特性都有积极意义，但是面向主体为主的方式"在理论上更深刻更全面一些，在实践上更复杂更深入一些"。

按照面向主体为主的方式，李德顺在《价值论》对价值的特性进行分析是。

（1）价值的客观性。

价值的客观性是价值具有不依赖于一切人主观意志的客观规定性，它既不由人主观随意决定，也不以人的主观意志而改变。

为什么说价值有客观性呢？

第一，作为价值主体的人是物质的、自然的、社会的、历史的现实客观存在，而不是一个抽象的主观存在。这是唯物史观对人这一主体的一个根本观点。

第二，主体人的需要、活动和实践体验等从根本上与人的社会存在相互关联，它具有不依赖于人的主观意志的客观性和必然性。即使主体有客观性的一面，人也有主观性需要，但主体与客体的关系也是客观的，主观需要也会受到社会历史条件的制约。

第三，价值关系是人们生活中的存在关系，"人们的存在就是他们的现实生活过程"①。包括生产过程、生命过程、生活过程、交往过程等等，这些实际生活过程领域有着物质客观性。价值关系是人们实际生活过程中的关系，它贯穿于各种社会关系中（生产关系、利益关系等）。

从主体人的客观性、人的需要的客观性和人的社会存在的客观性可以说明价值关系是客观性的关系，因而也具有社会历史性。

（2）价值的主体性。

价值的主体性是指价值本身的特点直接同主体的特点相互联系，价值的特性表现和反映着主体性的内容。

价值的主体性表现在：①个体性（或独特性）。价值依主体的不同层次而表现出每一主体的特殊性、个性：以人类为主体的价值，具有人类性或社会性，以一定历史阶段上的社会为主体的价值，具有时代性；以民族为主体的价值，具有民族性；以阶级为主体的价值，具有阶级性；以个人为主体的价值，具有个人性。

---

① 《马克思恩格斯文集》第 1 卷，人民出版社 2009 年版，第 525 页。

价值个体性的根源是一个主体的结构和条件具有特殊规定性。由于主体结构、条件的不同，就在同客体发生价值关系时形成了各自特点。

价值个体性的形成条件是把客体放在基本规定的形态下加以考察，或者说是不同的主体相对于相同客体时会形成不同的价值关系。

价值个体性的意义：A. 由于价值具有个体性特点，所以在社会生活中，价值的标准、评定和表现是极其复杂的，是多层、异向、异质的。B. 由于价值有个体性特点，所以每一主体都有一套价值坐标系，不同主体之间在价值关系上不可能彼此重合或代替。这两点可概括为价值标准的复杂性和多元性，当然这种多元性并不排斥共同性和统一性。

②多维性（或全面性）。多维性是指主体自身结构的每一点、每一方面和每一过程都产生对客体的需要，都可能形成一定的价值关系，如主体的自然需要、社会需要；社会需要中又有物质需要、精神需要；精神需要中又包括理性、感性、情感、意志等需要，这多种需要形成与不同客体的多种多样的价值关系。

多维性又指人们具体的价值体验是可变的、可选择的，这种变化和选择，往往是相互区别的价值方向之间的综合和转换。个人价值体验中的多种成分由于条件的原因，某些可能被掩盖、淡化，但当条件一变则可能重新出现。"朝为田舍郎时"的价值体验可能由于"暮登天子堂"而发生变化。

多维性的特点：A. 无限性——价值关系的多维是"维数无限的多维；B. 发展性——不是静止的多维，而是在质、量、方向上无限发生的多维；C. 不可取消性——多方面的需要和价值关系，都有其地位，只可以引导，不可以压抑、取消。

多维性的意义：A. 表现了人类生活的多样性、丰富性；B. 体现了人的发展的全面性。

③时效性（或历时性）。时效性是指价值关系必然随着主体、客体及条件的变化而变化，表现出时间上的过渡和流变。由于主体的每一变化和发展，一定客体对主体的价值或者在性质和方向上，或者在程度上，

都会随之改变。于是，每一种具体的价值都具有主体的时间性。

时效性的形式：一是即时性。某些价值只能在一定时间内形成，过了这个时间就不是这种价值或不是价值。二是持续性。一定价值对于主体来说，存在的持续时间有长有短。

价值时效转移的途径：一种是刷新式。新价值推翻、取代旧价值；另一种是积淀式。新价值把旧价值的有效成分作为自己的因素予以继承、发展，通过扬弃（在更大范围和更高程度上），使旧价值得以沉淀、升华。

价值时效性的意义：第一，表明了价值生活是一个动态的、发展的过程，而不是一个凝固的、静止的过程。因此，不能只拿客体的原则衡量价值，寻求某种永恒的价值。第二，价值的更新是主体发展的一个重要的标志。通过价值时效性的分析，可以充分认识价值更新现象所表现的社会和主体的发展、历史和阶段。

除上述李德顺关于价值属性的论述外，还有一些关于价值属性的理论观点，可参看《价值和价值观》一书中《关于价值属性的思考》和《论全面把握价值属性》。

（三）价值的分类

价值分类是一个十分复杂的问题，由于遵循的标准和采取的方法不同，可能提出多种分类模式。

我们先分别介绍中外哲学中关于价值分类的四种重要观点。

1. 西方哲学中的价值分类说
（1）形式分类。

形式分类是依逻辑上和知识上的形式概念，从价值的外在关系上着眼，予以分类。有四种分法。

①正价值、负价值、无价值。

　　这种分类是以确定某对象与人可否形成价值关系为尺度。如果与人有价值关系则为有价值，无价值关系则为无价值。无价值即与人的利害无关。

　　有价值的事物和现象与人之价值关系在性质上仍不相同。凡对人有积极功能和作用的，乃为正价值，而有消极作用或影响者乃为负价值。用生活语言来说，有利者为正价值，有害者为负价值。这种分类严格地说，没有多大意义，但却在著作中、文章中、口语中常常提到。

　　②本身价值与工具价值。

　　本身价值即指该事物之价值直接属于该事物自身，与他事物无关；工具价值指的是该事物具有价值在于它能引导、促进和帮助其他有价值事物的产生、形成和发展。例如人们说仁爱之心是好的，即认为仁爱之心属于本身价值；学习是有价值的活动，即指它可以使人们掌握知识价值，这时学习则是工具价值。本身价值又叫内在价值，工具价值又叫外在价值。

　　内在、外在价值分类法起源于康德对自命的分类。康德认为无条件的定然的自命是本身的善；有条件的伪然的自命则是为了达到某种目标而提出的自命，它的价值不在自身而在于其目标的价值性如何。伪然自命是为建立另一个目标而定的，所以是工具价值。

　　同一对象是在一定条件下是本身价值（内在价值），在另一条件下则成为工具价值（外在价值）。例如数学的研究可以达到对数的规律、真理的探讨，此为内在价值；亦可以促进科学进步，应用于社会而造福人类，此即为外在价值。现代西哲中蒙斯特柏、穆尔、路易士等人也继续运用此分类法。

　　③绝对价值与相对价值。

　　绝对价值指涵有永恒性、普遍性之价值。此价值在任何时间、空间、条件下皆恒有其价值。相对价值指无永恒性、普遍性而只是暂时性、特殊性之价值，即其价值性依时间、空间、条件而变化。

　　此种分类法源于亚里士多德和中世纪一些哲人对于事物的本质属性、

偶有属性之划分而来。例如，认为理性为人之本质属性，身高则为偶有属性。将此观念用于价值，即有绝对价值与相对价值之分。

④根本价值与衍生价值。

根本价值指某价值的存在或实现可使其他相继而有次序之各种价值随之表现和实现，这一价值则为根本价值；其他随之而出现的价值则为衍生价值。例如相爱情感的建立可使事业中合作关系形成，又可使人们团结一致，力量增强，则相爱为根本价值，其他为衍生价值。

（2）内容分类。

内容分类是依价值本身的性质和意义所进行的分类。西方哲学家提出的主要观点有六个方面

①真、善、美三种价值为根本价值说。

这是源远流长、影响很大的价值分类说。希腊哲学小提出哲学求真、政治伦理求善、文学艺术求美。近代康德也承认此说，并以《纯粹理性批判》《实践理性批判》和《判断力批判》三书分别论述了与人心之知、情、意对应的这三类价值。新康德主义倡导康德的价值分类说，以纯粹理性之真、纯粹意志之善、纯粹感情之美为三类基本价值。

黑格尔以客观精神中之家庭伦理、个人道德、国家政治皆可以说以善为目标；绝对精神中之艺术则以美为目标；宗教以神圣为目标；哲学以真理为目标。与康德之说相似而有所发展。

②信仰、仁爱、希望为三主德说。

中世纪基督教哲学家奥古斯丁（354—430）把基督教伦理思想概括为三条基本原则，称为基督教三主德即信仰、仁爱、希望。他认为仁爱是最高德性，是一切价值之源，仁爱就是爱上帝，就是至善；信仰即相信上帝，才会求得至善和至福，信仰高于理性，高于知识，它能给人以真理；爱神（仁爱）、信神（信仰）必然产生希望，希望来世的解救，就是幸福所在。

三主德说是对古希腊传统的智慧、公正、勇敢、节制四德说的神学改造，从此四德说的影响消失了，三主德价值说占了主导地位。

③快乐十五种说。

美国功利主义者边沁（1748—1832）认为快乐幸福是最高价值。认为人的纯粹快乐有十五种，其实就是将价值分为十五种：由感觉、财富、技能、和睦、美名、权力、虔诚、仁慈、记忆、想象、期望、交结、善行、恶行引起的快乐和消除痛苦的快乐。

④真、善、美、利基本价值说。

意大利哲学家罗齐在西方传统之真、善、美三基本价值外，加上利（或效用）的价值，提出四基本价值说。他认为利与善属实践性价值，而其与美属于非实践性价值。

⑤真、善、爱、利、权力、神圣六基本价值论。

德国哲学家施普朗格在《人生之形式》一书中提出真、善、美、爱、利、权力、神圣六基本价值说。认为科学求真、艺术求美、经济求利、政治求权、教育实现爱、宗教实现神圣。善乃各种价值之和谐配合所实现的普遍价值。

这种将权力列为基本价值的观点对现代政治学有一定的影响。

⑥七层需要和十八种价值说。

美国人本主义心理学家马斯洛把人的需要分为七个层次，这七层次需要的满足可视为是七类基本价值。但马斯洛认为自我实现的人在七层次需要之外，还有 18 种高级的基本需要，这 18 种需要是 B 价值水平需要，也就是说有 B 价值需要的人具有 18 种价值，它们是真、善、美、完整、超越、活泼、唯一性、圆满、必然性、成就、公正、秩序、朴素、富足、不费力、爱打趣（欢乐、生气勃勃）、自我满足、意味深长。马斯洛认为这些价值可以视为人性丰满者的特征，高峰体验中人格的特征，理想艺术的特征，理想人本主义教育的长远目标，理想的良好社会和理想的良好环境的特征。就是说他们是最高的价值。

从以上西方的价值分类说可以看出：A. 真、善、美是传统价值分类说中最根本的价值；B. 信仰和神圣的价值类型在西方人观念中有重要位置；C. 利和权是西方学者适应社会发展提出的重要价值类型，它表现了资本主义社会人们价值观念的变化；D. 西方对价值的分类不但从哲学角度思考，也从伦理学和心理学角度思考；E. 西方人对价值类型的认识有日益丰富化、多样化的趋势。

2. 中国传统哲学中的价值分类说

中国哲学的价值分类学说具有鲜明特色，其代表性的观点是按照天、地、人三大系统进行分类。见赵馥洁《中国传统哲学的价值观》（载《价值和价值观》一书）的第二部分"价值分类说"。

3. 中国当代哲学家的价值分类说

（1）冯友兰的四境界说。

冯友兰 1942 年撰文提出，人生的觉解不同，因而意义各异，构成了每个人不相同的境界。这些不同的境界可分四类。一曰自然境界。处于此境界的人，其行为顺习而行，顺才而行，不明白此行为的意义所在，没有什么自觉的价值意识。二曰功利境界。此境中人，其行为是为利的，或者是求增加财产，或是求提高地位。三曰道德境界。此境中人的行为是为义的，即追求高尚的道德，当然道德并不排斥功利，但高于功利。功利境界中人是为己求利，而道德境界中人是为人求利。但并不以功利为目的，而是从人的本性出发进行道德追求。四曰天地境界。这种境界中人是事天的。天即宇宙，其特征是"大合"。天地境界的人是为天地服务的。

冯友兰说，在天地境界的是圣人，处道德境界的是贤人，在功利、自然境界的是一般人。自然境界的人没有自觉的价值追求，功利境界的人知道有个人，道德境界的人知道有社会，天地境界的人知道有大全。（见《三松堂学术文集·儒家哲学之精神》）

这种分类就人的精神境界而言，但也可以说是人格分类和价值分类。

（2）张岱年的三类说

张岱年在 40 年代研究哲学时写有《研思札记》（载《真与善的探

索》一书），其中提出了独特的价值分类说。

他说："事物价值有三类：①究竟价值、人的价值——实、生、觉。②基本内在价值——美、善、真。③功用价值——用。"

他认为这三类价值是相互联系的，实、生、觉是美，善、真的根据或基础，"有实而后有所谓美，有生而后有所谓善，有觉而后有所谓真。"因此，肯定真、善、美为基本价值必须首先肯定实、生、觉升为究竟价值。而功用价值则是达到生或觉、善或美的途径。（可以视之为工具价值——专注）

同时他还提出价值的标准是"圆满"，圆满即"富有日新，且大且久"，即"丰富而平衡"。价值的不同在于其圆满程度的不同。

（3）李连科的物质价值、精神价值、人的价值的分类说。

李连科在《价值论——世界的意义》一书中的价值分为物质价值、精神价值、人的价值三大类，前二类中又分为几种小类。他说这种分类是"以主体需要的不同（物质的还是精神的）"为标准的。因之可称之为"依主体划分法"。

所谓物质价值是指"客体（自然、社会、精神产品）同人的精神文化需要的关系"。精神价值大体包括知识价值、道德价值和审美价值。

所谓人的价值是"作为主体的人的需要同客体的人的一种关系，即客体人对于主体的人的需要的肯定和否定关系"。确定人的价值的关键是，人是主体，又是客体。在活动中，他是主体；在存在中他是客体。

（4）李德顺的多维化分类法。

李德顺在《价值论》一书中概述了哲学研究中流行的几种价值分类法。他指出，从哲学理论水平上划分价值类型的论述五花八门。有的试图从总体上划分价值，例如真、善、美划分法，物质价值，精神价值，人的价值划分等等；有的根据价值的功能特性来分类，如分为目的性价值和工具性价值；还有的以生活领域来划分价值，例如分为道德价值、审美价值、经济价值、政治价值、科学价值、法律价值等等；还有的按主体的社会层次划分，如分为个别价值、群体价值、社会历史价值等等；

还可以按被满足之需要的性质分，如物质价值、精神价值和生理价值、心理价值等；还可以按价值客体产生、发展及其作用的性质、程度来分，如天然的价值和创造的价值，潜在的价值和现实价值，真实的价值和虚幻的价值，正价值和负价值，高价值和低价值等等。还可以按主客体统一过程的阶段分，如可分为认识价值和实践价值等等。

在评述了这些分类法之后，李德顺提出了"多维化的方法"作为自己的分类方法。他说，多维化的方法就是"把现实的价值关系看作主客体之间多维的动态过程，分别从价值关系的主体、客体、形式和成果方面加以划分，用它们相互交叉的系统整体来表现价值类型的主体分类"①。具体划分为三个方面。

①按价值关系的主体承担者——人的需要来划分。可分为物质价值、精神价值、物质—精神综合价值。

②按价值关系的客体承担者来划分。可分为物的价值、精神现象的价值、人的价值。

③按价值关系的成果来划分。价值关系的成果是指价值关系运动所达到的主客体之间统一的状态，即实现了客体主体化的境界。可分为真、善、美，三者都是表达客观价值关系的概念。

"真"是指主体的思想和行为达到了同客体的本质和规律的高度统一的境界，它侧重于主体外向的统一，是客观必然性的最高价值。

"善"是指在社会生活中人的善行达到了同人的社会关系和人的社会需要高度一致的结果。它侧重于主体自身各种社会规定性的统一，是主体必然性的最高价值。

"美"是客体的存在和质性满足了主体身心的特殊需要——美感的需要，是客体的某些方面达到了与主体的高度统一与和谐。他侧重于充分主体化的统一（充分地达到自我实现的境界），是包含了真、善统一的主体自由的最高价值。

---

① 李德顺：《价值论》，中国人民大学出版社 1987 年版，第 165 页。

真、善、美之间有本质上的同一性和整体性。第一，美的东西首先必须是真的善的，可以说真、善是美的条件；第二，美是更高层次上的综合，美的追求可以引导对真和善的追求，所谓"以美启真"，"以美储善"。可以说，美是真和善的主导。

李德顺认为这种多维化划分法既符合价值本身的特点，也易于给人形成清晰完整的印象。通过这种分类可以看出物质价值、精神价值、人的价值是三种最典型的价值类型，而真、善、美是人类在思想和实践中所追求的理想境界。

4. 价值冲突

价值冲突就是价值与价值之间存在的矛盾、对立现象，表现于：①自我价值取向与他人价值取向的冲突；②个体价值取向与社会（群体）价值取向的冲突；③客观价值与主观认可的价值的冲突；④价值观念与价值行为（选择、追求价值的行为）的冲突；⑤不同方面、不同层次、不同类型价值间的冲突；⑥不同民族、不同阶级或集团间价值观的冲突；⑦新、旧价值间的冲突；⑧不同量的价值间之冲突（同质价值，适量与过量，适量与不足量间会有冲突）。

三 价值评价论

价值评价论是关于价值评估的理论，价值评估就是人对客体与人能否形成价值关系，以及这种关系的程度、水平如何地评定和估量。它等于人的精神活动，是认识范围中的重要组成部分。在现实生活中，人们很少去讨论什么是好，什么是价值，这是哲学研究的问题，即价值本质问题。但人们却经常进行评价活动，思考和争论什么有价值，什么东西价值高，或者什么有利，什么有害，怎样取利而避害这些问题，这些就是评价。评价活动是人们经常进行的重要活动，那么评价的实质是什么？特点是什么？标准是什么？则需要从哲学上进行研究。哲学对评价现象的研究，不但可以扩展认识论的领域，而且也能给人们的评价活动提供方法论的指导。

（一）评价的本质

关于对价值的精神性活动，学术界提出了各种各样的概念，如"价值认识""价值判断""价值评价""评价性认识""评价""价值意识""价值态度"等等。大家能够普遍接受的概念是"评价"。"评价"本义就是评估价值，因此前面加上"价值"二字，表述为"价值评价"，似乎是重复说法。然而，对价值的精神活动不只是"评价"，还有"认知"问题，因此，用"价值评价"概念既能与"科学认知"相区别，又能与"价值认知"相区别。所以，还是有意义的。

关于价值评价的本质，包括什么是评价、评价什么、怎样评价、由谁评价等问题。

1. 评价的本质：认识（反映）

评价是价值主体对价值客体的态度，是人们以欲望、兴趣、情感、意志、信念、信仰、理想等价值意识转向客体的对象性的精神活动。它表现着价值意识与价值关系的现实联系。它本质上仍然是一种认识，是意识对存在的一种反映。为什么说其本质是一种认识呢？

（1）认识是一切思维、精神现象同存在、物质现象的关系，而不是仅指主体思维与客体存在的关系，是人的精神活动的一般本质，而不是精神活动的特定形式。因此，评价这种精神现象和精神活动固然有其特点，但仍属于认识的范围以内。它与认识的其他特定形式的不同并不消除它与其他形式的共性——即精神对存在的反映。

（2）认识是意识对一切存在的反映，而不只是对某些特定存在的反映。评价的对象虽然有其特点，但仍是一种客观存在。价值是一种客观性的存在，这是它与其他存在现象，与其他认识对象的共性。因此，评价也是意识对存在的反映。

（3）反映是人类一切意识的本质，而不只是抽象思维的本质。除思维外，人的愿望、兴趣、情绪、情感、意志、信念、理想、想象等等都包括在意识之内。价值评价中的意识现象即价值意识当然包括在意识之内。因此，评价活动同样具有反映这种意识的共同本质。

所以从评价活动的精神性，评价对象的客观存在性，评价意识的反映性来看，评价在本质上只能是一种认识，一种反映。也就是说，评价作为一种精神活动，作为一种意识现象以及评价的对象作为一种客观存在同其他精神活动、意识现象一样，都是人类意识对客观对象的认识和反映。

2. 评价的特征（评价与认识的区别）：主体性认识

评价作为一种认识，作为一种反映，和人类的其他类型的认识和反映具有同样的本质。但这并不否认评价有自己的特点，评价是一种关于价值的反映，那么它肯定与非价值性反映不同。非价值性认识，学术界采用过许多概念来概括，如"科学认识""事实认识"等等。我们且用"知识性认识"或"认知"来表述。这样，"知识性认识"和"评价性认识"或者"认知"和"评价"就是两种不同类型的反映与认识。研究评价的特征就是要说明"评价"与"认知"的区别。二者的区别主要有三个方面。

（1）从认识对象看，评价以反映客体与主体需要的关系为对象，特别是以价值关系与运动的结果（价值事实）为基本内容；而认知则以客体本身，特别是以客体的本质和规律为对象。也就是说，评价反映的对象内容中包含着主体自身的内容，它把客体内容和主体内容有机地结合起来予以反映；而认知反映的内容必须是客体本身固有的，尽量排除主体因素的干扰和渗入（这里说的是认知的内容中不应包含主体因素，并不是说认知不依赖于主体，可以离开主体的认识能力）。正是在这个意义上，李德顺把评价说成主体性认识，而把认识叫作客体性认识①。

既然如此，那么评价的对象是不是客观事实呢？依然是客观事实。因为价值本身就是一种客观性的关系存在。它虽然包含着主体需要，正如在价值本体论中所指出的主体需要本质上具有客观性。而且，被评价的价值关系的存在和变化并不依赖于评价。

如果我们把认知所反映的对象叫作"科学事实"或认知事实，把评价所反映的对象叫作"价值事实"，那么就可以具体说明二者的差别。①价值事实具有主体的客观性，科学事实具有客体的客观性。（客观性）②价值事实的质以对主体的实际作用、影响而在主体身上显示出肯定或否定的性质；科学事实的质则在于客体自身，它的各种属性的区别都在于客体，而不在于主体，即它不存在由于主体所受其影响而表现的肯定、否定性质。（特质性）③价值事实由于主体的不同而不同，主体的多样

① 李德顺：《价值论》，中国人民大学出版社1987年版，第250页。

性而形成了价值事实的多样性；科学事实对于人来说，只要客体是一个，事实也是一个。（多样性）

这三点概括起来，可以说价值事实是一种通过主体本身的存在和变化而表现出来的主体性事实；科学事实是一种不依赖主体的存在和变化而表现的客体性事实。①

（2）从认识主体看，在评价中，认识主体与被认识的对象及其系统构成价值关系，主体必定"有己"，总是将主体的愿望、兴趣、情感的主体因素置于认识之中；而在认知中，认识主体总是外在于认识对象，撇开对象与主体自己的价值关系去纯客观地考察客体本身，即主体尽可能"无己"（既不应将主体因素渗入认识过程）。

这就是说，主体在评价中既是评价的主体（认识主体），又是被评价的价值关系的主体，一身二位；而主体在认识中只是认识主体，与对象不构成价值关系（即使认识的对象是一种客观性的价值关系，认识主体也外在于它）。

这种"内在于"认识对象和"外在于"认识对象，是评价和认识中主体地位的根本不同。这种地位不同是造成评价与认知区别的深刻根源。

（3）从认识形式看，评价的基本形式是态度，而认知的基本形式是感觉和思维。也就是说，评价不只是以抽象思维的形式表现出来，而且以感性、理性、概念、判断、推理、欲望、愿望、动机、兴趣、情绪、情感、意志、信念、信仰、理想等多种形式表现出来，是一种综合性的、整体性的意识活动形式，可以概括起来，称为"态度"，以上所言的感性、理性、愿望、情感、意志、理想等等，都是态度的具体表现形式。

李德顺的评价的形式分为四种形式。

①本能的生理反应形式——以瞬间的本能反应形式表达主体一种不自觉的态度，可叫"潜评价""总评价"。

②评价的心理水平——以欲望、愿望、动机、兴趣、情感、意志等

---

① 李德顺：《价值论》，中国人民大学出版社1987年版，第266—272页。

心理水平，表达态度的形式。

③理论和观念水平——以知识、信念、信仰、理想等达到理论和观念水平的形式表达主体对价值关系的态度。这种形式是经过自觉思想的形式，有持久、稳定、深刻和理智感强等特点，有反映不可感事物的功能，对心理水平评价有调节作用。

④实践或活动的评价水平——以人的动作、行为、活动、实践的物化了的形式表达主体对价值的态度。其特点是综合性（以上三种为基础的综合）、动态性（过程性）、外部现实性。

这四种形式呈现为一种有层次的、不断深化的、逐步提高的动态过程，表现了评价的动态性和过程性。

其实，在我看来，评价形式主要是2、3两种，第一种严格说来还不是评价，第四种实际上已经超出了认识（评价是一种认识）领域，进入实践领域。虽然人的活动、实践中包含着精神活动形式的评价，但不能说它可归结为评价形式，如同我们不能把实践说成认识、认知的形式一样。评价和认识一样都是精神领域内的活动，虽然二者的精神活动形式、意识、形式不同，但不能由此将评价与实践形式混淆起来，使它超出认识、精神领域之外。

评价的形式是态度，认知的形式是感觉和思维，可以概括二者在认识形式上的区别。这里需要注意的是，不能把态度理解为完全脱离思维，与理性逻辑无关的意识形式，或者仅仅把它等同于兴趣、情感、意志。态度是对人的评价意识的总括，它包括许多具体形式，思维也在其内。人可以以许多形式表示态度，感性的、理性的、外在的、内在的、可感的、不可感的，等等。情感上的爱护或憎恶固然是态度的表示，理论上的赞扬或批评也是一种态度的表现。

以上我们从认识对象、认识主体、认识形式三个方面说明评价与认知的区别，在此区分的基础上，我们就可以概括评价的特征：评价是以价值事实为对象，其主体内在于对象作为所评价的价值关系的主体，通过态度形式表现的一种认识活动。主体性（评价随主体本身不同而不同，评价对象是主体性事实，评价主体是价值的主体）、综合性（评价形式是各种价值意识形式的综合）、预见性（评价包含以决定论为基础的预见）、中介性（评价是实践与认识之间的中介——作用，地位特征）是其特点。① 把这些特征统一起来，一言以蔽之：评价是一种主体性认识。

3. 对关于评价本质的几种理论观点的评论

（1）"评价非反映"论。

这种观点具体来说有两种看法。①"评价是主观感情的流露，是意志的散射，是意识对现实的构造，是自我的实现与扩张。"②"评价是认识，但不是反映。"（认为评价性认识是与反映性认识不同的认识）

前者把评价看成主观自生的，没有客观基础的意识，显然是唯心主义观点。在唯物主义看来，一切意识都是客观存在的反映。既承认了评价的意识性，又否认它的反映性，其错误实质在于否认了意识的反映本质。分歧的焦点在于"意识是什么"。

后者把评价和认识统一了起来，而又把评价和反映对立了起来，其错误在于认为有不是反映的认识。显然违背了一切认识都是对客观对象的反映这一原理。之所以产生错误，因为它把反映只限定于对客体的反映，而不承认反映也包括意识对主体（包括主体的需要、活动等）的反映。价值是一种主体性事实——主体性客观存在，因而被排斥于反映之外，与我们分歧的焦点在于"反映的对象包括什么"。

（2）"评价不表达事实"论。

现代实证主义者罗素、瓦托夫斯基都认为"评价"表达的是谈话者的"情感状态"，不表达"可靠的事实"，不传达"关于某种客观事实的信息"。② 其理由有三。①评价是感性表达，感性不表达事实。②评价是对事实的"解释"，对同一事实的不同解释取决于解释者的特点、社会

---

① 李德顺：《价值论》，中国人民大学出版社 1987 年版，第 257—259 页。
② 李德顺：《价值论》，中国人民大学出版社 1987 年版，第 261、263、264、267 页。

习惯。评价表述的可以说是"奇怪的事实"（即非事实）。③评价是"规范性的陈述"（或"伪陈述"），科学是"描述性的陈述"；描述性陈述才表达事实，"伪陈述"不表达事实。

总之，因为评价是"感情"，是"解释"，是"伪陈述"，所以它不表达事实。这种观点的错误在于：①抹杀了感情形成的客观事实依据，人的感情不是无缘无故发生的，更不是先验形成的，它总是由于某种客观实际而引起，这种客观实际就是某对象对人所发生的作用。评价的感情形式总是表达着包含着某种事实。②它忽视了"解释"的事实基础，解释总是对某种客观事实的主观说明，它不会完全脱离开客观事实；而且，解释者的看法具有主观性，但它总有形成这种看法的客观原因，即它必然与解释者的社会存在事实相联系（至于解释者是否自觉的意识，是否公开地承认自己的社会存在根据，那是另一回事）。所以，说解释表达的是非事实或"奇怪的事实"的说法是不能成立的。用评价的解释特征否认评价的事实对象也站不住脚。③它割裂了"描述性"和"规范性"的关系。这两种陈述都是属于逻辑形式，而逻辑的客观基础是实践（事实），两组陈述的内容有别，但都是在事实基础上形成的；而且规范性陈述——评价虽然包含着主体方面的内容，即包含了一部分主体的自我描述内容，但这种主体性成分并不能完全归结为主体自生的。主体性中包含着属于主体的大量的客观事实。规范性陈述中的主体性内容也是可以经过经验证明而确定真伪的（现在的证明手段还未完全实现，不等于不能由经验证明）。这一点与描述性陈述所表达的"科学事实"没有区别。就是说"陈述"都表达了某种客观事实，虽然它表达的不一定是客体事实。

由此看来，"评价不表达事实"说的要害在于不承认与科学事实有别的价值事实（主体性事实）的存在。把评价的主观性内容夸大到排斥客观内容，脱离客观事实的地步，把评价中主体的介入视为事实的消失。

（3）"评价对象与精神自我合一"论。

这种观点认为评价的对象与主体精神自我是同一的，评价的对象不在于外在的事实，全在于精神的我。其错误在于把评价反映了不属于客体本身的东西，误认为评价不反映外在现实对象。把评价中的主体因素完全归结为精神性内容，忽略了主体因素中有客观事实性内容，也忽略了精神自我引起有客体因素的作用。

（4）"评价对象纯客体"论。

此观点认为评价就是指出客体的价值属性，评价的对象只是客体本身的特性，不包含主体性因素。其错误在于：第一，将价值视为独立的客体特性；第二，否认了评价中的主体性内容。这样就会把评价与认知混淆起来，把评价等同于认知。

（5）"评价统摄认知"论。

中国传统哲学家中很多人认为"智"为五常之一，属于道德范围，"真知""致知"没有独立的地位。说什么"仁统四德"（即仁统义、礼、智、信），"有真人而后有真知"（庄子）、"崇德而外，君子未或德知也"（张载）。这是以评价统摄认知的观点。

这种观点，否认了认知要求排除主体因素，以客体本身固有的东西为对象和内容的特点，以评价这种主体性认识取代认知，包含认知，"以善摄真"。这种抹杀认知与评价区别的观点，必然导致否认认知的独立性，严重妨碍科学认识的发展。

（二）评价的标准

评价是人的精神活动，是人对于价值的评定或评估。这就必然有一个评定的标准问题。价值论中我们称之为评价标准。关于评价标准，有以下几个重要问题，应该讨论。

1. 评价标准的含义

什么是评价标准呢？评价标准就是人们在评价活动中应用于对象的价值尺度和界限，它是主体头脑中"应该如何"的观念结构，人们用这种观念结构来衡量评价的对象。它的最一般的形式是"应该怎样"。在人们的每一评价活动中都可以看到这一标准的存在。

由此可见，评价标准有两个重要规定。（1）评价标准是判定"应该怎样"与"不应该怎样"的尺度；这种尺度具有主观性的形式（"应该如何"的因素因人而异）。（2）评价标准是一种主体性的意识，它以主体化的价值意识形式表现出来。人们在评价时，已有的认识、欲望、兴趣、趣味、动机、情绪、情感、意志、信念、信仰、理想，等等，都成为一种标准，用来衡量评价的对象。

这两点说明了评价标准既不同于价值，也不同于价值标准。因为评价标准是主体对对象的一种主观表示，它属于主观意识的范围。而价值和价值标准则是一种客观性的存在（主体性存在）。

2. 评价标准的客观基础

评价是人们对对象的主观性表示或断定。那么它是不是主观任意的，没有任何客观基础和来源呢？不是。评价标准有着自己的客观基础。也就是说，人们在做出"应该"和"不应该"的评定时，有着决定性的根据。这种作为决定性的基础包括两个方面。

（1）人的、社会的需要和利益。人们根据自己的需要和利益做出"应该"和"不应该"的评定，凡是与需要、利益符合的情况，人们看作"应该"；凡是与需要和利益冲突的情况，人们则看作"不应该"。因此，评价标准所反映的正是主体的需要和利益。主体的需要和利益是客观的，它是评价标准的客观基础。

（2）客体、现实的本性和规律。人们根据客体、现实本身的客观可能性和不可能性，做出"应该"或"不应该"的评定。凡是客体的本性和规律为人的某种需要提供了可能性时，人们则视其情况或行为是"应该的"；反之，凡客体的本性和规律为人的某种需要显示了不可能性时，人们就会判定这种需要和情况为"不应该"。如客体的规律揭示了"创造永动机"不可能，于是人们就会评定其创造行为"不应该"。因此，客体的客观可能性和不可能性也是评价标准所反映的内容，也是它的客观基础的一个方面。

这两方面的客观性基础决定了评价标准。因此，评价标准是在主体需要和利益、客体本质和规律二者统一的基础上形成的一种主观性表示。也就是说，评价标准的主观形式中包含着、反映着客观性的内容。

李德顺认为，在上述客观基础中，主体的客观需要和利益就是人们的客观的价值标准。因为它具有尺度的性质和功能。也就是说，它能够区分客体与主体的关系状态是肯定状态、否定状态还是中性状态。当客体给予主体的影响满足于主体的需要和利益时，它与主体之间的关系状态是肯定的，就是价值关系；反之，则是否定的或中性的关系状态，即非价值关系。而这种关系状态是客观的，主体的需要、利益也是客观的。所以价值标准是客观性的事实，而不是意识性的存在。价值标准是主体性和客观性的统一，它是评价标准的客观基础中的极重要的方面。

总之，价值标准是人的需要和利益，而评价标准则是价值标准的反映或主观表现。

3. 评价标准的真伪标志

既然评价标准是一种对客观事实的反映，有其客观性基础，那就必然存在它与这种客观事实是否一致的问题，即它是否真实反映了自己的客观基础。

通过以上叙述，就不难看出，确定评价标准的核心的、决定性的标志，是看它是否符合它反映的对象，即客观的价值标准（主体的需要和利益）。就是说，评价标准如果准确地反映了价值标准，它就是一个真的标准；否则它是一个伪标准。

以是否符合价值标准或以是否准确反映主体的需要和利益作为判定评价标准是否真伪的标志，就使评价标准之真或真评价标准具有了三个特点。

（1）它是一种依赖于主体的真。因为评价的对象（价值关系）中包含着一部分主体性事实即主体的需要和利益，评价标准符合或反映这一个事实即为真，这种真当然是依赖于主体的真。这与认知之真以是否符合于客体为标志，是不同的。

（2）它是一种客观性的真。虽然依赖于主体，但它反映的是主体的客观性事实，仍然具有主观符合客观的性质，所以还是客观性的真。依赖于主体不等于没有客观性。在此点上，它与科学认知之真没有区别。

（3）它是一种真实性的真。评价标准的真是与伪相对应的，它表明主体评价时的理由，既与评价的对象是适应的（即用某一方面的价值标准衡量同质方面的价值）；又与主体的价值标准是符合的（即表达了主体的客观需要和利益）。也就是说，既不是"驴头不对马嘴"或"对牛弹琴"式的将标准应用于对象；也不是"言不由衷"式或"本末倒置"式地反映价值标准。这种性质表明了主体的评价标准是"真实的"，而不是"虚伪的"。这里要说明的是评价标准的"真实性"还不等于评价标准和评价的正确性，真的标准只是提出评价正确性的条件，还不等于必然提出正确的评价结论。评价的正确性取决于主体的需要、利益的合理性，取决于主体自身。

4. 评价标准的检验

我们说是否符合客观的价值标准是评价标准真伪的核心标志，那么，这能否说检验评价标准的不是实践而是人的需要和利益呢？不能。实践仍是评价标准的最终检验标准。

（1）价值标准——主体的需要和利益是实践的内容，而实践是价值标准的形式（本质形式）。价值是由实践具体、历史地造成和确定的。人的需要和利益以及这些需要、利益与客体的关系，都是通过实践而形成而表现的。实践是主体从客体那里满足需要和利益的活动形式。实践与价值标准的关系是形式和内容的关系。因此，用价值标准检验评价标准是就内容而言，用实践检验评价标准是就形式而言。二者是统一的。实践表示"用什么手段和通过什么途径来检验主观评价标准是否符合客观评价标准"。如图示：

$$
评价标准的检验：\begin{cases} a.\ 内容检验——价值标准（回答和确定评价标准应反映和符合什么）\\ b.\ 形式检验——实践方式（解决和确定用什么手段、途径看评价标准是否符合价值标准）\end{cases}
$$

例如对吃西瓜作出"心中没冷病，不怕吃西瓜"的评价，其标准是"健康"。它反映的价值标准是健康需要和利益。

用价值标准检验：当人心中没有害病时，吃西瓜不但无害而且有益，这是客观事实，而评价标准反映了这一实际是真标准；

用实践标准检验：一个人实际生活中如果无病，吃了西瓜确实不产生危害；一个人如果确有冷病，吃了西瓜果然引起腹痛腹泻，这说明评价标准是真实的。

这说明，价值标准检验的结果表示评价标准符合利益；实践标准检验的结果表明，评价标准符合实际。二者是一致的。

（2）评价标准的逻辑前提，即"应该怎样"是作为事实存在的，是由实践提供的。就是说普遍的"人类应该为何"只能从人类实践的需要来确定，而不是从抽象的逻辑中伪定的。因此，不是逻辑决定评价判断，而是实践决定逻辑。人类的任何一个层次，任何一个程度的信念、理想等等，不是头脑中先天固有的，而是一定实践经验的总结，是根据对实践发展的规律和趋势的理解所形成的观念。这就决定了人的评价标准必须从它产生和形成的实际活动中寻求检验的途径。因此，实践是最终的检验评价标准的标准。

5. 评价标准的特征

由于价值和价值关系本身的特性，使得评价和评价标准有着不同于一般认知的特殊矛盾。根据李德顺在《价值论》一书中的论述，其特征有四。

（1）主观形式和客观内容的矛盾统一。评价标准是主体的主观价值意识，形式是主观的；但同时它又反映着主体的客观需要和利益，内容又是客观的。评价标准在反映客观的需要和利益时，有可能出现主观片面性和随意性，于是就形成了评价标准的主观形式和客观内容的矛盾。但其主观形式总是与客观的、全面的价值标准相联系，而且最终要受客观价值标准的纠正，所以二者在本质和总体上又是统一的。

（2）理性和非理性的矛盾统一。就评价标准形式来看，有时表现为清醒的、理性的、合逻辑的形式，而有时则是潜意识或无意识的、非理性的、情感化的形式。然而，非理性化的形式有的有理性化的可能，而且也可以有理性的内容；理性的形式能逐渐渗透于非理性结构。二者有矛盾的一面，又有彼此联系、互相渗透的一面。

（3）多样化和统一性的矛盾统一。价值主体的个体性、多维性，反映在评价标准上必然也具有个体性和多维性，但主体本身是他的一切标准的共同基础，主体的生存、发展是他的一切评价标准的最终尺度。所以，多样化的评价标准可以而且必然从属于、统一于主体。

（4）流变性和稳定性的矛盾统一。价值的历时性、时效性决定了评价标准的流变性，评价标准或迟或早地随主体的需要、利益的变化而变化。这种变化，或表现为原有评价标准的丰富、深化，或表现为新旧标准的更新。但主体本身也是相对稳定的，它的稳定性乃是评价标准波动的轴心，是流变性标准的稳定基础。

（三）评价的类型

1. 评价以其主体的不同，可以分为四类

（1）个人评价。

个人作为评价的独立的、完整的主体，以自己的需要和利益作为价值标准，去评价各种现象的价值。这叫作个人评价。

（2）群体评价。

群体评价是以某个群体，如阶级、民族、集团、组织为主体的评价。这种评价以本群体的共同需要和共同利益为标准，评价各种现象的价值。不同群体之间由于利益不同，评价标准和评价结论自然会有不同。

（3）社会评价。

社会评价的主体是整个社会，社会不但是评价主体也是价值主体。社会评价是以社会身份反映现象的社会价值，就是从一定社会的角度来考察和评定现象的社会价值，判明现象对社会的作用之善恶、美丑、功过及其程度。评价者不论是谁，都站在一定社会整体立场上说话，以该社会的价值标准为评价标准。

由于参加社会评价，站在社会整体立场上的主体包括不同层次，因此社会评价可分为：个人的社会评价——个人从个人作为社会主体角度进行评价；公众评价——个人超出个人范围，以社会普遍性内容出发评价事物，且与其他许多个人的评价相一致，就形成公众评价；社会评价——公众评价和社会中占统治地位和主导地位的人们的共同价值标准相符合，就成为这个社会的评价。

（4）人类历史评价。

人类是一个永远普遍发展的主体，是具有必然性的主体。人类历史作为主体的评价虽然由每阶段的社会评价所组成，但又不局限于具体社会的评价。人类通过每一阶段的人类社会而存在，但却超出了特定社会的范围。它与特定社会是普遍与特殊、绝对和相对的关系。人类历史评价存在于各社会评价之内，但却不能完全归结为社会评价。二者是"现存"性评价与"必然"性评价的关系。但也不能将人类看成超越它的各社会环节的幽灵。

2. 社会评价的特征及水平

（1）对象：社会评价的对象是社会所面对的整个世界和社会生活中出现的一切与社会有价值关系的现象。社会评价反映各种价值客体对于社会本身的意义及其变化。

（2）主体的组织形式：个人评价，社会舆论评价，权威评价。

（3）内容：①专门评价；②综合评价。

（4）标准：该社会客观需要和利益在它的社会意识形态中的反映。

①硬件标准形式（外在形式）。包括法律、法令、制度、规范、契约、政策、规定、计划、指标、条例、规程这些评价的"章法"，以及实行这些章法的方法和程序。此标准有外在性、统一性、指令性特点。

②软件标准形式（内在形式）。指社会的根本思想基础和指导原则，即世界观，方法论，意识形态的理论观点、社会理想等等。它们最深刻最全面地反映了社会主体的根本利益和需要。它们是社会评价标准的灵魂和实质，比硬件的作用更根本、更持久，具有相当高度的理性化特征。

二者的关系："软件"决定"硬件"，通过硬件而发挥作用；"硬件"表现软件，使软件得以落实。二者相互结合和补充。

（5）合理性和科学化：社会评价的水平。

①合理性是指合必然性、合规律性，以及合人类所需要的理性化（理论逻辑上的必然性），即合规律性与合逻辑性，合"事理"与合"道理"的统一。价值评价的合理性首先和主要是指合乎主体的必然性和规律性，包括合乎主体在其存在范围内的必然性、规律性和主体在人类主体历史发展过程中的必然性、规律性。

社会评价的合理性，第一，是指它对特定社会本身必然性和规律性的反映；第二，是指它对社会历史发展的必然性和规律性。也就是说，它反映了这一社会存在发展的必然性的合规律的需要和利益，也反映了历史前进的需要和利益。社会评价的合理性是现实合理性与历史合理性的辩证统一。

社会评价标准和一切社会评价的最高前提、最终出发点的合理性内容就是马克思主义所揭示的社会进步和人的解放。这是社会评价合理性的根本内容。

②科学化是指客观地、真实地反映事物的本来面目及其规律（实事

求是），评价的科学化是评价达到了自觉的（理性化的）实事求是的水平和效果，即达到了合理性的要求。社会评价的科学化就是对社会主体（他的本性、需要、能力和条件）的认识与实践达到反映社会主体本来面目及其规律的水平，也就是达到科学的水平。具体地说，对社会评价进行科学研究；揭示评价活动的客观规律；使评价标准（软件、硬件）达到合理性，成为科学；把社会评价的科学研究成果用于实践，使社会主体不断科学化。一句话，使社会评价不是主观任意的，而是科学的。这要通过实践和自然、社会科学的发展才能达到。

③社会评价科学化的方法论原则之根据在于社会评价及其标准必须体现出评价这一认识形式的特点，必须反映价值关系运动的客观规律。必须遵循的方法论原则有四个。

主体原则——社会评价必须把社会主体发展的需要、能力放在基础和核心的地位，科学地研究主体，分析主体，尊重价值的主体性及其个性、多样性。

实效原则——必须以一定价值关系中现实的或必然的客观结果（价值事实）为评价的依据，以实践为最高的标准形式。也就是在评价中注重实效、实绩、实践的结果和发展需要。

综合原则——评价必须在价值多样性、统一性基础上实行多视向、多层次评价的辩证综合。经济，政治，法律，道德，文化教育，日常生活，国际关系乃至生态平衡和自然环境等方面的综合评价，包括现实的横向综合与历史的纵向综合之间的综合评价，形成标准全面（但有重点）的系统评价工程。

发展原则——必须保持评价及其标准对价值生活运动的跟踪和预见功能。评价的目的在于寻求发展，评价的要旨在于预见未来。这是评价的生命力之所在。这就要求评价的标准和观念必须随实践而更新。

（四）价值观念

（1）价值观念一般说的就是人们关注什么对人重要，人应该追求什么的观念。它表达了人们追求的现实目标和未来理想。从哲学上给价值观念下一定义，可以表述为：价值观念是人们头脑中据以进行评价的基本标准和主要信念的观念系统，评价标准是它的核心。

（2）价值观念的形成。价值观念是在人们的价值追求、价值创造的实践活动中产生、发展起来的，是以往人们的价值实践和价值生活经验的理性化积淀。它是人们社会观念系统的一个组成部分。

（3）价值观念的内容。李德顺认为，价值观念的内容构成包括五种基本观念：①社会秩序信念——即关于应该有什么样的社会结构状态和运行方式的信念；②个人的历史方位感——关于个人在现实社会的时空结构中具体位置和关系的意识；③社会规范意识——对社会生活各个具体领域的规范、规则的意识；④"目的行为意识"——人们处理目的与行为问题的思维程式，包括"效益意识""效率意识""代价意识"等。⑤价值本体观念——对于某种占有优先地位的、可以作为其他多种价值的换算通项的价值的观念。①

陈依元认为价值观念系统是以价值思维方式（人们据以形成一定价值观念的思维准则和评价方式）为核心，以基本评价标准为"硬核"，包括三大中心要素（社会秩序意识、社会角色意识和价值本体观念）和审美、审益、审善三大类价值观念构成的一种观念体系。

上述两种看法大同小异。二者都是从总体上对价值观念进行了分类概括。人在现实生活中具体的价值观念是很丰富很复杂的。在人们的各个生活领域中都有价值问题，因而也就会形成许多具体的价值观念。正如价值的分类可以用多维化方法一样，价值观念也可以有多种多样的分类形式。

在人们的许多价值观念中，表达人们的基本价值取向的价值本体观念处于基础或核心的地位，它不仅可以作为其他多种价值的换算通项，而且，对其他价值观念有指导和制约作用。我们研究一个人、一个集体、

---

① 参见《哲学动态》1988 年第 8 期摘要。

一个民族、一个国家、一个社会、一个时代与另一个个人、集体、民族、国家、社会、时代的价值观念的区别，就是以他们的价值本位观念为标志的。如封建社会的价值本位观念是"权力至上"观念，资本主义社会的价值本位观念是"金钱第一"观念，西方中世纪的价值本位观念是"上帝"观念等等。这些观念，处于对其他价值观念的支配地位。在研究价值观念时，把握了价值本位观念，就能举一反三，纲举目传。

（4）关于价值观念的特点，学术界也有许多不同的说法，有的说价值观念的特点是社会历史性、群体性、稳定性（惰性）、定向与定位性、驱动性等。有的同志则认为，上述特征中的社会历史性、群体性、稳定性等其他观念也有，并非价值观念的特征。

有的同志认为价值观念的独特性是创价性（在价值追求、创造价值的活动中产生、发展）、评价性（作为评价标准的观念）、导向性（对人们的价值追求有指导、定向作用）。

在我看来，价值观念的基本特征有二。一是评价性。这是它与认知观念、科学观念的首要区别。知识和科学观念是一种描述性、说明性观念，其表达内容中没有主体的态度，只有客体的现象、本质和规律。而价值观念则包含着主体对对象的态度。二是导向性。科学认识形成的观念，只提供客体的情况，并不直接要求主体应如何对待客体，主体应选择、追求什么。而价值观念中包含和表达了主体的目的、信念、要求、理想，这些则引导主体按着符合主体需要的方向去追求，去选择，去创造。评价性是就其性质言，导向性是就其作用言。二者是互相联系的。

（5）这里我们需要说明价值观念、价值观和价值论三个概念的区别与联系。价值观念的含义正如上述，它是以人们的评价标准为核心的关于什么有价值的观念系统，它的实际表现就是人们的价值取向。价值论是哲学的一个组成部分或分支，它是研究价值、评价的本质和规律的哲学理论，是关于什么是价值的理论说明。价值观是一个笼统的、含义不很确定的概念。它有时在价值观念的意义上使用，价值观即价值观念；有时在价值论的意义上使用，价值观即价值论；有时则在包括两者在内的意义上使用，价值观指价值论和价值观念。在实际生活中，把价值观作为价值观念的同义范畴使用比较常见；而在学术著作特别是哲学理论著作中，价值观常与价值论同义使用。如某派、某个哲学家的价值理论，人们也常称之为价值观。当然这种区分是有相对的意义，不能过分拘泥，关键是看其在运用这些概念时具体的内容是什么。

（6）价值观念作为以人的内在需要和追求目标之统一为内容的观念，既是以前评价活动的凝结，又是以后评价活动的标准框架。因此它在人们的现实生活中发挥着重要作用。如果说科学观念（真理观念）指导人们按照客观事物的本质和规律行动，那么价值观念则指导人们按自身的需要和目的行动。这两种观念是人们活动的两个既区别又统一的原则。一个人，一个民族的活动方式、生活方式总是受这两种观念的制约。民族文化包含着实体文化（物质文化）、制度文化和精神文化三个层次。而精神文化中的深层结构中包含着科学观念和价值观念两个方面。其中价值观念又是最有活力、最有倾向性的部分。在这个意义上，可以说价值观念是民族文化的灵魂，它既渗透于民族的心理结构中，又升华于民族的哲学思维中。哲学既是一门科学（不同于具体科学），又是意识形态，价值观念体系。它是真理观念与价值观念统一的理论形式。

研究价值观念对于探讨现实生活，思考民族文化，推动哲学发展都有重要意义。

四 中西价值观念比较论

（一）中国传统哲学中的价值观

（1）儒家的道德价值论

（2）墨家的功利价值论

（3）道家的自然（无为）价值论

（4）法家的权力价值论

（二）西方哲学的价值观

西方哲学的价值观明显地分为"元理论"和"规范理论"两部分，"元理论"是关于价值本质的理论，"规范理论"是关于价值取向、选择的理论。"元理论"是从 19 世纪后期才形成的，新康德主义的弗莱堡学派对价值哲学的形成做出了巨大贡献。"规范理论"是随着人们价值意识的形成而出现的，它由来已久，主客体的区分和主体标准的确立是它的理论前提。这里我们只论述价值规范理论，即价值观念在西方哲学的发展。

1. 西方价值观念的发展阶段

（1）重人、主知的希腊文明时代（公元前 625—公元 476 年西罗马帝国灭亡）。

这个时代是希腊文明流行时代，哲学在古希腊是极被尊重的学问，它是希腊精神的精华。希腊地处地中海岸，岛屿甚多，是欧、亚、非三洲交流之地，文化荟萃之区，环境优美，气候优良，山海交错。商业、手工业都很发达，学术思想十分活跃。古希腊古代民族吃苦耐劳，尚兵崇武，喜进取，好冒险，这种精神表现在哲学中就形成入世、人本、主知、重人、贵理性、尚自由的价值观念。特别是人性的独立、人格的尊严、群己的和谐是他们的重要观念。这些价值观念是欧洲人价值观念的渊源。

（2）崇神、主信的基督教文化时代（公元477—1453年东罗马帝国灭亡）。

这一千年是欧洲的封建时代，是基督教统治思想界的时期。西方文化源于希腊和希伯来，希伯来人即原来的犹太人，古代的希伯来文化凝结在基督教的经典中。纪元以后，希伯来文化随基督教传入罗马，吸取了希腊哲学中的神秘主义部分，逐渐形成教父哲学，经院哲学。基督教哲学统治欧洲达千年之久，其价值观念的特点有四个方面。

第一，以皈依天国为最高的价值目标，重视出世。在这一价值目标的指导下，中世纪的人们追求灵魂拯救，认为灵魂的价值高于理性，也高于肉体。同时他们认为人们在上帝面前是平等的，不受等级、家庭、国家的限制，极力反对家族观念，提出"凡遵循我天父意志的人，就是我的弟兄姐妹和母亲了"。

第二，以信仰为一切价值的基础，重视情爱。基督教认为信仰必拯救，人因信得生，凡不信仰上帝者必有罪。既然人人都是上帝的子民，因此人人都应相爱。《圣经》倡导博爱精神，说："彼此相爱，如我爱你们一样。"由于主信仰，所以排斥智慧和知识的价值。它认为智慧是人类罪恶的根源（原罪），是人间不平等的阻碍。《圣经》说："我要灭绝智慧人的智慧，废弃聪明人的聪明。""这世界的智慧，在上帝看来是愚拙"，"有智慧不如变为愚拙"。与老庄的"绝圣弃智"相似。

第三，以禁欲为人生原则，崇尚贫苦。早期基督教是劳苦大众的宗教，因此，它的价值观念与纵情恣欲、聚敛财富的富人是对立的。它说天国是为贫苦者建立的，因此只有禁欲的贫苦者才能进入天国，富人入天国比骆驼穿过针孔还难，而且，只有贫苦者的灵魂才会永生。《圣经》说，把财产分给穷人，才会在天国得到幸福，又说，"在世间积聚的财富都是假的，而且有危险"，难以避免损坏、锈蚀、被偷的痛苦。只有摒弃一切财产才能得到天国的欢乐，承受灵魂的永生。

第四，以谦卑为处事态度，力主顺从。基督教认为，人生而有罪，乃是上帝的羔羊；人生为人服务，乃是赎罪的过程。为仆、为奴是一种高尚的人格。所以，它主张以谦卑处世，以逆来顺受，以以德报怨来处理人际关系，以自己的谦卑顺从来替整个人类赎罪。《圣经》说：谦卑如幼童在天国中就会成为高尚的人，任何高贵的首领应该作众人的奴仆。甚至指出"爱仇敌"、为仇敌"祝福"。还说，"有人打你左脸连右脸也给他打；有人要你的外衣，连内衣也给他。"这种处事态度，是弱者的价值观念的表现。

这种价值观念与希腊人主张入世、崇尚智慧（理性）、要求中节（既主张物质享受，又反对纵情恣欲）、重视人格尊严（超卓意志）的价值观形成鲜明的对照。希腊时代是理性价值时代，中世纪则是信仰价值时代。

（3）尚个性、主利益（重己、主利）的近代（1453 年东罗马帝国的灭亡至 1872 年费尔巴哈的逝世）。

近代哲学从文艺复兴始到德国古典哲学的终结。这 400 年间，思想领域里发生的重大运动有文艺复兴（15 世纪后半叶到 16 世纪初）、宗教改革（16 世纪）和启蒙运动（17、18 两个世纪）。在这一连串的思想运动中，资产阶级哲学有了巨大发展，其中以培根、霍布斯和洛克为代表的 17 世纪英国唯物主义，以狄德罗等百科全书派思想家为代表的 18 世纪法国唯物主义以及以康德、黑格尔、费尔巴哈为代表的 18 至 19 世纪的德国古典哲学都是有生气的哲学理论体系，焕发着独有的光彩。

近代哲学是从冲破中世纪的黑暗中走出来的，它是和资产阶级的兴起和发展相适应的，由于社会本身的变革，近代哲学中的价值观念与中世纪比较也大为改观，它在复活希腊文明的形式下，宣扬了许多新的价值观念。

第一，以人为本位，重视个体。中世纪的价值观念是以神为本位的，是神本主义，而近代价值观是以人为本位的，是人本主义。这是对希腊时代价值观的回复，但不是简单的重复，希腊哲学中人的观念，强调个人与国家的调和，认为个人的目的与国家的目的应该合一，个人的自由、权利不能脱离对于国家的向心力，甚至认为国家在逻辑上应先于个人而存在的。近代哲学则十分重视个体、个人的价值。文艺复兴时代鼓吹自我觉醒、自我发现，宗教改革时期，主张不要任何中介，个人可与上帝直接相通，个人可越过教会只凭信仰即可得救，这就奠定了近代价值观的基调。文艺复兴、宗教改革所发现的新人就是个人。启蒙运动进一步对新人作了论述，说人就是"一个理性的个人"（爱德曼）。亚当·斯密、孟德斯鸠、卢梭、欧文在经济学、政治学领域宣扬这一观念。他们说放任个人的自由发展，社会就会进步。近代哲学确立了"自由的人"这个新的价值观。

第二，以理性为依据，追求知识。近代哲学，一反中世纪"主信"观念，重新复兴了希腊的主知观念。它认为人的思想和行为，应该依遵理性的指导，不应以信仰为原则。近代哲人所谓的理性，既不是上帝的启示，也不是权威的意志，而是研究自然所得的知识。虽然在知识内在的性质上有的重经验，有的重理性，但都主张应从知识上争取个人的解放，应以科学推动社会的发展。这种价值观念既是近代科学发展的反映，又是近代科学发展的条件。

第三，以权力为基点，力主平等。中世纪神学只强调人的义务，人在现世只有受苦的义务，为上帝尽义务，为人类尽义务，为他人尽义务。权利是灵魂升入天国才可能有，义务是权利的基础。人生就是赎罪，赎罪即是义务。近代哲学则反其道而行之，以权利为基点，他们认为权利是天赋的，所谓"天赋人权"。主张人生而具有生存、自由、平等、追求幸福和财产等权利。这些都是合乎理性所求的，而且是普遍的、永恒的、不可让渡的。当权者侵犯这种权利时，人民有权推翻其统治。1776 年美国的《独立宣言》、1789 年法国的《人权宣言》都体现了这一价值观念。

第四，以利益为目标，提倡竞争。中世纪的神学对尘世的幸福、世俗的利益持否定态度，他们认为获取利益不但没有价值而且是有害的，利益会妨碍人升入天国。从文艺复兴时期起利益在西方人的观念中逐渐升值，到英法革命时的启蒙运动时期，利益、功利观念逐步在哲学思想中占有重要地位。霍布斯、洛克等人的利己主义和快乐论对英国人的价值观念产生了重大影响。到了 18 世纪中后期英国的边沁公开提出功利是最高的价值。到 19 世纪中期约翰·密尔继承发展了边沁的学说，系统阐述功利主义的价值观。功利主义源于希腊哲学中的快乐论，它根据资产阶级的需要将其发展为一种新的价值观念。这种价值观念认为，人生的目的是追求幸福，幸福的对象性表现就是利益，人的本性是利己的，但利己的目的不可能离开利他、利群来实现。边沁提出"公益合成说"来处理利己、利他目的和手段的矛盾。但无论利己、利他，都是重视功利观念的。与这种利益观念相适应，近代哲学家主张自由竞争观念。

总之，重个体、崇理性、尚权利、主利益是近代哲学所主张的基本价值观念。这种价值观念的核心是"自由的人"。"'自由的人'具有种族天赋的权利，他运用天赋的技能、个人的智慧、独创性和天赋意志为自己开辟生活的道路。"这种观念表现在实际生活中就是自由经营、自由积累、自由竞争、自由贸易。它引导人们征服自然、发展科学、运用技术；它激励人们追求利益、寻求快乐、实现幸福，在历史上起了积极的作用。而且这种价值观念强调价值与事实、价值与真理的统一。①

（4）多元、相对的现代（19 世纪末至当代）。

现代哲学在西方从德国古典哲学终结到今，已经历了近一百多年。从黑格尔、费尔巴哈哲学以后，德国古典哲学终结。德国古典哲学是近

---

① 石毓彬、杨元编：《二十世纪西方伦理学》，湖北人民出版社 1986 年版，第 18 页。

代资产阶级哲学的最高成果。19 世纪末 20 世纪初西方哲学又发生了一次重大变化，价值观念也发生了重大变化。这种变化，是西方社会变化的反映。社会变化的主要表现是：①自由资本主义发展到垄断资本主义，资本主义国家发展武装力量，掠夺殖民地，导致了 1914—1918 年和 1939—1945 年两次世界大战，对人类物质文明、精神文明有很大损害。②"二战"后，重要资本主义国家调整了国策，不直接用武力向外扩张，而是以电子、原子技术为基础大力发展生产力，来解决国内矛盾。发生了科技革命、工业技术革命、农业技术革命、消费革命和职业革命等所谓的五大革命，使社会的生产力、生产关系、生活方式都发生了变化。西方学者称"二战"以来的社会为信息社会或叫后工业社会。变化的结果出现了几个重要特点：一是社会经济、政治不稳定，动荡不安，新旧冲突剧烈，特别是 60 年代。二是发展进程加快，经济起飞，新思潮流派不断出现，表现出动态性、多变性。三是信息、通信、交通发达，呈现出了开放性特点和世界一体化倾向，世界观念，全球观念增强。四是经济、政治、文化的关系越来越密切，社会在三者一体化、形成系统工程的格局中发展，文化成为重要动力，社会文化化。五是人的能动性、创造性高度发挥，人的素质、人的开发问题突出了。

现代西方哲学就是在这种变化的基础上形成的，于是西方哲学也有了新的特点。

①相对主义倾向。大多数哲学家主张从相对的观点看问题，相对主义代替了过去的绝对主义。②人本主义倾向。从价值观点看问题，而不重视从本体论、认识论观点看问题，人本主义代替了"物本主义"。③多元主义倾向。社会多元化、多样化使多元论思想占了统治地位，认为事物都是独立的存在、独立的单元，一切是相互外在的。多元主义取代了 19 世纪以黑格尔为代表的整体主义和一元主义。哲学观点上这些特点也表现在价值观念上，使现代西方哲学的价值观与近代有了很大的不同。

首先，价值问题哲学化，形成价值哲学。人类的价值观念很早就形成了，但是长期处于零散状态，着重于对价值实际取向的讨论，只是到了 19 世纪后期 20 世纪初，价值问题提高到了哲学层面上进行探讨，形成了哲学中相对独立的学科（价值论），甚至成为一个哲学分支（价值哲学）。这显然是西方哲学观念中重在从价值观点看问题所致。现代西方价值哲学的历史在第一部分已作过概述，这里不再重复。

其次，价值取向多元化，没有形成统一稳定的价值观念体系。这是由于社会发展进程加快，呈多变性特点，传统观念受到冲击，新思潮流派不断出现，哲学本身也处于多元主义状态这种情况决定的。西方现代哲学至今一百多年中，流派多，变化快，一派未息，一派又起，给人一种把握不定之感。因此，各派主张的价值观就很难统一，很难稳定，美国学者 L. J. 宾克莱在《理想的冲突——西方社会中变化着的价值观念》一书中说：西方世界目前存在着"各种相互对立的理想的冲突"。"一个人在对他能够亲身的价值进行探索时，要遇到许多竞相争取他信从的理想"。（该书序言）法国学者让·斯托策尔在《当代欧洲人的价值观念》一书中也说："由于信息和通讯的进步，历史运动加速了步伐，其结果是世界上的许多国家出现了不同历史阶段重叠交叉现象，在同一个社会内部，可以发现来自不同文化阶段的价值。这种现象不能不引起代与代之间的压力和不同社会群体之间的冲突，引起某种不确定感，甚至一定的混乱。……欧洲今天正处于这样的过程中。"（该书序言）明确说明了西方价值观念的多元化、多样性特征。多元总是和相对主义联系的。然而在这种多元、变动的价值中，仍有一些重要的影响较大的观念可以把握。

第一，崇自我。现代西方的唯意志论、存在主义、弗洛伊德主义、法兰克福学派都把自我利益、自我意志、自我尊严、自我实现作为至高无上价值。虽然他们对自我的解释、强调的自我的角度仍有很大分歧，但都肯定和高扬自我的价值。他们认为自我是目的，不是手段，社会是自我的结合，离开自我，无所谓社会。整体价值只有在自我中才能实现。为此，他们提倡自我奋斗、自我选择、自我创造，以达到自我实现。这种价值观念往往和个人主义、利己主义联系的，尽管不能归结为这一点。

但这种消极性不能忽视。即使在西方，这种观念导致的恶果，也愈来愈被一些明智学者所忧虑。

第二，重自由。近代西方和资本主义的发展相适应，自由竞争观念已经深入人心，但其自由还重在经济生活和社会生活中。现代西方，不少哲学家崇尚的自由，则是绝对的个人自由。尼采的权力意志论、克尔凯郭尔的自由学说，特别是存在主义的个人自由论，就是鼓吹绝对自由价值观的代表。他们反对黑格尔"自由是认识了的必然"这一公式，认为"理性扼杀了自由"，人不能作"必然性的牺牲者"，不承认自由意识的客观制约性。于是主张，人可以自由地设计自己、创造自己，而不顾周围的环境。由此他们把绝对自由视为人生的最高价值。萨特说："而当人一旦看出价值是靠他自己决定的，他在这种无依无靠的情况下就只能决定一件事，即把自由作为一切价值的基础。"①

第三，求功效。功效价值是美国的实用主义哲学所追求的最高价值。实用主义最早是皮尔斯（1839—1914）提出的，在他看来，一个观念的意义完全在于这种观念在人生行为上的效果，除了效用之外，没有别的意义。后来的詹姆士、杜威都是实用主义大师。他们认为凡是有利益、有实效的都是真（理）、善（道德）、美（艺术）的。真理、道德都是人满足自身需要的工具和手段。幸福并非道德的最终目的，幸福在于行为的不断成功。这和边沁等人的传统功利主义把幸福看作道德最终目的的观念已大异其趣。实用主义认为成功是所有人的目的，但实现目的的手段却不同，因此选择手段就很重要。所以它十分重视手段的价值，认为能达目的的任何手段都是好的，陷入为达目的，不择手段的境地。这样功效价值也就成为目的和手段二者价值的统一。功效、功用价值观是美国民族精神的一种表现，然而它对西方国家至今仍有重大影响。

第四，尚正义。西方价值观中，另一重要的支柱是正义，不少哲学家都把平等正义作为追求的目标。正义指的是一种机会均等的社会状态，

---

① ［法］让·保罗·萨特：《存在主义是一种人道主义》，周煦良、汤永宽译，上海译文出版社 2012 年版，第 31 页。

又指一种公正不偏的高尚道德。正义价值论是 60 年代兴起的价值观念，代表人物有英国的卢斯堡、卢卡斯和美国的罗尔斯，它的出现表现了人们特别是知识分子对政治不平等、物质和文化财富分配不平等和社会不公正的怀疑和不满。正义论者（主要是罗尔斯）认为西方人崇尚的利益和至善价值是违背和侵犯自由、平等的。他们指出，正义有两条原则，一是在权利和义务的分配上实行平等，二是对某些社会和经济的不平等，实行给最少得益的成员以补偿。罗尔斯说正义是社会制度的基本美德，是社会结构的基础，因此是最高的价值。以罗尔斯为代表的正义价值观具有改良和空想的性质，因为在财富极其悬殊的社会里，要是那些处境极不利的人都得到好处，即"财富和收入分配不要求是均等的，但它必须是对每个人有利的"，这几乎是不可能的。犹如在不损害富翁的条件下，给乞丐一些补偿，使双方在社会中都有所发展。这可能实现平等和正义吗？

现代西方哲学的价值观念不仅以上几种，还有许多观念，也有影响。但这些观念中有没有其共同性的观念呢？赵复三说，文化主要包括政治体制、生活方式、价值观念三个方面，价值观念是文化的思想层次。19世纪以来"个人主义的价值观""在西方文化中居于中心地位"。西方存在着各种不同类型的个人主义，但它们之间相互渗透着。在现代西方个人主义价值观在"大众文化"的层次中和在"高级文化"的层次中，尽管有不同表现，但实质是一样的。他还说，发达的西方国家正在进入信息社会，使价值观念会发生一定的变化，但由于其基本的生产关系、社会结构未变，所以"构成价值观基础的个人主义思想，并不因此而改变"[1]。

2. 西方哲学的主要价值观念

西方哲学家所主张的价值观念，凝结为许多重要命题，这些命题是

---

① ［美］查尔斯·博哲斯：《美国思想渊源——西方思想与美国观念的形成》，符鸿令、朱光骊译，山西人民出版社 1988 年版，第 249 页。

一定历史条件下人们价值观念的概括和总结，它提出之后，在人们的思想中长期留下了深刻的影响，支配着人们的价值取向和行为。随着历史的发展，人们的许多价值观念当然会发生变迁，但它的一些"基因"性观念积淀于文化心理结构的深层，体现着民族精神和民族文化的特征。尽管处于"高层义化"的观念与处于"大众文化"的观念在现实生活中会有差异，但层次高的价值观念（哲学中的价值观念）无疑会对低层的观念产生巨大而深远的制约作用。在任何一个民族文化中都是如此。

下面，我们分析一下能够集中体现西方文化特征的一些价值观念命题。

（1）人是万物的尺度。

这是古希腊哲学家普罗泰戈拉（前480—前408）提出的重要观点。普氏与苏格拉底是同时代人。普氏把个人感觉作为知识的源泉和事物的标准。他说："人是万物的尺度，是存在的事物存在的尺度，也是不存在的事物不存在的尺度。"[1] 他举例说，一阵风"对于感觉冷的人是冷的，对于感觉不冷的人是不冷的"；糖对于有病的人尝来可能是苦的，对于健康的人是甜的。

这个命题在认识论上把感觉看作判断事物性质的标准，有极大的主观主义、相对主义片面性，但在价值观上表述了以个人的利益和欲望作为衡量事物的尺度，具有重大意义。

首先，它明确区分了主体和客体，并以人为价值的主体。其次，它深刻地包含着以主体的需要和利益作为评价标准的深刻思想。最后，它直接地表明了人的价值地位，高扬了人的价值，冲击了万物神定的观念。因之，有人认为这一命题是西方价值哲学的最早形式，是价值观念的自觉表述。

普氏这一观念在希腊哲学上的确是 个转型性标志。以前早期的希腊哲学家大多侧重于探讨世界的本原问题，着眼于万物的本原、存在和

---

[1] 北京大学哲学系外国哲学史教研室编译：《古希腊罗马哲学》，商务印书馆1982年版，第133页。

变化，重在说明客观事物本身。自普氏始，把人的目光转向人与自然、人和万物的关系上，转到了认识论和价值论领域。之后的苏格拉底及其弟子柏拉图等人都重在对价值问题、道德问题的探讨。哲学史家们说，这是划时代的一句话，代表了人类的自觉，是哲学的一大进步，标志着希腊哲学从自然哲学发展到人本主义。

普氏的这一观念是希腊社会由贵族政治向民主政治转变时期，人们价值取向变化的表现。它的重视人的价值的思想和当时雅典民主派的首领伯利克里（前495—前429）所说的"人是第一重要的，其他一切都是人的劳动成果"① 精神是一致的。这种价值观对文艺复兴时期意大利的皮科·德拉·米兰多拉（1463—1494）（著有《论人的尊严》）和英、法革命时期的启蒙思想都有很大影响。现代的人本主义也与其有渊源关系。

"人是万物的尺度"是西方人重要的价值观念基础，西方人重人、重个人、重利益等观念，无不与这一命题有关。当然由于它的笼统性，以后的哲人们往往有许多歧义的解释，因而产生的影响既有积极性，也有消极性。如黑格尔所说："这是一个伟大的命题"，它宣称了人"是衡量一切事物的价值的准绳"。"但是这句话同时也有歧义，因为人是不定的和多方面的：（一）每一个就其特殊个别性说的人，偶然的人，可以作为尺度；或者（二）人的自觉的理性，就其理性本性和普遍实体性说的人，是绝对的尺度。照前一种方式了解，就无非是自私，无非是自利，中心点就是主体及其利益—（即使仍有理性的方面，这个理性也是主观的东西，也是"他"，也是人）—；可是这正是坏的，……在苏格拉底和柏拉图那里，也提出过同样的命题，不过加了进一步的规定；在他们那里，人是尺度，是就人是思维的、人给自己提供一个普遍的内容而言。"黑格尔又说："这是说出了一个伟大的命题，从现在起，一切都是

---

① ［古希腊］修昔底德：《伯罗奔尼撒战争史》，谢德风译，商务印书馆1960年版，第103页。

围绕着个命题旋转。"① 黑格尔深刻分析了这个命题可能包含的两个方面，即把人作为个体的、特殊的人和把人作为整体的、一般的人，如果以第一种理解，这个命题会导致自私自利的消极性；如果以第二种理解，这个命题会产生积极影响。可见，黑格尔认为这个价值观基因可以派生出重个体和重整体两种具体的价值观念，他是肯定重整体这种观念的。

（2）人对人像狼一样（每个人都有权利）（霍布斯）。

这是 17 世纪英国哲学家霍布斯（1588—1679）的名言，这是一个比喻性命题。这句话本来不是一个哲学命题，而是一句古老的拉丁谚语，而霍布斯用这句话来说明人的本性，并以此为基础表达他的价值观念。在霍布斯的这个命题中包含着三种含义。

①人的本性是利己、自私的，私利是人的价值取向。②个人的权利是自然权利，是人人都具有的同等权利。他说："每一个人对每一样事物都有权利"②，"每当一个人转让他的权利或者放弃他的权利时，那种是或者由于考虑到对方转让给他某种权利，或者因为他希望由此得到某种别的好处。"③ ③由于人们价值的对立、利害的冲突，因此人们总是处于竞争状态，于是就出现了"每一个人对每一个人战争的状况"。为此，就必须通过契约，实现每个人的利益，保证社会的和谐。

从价值观的意义看，这句话强调了个人的权利和利益，强调了个人的尊严和价值，认为个人具有至上性。

这种个人价值观和利己价值观，虽然是随着西方反封建、反神权和资本主义的发展而出现的。但可以追溯到古希腊强调个人幸福的思想，文艺复兴时期的许多人文主义思想家也强调了个人的自由和尊严。而到 17 世纪以后它逐步系统化、体系化了。自霍布斯明确提出重个人和利己

---

① ［德］黑格尔：《哲学史讲演录》（第二卷），贺麟、王太庆等译，商务印书馆 2017 年版，第 28—29 页。
② 北京大学哲学系外国哲学史教研室编译：《西方哲学原著选读》上卷，商务印书馆 1981 年版，第 397 页。
③ 北京大学哲学系外国哲学史教研室编译：《西方哲学原著选读》上卷，商务印书馆 1981 年版，第 397 页。

的价值观后，洛克（1632—1704）作了进一步的发展，他特别强调个人的人格和自由，他的名言是："重压下呻吟的人，自然是努力挣脱套在脖子上的锁链。"[1] 18世纪末19世纪初随着资本主义自由竞争的发展，经济学家亚当·斯密（1723—1790），一方面强调个人选择、个人奋斗的意义，另一方面又希望利己与利他统一起来，将经济价值和道德价值相结合。19世纪英国的功利主义者边沁、穆勒等人也重视个人价值，但着重于对个人的快乐和幸福的追求。

由此可见，个人、利己的价值观在西方源远流长，影响深远，关于利己和利己与利他的争论也时起时伏，这一争论类似于中国的义、利之辨。然而西方人的主要看法是利己为基础的。（个人主义作为观念源远流长，但最早使用这一词的是德国人，英国的爱默生1835年在英文中首先使用这个词，但未作解释。法国政治学家托克维尔（1805—1859）第一次在《美国民主》第二卷中对个人主义下了定义，并把个人主义看作一种价值和道德思想体系。）

（3）"求最大多数人的最大幸福"。

这是17、18世纪英国功利主义者边沁（1748—1832）提出的重要命题。边沁认为道德就是追求快乐，利益是快乐的基础，是幸福的基础，而社会利益是个人利益的总和。由此他提出人们最高的价值目标是求得"最大多数人的最大幸福"，因此被称为"最大幸福主义"。他说这种功利原则包括两方面的内容：一是求得最大的幸福，二是幸福普及的人数越多越好。这两点结合起来是最高的道德目标和价值目标。他说："这原则讲的是所有利益攸关的人们的最大幸福，这种幸福是人类行为（……）的正确适当的目标，并且是唯一正确适当并为人们普遍欲求的目标。"[2] 后来约翰·穆勒（1806—1873）将边沁的思想进一步系统化，著《功利主义》一书，并对边沁的观点有所修改，更强调整体利益、社会利益和他人利益，还对快乐价值的质的高下作了区分。他说，功利主

---

① ［英］约翰·洛克：《论宗教宽容》，吴云贵译，商务印书馆1982年版，第44页。
② 罗国杰、宋希仁：《西方伦理思想史》，中国人民大学出版社1988年版，第319页。

义就是"承认功用为道德基础的信条，换言之，最大幸福主义，主张行为的是与它增进幸福的倾向为比例；行为的非与它产生不幸福的倾向为比例。"① 这就是说幸福的大小高低是价值评价的标准。

功利主义的另一重要特点是在动机与效果的关系上，重视效果的价值，他们由批判动机论而走向另一极端，成为唯效果论者。穆勒举例说，某人救出了溺水的小孩，不论其动机是出于道德，还是出于得到报酬，其效果总是有价值的。

功利价值论者说的最大多数人的最大幸福就是社会利益，而社会利益是个人利益的总和，个人利益的增多，就是社会利益增加，"小河有水大河不干"。这种以个人利益为基础的功利主义，仍是利己主义的一种形式。

以边沁、穆勒为代表的功利主义价值观表现了英国资产阶级革命胜利后，进行工业革命时代人们价值观念的转变。如果说利己主义（霍布斯等）价值观适应了资产阶级革命时期，批判封建的价值观的需要，那么功利主义则适应了革命胜利后资本主义发展时期的需要。它既表现了胜利后资产阶级系统价值观的确立，又表现了对资本主义内部各阶级利益矛盾的掩盖，企图通过利益一体化和人们价值观念的认同，维护社会安定，促使资本主义的发展。

功利主义价值观作为成熟的系统，固然有其时代性，但作为一种观念，在西方也有历史性和普遍性，是西方文化价值观的一个重要方面。

从历史上看，公元前5世纪的亚里士多德，公元前4世纪的伊壁鸠鲁及其追随者的伦理学中都存在着快乐主义的人生价值观，他们是古代功利主义先驱者。近代英国哲学家坎伯兰、哈奇森、休谟都有功利主义的倾向。此外，英国化学家普里斯特利，法国哲学家爱尔维修，意大利法学家贝卡里亚也有功利价值观念的倾向。在20世纪，功利主义虽然经过穆勒的批判，但英、美哲学家中还有自然科学家图尔明，牛津大学的

---

① 罗国杰、宋希仁：《西方伦理思想史》，中国人民大学出版社1988年版，第325页。

诺埃尔－史密斯、厄姆森，美国哈佛大学的罗尔斯以及澳大利亚的斯马特等人，主张功利主义。

从普遍性上看，在法律、政治学、经济学等方面都有广泛的影响。法律上的改造罪犯论（反对"报应"论）、政治学上主张政府利益与公众利益一致论、经济学上的边际效用分析派和"福利经济学"都贯穿着功利主义价值观。可见，它是西方价值观念中的主要观念之一。

（4）它是真的，因为它是有用的。

这是美国实用主义者詹姆士提出的著名论点，其原文是："'有用的，因为它是真的'或者说'它是真的，因为它是有用的'。这两句话的意义是一样的，也就是说：这里有一个观念实现了，而且能被证实了。'真'是任何开始证实过程的观念的名称。'有用'是它在经验里完成了作用的名称。"① 詹姆士在此所讲的观念的"实现""证实"，都是指把观念的功用表现出来。因此他的观念简单说就是：有用的就是真理。有用即真理是实用主义哲学的核心命题。

此命题包含着价值观和真理观双重意义上的含义。从真理观的意义上说，它以是否对人（个人）有用作为真理的定义，是主观主义的真理观；从价值观意义上说，它把效用作为最高的价值标准，是实用价值观。要理解此问题，须看詹氏对真理的三个重要规定。

①真理是善的一种。"真理是善的一种，而并不象通常所设想的那样，是一种与善有所区别的、对等的范畴。"② ②真理是信仰。"凡在信仰上证明本身是善的东西，并且因为某些明确的和可指定的理由也是善的东西，我们就是管它叫做真的。"③ ③真理是价值，詹说，"真理大部分是靠一种信用制度而存在下去的。"某一观念经某人证实有"兑现价值"后，只要其他人表示信赖，就可以作为共通的真理。

总之，真理＝善＝信仰＝价值＝有用，它们实质上是一个东西。詹

---

① ［美］詹姆士：《实用主义》，商务印书馆1928年版，第104—105页。
② 李德顺：《价值论》，中国人民大学出版社1987年版，第424页。
③ ［美］詹姆士：《实用主义》，商务印书馆1928年版，第42页。

姆士通过 A（真理）= B（有用）和 A（真理）= C（价值）两个公式（真理论公式），推导出 C（价值）= B（有用）（价值论公式）。就是说实用主义是通过将真理归结为价值来表述其价值观的。

实用主义价值观的基本观点是，凡是一切思想、行为、事物只要能为个人取得某种利益，产生某种实效，都是有价值的。实利、实效是价值的最高标准，由此，它重个人、重生活、重行为、重目的、重利益。

实用主义作为一种系统的哲学学说，产生于 19 世纪后半期，20 世纪 30 年代达到最盛。它是在美国产生的，其代表人物是美国的皮尔斯、詹姆士和杜威。半法和刘易斯也对实用主义做了重要贡献。欧法的实用主义者有法国的 E. 勒卢阿、G. 索雷尔和意大利的帕比尼。实用主义作为一种哲学运动已经不占统治地位了，但作为一种价值观念对西方人有很大影响。

实用主义价值观对行为科学、法律、历史、政治都有深刻影响，对艺术、宗教也有影响。

实用主义在历史上可以追溯到人是万物之尺度这一观念，"实用主义"一词源于希腊文"行动"。

实用主义者的价值观中凝结着美国的民族精神，美国史学家 H. S. 康马杰在《美国精神》一书中说："实用主义这些特点反映了美国民族的特性，……实用主义的特点是切实可行、民主作风、个人主义、机会主义，天然形成而不露人工痕迹，对未来抱乐观态度，所有这一切都巧妙地同一般美国人的气质一拍即合。实用主义拨开神学、形而上学和宿命论科学的云雾，让常识的温暖阳光来激发美国精神，有如拓荒者清除森林和树丛等障碍物，让阳光来复活美国的西部土地一样。从某种意义上说，美国过去的全部经历已为实用主义的诞生作好准备，如今好像又为它的存在提供基础和依据。"① 这是一篇实用主义的赞歌，当然我们要注意，这是美国人的赞歌。

---

① H. S. 康马杰：《美国精神》，光明日报出版社 1988 年版，第 142 页。

（5）知识就是力量。

这是"英国唯物主义和整个现代实验科学的真正始祖"培根（1561—1626）提出的口号。培根说："人的知识是和人的力量结合为一；达到人的力量的道路和达到人的知识的道路是紧挨着的，而且几乎是一样的。"① 这两句话，被后人表述为"知识就是力量"。

这是关于知识价值的观念。培根认为："在所能给予人的一切利益之中"，"最伟大的莫过于发现新的技术、新的才能和以改善人类生活为目的的物品"，② 在他看来，只有自然科学的发展才能给人类带来最大的利益。

培根时代是资本主义生产方式在日趋瓦解的西欧封建社会内部迅速成长的时代。资产阶级迫切要求以技术革新、技术改造提高劳动生产率，因此也就渴望尽速发展自然科学，于是就突出强调知识的价值。

事实上，重知识、重科学的价值观在西方是具有历史性和普遍性的。早在古希腊，苏格拉底就提出过"知识即美德"的命题，这一命题和普罗泰格拉的"人是万物的尺度"，可看作希腊人价值观的两大支柱。后来柏拉图提出的智慧、公正、节制、勇敢的四主德中，也以智慧为最高美德。亚里士多德说过，"我爱我师，我尤爱真理"，也认为真理的价值至上。在希腊化时期伊壁鸠鲁认为，知识是获得最大快乐的保证。经过中世纪的黑暗，当西方人从神学的枷锁下解放出来，开展文艺复兴时，知识的火炬又重新燃烧起来，照亮西方人的心灵。培根就是紧随文艺复兴巨人的脚步，而提出"知识就是力量"的口号的，同时，他还提出"知识就是道德"的观点。到产业革命时期功利主义者葛德文（1756—1836）甚至提出"真理万能"论，认为知识决定道德。法国17世纪的笛卡尔是培根的同时代人（稍后）（1596—1650）也主张知识就是道德，主张通过求知的正确道路达到至善。18世纪法国的启蒙思想家和19世

---

① ［英］培根：《新工具》，许宝骙译，商务印书馆2017年版，第8、108页。

② 北京大学哲学系外国哲学史教研室编译：《十六至十八世纪西欧各国哲学》，生活·读书·新知三联书店1958年版，第9页。

纪德国古典哲学家，虽然他们的体系各异，对知识、真理、理性的本质和来源理解不同，但对知识的价值都趋于认同。现代西方哲学中的科学哲学则直接与现代科学和技术的发展联系在一起，重视科学知识、科学技术对社会发展的巨大作用和崇高价值。

有些西方现代学者，把 20 世纪 50 年代中期，当作工业社会终止的转折点，他们把此后叫后工业社会或信息社会。这种提法科学与否，姑且不论。但从这个时期以来，知识价值越来越大，则是举世公认的事实。这些显然是西方价值观念在社会发展中的典型表现。

（6）"信仰给人自由"。

这是 16 世纪法国宗教改革的领袖马丁·路德（1483　1546）的话。原话是："无需乎'事功'，单有信仰就能释罪，给人自由和拯救"①。

路德认为，人有灵魂和肉体双重本性，世界有属天、属地两重世界，自由有属地世界人的政治上肉体上的自由（如教皇和教士阶层）和属天的世界的人的自由两种。他说，属天的世界的自由即基督徒的自由，是真正的自由。因为，"基督所给予的自由，并不是政治上的，也不是肉体上的，而是灵性上的，那就是说，我们有自由平安，不怕要来的愤怒。这就是那无可估计的真自由，我们若把别的（政治的和肉欲的）自由与这自由的优美尊严相比，它们就不啻是海洋中的一滴水。"②路德这种观点，无疑是否定教会的权威和否认宗教仪礼价值的，但同时却肯定了宗教信仰的价值，认为信仰的价值高于肉欲的满足和政治的自由，是最高的善。

西方人重视宗教信仰的价值观念源远流长。基督教产生于公元 1 世纪初期，当时罗马处于政治、经济和道德总解体的时期，罗马帝国灭犹太国（公元 6 年）激起了巴勒斯坦境内犹太人的反抗，被压榨者对现状绝望，盼望精神上的解放，需要一种新的价值观念，而罗马的斯多葛学

---

① 周辅成：《西方伦理学名著选读》上卷，商务印书馆 1996 年版，第 444 页。
② ［德］马丁·路德：《路德选集》下册，徐庆誉、汤清译，宗教文化出版社 2010 年版，第 287—288 页。

派、伊壁鸠鲁学派的哲学都不能提供适应受压迫者的价值观，于是基督教应运而生。早期基督教的基本价值观是佑民复仇、禁欲和来世。最初，罗马统治者视基督教为异端，进行镇压，后来发现它有利于统治，遂于公元 325 年（一说 392 年）定其为国教。到了中世纪，基督教成了意识形态方面从古代继承下来的唯一财产，是占统治地位的思想观念。中世纪基督教的基本价值观念是爱、勿抗恶、禁欲主义、信仰等。特别是认为信仰是最高的美德。奥古斯丁把基督的道德价值概括为信仰、仁爱、希望三主德，认为信仰高于理性，高于知识，"诚信即智慧"（《圣经》语）。后来安瑟伦指出"先信仰后理解"。13 世纪意大利的托马斯·阿奎那进而认为人的最高幸福在来世，使基督教的价值观念更为系统。

文艺复兴时期宗教神学的价值观念，先后受到人道主义派和宗教改革派的冲击，德国的马丁·路德，法国的加尔文，反对教会干预国家政权，反对教会作为人与上帝间的中介人。主张单凭自己信仰，就可以使灵魂获救，达到最高的善。所谓"天国在人自身"，表达了资产阶级个性解放的需求，打击了宗教势力，削弱了天主教的影响。

但是随着资产阶级成为统治阶级，特别是资本主义发展成垄断时代，宗教又成了资产阶级的重要武器，宗教价值观在各层群众中保留着强烈的影响。"二战"后，宗教在西方各国对社会生活各领域的作用加强。这是因为，第一，社会各种危机和问题，使人找不到出路和寄托而皈依宗教。暴力恐怖、失业危险、淫乱肉欲、腐败堕落使人们特别使青年怀着忧郁、恐惧、失落、空虚的情绪，只好向宗教寻找精神寄托和灵魂安慰。第二，科学技术虽然提高了人的物质生活但忽视了人的精神世界，人们找不到别的出路，就到宗教里寻找人生意义和道德理想。第三，宗教本身的应变能力使自己适应西方社会的变化，向"现代化""世俗化"方面努力。如与科学搞好关系、对无神论开始容忍，1980 年罗马教皇约翰·保罗二世为伽利略昭雪，摆出"自我批评"姿态。所以，宗教影响渗透到政治、经济、科学、教育、艺术各个领域。

在这种形势下，也出现了新托马斯主义、人格主义、新正统派和基督教"境遇伦理学"等多种流派的价值哲学、道德哲学体系。一些学者甚至说："我们时代是颇大的宗教复兴的时代。"

无论西方基督教在历史上发生了多少变化，但基督教基本的价值观念和道德原则，仍然在西方人的思想观念中占重要地位。西欧北美信仰天主教和基督新教的人数在 15 个国家中占全国人口的 80% 以上，在美国占总人口的 55%。基督教的价值观念已成为西方民族心理、民族风格、民族感情的重要部分。信仰即美德，信仰即智慧，信仰即幸福，信仰即自由的观念仍是西方人价值观念的重要格言。

（7）爱是存在的标准（"爱是绝对价值"）。

这是费尔巴哈在《未来哲学原理》一书中的重要命题。费尔巴哈说："爱是存在的标准——真理和现实的标准，客观上是如此，主观上也是如此。没有爱，也就没有真理。只有能爱的人，才是存在的，什么都不是和什么都不爱，意思上是相同的。一个人爱得愈多，则愈是存在；愈是存在，则爱得愈多。"① 又说："只有在感觉中，只有在爱中，'这个'——这个人，这件事物，亦即个别事物，才有绝对的价值，有限的东西才是无限的东西。"②

费尔巴哈的这种价值观是针对黑格尔哲学以思维—绝对观理念为最高价值的观念而提出的。黑格尔哲学重理性、重思维、重抽象观念，而费尔巴哈则主张重感性、重情感、重现实的人，他认为一切人、一切事物是否存在应以爱为标准，就是说感性的爱是存在的标志和条件。这里，他主要是从价值的意义上申述这一观点的，就是说，一个人、一件物是否有价值，关键在于是否能爱、是否被爱，这当然是将爱的价值绝对化的表现。正如恩格斯说的："在费尔巴哈那里，爱随时随地都是一个创造奇迹的神，可以帮助克服实际生活中的一切困难。"③

虽然费尔巴哈把爱的价值绝对化了，但是他重视爱的价值，这一点

---

① 周辅成：《西方哲学原著选读》下卷，商务印书馆 1996 年版，第 500 页。
② 周辅成：《西方哲学原著选读》下卷，商务印书馆 1996 年版，第 499 页。
③ 《马克思恩格斯选集》第 4 卷，人民出版社 2012 年版，第 246 页。

却是西方文化的重要特征之一。正如恩格斯说的，这种观念"只是一个老调子"。

爱作为一种情感，作为人与人之间一种关系，长期以来为哲学家所重视。古希腊的柏拉图、亚里士多德都讨论过爱的问题，柏氏认为爱是达到最高道德境界和审美境界的重要途径，其最终目的是达到真善美的统一。而亚里士多德则是古希腊第一个把"友爱"作为道德规范的人，他还提出了"人人都爱自己"的"自爱"观念。希腊化时期的卢克莱修在《物性论》哲理诗中为"爱"大唱赞歌，罗马时代的斯多葛派也提出"我是一个宇宙公民"，人人应该彼此相爱的所谓世界主义的泛爱论。这一观念，原来被中世纪基督教神学伦理思想所继承和发挥，演变为人人在神的面前平等、人人应该爱神和彼此相爱的"博爱"论，早期基督教根本没有爱这个规范，而强调的是复仇。后期基督教才把爱作为调整人和神、人和人关系的道德准则。它认为爱的原则来自神，本身就是爱。神是爱人的，因此人也必须爱神，爱是人神相通的途径。而且，人们之间也必须相爱。《圣经》上说："亲爱的朋友，让我们彼此相爱吧，因为爱是从上帝来的，凡是实行爱的人，都是上帝的儿子，来自上帝。任何人如不实行爱，就不会认识上帝。因为上帝就是爱。"（《约翰一书》）由此，基督教主张爱神、爱自己、爱亲友、爱一切人甚至爱仇敌。（《马太福音》第 5 章记载耶稣在登山训示中说："我告诉你们爱你们的仇敌。"）奥古斯丁（354—430）根据这些观念，将基督教的伦理思想概括为信仰、仁爱、希望三主德，而仁爱是最高德行，也是一切美德的源泉。

文艺复兴时期，人道主义派和宗教改革派都重视爱的价值，人道主义派不但重视情感之爱，而且针对中世纪的禁欲主义，大胆鼓吹肉欲之爱，这在《十日谈》以及彼得拉克的诗歌和拉门·雷蒙台涅等人的文学作品中都有突出鲜明的表现，他们甚至认为爱是幸福的源泉（薄伽丘《十日谈》）。宗教改革派认为男女之爱是上帝指定的自然之爱（马丁·路德），但他们提倡清心寡欲。资产阶级革命准备时期的思想家如培根提倡"自爱心"，同时也讲"爱他人"。当霍布斯宣扬公开利己主义的时候，剑桥大学的柏拉图派，如昆布兰等提出以仁爱心协调人们之间的利害冲突，主张人与人相爱，其根据仍是基督教的仁爱思想。即使资产阶级革命时期和革命后，英国的沙甫茨·伯利等人还认为奉献来自社会性的爱。同时期的荷兰哲学家斯宾诺莎虽然主张，以自爱、利己为基础，但还认为应该将自爱、利己与友谊、利他相统一。在18世纪法国启蒙思想家中，伏尔泰有自爱与爱他协调说，卢梭有自爱心与怜悯心天生存在说，爱尔维修有"爱情发明一切，产生一切"说，直到德国的费尔巴哈，提出建立"爱的宗教"说，所谓"爱就是上帝本身"。费氏的观念是近代西方关于爱的价值演变的顶峰。

现代西方哲学中，重视和宣扬爱之价值的也不乏其人。最有代表性的就是弗洛伊德主义者弗洛姆（法兰克福学派的代表人物之一）和基督教"境遇伦理学"家弗莱切尔（美国学者）。弗洛姆的"爱是生产定向论"认为，人的性格定向（解决人的存在的基本问题的某种方式）分为生产定向（或称"创造定向"）和非生产定向（破坏定向）两大类，而非生产定向，又包括敏于感受的定向、开拓的定向、储藏的定向和市场定向等。特别是市场定向特别重要。他说爱是生产定向的一个方面，它是人的基本需要决定人的存在，对人类的基本问题能给予合理的回答。并且能和谐地发展人的才能，消除人的隔阂，保持人的整体性和自由，因此具有极高的价值，是人道主义伦理学的核心。

弗莱切尔把基督教的爱和实用主义调和起来，提出爱的战略和策略，主张"爱是内在价值"说。他说，爱是绝对规范，不依赖境遇因素，而是支配、决定境遇；只有作为内在价值的爱是绝对的、长久的，其余一切都是相对的。善、正当、义务等价值都决定于爱。而且，弗莱切尔所谓的爱，不是情感的爱，更不是性爱，而是一个人待他人的方式。这里就是基督教之爱的基本含义。

由上可见，从柏拉图的"灵爱"，亚里士多德的"自爱"，斯多葛派的"泛爱"，中经中世纪基督教的"博爱"，到近代的"性爱""自爱""爱的宗教"以及现代西方哲学的"爱是生产定向"说，"爱是内在价值"说。爱的观念在西方一直延续至今，虽然在不同的历史时期，不同的阶级立场中，爱的性质、内容、方式、地位并不相同，但都将爱视为一种重要价值。当然西方人对爱的宣扬，常常建立在抽象的人性论、唯心的历史观之基础上，而且往往出于某种掩饰矛盾，取消利益冲突的目的。马克思主义并不否定爱，而且强调爱的社会基础和阶级内容。这是讨论爱这种价值时应该特别注意的问题。

（8）"人生来就是平等的"。

这是英国资产阶级革命时期启蒙思想家洛克（1632—1704）在《政府论》中提出的重要观点。洛克说，人在自然状态中处于平等状态，"在这种状态中，一切权利和管辖权都是相互的，没有一个人享有多于别人的权力。极为明显，同种和同等的人们既毫无差别地生来就享有自然的一切同样的有利条件，能够运用相同的身心能力，就应该人人平等，不存在从属或受制关系，除非他们全体的主宰以某种方式昭示他的意志，将一人置于另一人之上，并以明确的委任赋予他以不容怀疑的统辖权和主权"①。也就是说，"每一个人对某天然的自由所享有的平等权利，不受制于其他任何人的意志或权威"②。

洛克认为人的平等权利是人们互爱义务的基础，是正义和仁爱的前提，因而具有极其重要的价值。

洛克所主张的平等是人们社会生活和政治生活中的重要价值。在西方历史上许多著名的思想家都曾提出过平等价值观念，并为实现这一价值而进行过斗争。尽管不同时代、不同阶级的哲人们对平等的具体内容有不同的理解，但并不能否定他们的各种具体论述中所包含的一般性平等观念。

在西方，不但在古代奴隶、中世纪农民、17世纪英国的掘土派，18世纪法国的短裤党，现代无产者、殖民地的劳动者都曾经在实际斗争中把平等写在自己的旗帜上，而且从希腊时起直到马克思，许多思想家都

---

① ［英］洛克：《政府论·下篇》，叶启芳、瞿菊农译，商务印书馆1996年版，第5页。
② ［英］洛克：《政府论·下篇》，叶启芳、瞿菊农译，商务印书馆1996年版，第34页。

把平等作为追求的重要价值目标。

公元前 5 世纪，在平民政治与僭主政治的长期斗争中，奴隶主民主派领袖伯里克利首先提出"法律面前人人平等"。

希腊悲剧家欧里庇得斯，在悲剧作品中提出一切人天生平等的思想。

柏拉图虽然鼓吹等级制，但却主张同一等级内部的平等。

亚里士多德提出"全体公民都天赋具有平等的地位"。

中世纪的基督教竭力宣扬上帝安排的等级制度，但承认原罪的平等和作为上帝选民的平等。

文艺复兴时期，思想界重新点燃了古希腊罗马的平等之火，特别是人文主义者反对封建等级，认为"人类是天生一律平等的"（薄伽丘），早期的空想社会主义者如英国的莫尔，法国的闵采尔和意大利的康帕内拉，都把人人平等作为理想社会的重要特征。

英法资产阶级启蒙思想家洛克重申"人生而平等"，孟德斯鸠主张"通过法律才能恢复平等"，卢梭撰写了《论人类不平等的起源和基础》，把人人平等的古代社会称之为人类的"黄金时代"，主张推翻不平等的封建社会，通过社会契约实现平等。以狄德罗为首的百科全书派和以梅里叶为首的民主派，极力反对封建特权，认为"公民在权利和财产上愈平等，国家就愈太平"（狄德罗），"人人天生都是平等的。他们同样有权在地上生活和立足，同样有权享受天赋的自由和他的一份世间福利"①。资产阶级启蒙思想家的平等观念都凝结在美国《独立宣言》和法国的《人权宣言》中，以法律形式肯定下来，天赋平等观念变成了法律面前人人平等的现实政治观念。

资产阶级革命胜利后，平等观念已经成为形式，而在事实中已经消失，在理论上也无进展。

西方人自古以来的平等观念，具体含义上变化很多，分歧甚大。有时指财产平等，有时指政治平等，有时则是原罪平等，还有时仅指自然

---

① ［法］让·梅叶：《遗书》第二卷，何清新译，商务印书馆 2014 年版，第 93 页。

平等。只有马克思主义产生后，才以消灭阶级作为无产阶级平等观的实际内容。

在现代西方，许多思想家仍然在讨论平等，但他们也不视平等为"天赋人权"，也不过分强调经济政治上权利的平等，而是着眼于对个人的重视和尊重，着眼于每个人在权利之内发挥作用。

总之，"平等的观念，无论以资产阶级的形式出现，还是以无产阶级的形式出现，本身都是一种历史的产物，这一观念的形成，需要一定的历史关系，而这种历史关系本身又以长期的以往的历史为前提。所以这样的平等观念什么都是，就不是永恒的真理。如果，它——在这种或那样意义上——现在对广大公众来说是不言而喻的，如果它像马克思所说的'已经成为国民的牢固的成见'，那末这不是由于它具有公理式的真理性，而是由于十八世纪的思想的普遍传播和仍然合乎潮流"①。

平等作为一种体现人与人之间在政治、经济、文化等各方面处于同等的地位，享有同样的权利的价值观念，长期以来一直激励着西方人为之奋斗。

（9）"正义是建立社会秩序的基础"。

这是亚里士多德提出的重要观念，亚氏说："国民以正义为准则。由正义衍生的礼法，可凭以判断（人间的）是非曲直，正义恰正是建立社会秩序的基础。"② 亚氏关于正义的论述是古希腊哲学关于这一问题的最高成果，也是西方正义价值观念的渊源。

正义的含义是见仁见义，很不一致的。我们认为就一般意义来说，正义是指人人在机会上均等，在权利和义务上相互对等，在利益分配上平等的社会状态，又指一种公正不偏、正直不阿的高尚道德。它既是一种社会价值，又是一种道德（行为）价值。

西方人的正义价值观源远流长，亚氏以前，哲学家着重从人、人的行为和品德方面赞扬正义价值，近代现代则着重从社会制度社会秩序方

---

① 恩格斯：《反杜林论》，人民出版社1999年版，第111页。
② ［古希腊］亚里士多德：《政治学》，吴寿彭译，商务印书馆1996年版，第92页。

面肯定正义价值，并常常将它与法律联系起来考察。

"商业和制造业在任何一个政府的公正，没有在一定程度上，得到人们的信任的国家中，几乎不可能繁荣发展。"① "正义本身是文明社会伟大的长期政策。"② "如果没有正义和公道，人生在世就不会有任何价值。"③ "正义是政府的目的，正义是人类文明社会的目的，无论过去和将来始终都要追求正义，直到获得它为止。"④ "法院的目的是正义。"⑤ "正义是某些道德规范的名称，总起来看它们与其他任何规范相比，处在更高的社会效用等级上。"⑥

关于正义的含义在哲学史上更是众说纷纭、意见迭出。有的认为"正义就是平等"（苏格拉底），有的认为"正义是给予每个人分内的东西"（柏拉图），有的人认为"公正就是合比例"，或是"一种互助的品质"（亚里士多德），有的认为"正义以公共利益为依归"（亚里士多德），有的认为"正义是防止人们相互伤害的权益契约"（埃斯库鲁），有的认为"正义是比例相等……使每个人成为他自己"（阿奎那），这些都是古代的正义观。

霍布斯说："正义的实质在于遵守有效的信约"（《利维坦》）；休谟说："公正或正义……的产生和存在归结于效用"（《道德原则研究》）；密尔说："正义问题就是便利的问题"（《功利主义》）；还有的把正义归结为"理性"，有些将其归结为"合法"，有的将其归结为"公共利益"。这些是近代的正义说。

美国约翰·罗尔斯的《正义论》是现代哲学中论述正义价值的代表作。他说以往"许多不同的事物被说成正义或不正义的：不仅法律、制

---

① ［英］亚当·斯密：《国富论》，郭大力、王亚南译，商务印书馆 2015 年版，第473 页。
② ［英］埃德蒙·伯克：《法国大革命反思录》，冯丽译，江西人民出版社 2015 年版，第949 页。
③ ［德］康德：《法科学》，商务印书馆 2017 年版。
④ ［美］汉密尔顿：《联邦党人文集》，程逢如等译，商务印书馆 1980 年版，第51 页。
⑤ ［德］黑格尔：《法哲学原理》，范扬、张企泰译，商务印书馆 2017 年版，第232 页。
⑥ ［英］约翰·斯图亚特·密尔：《功利主义》，上海译文出版社 2020 年版，第74 页。

度、社会体系是如此，许多特殊行为，包括决定、判断、责难也是这样。我们也如此称人们的态度、气质，以至人的本身"①。在他看来，"正义的主要问题是社会的基本结构，或更准确地说，是社会主要制度分配基本权利和义务，决定由社会合作产生的利益之划分的方式"。"社会结构之所以是正义的主要问题，是因为它的影响十分深刻并自始至终。"② 罗尔斯指出正义的标准是："在某些制度中，当对基本权利和义务的分配没有在个人之间做出任何任意的区分时，当规范使各种对社会生活利益的冲突要求之间有一恰当的平衡时，这些制度就是正义的。"③ 罗尔斯认为："正义是社会制度的首要价值，正像真理是思想体系的首要价值一样。"④ 罗尔斯的《正义论》是西方正义价值观的最新最高成果。

（10）"人是生而自由的"。

"人是生而自由的，但却无时不在枷锁之中"——这是 18 世纪法国启蒙思想家让·雅克·卢梭（1712—1778）在他的名著《社会契约论》一开头就提出的命题。这个命题是针对 17 世纪英国的罗伯特·菲尔麦（1589—1653）提出的"人是生而不自由的"命题而发的。卢梭时处法国资产阶级革命的前夜，他的自由说是为法国资产阶级革命制造舆论的。卢梭认为人类开始时处于"自然状态"中，每个人都是自由的、平等的。但由于工具的发明、产品的增多、私有制的产生使奴役、剥削成为可能，于是人类如自己戴上了"第一个枷锁"。从此人类进入不平等、不自由的历史阶段，无时不在枷锁中，而封建专制就是这种不自由、不平等发展的顶点，从而也是由不平等、不自由转化为平等、自由的开始。

卢梭的自由、平等学说实质上是法国革命的重要指导思想，他的自

---

① ［美］约翰·罗尔斯：《正义论》，何怀宏等译，中国社会科学出版社 2009 年版，第 5 页。

② ［美］约翰·罗尔斯：《正义论》，何怀宏等译，中国社会科学出版社 2009 年版，第 5 页。

③ ［美］约翰·罗尔斯：《正义论》，何怀宏等译，中国社会科学出版社 2009 年版，第 3 页。

④ ［美］约翰·罗尔斯：《正义论》，何怀宏等译，中国社会科学出版社 2009 年版，第 1 页。

由观在《人权宣言》和1793年宪法中都得到了反映。《人权宣言》说："在权利方面，人们生来是而且始终是自由平等的"，并对公民的行为、言论、著述和出版等方面的自由权利作了明确规定。

把自由视为天赋人权是资产阶级自由价值观的基本特征，它是西方资本主义社会中十分重要的价值观念之一。从文艺复兴直至现代，西方哲学家中的绝大多数都十分重视、充分肯定和高度评价了自由的价值。

但丁说："关于我们所有人的自由的原则，乃是上帝赐给人类的最伟大的恩惠，只要依靠它，我们就享受到人间的快乐；只要依靠它，我们就享受到像天堂那样的快乐。如果事情确实如此，那末，当人们能够利用这个原则的时候，谁还会说人类并没有处在它最好的境况之中呢？"①伏尔泰说："在自由的国家里有一百金币，比在专制的国家里有一千金币，更有价值。"(《回忆录》)康德说："天赋的权利只有一个，生来就有的自由权。"(《公正的科学的分类》)萨特说："作为全部价值基础的自由"是人们追求的目标。

西方人的自由价值观，虽然在近代以后上升到日益突出的地位，但却滥觞于古代。希腊精神"用斧头为自由而战"(史学之父希罗多德)的观念由来已久，希伯来精神中借用耶和华的声音"向普天之下所有的人宣告自由"②。

可见自古至今的西方哲学家和思想家都崇尚自由，但他们对自由的理解却莫衷一是。纵观西方哲学，其自由的含义有二：一是哲学上的自由，重在说明自由与必然的关系；二是社会上的自由，重在说明自由与秩序、法律的关系。大体有六种答案。

①"自由的实质在于服从"。唯物主义者认为人的自由在于服从自然本身及其规律，古希腊的赫拉克利特、德谟克利特、伊壁鸠鲁、斯多葛派，都基本上持此观点。唯心主义则认为自由在于服从某种理念或精

---

① 周辅成：《从文艺复兴到十九世纪资产阶级哲学家政治思想家有关人道主义人性论言论选辑》，商务印书馆1966年版，第20页。

② 《旧约全书》，上海圣书公会1928年版。

神，柏拉图、亚里士多德基本上持此看法。

②"自由是按人所固有的本性行动"。荷兰哲学家斯宾诺莎将自由理解为人的最高积极性，主体本性的必然性与客体本性必然性的统一。

③"自由是超感觉的理性活动"。康德认为在感性世界里只有自然的必然性，没有自由；自由仅是超感性的理性活动所具有的能力。费希特和谢林归根到底也同于康德的看法。

④"自由是历史活动中的必然。"黑格尔第一次说明了自由是对必然性的认识，认为历史的必然性和主体的自由是统一的。自由就在于通过认识和行动揭示必然性，按照必然性改造世界。

⑤"自由是非理性的绝对意志"。叔本华、尼采否认理性，否认自由受客观必然性的约束，认为自由是人的神秘本质，只能通过直觉来理解，通过个人的意志和激情来表现。

⑥"自由是对存在的超越。"这是存在主义者的观点，他们认为自由就是意志的绝对自由，它决定人的本质，但它本身不受决定，它和必然性是绝对对立的。海德格尔把这种自由叫作"超越"（超越人的现实存在和一切社会联系），这种超越实际上就是"死亡"。雅斯贝尔斯认为真理不能使人超越自我，只有"无知"才是自由的保障。萨特认为必然性与自由势不两立，因此自由就是斗争的自由。

由此看来，西方学者对自由与必然关系的看法，可以归结为"服从"（自由服从必然）观，"超越"（自由超越必然）观和"统一"（自由与必然的统一）观三类。表现在自由与秩序的关系上也基本是服从秩序、超越秩序与秩序统一三种观点。

西方哲人长期把自由作为人的活动和社会发展的理想状态来追求，但这种价值并未在西方真正实现。雅斯贝尔斯说："在西方世界的历史里，只呈现着一些个别成功的自由之光的岛屿。大多数争取自由的尝试都已失败了。西方历史所走的道路，绝不是一条自由愈来愈多的历史道路。到了今天，西方世界正在急剧的堕入不自由中。自由在今天，由于技术进入大量生产时代，似乎比历史上任何时期都更加不可能了。差不多所有的人，都只为当前这一瞬间而生活着，没有将来的远大前景，没有蕴藏在自己的过去和公共的历史中的深厚根基，人的生活就仅仅是坐办公室，强制劳动和有组织的休闲。这就使自由完全消失了，这就使今天的真正人性被埋没了。真正的人性，在这饱尝了惊心动魄而转瞬又忘怀一切甚至连自己也立刻忘掉的群众泥沼之中，显然已默默无闻的消沉下去了。"①

真正能给人类指明自由出路的乃是马克思主义。马克思主义认为，自由意味着人、主体的充分自我实现。"自由不仅包括我靠什么生存，而且也包括我怎样生存，不仅包括我实现着自由，而且也包括我在自由地实现自由。"②"这种自由不是先验的天赋的，而是人类历史活动的产物，它的实质在于根据对必然性的认识来支配他自己的对象。"③ 马克思主义指出，人的全面发展是人类自由高度发展的核心标志，共产主义就是人的自由全面发展的社会，"在那里，每个人的自由发展是一切人的自由发展的条件"④，共产主义是"以每个人的全面而自由的发展为基本原则的社会形式⑤。

西方人的十大价值观念，是一个价值观的系统。它是以人——个人为基础，以知识和信仰为工具，以功利、实效为现实目标，而以博爱、平等、正义、自由为社会理想的价值观念系统。个人的利益、个人的生存与发展，是西方价值观的核心。

3. 中西价值观的比较

中西价值观的比较是为了把握中、西价值观的各自特点，吸取对方的长处，建设体现时代精神和民族特色的价值观念，以服务于民族振兴和国家的现代化。简单地说就是取长补短、相互学习，共同前进。

---

① 欧阳谦：《西方马克思主义的文化哲学初探》，山东文艺出版社 1987 年版，第 30 页。
② 《马克思恩格斯全集》第 1 卷，人民出版社 1956 年版，第 77 页。
③ 《马克思恩格斯全集》第 3 卷，人民出版社 2002 年版，第 154 页。
④ 《马克思恩格斯选集》第 1 卷，人民出版社 2012 年版，第 422 页。
⑤ 《马克思恩格斯全集》第 23 卷，人民出版社 1972 年版，第 649 页。

比较有纵比（不同文化系统的哲学之源流与发展的比较）、横比（同时期不同文化哲学之比较）、同比（不同文化系统哲学家共同性质比较，目的在于探索人类思想发展的共同性）、异比（不同文化哲学的不同点之比较，目的在于把握各民族哲学之特殊性）、同异比较（不同文化哲学间共同点、不同点的比较）等方法①。不论用何种方法，都为了达到上述目的。

对中西哲学的价值观，我们这里着重做各自不同特点之比较。这种比较，不少学者都进行过，他们曾提出了五花八门的看法，这里无暇介绍，只提出我们的看法。

（1）重群体与重个体的差异。

在对人的价值评价上，中国传统价值观念比较重视群体，而西方重视个体。群体、个体都是对人的主体性的肯定，但二者强调的侧面不同。

中国哲学认为个人是从属于家庭、家族、民族、国家、社会的，这些群体单位是个人存在和发展的基础和条件，只有维护群众的利益，个人的利益才能得到保障。由此，它强调个人对群体的义务、责任和为群体利益而牺牲的精神。这种观念是中国社会长期存在宗法制、宗族制的反映。

西方哲学认为个人、个体是社会群体存在和发展的基础和条件。它认为个人就是一个原子，不依靠任何人而存在，罗素就提出过"社会原子观点"。由此，它强调个人的独立性，强调个人的权利，并把这种权利推崇为"天赋人权"。特别是进入近代社会，这种个人本位论就更为突出。究其原因，是由于在欧洲，当原始社会转变为奴隶制社会时，个人私产的独立性分解了氏族血缘关系，并在个人私产关系上建立起了国家。

重群体与重个体二者表现了中西价值观之差异，但不能简单地确定二者之优劣。其实，重群体价值固有其短，然诚有其长；重个体虽有其

---

① 焦树安：《中国哲学史研究》，中国社会科学出版社 1984 年版。

长，亦有其短。重群体易束缚个体自由，但利于群体巩固，社会和谐；重个体易发挥个人特长，但却易导致激烈竞争而造成社会危机。

（2）重伦理与重知识的差异。

中国哲学特别是儒家，明确主张道德至上的价值观，在道德与知识的价值比较中，它认为道德高于知识，道德统摄知识甚至认为道德即是知识；西方哲学从古希腊以后就有重知识的传统，认为知识就是道德。表现为两种不同的价值趋向。

中国重道德的观念与其重群体、重人际关系是密切联系的。为了维护群体的团结，必须使人际关系和谐，而要使人际关系和谐，必须有一套道德原则和规范来调整，因而道德就处于重要地位。在这种观念统治下，知识的内容和效用也道德化了。知识不是人们改造自然和社会的工具而是道德修养的手段。知识更不是纯粹地探索自然、社会规律的兴趣，而是为道德服务的。这种观念对于培养"成仁取义"的道德型人格有重大意义，但却忽视对"探赜索隐"的学术型人才的培养。赵纪彬说，中国哲人虽乏智者气象，但却具贤人作风即指此而言。

西方重知识的观念形成于探索自然奥秘的浓厚兴趣，发生于人们把握复杂、困难的自然变化和自然环境的需要。他们把人与自然的对立、人对自然的改造视为人存在的条件，正是在这种生活过程中他们才凝结出"知识即美德""哲学即爱智"的观念。此观念有利于培养出科学型人才，有助于科学的发展，但对人的社会关系中伦理原则的思考又显不足，因而就将此一领域的探讨推之于宗教领域。这就是西方的智者气象之所以走向了宗教狂热的原因。

（3）重道义与重利益的差异。

这里的道义指建立于公共利益基础上的道德规范和义务原则，利益指满足人们生活需求的物质资料。对于此二者中国人常以"义利"概括之。

在这两者的关系上，中国哲学中重义轻利的观点占主导地位。它不但轻视个人私利，于社会公共利益亦不重视，然却十分崇尚道德和义务原则，并将其提高到了天道、天理的地位，视为宇宙法则。到了封建社会后期社会现实已成人欲横流之势，而统治者的价值导向则更向崇义非利方面发展。这就是"君子喻于义，小人喻于利"的古老哲言，长期而深入地积淀于民族心理之中。

与中国相比，西方人则比较重视利益价值，特别是到了近代社会，人们为利益而竞争的观念十分明确。西方人的利益主体，既指社会功利言，更指个人私利言。

重义轻利观念影响中国人十分注意道德修养的提高和精神生活的完善，但却妨碍了社会生产的发展和社会财富的积累；重利轻义的观念，影响西方人在近代创造了巨大的生产力，促使了社会财富的增长，但"它使人和人之间除了赤裸裸的利害关系，除了冷酷无情的'现金交易'，就再也没有任何别的联系了。"并把一切情感的神圣激发，"淹没在利己主义打算的冰水之中"，"它把人的尊严变成了交换价值，用一种没有良心的贸易自由代替了无数特许的和自力挣得的自由。"[1]

（4）重现世与重信仰的差异。

在现世与信仰的关系上，中西哲学存在巨大差异。

中国人虽然有内生的道教也有外来而经过改造的佛教，但是信者甚少。绝大多数中国人执着于现世的生活，而不耽于神秘的信仰，不期待灵魂的超越。在封建社会的长时间内，宗教始终未成为占统治地位的意识形态而取代儒学之地位。这种重现世之观念始于孔子"未知生焉知死""未能事人，焉能事鬼""敬鬼神而远之"等观念。先秦各家都为寻求解决社会现实问题而著书立论，既无心于抽象思辨也无心于天国的构想。这种价值观传统被后世长期继承，成为价值观的重要特征之一。

西方人从古代就逐渐形成了宗教信仰观念，经过中世纪的封建社会强化，宗教观念深入人心，成为占统治地位的意识形态。西方的反封建斗争，在初期也是披着宗教的外衣，在宗教内部开始的。此后，宗教又

---

① 《马克思恩格斯选集》第 1 卷，人民出版社 2012 年版，第 403 页。

适应了资本主义社会的形成和发展，成为该社会的重要意识形态。

重现世的态度，使中国人一直以理性态度对待社会人生问题，形成了以德育代替宗教的优良传统，避免了出现欧洲那种宗教统治的千年黑暗，但却不利于激发人们超越自我、进行创造的精神。重信仰的西方人，认为人生而有罪，罪的根源在人自身之中，于是把希望寄托于死亡后灵魂的升入天国，于是陷于神秘主义的迷狂。但是同时又使他们激发了艰苦卓绝的创业精神，走上"赎罪之路"。

中西价值观之差异还可列举许多，以上仅举其大端而已。这些差异不过是相比较而言，不能做形而上学绝对化的理解。我们说中国人重群体、重伦理、重道义、重现世，并非认为中国人毫无重个体、重知识、重利益、重信仰之观念，只是说相比较而言它更重视前者。我们说西方人重个体、重知识、重利益、重信仰，并不是说他们完全弃群体、伦理、道义、现世的价值于不顾，而是说他们对这些价值的重视程度不及前几个方面。这样，除上述四点差异而外，还可从同一价值领域中分析中西价值观之异点。如在个体领域，中国人重个体之人格意志，西方人重个体之才能特长；在知识领域，中国人重历史知识社会知识，而西方人重视科学知识；在利益领域内，中国人重社会整体利益，西方人重个人利益；在信仰领域，中国人重天意之信仰，西方人重神性之信仰。由此看来，在同一价值领域内其倾向则有不同。

总之，对不同价值领域有不同追求，在同一领域内倾向也不同。可谓异中有同，同中有异。这种价值观的差异，既是中西文化差异的表现，又是中西文化差异的重要原因。这些差异仅就其特征言，非就其优劣言。若就优劣言，中西价值观各有优劣。应该相互学习，取长补短。如果不加分析，将特点等同于优点或缺点，得出全盘西化或保持国粹的结论都是不对的。正确的态度是以马克思主义为指导，发扬中华民族的长处，汲取其他民族的优点，建立既有民族特色又具时代精神的价值观念体系。

五 中国当代价值观念更新论

价值观念是社会意识的组成部分，它是由社会存在决定，社会存在的变化必然引起价值观念的变化。80 年代中国进入改革时期，经济体制、政治体制的改革必然要求价值观念也发生变革，以适应改革的进程，适应现代化建设的需要。因此，价值观念的变革乃是社会主义改革的组成部分。

（一）价值观念变革的实质

价值观念的更新、变革包含两方面的含义：

一是改变传统价值观中封建的、落后的成分，树立符合社会主义社会的新的价值观念。这一方面我国在建国四十年中做了大量的工作，不少腐朽的价值观念已被逐渐抛弃，但是传统的积习甚深，影响甚久，要对其彻底改变，还要做长期努力。例如唯官是求（"学而优则仕"）、"唯利是图""唯名是取"等观念都在现实生活中有种种表现。

二是改变三十年中形成的一些错误的僵化的观念，建立适应改革开放形势的新观念。新中国成立以来，我们对违背社会主义的封建观念和资产阶级观念进行过多次批判，同时又在"左"的思想指导下形成了一些错误观念，例如"阶级斗争一抓就灵"的政治价值观、平均主义的经济价值观、"越穷越革命"的社会价值观等等，这些都不利于社会主义事业的前进和发展，是改革开放的阻力。

进行这两个方面观念变革的目的就是为了推动改革开放，实现四个现代化，特别是促使人的素质的现代化。一句话就是要努力形成有利于现代化建设和改革开放的理论指导、舆论力量、价值观念、文化条件和社会环境，振奋起全国各族人民献身于现代化事业的巨大热情和创造精神。①

这就是说，价值观念更新并不是要完全抛弃中国民族传统价值观中的一切，而是抛弃其落后的封建性的资产阶级性的东西，发扬积极的合理的成分；也不是全面改变新中国成立以来形成的所有价值观念，而是破除其僵化的消极的东西，坚持和发扬其正确的东西。变革的标准在于看是否符合社会主义现代化的要求。

（二）价值观念更新过程中的争论

20 世纪 80 年代以来，中国人价值观念变化是随着几次重要的争论而集中表现出来的。

1. 关于人生价值的大讨论

1980 年 5 月，《中国青年》杂志发表了署名潘晓的信《人生的路啊，怎么越走越窄……》。围绕这封信，展开了一场关于人生意义和人生价值的讨论，投寄的稿件达 6 万多件。讨论的焦点问题是人的本性是不是自私的，人生价值是"为人"还是"为己"，通过讨论使人们对自我和社会、权利与义务、享受和贡献等关系问题作了较为深入的思考。但并未取得完全一致的看法。

2. 人道主义讨论

1982—1983 年关于人道主义和异化问题的讨论，涉及的理论问题很多，但其中关于人的价值问题却是现实性极强的问题。它大大清除了十

---

① 参见《十三大报告学习对话》，辽宁人民出版社 1987 年版。

年"文革"时期，在个人迷信的迷雾下无视人的尊严和价值的观念，确立了在社会主义制度下人的价值地位。尤其是在人是目的还是手段这一问题上的讨论，克服了只是把人视为手段的价值观念，为承认人的主体性奠定了基础。

3. 关于社会主义生产目的的讨论

社会主义生产目的讨论主要是在经济学领域进行的，但对转变人的价值观念也有极大意义。这场讨论是在 1980—1981 年进行的。在讨论中，虽然对"社会需要""需要"的含义有"宽""窄"两派观点，但对社会主义生产的目的是为了满足人民日益增长的物质文化需要看法比较一致。这就明确了在社会主义生产不是为生产而生产，必须以满足人民的需要作为最终目的，从而肯定了人是价值的主体，是社会物质财富和精神财富的创造者和享有者。当然在满足人民需要时要将当前需要和长远需要结合起来，不能只顾眼前而牺牲长远。

4. 关于历史主体的讨论

人是历史主体的讨论，是哲学家、史学家、文学家都普遍关心的问题，80 年代中期以来，对这一问题的探讨具有重大意义，价值哲学正是在这场讨论中被引入的。这场讨论中概括起来，使人们在理论和观念上明确了两点：一是人是一切社会活动，包括认识活动、实践活动以及其他活动的主体。在社会主义，人不单纯是实现某种活动的工具，而是主人；历史是作为群体的人创造的，但每个人也应负起历史主体的责任。二是人作为主体当然就具有自主性和主动性。自主性是指他不是完全被动地听命于外在的意志而活动，而是根据需要和条件来确定自己的活动；主动性是指在活动中发挥自己的能力、特长和创造性、积极性，实现自己的目标。自主性是主动性的条件，主动性是自主性的发挥。这些问题的明确，大大激发了人们的主体意识和历史责任感。当然，一些人对此发生误解，以为主体性就是主观主义和个人英雄主义，这是没有掌握马克思主义主体理论的实质所产生的。

上述讨论是在改革中人们价值观念发生变化必然提出的理论问题，也促使了人们价值观念的变革，进而在现实中，使人们的价值观念呈现出了比较复杂的状况。

（三）价值观念变化过程中的冲突

在价值观念变化中，原先稳定的观念系统动摇了，而适应新的时代新的实践的观念还未形成主导的有力量的思想，于是在现实中人们的价值观念呈现出新旧交织、古今纠缠、中外混杂的复杂局面，各类型，各层次，各行业，各年代，人们的追求和主张也不一致，众说纷纭，莫衷一是。纵观各种价值取向，予以梳理归纳，主要有以下几个问题上的冲突和矛盾。

1. 自我与社会

自我价值是指一个人对自己的特殊地位的确定、特殊人格的肯定和特殊需要的满足；还包括自己特殊才能的发挥。社会价值是指社会主体生存和发展的需要的满足，即社会利益的维护。

过去我们的传统价值观重视社会价值，这固然是对的，但却有将社会价值绝对化的倾向，忽视甚至抹杀自我的价值。在价值观念变革中，批判了这种片面的价值观，肯定了自我的价值地位，但又产生了另一种倾向即夸大自我价值，把"自我意识""自我实现""自我选择""自我成就"提到了高于一切的地位，说"我只为自己负责"。于是就产生了两种价值观（重自我与重社会）的冲突。

其实自我价值与社会价值是统一的，自我价值只有在为社会做贡献、尽义务、负责任的过程中才能实现；社会价值也只能在为人们基本需要的满足提供保证、为人们才能的发挥提供条件、为每个人的贡献给予报酬中才能维护。二者是相互依赖、相互作用的，任何割裂二者的联系的观点都是错误的。

2. 个性与共性

个性是每个人的特点和特殊性，指性格、兴趣、爱好、才能、气质等特征；共性是一个集团、集体、国家、民族的共同性统一性的规则和要求。

由于过去对共性的过分强调和对个性的束缚，在价值观变革中，尊重个性的观念必然会被突出提出。于是将个性视为神圣不可侵犯者有之，将个性误解为个人主义、自由主义者有之；有人借口个性解放而完全否定公共准则、公共秩序、社会公德、集体纪律；有人则借口反对个人主义、自由主义而否定人的个性，形成了观念上的冲突。当前在青年中只讲个性价值而无视社会、民族、集体共性规范者成为应该重视的偏向。个性共性都必须重视，二者要统一起来，不可厚此薄彼。

3. 自由与规范

自由指个人思想、意志和行为的自决、自择和自主的状态；规范指社会和团体的制度、法律、道德、纪律、秩序等制约个体思想行为的种种规定和原则。这两种都有价值的。但二者之间存在着矛盾，如果正确处理其矛盾，使两方面统一起来，达到和谐，就不会发生冲突。或过分强调规范价值而抹杀个人的任何自由和过分宣扬自由价值而无视社会的任何规范，就会导致两种价值之冲突。

这两种偏向在我们社会中都存在过，当前一些人过分片面强调自由而否认或忽视规范价值是价值观念中存在的重要问题；另一种完全否定自由的思想也是存在的。

4. 道义与利益

道义指道德规范、社会正义、政治方向、人格情操，利益是物质利益，即满足个人物质需要的财富。这具矛盾性的两种价值，过去谓之义利之辨。

重义轻利的观念新中国成立后长期影响人们的思想，"文革"中发展到极端，所谓宁要"义"之"革"，不要"利"之"苗"；宁要穷社会主义，不要富资本主义等等。随着以经济建设为中心的路线之确定和商品经济的发展，利益价值升值，利益观念强化，一些人又是向另一极端重利轻义、见利忘义、"一切向钱看"，把利益价值绝对化，忽视精神文明、取消政治思想教育、淡化四项基本原则。这又造成了极大危害，干扰了改革的进行，危害了社会的安定。

5. 道德和才能

在人才观念上红与专、德和才都是极其重要的素质，都有重要价值。

改革前，重德轻才、重政治轻专业、重品德轻知识的观念影响很大，甚至出现了"白卷英雄"。随着发展生产力、实现四化任务的提出，我们愈来愈认识到知识、才能、人才的重要性，尊重知识、尊重科学技术、尊重人才的观念进一步明确和强化，加强治理投资，发展教育事业也成为我们大力重视的问题。同时，社会上又出现了一种忽视政治、忽视道德的倾向，大批"老黄牛"，片面提出"宁用能人，不用庸人"的口号，出现了"才能升值""道德贬值"的现象，甚至反对对人进行政治评价和道德评价，认为有了较高的知识技能自然就会有较高的道德。这样就从"以德代才"的极端走向了"以才代德"的极端，同样是价值观上的倾斜。

6. 竞争与协同

社会主义的人与人、企业与企业的关系是平等的、互助合作的关系。过去我们强调互助合作、相互帮助的一面，只提共富，不允许竞争，把竞争与资本主义的自由竞争、弱肉强食等同起来。这种看法的支配下，人们赞扬共产主义风格但缺乏竞争意识。经济体制改革使企业成为自在经营、自负盈亏的商品生产者，商品生产者间必要产生激烈竞争，而且在商品经济条件下也需要竞争，于是承认竞争，鼓励竞争的观念日益深入人心。而且在人才选拔、使用方面也引入了竞争机制。实践证明竞争具有重要价值。然而在鼓励竞争、反对庸人观念和中庸思想的过程中，一些人却忽视了协同、协作的意义，一些人和企业独占信息、欺骗敲诈，甚至以邻为壑、落井下石。这种否认协同的观念其实是将社会主义竞争与资本主义竞争混同起来了。无论是否认竞争还是否认协同，都是一种片面观点，应该坚持二者的统一。

7. 时效与质量

过去我们在建设和生产中，不重视时间观念和效率观念，行动迟缓、动作缓慢、慢节奏、低效率成了习惯，丧失良机的事屡见不鲜。在科技发展的时代，这种观念已成为过时的东西。随着改革，"时间就是金钱，效率就是生命"的口号应运而生。人们时效观念增强了。但是又出现了重时效而轻质量的现象，劣质产品、残次货物甚至伪造商品不断涌现，只讲"多""快"，不讲"好""省"，也是价值观上的一种失调表现。

8. 开拓精神与发扬传统

改革时代要求开拓创新的精神，反对墨守成规、因循守旧、封闭僵化的观念。只有开拓创新才能活跃思路，不断提出新问题、解决新问题，有新突破，有所前进。但开拓创新并不是完全抛弃我们民族的优秀传统，特别是在革命、建设历程中形成的光荣革命传统。这些优秀传统与改革、开放不但不是对立的，而且是进行改革开放、发扬开拓创新精神的重要条件。"刚健自强""日新其德"精神中本来就包含创新的意见，"艰苦奋斗""自力更生""不怕困难"的革命精神仍是我们今天所需要的，和开拓精神是一致的。我们既不能因继承、发扬传统而否定开拓精神，也不能借口开拓、开放而全盘否定民族优秀传统的价值。当前全盘否定传统的倾向主要表现在：（1）只谈我们民族传统中落后的消极的封建性的东西，无视于甚至根本否认我们民族传统中有积极的人民性的精华；（2）把我们民族传统中优秀的有生命力的东西，歪曲为落后的反动的东西；（3）完全以西方文化特征为尺度衡量和评价中国民族的传统，否认传统的民族特征，把中西文化传统的特征差异笼统说成先进与落后的时代差异；（4）片面理解五四运动先驱和文化革命先驱，特别是鲁迅先生对传统中保守、落后性的批判，离开历史条件引用他们的论点和运用他们的方法。（5）随意对传统文化进行解释，背离原意，歪曲原著，割裂全文为自己的观点做论证。

9. 经济效益与社会效益

发展社会主义的商品经济不但要求增强产值，还要讲求效益，使产品能够赚钱得利。过去在产品经济条件下，只管生产不管交换和消费，效益观念淡薄。因此，增强效益观念是必要的。但效益包括经济效益与社会效益两方面，经济效益的尺度是金钱和利润，社会效益的尺度是有益于人民的身心健康和社会进步。特别是文化产品，要把促进物质文明建设和精神文明建设结合起来，既求经济效益高，也要社会效益好。克服和反对单纯为了经济效益而损害人民身心健康、危害社会发展的观念。

10. 收入差距和社会公平

在分配领域，改革打破了大锅饭，一定程度上改变了收入分配上的平均主义，实行按劳分配的原则。由于倡导一部分地区、一部分企业、一部分个人靠自己的辛勤劳动先富起来。于是使能力、贡献不同的人在收入上拉开差距，这是合理的，对发展生产是有价值的。但是由于政府对收入分配的直接控制弱化而新的宏观间接调控体系尚未健全，再分配中出现了分配不公现象。

当前的分配不公表现在：（1）反对拉开差距的平均主义顽病未治在某些部分甚至扩大（例如国营企事业单位工资差距偏小、奖金平均发、福利平均分等）；（2）靠非劳动手段捞取不义之财、靠不均等的机会从事"第二职业"，使非工资收入与广大职工收入差距很大。

因此在收入分配中既要承认合理的收入差距，又要防止差距过于悬殊，体现社会公平。如果只谈社会公平，一些人就会以此为借口搞平均主义，如果只讲"拉开差距，先富起来"就会导致贫富悬殊。应该把合理拉开差距与体现社会公平统一起来。

以上十个矛盾问题主要是围绕群与己、义与利、公与私三个问题展开的。改革中出现的价值观念方面的混乱必须通过社会的引导才能走上健康正确的道路，不能让其自然而然的变化和发展。借口多元化而任由正确的与不正确的观念并存的态度是不对的。

（四）加强价值观念变革过程中的调控机制

价值观念的根本动力是生产力发展和科学技术发展的根本要求，其社会基础是改革的实践，而调控机制则是党和国家的指导思想、路线方针政策和制度、法律、教育、宣传等机构的工作。我们要加强这些方面，来引导变革的方向，促使观念变革沿着正确的道路前进。

①以马克思列宁主义为指导。我们要树立的价值观念必须是符合马列主义的观念，必须体现马克思主义的价值观，全心全意为人民服务。②以"一个中心、两个基本点"为原则。坚持以经济建设为中心、坚持改革开放和四项基本原则是价值观念变革的遵循原则，坚持这些原则，就会使我们的价值观念同封建主义的、资本主义的观念划清界限。③以提高民族的思想道德素质和科学文化素质为目标。价值观念是人的素质的重要内容，也是影响人的素质的重要因素，价值观念变革必须把提高民族素质作为实际目标。④以辩证法为分析批判各种价值观念的方法。在价值观念革新中，切忌片面性，注意从一个极端跳到另一个极端。人们的价值观念是人们对自身存在和发展的多方面需要的反映，这些需要是丰富的多样的，又是内在平衡的，注意某一种需要而限制或扼杀另一种需要就会使价值观念发生倾斜，影响人的全面发展。

总之，加强调控、增强自觉性，才能使价值观念的变革沿着正确的道路，向着正确的方向前进。

（以上讲稿写于 1989 年 2 月至 1989 年 8 月 2 日）

附 人生的目的、理想和价值

（1988 年 7 月 26 日）

　　人生的目的理想价值是人生哲学（人生观）的核心问题，也是价值哲学的重要内容之一。近年来关于价值哲学和人生哲学的研究方兴未艾，呈现出伦理学—心理学—哲学的浅层到深层的发展趋势。我国以往对人生问题的研究偏重于伦理学方面，重在说明人生道德修养问题，近几年来随着对人的问题，即人的本质、本性问题研究的深入，翻译和介绍了西方一些应用心理学著作，这些著作对人生问题的研究着重从分析人的心理现象入手。例如，美国卡耐基的《人性的弱点》《人性的优点》《美好的人生》《积极的人生》；马斯洛等的著作《人的潜能和价值》《人性能达到的境界》等等都是从心理学研究人生问题的影响颇大的著作。所谓心理学的研究，就是从分析心理特征和变化规律出发，说明人的价值问题。由于人生问题涉及广泛的领域和复杂的问题，仅从心理角度研究还不够，因此一些学者开始从哲学的角度研究人生问题，撰写《人生哲学》《生存智慧论》和《人生学》等著作。这样就使人生问题的研究进入到更深的层次。

　　为什么近年来对人生问题的研究引起了学术界的重视呢？有三个原因。①人生价值是人生的问题研究的重要内容之一。人的问题从哲学上说，包括人的本质、人的价值、人的解放三大问题，人的本质是基础，人的价值是核心，人的解放是归宿。②人生价值是人们实现生活中遇到的实际问题。随着经济的发展、技术的进步、财富的增加，人与自然、人与物的关系问题日益突出，人在宇宙中的地位，人与物的价值权衡，怎样生活有意义都是人们思考的现实问题之一。③人生价值是对青年进行思想教育的重要方面。培养四有新人，首先要青年一代树立正确的人生观，树立正确的人生目的和理想，这些问题都受人生价值观的支配。年轻人思考最多的问题是人生问题，他们处在探索人生道路的年龄阶段，各种人生观都会向他们涌来，使他们感到困惑，迷惘。这时引导他们树立正确的人生价值观就在其成长道路上具有决定性意义。

（一）人生价值的本质（什么是人生价值）

人生价值就是人生意义，它回答人应该怎样生活对自己、对他人、对社会才有意义；人的一生应该追求什么样的目标和理想。

1. 人生价值是人生目的和人生理想的决定因素

人生目的是指人生的实践活动和行为所要达到的对象；人生理想是指人一生所要追求的未来的境界。人生目的相对于活动过程和活动手段而言，人生理想相对于现实境地、现有状况而言。对象性是目的的主要特征，未来性是理想的主要特征，也可以说人生理想是人为自己设定的未来的完美的目的。

人生价值则是指人一生的意义所在，它比目的、理想的内容更广泛，抽象程度更高，结构层次更深。对人生价值的看法是确定人生目的，追求人生理想的依据。人认为什么有意义，才去追求什么，什么无意义就不去追求。因此，人生价值是人生目的、理想的决定因素。它贯穿于人生活动的全部内容。

2. 人生价值是人的价值体系的核心部分

人的价值体系包括人类价值——人在宇宙中的地位和作用；人格价值——个人作为一个整体与他人不同的特点的综合，即人应该成为一个什么样的人才有意义；人生价值——人的生存和活动的意义及怎样生活才有意义。

人类价值、人格价值都以个人的人生价值活动为条件，也都通过人生价值表现出来。人类价值由个人的人生价值构成；人格价值靠人生活动来实现。因此，人生价值是人的价值的核心问题。

3. 人生价值的实质是在社会关系中形成的主体需要与客体满足主体需要的关系

（1）价值是一个关系范畴及主体生存、发展的需要和客体满足主体需要之间的关系。

（2）人既是主体，又是客体。人作为需要的主体，为自己的生存和发展，他的一切需要必须从他人和社会那里得到满足；作为需要的客体，他是满足他人和社会需要（主体）的对象和手段。一个人，对自己来说是主体，他人是自己的客体；而对他人来说则是客体，他人是主体，任何一个人都是主体与客体的统一。

（3）人生价值就是一个人的生存对于他人、社会所具有的意义。即是说，我的人生价值的大、小、正、负是以他人为尺度衡量的，是以是否满足他人和社会的需要来确定的，同样，他人的人生价值也是以满足我的需要的程度来衡量的。一个人自己不能单方面来确定自己的意义和价值，必须在社会关系中，相对于另一个主体才能确定。比如，谈黄金贵重，不是就黄金自身而言的，而是相对于非金的东西（如石头）而言的。如果不是处于关系中，任何一个人的价值都不能确定。因此，人生价值是一个关系范畴。

（二）人生价值的结构

人生价值即是个人与他人、社会之间的关系，是一个人对他人的生存和发展、对社会的进步所具有的积极意义。那么，它的结构当然要从人发挥自己的生命意义所应有的因素和条件来分析。人生意义的确立是由三个方面决定的。

1. 人所具有的改造自然和改造社会的能力，这是人的潜在价值，即个人的内在价值

人要使自己的活动有意义、有价值，必须创造出满足自己、他人、社会所需要的物质财富和精神财富；而要创造出这些，首先必须具备改造自然、社会的能力，没有这种能力，则不能创造财富，不能做出贡献，当然就不会有什么价值。因此人的能力是人的潜在价值，因为它还没有能够转化为现实的价值。人的能力包括体力、才能、道德三种因素，这三种因素必须经过长期培养才会形成。人的能力——内在价值说明：第一，一个人在为社会做出实际贡献之前，也是有价值的。例如处于成长和学习阶段的青少年，他们在准备自己的内在价值，因此他们的人生也是有价值的。第二，有的人虽然没有什么特别的才能，但他的生存能给家庭带来欢乐，使人类得到延续，形成某种道德关系，应该承认他们也是有价值的，这种价值主要表现在伦理方面。第三，内在价值说明人人都具有价值，因为人人都具有为他人为社会做出贡献的可能性。

2. 个人对社会的责任和贡献，这是个人的外在价值和现实价值

人的潜在创造力转化为现实创造力，为社会做了有益的事，创造了某种财富，做出了某种贡献。这些能满足他人或社会的合理需求。这个人的人生就是有价值的，这是人生价值的主要标志。

人生对社会的贡献是多方面的，政治、经济、历史、文化、艺术、体育都是做贡献的领域；物质的、精神的都是可以贡献的成果。爱因斯坦说："一个人的价值应该看他贡献什么，而不应看他取得什么。"又说："一个人对社会的价值首先取决于他的感情、思想和行动对增进人类利益有多大作用。"这是对人生价值的深刻说明。

人的贡献——外在价值说明：（1）一个人的人生是否有价值不应看他个人对自己的评价，而应看客观上他的实际贡献；（2）一个人的人生

价值不应只看他本人的潜在能力，还应看他对能力发挥的程度，产生的实效。有能力而不发挥，也不会产生价值；（3）个人对社会贡献的多少、大小是衡量个人人生价值高低的客观尺度。这方面固然难以十分精确地进行数量分析，但实际上，存在贡献大小之分。

3. 社会对个人的尊重和满足，这是人生价值的实现和肯定的重要条件

价值是一个关系范畴。个人是关系的主体，又是关系的客体；他要以自己的才能和贡献满足他人和社会的需要；作为主体，他的需要是从他人和社会那里得到满足的。个人为社会为他人做了好事、做了贡献，是人生价值的主要标志，但如果在这种情况下，他的合理需要未得到满足，就说明它的价值未得到承认和肯定，没有真正实现。因此社会对个人的尊重和满足也是构成人生价值的重要因素。

这说明：（1）人生价值是在主客体的相互关系中体现出来的；（2）人生价值的实现必须具备主观和客观两方面条件；（3）社会对个人的尊重。

以上三个方面的因素构成人生价值。可见，人生价值的基本特征是：（1）人生价值是潜在能力和现实贡献的统一；（2）人生价值是实际贡献和需要满足的统一；（3）人生价值是个人和社会的统一（主体和客体相统一）；（4）人生价值是目的（人人为我）和手段（我为人人）的统一。

（三）人生价值观的类型

人生价值观是人们对人生价值的观点，即是对人生怎样才有意义的看法。这种观点随着社会的发展是有变化的，在不同社会集团的人们中是有分歧的，即使一个个人也会与他人有不同的人生价值观。我们从历史、阶级、理论三个角度列举一些重要类型。

1. 历史类型

人生价值观在不同的历史时代是不同的。

原始社会。生产力发展水平低，人们依靠集体力量共同劳动，维持生存；意识朴素简单，不能区分主体与客体、个人与社会。因此，没有形成个人人生价值的看法，没有什么人生价值观。

奴隶社会。奴隶主阶级的人生价值观是追求特权与享乐，认为掌握等级特权，无休止的享乐乃是人生的意义所在。奴隶阶级处于受压迫境地，充当"会说话的工具角色"，他们认为追求人生自由是最高的价值。古罗马奴隶起义领袖斯巴达克说："宁为自由而冒极大的危险，也不为敌人的娱乐而丧身竞技场。"《诗经·硕鼠》也尖锐地指出："乐国乐国，爰得我直。"（劳动产品归自己）

封建社会。封建统治者把等级制、享乐主义作为人生价值，认为位高、名贵、威重、极乐最有价值。农民则把勤劳、平等（等贵贱，均贫富）、丰衣足食作为人生价值的目标。

资本主义社会。资产阶级初期追求个性解放、个人自由，后来则追求金钱和享乐。无产阶级的人生价值则是为解放全人类而奋斗。

社会主义社会。公有制、按劳分配。人们的人生价值观是贡献和索取的统一，既有为社会服务的责任、义务，也应享有自由劳动的权利和公平合理的分配。权利和义务的统一。

2. 阶级类型

（1）剥削阶级人生价值观的共同特点是特权（权）、财富（钱）和享乐（欲）。

（2）被剥削阶级的人生价值观是劳动、平等、自由。

3. 理论类型：或理论体系的人生价值观

（1）中国哲学史上的人生价值观。

　　①"三不朽"说：春秋时鲁国叔孙豹提出："太上有立德，其次有立功，其次有立言，……此之谓三不朽。"（《左传·襄公二十四年》）认为树立高尚的道德，建立伟大的功绩，创立高深的言论乃是最有价值的人生。

　　②"成仁取义"说。孔子曰："志士仁人，无求生以害人，有杀身以成仁。"（《论语·卫灵公》）孟子曰："生亦我所欲也，义亦我所欲也，二者不可得兼，舍生而取义者也。"（《孟子·告子上》）认为人生的价值在于"成仁取义"，即形成高尚的道德品质，实现道德理想。一个人，即使在事业上不能成功，而在道德上达到了自我实现，也是有价值的人生，所谓"不成功便成仁。"

　　③"利人即为"说。墨子说："利人乎即为，不利人乎即止"（《墨子·非乐上》），人的一生遵循的唯一原则是"利人"，唯一目标是"中国家百姓人民之利"。人若只说空话，对人无所利是"荡口"也，"若无所利而必言，是荡口也"（《墨子·耕柱》）。他主张评价人要"合志功"而观，即将动机和功效统一起来，看他在实际上是否给他人、社会带来利益，他自己的一生也是"利天下为之"。

　　④"自然无为"说。道家主张自然无为的人生价值观。就是人生应该自然而然无所作为，随波逐流，逍遥自在，保持精神自由。这就必须破除自我中心，克除主体欲求，通过"尘忘""心斋"的途径超越人生同追求利欲、功业、知识、道德、名望而产生的精神痛苦。

　　⑤"贵己为我"说。墨子之后隐者杨朱提出"为我""贵己"的人生价值观。孟子说，"杨子取为我，拔一毛而利天下，不为也。"（《孟子·尽心》）《吕氏春秋》说"阳生贵己"（《不二》）。贵己为我就是为了自己的生存和利益而不顾其他，不为君、不为民、不为国、不为天下，杨朱是中哲史上第一位重视个人，只讲自爱、自重、自利的哲人。

　　中哲史上以儒家的成仁取义说的人生价值观占主导地位，而以道家的自然无为说作为补充。总体特征可以概括为"养先忧后乐之心，充海阔天高之量"。其影响是双重性的，我们要给予辩证的评价。

（2）西方哲学史上的人生价值观。

西方哲学史上的人生价值观也有多种影响较大的，有四种观点。

①宗教赎罪主义的人生价值观。西方基督教的基本原理之一是人类是犯罪的产物，人类的始祖亚当、夏娃偷食智慧果，犯了原罪，被上帝赶出了伊甸园。人的一生就是赎罪的一生，通过吃苦劳作、清心寡欲、忍受苦难的赎罪，才能在死亡后进入天国，超脱苦难，享受欢乐。人生的价值就在于赎罪。伊斯兰教奉行后世享乐说，今世受苦为了来世享乐。人生为了上帝。

②享乐主义的人生价值观。这种观点认为，人生的意义在于满足口腹耳目之欲，享尽声色犬马之乐。这种观点从古希腊哲学起就已提出，亚当斯提卜（公元前435—前360）认为人生的目的就在于现实的快乐和享受，最高的善只能在快乐之中，快乐是衡量一切价值的尺度。文艺复兴时期的人文主义者，为了反对封建宗教的禁欲主义，也主张追求个人享乐的人生价值。近代资产阶级的一些学者，如英国的边沁（功利主义）主张"不能为了别人而牺牲自己的享乐"作为人生的原则。享乐主义一直是剥削者、寄生虫、懒汉所奉行的人生价值观，影响是很大的。

③实用主义的人生价值观。实用主义是资本主义发展到垄断阶段而出现的，代表人物是美国的詹姆斯和杜威。他们主张人生的意义在于方便和有用，怎样方便就怎样生活，什么有用就追求什么。社会是个大赌场，人生是投机和冒险。目的是求得实利和功效。可以为了实效、实惠而不择手段。

④存在主义的人生价值观。现代西方哲学的重要思潮之一是存在主义，代表人物是法国的萨特。他的哲学的根本命题是"存在先于本质"。由此出发，他主张人可以"自由选择自己的本质"。人生的价值就是，既无客观根据，也无道德准则，完全随心所欲地"自由选择"。在选择时必然遭到他人的妒忌等，人应该视"他人即地狱"，在冷漠而苦恼的人际关系中"冒险地活下去"。这是一种颓废的人生价值观。

上述中，西哲史上的人生价值观只是主要的对人们影响比较大的理论类型，并不是哲学史上的全部人生理论。现实生活中，流行的人生价值观比理论类型更丰富多彩，但基本上都可以从上述人生价值观中找到渊源。

（四）当代青年人生价值观的特征

中国社会处于改革时期、开放时期，新旧中西各种观念在发生冲突，人们的价值观在发生变化，因此表现出一种多元化的现象。这种多元化，既有丰富的一面，也有混乱的一面。青年中显得更为突出。主要在以下几个问题上，他们进行人生价值的选择。

1. 对贡献与索取的思考

人生的价值在于为社会尽义务；为人民谋利益，为国家做贡献；还是在于追求社会对个人的尊重和对个人需要的满足，即向社会索取，是青年思考的首要问题。在此问题上的答案有两种。

一是人生意义在于贡献。持这种价值观的人，把学习知识、增长才干、进行创造性的工作、为国家和人民建功立业、为振兴中华、实现四化而献身作为人生的奋斗目标。他们能做到为了事业而牺牲个人的利益，能够正确处理个人利益和社会利益的关系。

二是人生的意义在于向他人、向社会索取。索取的内容包括名誉、地位、利益、享受、待遇，斤斤计较一己之得失，一事当前为个人打算，向人民伸手。他们认为个人欲望的无限满足是人生的意义所在。这种观点的错误在于：第一，只从一己需要的满足来理解价值，不懂价值是一种关系。人生价值是自己和他人需要的相互满足，自己只有在做出贡献以满足他人和社会需要过程中才能使自己的需要满足。社会要满足个人的需要，必须首先创造物质财富和精神财富。第二，从自身确定价值的尺度，不懂得价值尺度是相互的，自己有无价值和价值大小，不能从自身找尺度，只能以对方为尺度。索取论者认为从对方索取越多、占有欲越多，自己的价值越高，这是违背价值论的辩证法的。

当然我们也不能把贡献绝对化，要求人们只讲贡献，反对人们追求自己应得利益和合理欲求；更不能把人们都当作一种工具，而不尊重个人劳动和贡献。作为国家和社会来说，要把要求人们做贡献与尊重和满足个人的合理需要二者结合起来，使人们的人生价值得到实现。

2. 对道义和利益的权衡（义利关系）

道义指政治方向、道德原则、精神情操；利益指物质利益。人生价值天平上，道义重要还是利益重要是人们长期争论的问题。此之谓义利之辨。当前这是人生价值观中的尖锐问题之一。基本上有三种看法：一是重义轻利甚至崇义非利；二是见利忘义甚至崇利非义；三是义利兼重，义利统一。中国传统思想中的重义轻利观念影响极大，"文化大革命"中发展到极端，认为言利就是资产阶级的。崇利非义观念在中国传统理论中虽无大的影响，但事实上也长期存在；而在资产阶级实用主义价值观中则是一条重要的信条，所谓"有奶便是娘"，"有用即真理"，这看法是认为利就是义。第三种观念是中国古代墨子的观点。马克思主义主张义利统一，认为对社会对个人应该物质和精神并重，道德和利益兼顾。

当代青年中重利轻义的观念，在一部分人中甚为流行，这些人为了个人利益不讲政治方向，不讲社会公德，必须予以引导。

3. 对自我与社会的选择（群己关系）

是我重要还是社会重要，自我和社会在人生的位置如何也是一个重要问题。多数青年能够把自我发展和社会需要统一起来，能正确处理个人和集体、个人和社会的关系，在尊重社会需要的前提下，追求自我成就、自我完善。但还有些青年重自我轻社会，只讲自我意识，不讲群体意识，颠倒了群己关系，说"我只为自己负责"，他们不懂得自我与社会是相互依赖的，自我价值要通过自己对社会的贡献和受到社会的承认才能实现；社会价值也要依赖于每一个自我的价值。没有或无视社会价值，自我能力的培养、才能的发挥、需要的满足就没有前提，自我价值根本不可能实现。

4. 知识和实惠的比较

人生的价值在于掌握知识、培养才能，对社会发挥作用，还是追求眼前的实惠，这也是青年，特别是青年学生思考的重要问题之一。

传统价值观重视读书学习，"万般皆下品，唯有读书高"，"学而优则仕"，"书中自有黄金屋，书中自有颜如玉"的价值观念是封建时代知识分子最高的取向。

在"文化大革命"中，人们重视政治觉悟、阶级斗争觉悟的价值，认为知识无用，"白卷英雄"可以身价十倍，"大学就是大家都来学"，"大学只有一个专业就是斗走资派的专业"，知识分子等于"人、洋、古"，"封、资、修"，"斯文不可少扫地"，极大地扭曲了一些青年人的人生价值观。粉碎"四人帮"以后，随着四化目标的确立，现代科学技术浪潮的冲击，社会对知识人才的重视，知识又升值了，甚至走向了文化热。

近两年来，随着商品经济的发展和社会分配不平等其他方面的原因，新的读书无用，知识无用论又卷土重来。一些青年着眼于实惠、利益，企图早赚钱、赚大钱。中学生流失，研究生退学的现象发生了，学龄儿童不上学的也有所增加。这种现象的产生是改革中出现的一些问题还未及时解决在观念上形成的误解。特别是社会分配不均，体脑劳动收入倒挂。所谓"搞导弹的不如卖鸡蛋的，拿手术刀的不如拿剃头刀的"，使青年人的价值水平倾斜，重在实惠和实利。通过对知识和实惠价值的比较，产生了不正确的实惠价值观。这种人生价值观，对国家的文化建设和民族文化素质的提高，极为不利，应予以重视，通过调整政策、深化改革和思想教育来解决。

5. 对个性和共性的探索（殊共关系）

人们的生活方式、思维方式、活动方式是具有个性特征有意义，还是千人一腔、千人一面，衣、食、住、行、学、思、言保持绝对同一一致有意义？这是个性与共性问题。"文化大革命"和"文化大革命"前很长一段时间，我们倡导共性，轻视甚至否定个性。将个性与个人主义画等号，与自由主义画等号，形成了许多方面的单一化模式、单调型性格，头发一律羊角辫、小分头，衣服一律中山服、红卫装，言谈一律革命化，表决一齐举手，欢迎一律鼓掌。

党的十一届三中全会后，在这个问题上，我们也进行了反思，学术界、文艺界都探索了这个问题，认为扼杀个性不利于人才的成长和人生价值的实现，主张尊重人的个性特点，提出"我爱每一片绿叶"（刘心武）口号，年轻一代更重视自己个性特点的形成，并希望得到人们的理解和尊重。这是健康的积极的人生观。同时一些人，又产生了片面的理解，把个性绝对化，将其与共性对立起来。认为个性就是我愿意怎样就怎样，谁也管不着，什么公共准则、公共秩序、公共道德、公共利益、集体规范都可以不要，把个性歪曲为个人主义，自由主义。甚至盲目地不加分析地认为，人生价值就是"走自己的路让别人说去吧"，"我行我素"。其实"走自己的路，让别人说去吧"这句名言的实质是自己走着正确的路，不为错误的议论所干扰。如果笼统地用这句话为自己不良的个性、错误的思想言行辩护，就只能使自己沿着错误走得更远。

我们的观点是坚持个性与共性的统一，并区分良好的个性与不良的个性。对那些在承认共性的同时，培养个性、发展个性的青年，我们应该赞许，赞许他的人生价值观焕发着特异的光彩，我们热情地送给他们赠言："我爱每一片绿叶。"

以上问题，青年们在思考过程中，有的已经形成了稳定的观点，形成了自己的人生价值观；而有的还在比较、思考、选择，有的则徘徊、迷惘，很不成熟，必须通过心灵的沟通，有效的方法对青年进行人生观反省。简单地将青年的人生观区分为贡献型、索取型、实惠型三类，都有模式化、固定化的弊端，忽视了青年的可塑性。

　　我们在对青年进行人生观教育时，要把人生价值的主要目标在于为社会做贡献当作基本原则，同时也不要简单地忌讳实惠、排斥自我、否定个性、反对利益，而要进行辩证地分析，全面地论证，才能实事求是，以理服人。

中国哲学史文献学讲义

（1985 年 9 月）

导　　言

（一）什么是中国哲学史文献学

1. 文献的含义

"文""献"二字连用，最早见于《论语·八佾》。子曰："夏礼，吾能言之，杞不足征也；殷礼，吾能言之，宋不足征也。文献不足故也；足，则吾能征之矣。"

我国第一部以"文献"命名的著作是宋末元初著名学者马端临编撰的《文献通考》。马氏在序言中解释了此书命名的来由："凡叙事，则本之经史，而参之以历代会要以及百家传记之书，信而有征者从之，乖异传疑者不录，所谓'文'也。凡论事，则先取当时臣僚之奏疏，次及近代诸儒之评论，以至名流之燕谈，稗官之纪录。凡一话一言，可以订典故之得失，证史传之是非者，则采而录之，所谓'献'也。其载诸史传之纪录而可疑，稽诸先儒之论辨而未当者，研精覃思，悠然有得，则窃著己意，附其后焉。命其书曰《文献通考》。"

1983 年我国颁布了《中华人民共和国国家标准·文献著录总则》给文献下了简明的定义："文献，是记录有知识的一切载体。"具体地说，以文字、图形、符号、声频、视频等手段记录和传播知识的载体就是文献。

文献的性质有四个方面。一是知识信息性。这是文献的本质属性。任何文献都记录或传递一定的信息知识。离开知识信息，文献便不复存在。传递信息、记录知识是文献的基本功能，人类的知识财富正是依靠文献才得以保存和传播的。二是客观物质性。文献所表达的知识信息内容必须借助一定的信息符号、依附于一定的物质载体，才能长时期保存和传递。三是人工记录性。文献所蕴含的知识信息是人们通过各种方式将其记录在载体上的，而不是天然荷载于物质实体上的。四是动态发展性。文献并非处于静止状态，而是按新陈代谢规律运动着。随着人类记录水平的提高，信息交流的频繁，文献的数量日益庞大，形式日益多样；与此同时，文献的老化速度也在加快，生命周期日益缩短，形成了有规律的运动。

文献的类型：根据不同的划分标准，文献可分成多种类型。根据文献载体形式划分，包括五类。（1）手写型文献：指在纸张发明以前的古代文献，这是最早的文献载体形式。如我国古代刻写于龟甲兽骨上的甲骨文献，刻铸在青铜器或石头上的金石文献，书写在竹片上的简策文献，记录于丝织品上的缣帛文献，以及外国古代的泥板书、纸莎草书、蜡板书、羊皮书等。（2）印刷型文献：指以纸张为载体，以油印、石印、胶印等印刷技术记录信息和知识而形成的文献信息，这是现代文献的主要形式。它便于阅读，但存储密度低，如储藏需占较大空间，在存储过程中纸张容易变质。（3）缩微型文献：指缩微复制品。它以感光材料为载体，利用摄影技术将手写和印刷型文献缩摄而形成的文献形式，包括缩微胶卷、缩微平片等。缩微文献体积小、存储容量大，价格便宜，便于保存和检索。但必须借助于阅读机才能阅读。（4）视听型文献：指以电磁材料为载体，借助特殊的机械装置，将声音和图像记录下来的一种动态型文献，如唱片、录音带、幻灯片、电影片、录像片等。视听型文献完全脱离文字形式，直观、生动、形象、传播速度快，便于更新。（5）机读型文献（电子文献）：指以数字代码方式将图、文、声、像等信息记录在磁性材料或光学材料上，由计算机或具有类似功能的设备输入和输出的文献形式。主要包括软磁盘、只读光盘（CD—ROM）、交互式光盘（CD—I）、照片光盘（PHOTO—CD）、集成电路卡（IC—CARD）等。电子文献存储密度高、速度快，特别是光盘，存储容量极大，传输速度极高，可存储各种媒体的信息，并可在网络上使用，使文献信息交流跨越时空的障碍，加速了知识信息的传播和利用。

根据文献编辑出版的特征和范围划分，包括两类。（1）正规文献：通常是指正式的、公开出版发行的文献。主要包括图书、期刊和报纸。A. 图书。在社会科学文献信息源中，图书是历史最长、种类最多、数量最多的一种文献形式。其中信息价值最高的当数科学著作。B. 期刊又称杂志。在期刊中，对社科工作者有较大参考价值的是学术性期刊，而在学术性创刊中最具使用价值的是核心期刊。所谓核心期刊，是指那些社科信息密度大，具有代表性和权威性，使用寿命长，反映学科发展最新动向和社会科学研究的最新成果，受到专业读者重视的期刊。核心期刊是一种重要的社会科学文献信息源。C. 报纸。（2）非正规文献：非正规文献也称灰色文献，专指不公开发表，通过正规渠道无法获得，有重要参考价值的文献。如会议资料、参考资料、学位论文、内部刊物、档案文献、政府文件。

根据文献的加工程度划分，包括四类。（1）一次文献：指以科学研究、工作实践中的新成果、新知识和经验总结为依据而创作产生的文献。这是最基本的文献信息源。主要包括学术专著、报刊论文、文学作品、科研报告等。一次文献具有创造性特点，有较高的理论价值和使用价值。（2）二次文献：指根据实际需要，按照一定的科学方法，将特定范围内的分散的一次文献进行加工整理而形成的文献。它能较为全面系统地反映某学科某专业的线索，是检索一次文献的工具。主要包括书目、索引、文摘、图书馆目录等。二次文献的特点在于编排出版具有系统性和连续性。（3）三次文献：指通过二次文献提供的线索，选用一次文献内容，进行分析综合后而编写的文献。包括综述研究和参考工具两类。综述研究类如专题述评、动态综述、进展报告等；参考工具类有百科全书、年鉴、手册等。三次文献的特点在于高度浓缩和深度加工，是知识在更高层次上的网络化和综合化，对学术研究具有很大的指导和参考作用。

根据文献的内容性质划分，可分为理论文献和非理论文献。

2. 文献学的定义

文献学是以文献和文献工作为对象，研究文献的产生、发展、价值、整理、传播、利用及其一般规律的学科。

文献学的研究内容，有理论研究、应用研究和历史研究三个方面。

3. 中国哲学史文献学的含义

（1）中国哲学史文献，是记录中国哲学史知识的一切载体。包括图书印刷品和印刷品以外的文字记录，如甲骨文、金文、竹简、帛书、碑文等，但以图书资料为主。

（2）中国哲学史文献学是以中国哲学史文献和文献工作为对象，研究中国哲学史文献的产生、发展、价值、整理、传播、利用及其一般规律的学科。

（3）中国哲学史文献学和中国哲学史史料学的关系。"史料"的定义。可以把现有的"史料"的定义分为三大类：第一类定义把"史料"简单地解释为"历史资料"。第二类定义则把"史料"解释为"历史遗迹"或"历史痕迹"。例如，梁启超说："史料者何？过去人类思想行事所留之痕迹，有证据传留至今日者也。"何炳松说："所谓史料，乃前人思想行为之遗迹。"白寿彝说：史料是"人类社会历史在发展过程中所遗留下来的痕迹"。第三类定义认为"史料是指反映某一特定历史事实的原貌的材料"。

史料分类法主要有两种。其一为原始史料与二手史料之二分法（以下简称二分法），其二为实物、文献、口传之三分法（以下简称三分法）。梁任公在1922年作关于中国历史研究法的讲演时对两种分类法同时采用。在"说史料"篇中，他将探讨对象分为"在文字记录以外者"与"文字记录的史料"两大类；在"史料的收集与鉴别"篇中，他又采纳"直接史料"与"间接史料"说。提起史料的三分法，不能不追溯到王国维。他在清华国学院讲课时提出了两种史料及为此应采用的"二重证据法"。他说："吾辈生于今日，幸于纸上之材料外，更得地下之新材料，由此种材料，我辈固得据以补正纸上之材料。"（《古史新证》）他所提出的两种史料说，发展到今天，成为广为人们接受的三分法。中国哲学史史料就形式而言，包括文献（文字）史料、实物史料和口传史料三类。但实物史料中的甲骨、钟鼎、石鼓、竹简、帛等，实际上是凭借实物上的文字才具有哲学史料意义，因此也属文字史料。所以，中国哲学史史料包括文献（文字）史料和口传史料两类。文献史料又分本人著作和他人记录或转述两种；口传史料主要指兄弟民族中流传的哲理性谈话、史诗等。

史料学就是研究史料的收集、鉴别和运用的科学，是历史学科的一个分支。史料学可大体区分为两类：一类研究收集、鉴别和运用史料的一般规律的方法，可称为史料学通论；另一类研究某一历史时期或某一史学领域史料的来源、价值和利用，可称为具体的史料学。

中国哲学史史料学是关于中国哲学史史料的收集、整理、研究、分析、鉴别和使用的科学。它是中国哲学史研究的基础学科之一，目的在于为中国哲学史的研究提供可靠根据。

中国哲学史文献学主要研究文献史料，即文字记载的史料，不包括口传史料。因之，其对象和范围比中国哲学史史料学要小，可以视为其中的一个重要构成部分。可称之为中国哲学史文献史料学。

（4）中国哲学史文献学的任务。发掘、辑佚、鉴别、校勘、训诂等，是中国哲学史文献学的主要任务。

①发掘：中国历史悠久，社会动乱频繁，随着历史的变迁，一些文献毁坏遗失了，一些被淹没于书海之中，这就需要发掘。发掘需从两方面进行，一是地下发掘，二是从书海中发掘。中国古代有以书殉葬的情况，在考古发掘工作中，发现不少很有价值的文献，如山东临沂银雀山出土的《孙膑兵法》，湖南长沙马王堆出土的《老子》《经法》帛书。地下发掘往往能起到判定时代和鉴定真伪的作用，是中国哲学史史料研究的重要手段之一。从书海中发掘史料需要做广泛的调查研究工作。具体方法可分两步，第一步是泛观博览。泛观博览可以查阅历代图书目录开始，然后查阅历代史籍的有关论述、总集类书、古典注释等，这需要熟悉中国的目录学。第二步是深入研究。泛观博览是发掘史料的一种普查

工作，要辨别一书的史料价值，更需要深入研究。中国古代的哲学思想与政治、教育、文化思想往往汇于一书之中，对于重要的学术著作，只有经过细心钻研，了解其精义邃旨之后，才能确定其理论价值，辨明有无哲学意义。

②辑佚：一些在历史变迁中遗失了的古代典籍，但在遗失之前往往被许多其他书籍引用过，把这些被引用的文句收集编排起来，可以反映出原书的梗概。这种工作称为"辑佚"。如汉代思想家桓谭的《新论》、宋代政治家王安石的《老子注》都已失传，清代有《新论》辑本，中华人民共和国成立后有王安石《老子注》辑本，为研究桓谭和王安石的哲学思想提供了不可缺少的史料。辑佚需要广泛了解各种典籍的内容。要知晓引文的出处，就需要有博览群书的功夫。辑佚还需依据可靠的资料，需要一定的版本学知识。

③鉴别：中国古代有依托他人姓名著述的书，称为"伪书"。要研究一部著作的哲学意义及其社会作用，确定该书的作者及成书时代很重要，这种工作称为"辨伪"和"证真"。鉴别真伪主要有两种方法，一是从本书内容进行分析，看书中的事实、谥号、避讳、制度、官称、习惯用语、文体等是否符合作者的时代；二是与历史记载相对照，看有无不可圆说的矛盾处。此外，出土文献往往可以起到确证的作用。盲目相信是真品或怀疑一切古书，在鉴别真伪过程中，是容易出现的两种偏向，清代有过疑古之风，不加分析地认为古书皆伪，为真伪的鉴别造成了混乱。具体分析是对待伪书的科学方法。要辨明是全伪还是部分伪、伪在何处、是人名伪还是时代伪，为准确评价该书的价值提供出准确的时代、作者及内容，就要进行深入、具体的分析。

在中国古典文献中，同一著作往往有不同的版本，鉴别是否善本也是史料学的任务之一。善本书的标准大致有：A. 无删节、无缺页的"足本"；B. 经专家校勘注释的"精本"；C. 作者本人的稿本或过录本、初印本。中华人民共和国成立后，出版过许多古书新印本，其中有些书籍经过精心整理和校释，其使用价值远远超过了一向视为珍本的旧刊，在鉴别善本的过程中也需给予重视。

④校勘：中国木版刻印术发明较早，许多典籍自宋代以来一刻再刻，同一部书的不同版本或同一版本的不同卷次之间存在着文字差误，需要相互对照，对差误之处进行说明，这项工作称为"校勘"。校勘时需以古本或善本作为底本，具体方法是：①对校法，即以同书的祖本与别本对读，遇有不同之处即加以说明；②本校法，即以本书前后、上下文互证，别其异同，辨明谬误缘由；③他校法，即与本书有关的其他书籍相对照；④理校法，即详细研究本书的理论体系，从内容条理上进行校正。校勘的目的不仅在于比较各种版本及卷次间文字的同异，更重要的在于判定其间的是非及其致误的缘由，以集思广益，博采众长，供读者进一步思考。

⑤训诂：研究中国哲学史文献史料，需要精确了解古籍的原意，所以史料学有训诂的任务。

实事求是是从事中国哲学史史料学研究的基本指导思想。在博览群书和深入研究的过程中，坚持严谨的态度和历史的观点至关重要。一个证据可证的范围有一定限度，不随意扩大，也不随意缩小；信则传信，疑则传疑；证据不足时不轻下判断，这是从事史料学研究的基本方法和科学态度。中国古代典籍都具有自身的时代特点，坚持实事求是的思想方法，就需要尊重历史的本来面目，用历史发展的观点对待史料，不用其他时代的思想和观点去涂改史料，不把后人的思想观点灌注于前人留下的史料中。

迄今为止，已出版的比较有价值的几本中国哲学史史料学的专著有冯友兰先生的《中国哲学史史料学初稿》（上海人民出版社1962年版）、张岱年先生的《中国哲学史史料学》（生活·读书·新知三联书店1982年版）、刘建国先生的《中国哲学史史料学概要》（吉林人民出版社1983年版）、萧萐父先生的《中国哲学史史料源流举要》（武汉大学出版社1998年版）、刘文英先生主编的《中国哲学史史料学》（高等教育出版社2002年版）、商聚德、韩进军著《中国哲学史史料学论稿》（河北教育出版社 2004 年版）等。上述六部专著各有优劣，冯友兰先生的书通畅易懂，且有首创之功，但过于轻薄；张岱年先生的书比较简明，但重于讲秦汉，轻于讲其后；刘建国先生的书比较详细，重于人物和著作的讲述，但轻于理论和方法；萧萐父先生的书较凝练，重于史料介绍，但研究性篇幅过少。基本来说，他们的缺点是按照历史年代顺序，按人物、流派、著作进行提要式介绍，对有关史料学理论的阐述尚嫌薄弱，方法论方面没有系统的论述。这与"史料学"的名称不甚相符，倒与"史料介绍"大致近似。史料学既然是"学"，就应该以探讨史料的有关理论为主，而不能仅止于介绍史料。刘、商之著晚出，述、论兼顾，即既有史料介绍又有方法论说。但刘书尚有不少失误。

（二）学习中国哲学史文献学的意义

（1）认识中国哲学史文献史料的内容和特征。（2）了解收集文献资料的途径。（3）掌握鉴别和运用文献资料的方法。（4）学习阅读经典文献的方法。（5）了解中华传统文化典籍，扩展知识视野，提高文化素养。概括而言，其意义包括掌握基本文献知识和运用文献史料的基本方法两个方面。

任何一门学科的学术研究，都要具备四种素质。一是正确的价值观念，即确立正确的研究目的和任务；二是正确的世界观；三是科学的研究方法；四是充实的研究资料和文献。即古人所谓的"德、识、才、学"。

唐代史学家刘知几在《史通》中说，史家须备史才、史学、史识三长，清代章学诚扩大为"德、识、才、学"。清代文学家、诗人袁枚，将此观点运用于诗歌理论，他说："作史三长：才、学、识缺一不可，余谓诗亦如之，而识最为先，非识则才与学俱误用矣。"（《诗话》）他论证此三者的关系是："学如弓弩，才如箭镞，识以领之，方能中鹄。善学邯郸，莫失故步；善求仙方，不为药误。我有神灯，独照独知。不取亦取，虽师勿师。"（《续诗品·尚识》）如果从研究方法的角度看，他们说的"德"相当于我们说的价值取向、治学态度以及科研道德；"识"相当于世界观、方法论原则。"才"指能力和方法；"学"指知识和资料。这几点要求，同样适用于中哲史研究。研究中哲史也要解决价值取向（德）、根本观点（识）、方法技能（才）、知识资料（学）等问题，应具备这些素质和条件。

中国哲学史文献学的意义主要不在于德、识方面，即不在于目的、道德和世界观方面，而在于知识和具体方法技能方面。着重阐述研究中哲史应该具备的有关基本史料知识和收集、选取、运用的具体方法。无"弓弩"不能学"射"，无"基地"何谈筑"塔"。没有必备的知识搞研究，犹如无"弓"放矢，无石点金，缘木求鱼，沙上筑塔。无"弓"放矢"的"难中，有"石"才能点成金；沙上筑塔基不稳，缘木求鱼路错寻。知识学问不能代替德、识，但它是必要的。

（三）怎样学习中国哲学史文献学

中国哲学史文献学，包括历史文献、哲学文献、目录文献、训诂文献和工具书文献五个方面的基本知识，也包含在研究中运用这些基本文献的方法。

怎样学习中国哲学史文献学？具体言之，有四个方法。（1）充分认识文献对研究中国哲学史的重要性。（2）结合实际文本了解文献的知识，认识文献的特征。（3）通过实际练习掌握文献的使用方法。（4）参考一些重要的文献学、史料学著作。

一 史学文献略述

中哲史是中国哲学发展的历史，是中华民族的认识史、思维史。它是一门历史科学，是整个中国历史的有机组成部分。研究中哲史必须了解中国历史，具备历史知识。要掌握历史知识，就得阅读中国古代的史籍，熟悉史料，并且学会在研究中运用历史知识。

（一）研究中国哲学史必须学习中国历史

中国历史是中国社会、中华民族发展的总过程，它包括着经济、政治、文化、科学、思想、宗教等各种因素的发展。历史科学是包罗万象的科学，是过去一切学科的总和。因此，它是研究在中国产生的各门科学所应具备的基础知识。对于研究中哲史来说，学习中国历史的必要性有三个方面。

（1）中哲史是中国历史科学中的一个专门史，就历史学角度说，中哲史和中国历史是局部和全体的关系。要研究局部必须了解全体。哲学史属于思想史的范围，中哲史的发展过程和发展规律同中国历史的发展过程和规律是统一的。它是历史长河中的浪花而不是岸边的岩石，它在历史长河之中而不在长河之外。只有在总的历史过程中考察思想史、哲学史的发展过程，才能认识它的特点，划分它的阶段，确定它的内容和形式，把握它的本质和规律。如果离开历史总体，将哲学史孤立起来考察，不但会陷入坐井观天、孤陋寡闻的境地，而且会走上违背事实、违反常识的歧路。离开森林只观一木，必然得出形而上学的结论。

（2）中哲史是中国社会历史的客观过程在哲学上的反映，就唯物史观的角度看，中哲史和中国社会制度（经济的和政治的）史是社会意识和社会存在的关系。社会意识必须根据社会存在来解释。哲学是社会意识的一种形态，尽管它具有不同于其他社会意识的特点，但归根结底，它也是社会存在的反映；并反作用于社会存在，影响社会存在。中国哲学的发展过程就是中国社会物质生活条件的改变、经济政治制度的变革以及由此而引起的其他领域的变革在哲学中的反映，或者说是中华民族的生产实践、政治实践和其他社会实践的经验在哲学上的总结和概括，而中国社会的发展又受到哲学思想的巨大影响。只有通过对社会存在、社会实践方面的历史考察，才能说明中国哲学在历史发展中内容、形式和作用。只有了解社会的物质生产史、社会变革史，才能理解社会的精神生产史。马、恩常把历史的物质方面称为"现实"历史、"地上"历史，把历史的精神方面称为"观念"历史、"天上"历史，并指出要通过批判"现实"历史去批判"观念"历史，"从地上升到天上"。这种"以一定历史时期的物质经济生活条件来说明一切历史事件和观念，一切政治、哲学和宗教"① 的方法是唯物史观的基本原则。马克思、恩格斯在研究西方哲学史特别是研究德国古典哲学史时，就成功地运用了这种方法，普列汉诺夫在批判法国唯物主义哲学时也熟练地运用了这种方法。这就有力地说明，研究哲学史必须懂得历史，研究中哲史必须熟悉中国历史。不然的话，就会离本而逐末，陷入唯心史观的泥潭。中国古人讲"知人论世"（《孟子·万章下》："颂其诗、读其书，不知其人可乎？是以论其世也。"）就是指评价历史人物必须研究他所处的历史条件。研究哲学史是"评哲"，"评哲"也必须"知人""论世"。历史上每个哲学家的观点，说到底是对当时社会现实问题的哲学解答。只有深入地把握了"问题"产生的特定社会原因，才能正确地理解"答案"的时代特征。

---

① 《马克思恩格斯选集》第3卷，人民出版社2012年版，第259页。

（3）科学的中国哲学史是对中华民族认识史的总结和概括，又是对中国社会客观实在历史的反映。就辩证思维方式的角度来说，二者之间是逻辑的东西和历史的东西的关系。逻辑和历史是统一的。逻辑和历史的统一是理性思维的重要方法，特别是建立科学理论体系的重要方法。辩证逻辑所讲的逻辑的东西是指通过理论思维所建立起来的科学理论体系，历史的东西既包括客观实在自身的历史发展过程，又包括作为客观实在反映的人类认识的历史发展过程（科学史、哲学史、语言史等）。逻辑和历史的统一，一方面是指逻辑和人类认识发展史的统一，另一方面是指逻辑和客观实在发展史的统一。在这两方面的统一中，历史是逻辑的基础。就中哲史研究来说，要使哲学史研究科学化，必须要求一部或一篇哲学史著作，与中华民族思维发展的历史相一致，与中国社会客观实在发展的历史相一致。也就是说，我们分析古代哲学家的哲学范畴、命题和逻辑结构，不能从先验的模式出发，不能从主观的设想出发，而应该把它放到中华民族思维发展的必然进程中，放到中国社会实际发展的客观规律中去分析、去解释、去评价。"历史从哪里开始，思想进程也应当从哪里开始。而思想进程的进一步发展不过是历史进程在抽象的、理论上前后一贯的形式上的反映。"① 一方面，历史的方法必须以逻辑的方法为指导，不然就会成为现象的罗列，事例的堆积。这是经验主义和烦琐哲学的方法；另一方面，逻辑的方法必须以历史的方法为基础，不然就会陷于空谈义理、臆造模式的主观主义和抽象说教。20 世纪 80 年代的中哲史研究注意了认识史发展的内在逻辑，绘圆圈、画螺旋之风甚盛，这对打破过去"两军对战"的公式化是有意义的，但是却有忽视历史事实和认识历史实际过程的倾向。要看到"圆圈逻辑"本身也是由客观历史过程决定的，离开了历史的分析，"圆圈"和"对子"两种结构都会成为公式化的东西。因此，考察历史对研究哲学史十分重要。

总之，无论从历史学、历史观、方法论的哪个角度来看，学习中国

---

① 《马克思恩格斯选集》第 2 卷，人民出版社 2012 年版，第 14 页。

历史对于研究中哲史都是完全必要的，也是十分重要的。

（二）中国传统史学的发展、体例和内容

中华民族是富有历史感的民族，非常重视记录历史、总结经验。中国的历史著述源远流长、体例多样、内容丰富，留下了浩如烟海的历史书籍，在古代文化中占据着重要地位。历代统治者都把史学当作维护统治的工具，而各个时期的有识之士常常通过历史记述或评论以表达自己的历史观点，寄托自己的政治主张和社会理想。我们研究中哲史，要了解古代的社会情况，还可以通过历史"遗址"（如半坡遗址、万里长城、敦煌石窟、佛寺道观，等等）了解，也可以通过"遗物"（如各种出土的文物等等）了解，但普遍、经常利用的还是古代的历史"遗书"，因此必须对这些历史著作有基本的了解。

1. 传统史学的发展过程

①童年时期：传说中多少可以看出远古时代人们的活动踪迹，如关于黄帝、尧、舜的传说，关于"三皇五帝"的传说等。商朝统治者占卜问事留下的卜辞，透露了如农事、气象、畋猎、战争、祭祀等社会情况。西周的金文（各种青铜器如钟鼎等上的铭文）记载了征伐、俘获、赐臣仆、赐土田等史事，不少铭文字数达百字左右以至近五百字。铜器铭文多有永垂子孙后代之意，可视为有意识的历史记载。《尚书》是一部商和西周重要政治文件的汇编，记载了商和西周的重要史事。《诗经》中一些歌咏周族祖先创业、文武征伐的史诗，一些记载农事的诗篇，具有史料价值。以上这些对商周史事的记载文字，彼此孤立成篇，互不连贯，只是历史记载的萌芽阶段。

春秋晚年，孔子依鲁国史修成了《春秋》，记载了隐公元年（公元前 722 年）至哀公十四年（前 480 年）共 242 年间的史事，它把历史跟神话迷信分开，专从人事角度记载，它记事时有简单的时间、地点和人

物活动，但是流水账式的，最长的记事条文不过四十多字，具有编年体雏形。《春秋》标志着私人著述的出现，标志着中国史学的开始。

和孔子同时的左丘明作《左传》《国语》二书，是对《春秋》记事的详细说明和补充。《左传》记述史事不以一国为中心，平均叙述当时几个重要国家；不以政治活动为限，涉及社会各个方面；不是简略的账簿式记录，而是年月清楚，叙述详细，前后连贯，文采华赡。是初具规模的编年史。另外，解释《春秋》的还有孔子的再传弟子公羊高作的《春秋公羊传》、谷梁赤作的《春秋谷梁传》（与《左传》合称《春秋三传》），二书务虚略实，偏重言论，忽略史事，阐释义法，史料价值不高，但作为史论一派对哲学和思想有一定影响。

先秦史籍中著名流传的，还有记载春秋以后至楚汉之起245年间战国时游说之士言论的《战国策》，共33篇。纪事方式与鲁春秋同、记录了夏商周三代史事的编年史书《竹书纪年》（作者不可考，出自西晋时代。系竹简为书，故名"竹书"）。记载周初史事的《逸周书》。记黄帝以来至春秋时事的《世本》和记周穆王西巡的《穆天子传》等。以上五种，常为史家引用，《战国策》尤为重要。

②建立时期：两汉时期先后产生了封建社会进步史学和正宗史学两大样板《史记》和《汉书》，中国传统史学已在完整意义上建立起来，为以后的发展创立了体制和规模，开辟了途径，奠定了基础。史学之父司马迁的《史记》，成书于武帝时代，它以"究天人之际，通古今之变，成一家之言"和"原始察终，见盛观衰""稽其成败兴坏之理"为任务，从纵的方面贯通古今，叙述了从远古直到武帝时代共三千年间的历史，凡百三十篇，五十二万六千五百字，总结了他以前的全部历史。从横的方面范围广泛，考察了政治、经济、军事、典章制度、学术文化、人物活动、天文地理、河渠工程、医药卜筮，以至民族关系、中外关系等社会生活各个领域，反映了各阶层人物的活动。在取材上它综合利用和改造了以前各类史书和典籍，还包括他实际考察调查得来的材料。在体例上创造出以本纪（十二篇，记掌握政权的帝王的活动）；年表〔十篇，

以时间顺序记录人物和大事）；书（八篇，是专门史，包括述音乐的《乐书》，记六律与军事的《律书》，说历法的《历书》，研究天文的《天官书》，叙述神道迷信的《封禅书》，记载交通开辟和水利工程的《河渠书》，谈论生产和分配、收入和支出等经济问题的《平准书》（后世正史因之作《食货志》）]，世家（三十篇，记叙诸侯的世系，编次之体，与本纪同，但本纪记天子，世家记诸侯，抑扬有制，故分二体）；列传（七十篇，以人物为中心，记述其生平活动，重要人物各为专篇，二人以上行事相类的人物合写总传，如儒林传、货殖传等）五种体裁。《史记》一书内容广博，被称为"历史长城"。体例完整被视为"历代以下，史官不能易其法，学者不能舍其书"的"极则"。文学价值高，被赞为"史家之绝唱，无韵之离骚"（鲁迅），具有"永久的魅力。"

班固的《汉书》产生于东汉中期，其历史观点是封建正宗，宣扬皇权神授，维护封建纲常，但是它记载了上至汉高祖，下终王莽整个西汉一代230年间的史事。共一百篇（十二纪、八表、十志、七十列传）。在史学史上继承了《史记》成就并有发展，一是它巩固了纪传体史书的地位，开创了断代为史的新体制，为后来历代正史沿用。二是文赡而事详，特别是十志，比《史记》八书更完善，记载了自古以来的典章制度，为许多学科的专门研究做了开创性工作。例如新添的《刑法志》《五行志》《地理志》《艺文志》四种，贯通古今，内容系统，对《史记》是很大的补充。《史》《汉》二书，是中国史学成熟的里程碑。

③发展时期：发展时期从魏晋起到宋元，可分前后两段。前段是魏晋南北朝隋唐时期，这段时期修史成风，蔚为大观；史书体裁增加，史学范围扩大；纪传体史书成就显著，唐设史官使，官修正史成为惯例；史学名著继出，成果浩繁。这时期出现的重要史书有：记载东汉一代史实（公元25—220年）的《后汉书》（南北朝时期宋范晔著）；记载三国时期史事的《三国志》（西晋陈寿著）；记载晋代历史的《晋书》（唐太宗领导房玄龄、褚遂良、令狐德棻、李延寿等二十余人编著）；记载南朝宋、齐、梁、陈四朝史事的《宋书》（齐沈约著），《齐书》（梁萧子

显著），《梁书》《陈书》（唐初姚思廉编）和《南史》（唐初李延寿根据上述南朝"四书"编删而成）；记载北朝魏、北齐、周和隋代史事的《北魏书》（北齐魏收作）、《北齐书》（唐初李百药作）、《周书》（唐初令狐德棻作）、《隋书》（唐初魏徵等作）和合并删订此四书而成的《北史》（唐初李延寿作）。以上皆是纪传体的断代史。这个时期还出现了中国历史上第一部系统的史学评论专著《史通》（刘知几著），它对以前的史书作了述评，指出了优缺点，特别可贵的是对儒家经典和正宗史学作了大胆批判，提出史家应具备史学、史才、史识三长的主张，成为后代评定历史家的公认标准。此书是对传统史学的"反思"，表现了史学的"自觉"。还产生了一部专写典章制度的通史式著作《通典》（唐代杜佑著），此书分为食货、选举、职官、礼、乐、兵刑、州郡、边防八门，每门各分子目，共200卷。每门以时代为序，上溯远古黄虞，下迄唐之天宝，使这段时期的经济制度、政治制度、选举制度、礼仪制度、军事法律制度演变沿革的史迹系统化了，而且在述评中贯穿着重经济、主进化的卓越历史观。这是历史上第一部社会制度专史。

这段时期还产生了几部重要的史书，如历史地理名著《水经注》（北魏郦道元），地方志著作《华阳国志》（晋常璩），外国史著作《佛国纪》（晋法显）、《大唐西域记》（唐朝玄奘），注史名著《三国志注》（南朝宋裴松之）和《汉书注》（唐朝颜师古）。

发展时期的后段是宋元时期，这一时期史学的发展主要是编年体取代纪传体而在史书中占主要地位；传统史学撰修技术臻于完善；史学范围扩大，出现了文化史、纪事本末史和民族史著作；典章制度史和方志也有发展。这时期的重要史书有："正史"方面，记载唐朝历史的《旧唐书》（五代刘昫撰）和《新唐书》（北宋欧阳修、宋祁撰）；记载梁、唐、晋、汉、周五代史事的《旧五代史》（宋薛居正撰）和《新五代史》（北宋欧阳修就《五代史》重修）；记载宋、辽、金时代史实的《宋史》《辽史》《金史》（三书皆题元·托克托撰）。

编年通史方面，出现了《史记》后最优秀的巨著《资治通鉴》（北宋司马光主编）。该书有划时代的意义，它按年月先后记述了自战国至五代（公元前403—公元1066年）1362年间错综复杂的历史事件的发生、发展和结束，记述了历史人物、典章制度、思想言论，内容丰富翔实。它收集网罗了丰富的史料，除正史外，并采取稗官野史、百家谱录、总集别集、传状碑志等三百余种书籍资料。它态度严肃认真，材料准确可靠，文字质朴优美。其缺点是内容偏重于政治、观点倾向于保守，目的是以"资"统"治"，标准是封建纲常。但其贯通古今，规模宏大，史实可靠，体例新颖，标志传统史学的编撰达到新的水平。元代胡三省喻其为历史"长河"，说："读《通鉴》者，如饮河之鼠。为充其量而已。"清代《四库提要》赞它"体大思精"，说："其书网罗宏富，体大思精，为前古之所未有，而名物训诂，浩博奥衍，亦非浅学所能通。"司马光领导刘攽（贡夫）、刘恕（道源）、范祖禹（谆大）诸学者，以十九年之力，脚踏实地，艰苦奋斗，"研精极虑，穷竭所有，日力不足继之以夜，遍阅旧史，旁采小说，简牍盈积，浩为烟海，抉摘幽隐，校计毫厘"（见司马光《进书表》）成千秋大业。其治学精神，亦可歌可赞。

专题体通史方面，出现了一部规模宏大的著作《通志》（宋代郑樵撰）。郑樵认为义理之学和辞章之学皆非实用，发愤著史，不但刻苦读书，而且实际考察，治学范围广博，功夫深湛。他编著的《通志》共200卷，有帝后纪传（从三皇到隋）20卷，列传124卷，年谱4卷，二十略52卷，前二者综合诸史而成，后二种乃自撰。该书精华是二十略，即氏族、六书、七音、天文、地理、部邑、礼谥、器服、乐、职官、选举、刑法、食货、艺文、校雠、图谱、金石、灾祥、草木昆虫。这是各门学科的专史性著作，对研究社会科学、自然科学皆有价值。

纪事本末体史书有南宋袁枢编的《通鉴纪事本末》，它以事为纲将《资治通鉴》内容重新编排，将千余年的史实提挈为二百三十九个事目，按事立篇，各具首尾，创立了新的体裁。它的优点是叙述了复杂的历史事件的来龙去脉，前因后果，避免了编年体以年为经，一事而隔越数卷，和纪传体以人为主，一事而复见数篇的缺点，使人对历史事件有完整连贯的了解。

专讲社会制度史的有元代马端临的《文献通考》。该书用了二十余年时间，以一人之力编成。将社会制度分为二十四个门类：田赋、钱币、户口、职役、征榷、市籴、土贡、国用、选举、学校、职官、郊社、王礼、乐、兵、刑、舆地、四裔、经籍、帝系、封建、象纬、物异。后五门乃马氏采集众书编成。其余因杜佑《通典》的成规予以补充和变通。该书内容丰富，有叙述，有议论，有创见。

此外宋元还出现了一些民族史和地方志著作，例如用蒙文记载蒙古史的《圣武开天纪》（后译为《元朝秘史》），《大一统志》是元代编的一部地方志总汇。

④相对停滞时期：这是明清时期。从全局说，这一时期的史学相对比较薄弱，没有出现如《史记》《通鉴》那样的巨著；但从局部说仍有发展。主要表现在明清之际经世致用的史论和清代乾嘉学者考证史料以及进步史评等方面。有成就的史著有：

续史方面：官修正史的工作在继续。明宋濂撰《元史》共 200 卷，清张廷玉撰《明史》共 332 卷，是旧正史中比较体例谨严，文笔雅正的著作。民国初年清代遗臣赵尔巽、柯劭忞撰《清史稿》共 536 卷，此书弊病较多，漏洞百出。

史论方面：明清之际的进步学者，鉴于明亡清兴，注意研究现实，重视总结历史经验，探讨经世致用的主张，多有史学论著。王夫之的《读通鉴论》《宋论》用评论史事，阐发自己的历史观和政治见解。顾炎武的《肇域志》《天下郡国利病书》《日知录》考察山川形势，风俗物产，研究古今变革，分析现实问题，申述政治理想。黄宗羲的《明夷待访录》、唐甄的《潜书》指斥封建君主、抨击封建制度，有鲜明的反封建思想。

史考方面：雍、乾、嘉三朝，加强文化控制，实行高压政策，兴文字狱。学者们视接触现实政治思想为畏途，于是埋头于考证之学，由考经而考史。龚自珍说："避席畏闻文字狱，著书都为稻粱谋"，一针见血地指出当时学风的要害。考史的成绩突出表现在出现了三大考史名著即钱大昕的《廿二史考异》、王鸣盛的《十七史商榷》、赵翼的《廿二史札记》。

史评方面：出现了卓越的史评著作，章学诚的《文史通义》。它对过去的旧史作了全面批判；对撰述新史，提出了自己的主张。在内容和体例两方面对旧史作了系统全面的总结。他的贡献一是扩大了史学范围，认为六经、六志、金石、诗文、簿牍、家谱都是史料，所谓"六经皆史"。二是明辨了史书的功用；三是提高了方志的地位。四是发出了卓越的史识，认为史学应该"经世""重今""知来"，即服务社会，古为今用，预见未来。他和刘知几是史学史上最卓越的评论家。

专史方面：黄宗羲和全祖望编的《明儒学案》《宋元学案》是学术史和哲学史专著，被赞为"民族文化大觉醒"。顾祖禹的《读史方舆纪要》是军事史和历史地理的名著。

鸦片战争前后出现了许多与现实关系密切的史学著作如龚自珍、魏源等人的史著和论文等等。

总之，中国的传统史学源远流长，卷册浩博，是珍贵的文化遗产，是重要的资料宝库，对研究中国古代的各门科学都是不可缺少的。

2. 传统史书的体裁

读书须知体裁，体裁指编撰方式和书籍的结构形式，了解形式便于把握内容，便于使用。传统史书主要有四种体例。

①纪传体：这是多数史书的体裁，以《史记》《汉书》为代表，各朝所编正史都是纪传体，廿四史皆为纪传。其特征是，以人物记载为中心，为各类、各层人物作传纪。一般分为"本纪""世家""表""书"（《史记》后皆改为"志"）、"列传"五体。但并非每部"正史"五体皆全，而是有的无"表"、有的无"志"，但"纪"和"传"是各书都有的。纪传体的最大优点是分门别类记载人物，以人系事记叙社会政治、经济、文化、军事、外交、教育等制度；最大缺点是不能概括历史全过

程，看不出历史过程的原委和因果关系，记人事有余，于综合不足。纪传体是英雄史观、帝王中心、等级制度在编纂形式上的表现。

②编年体：此体特点是以年为序，分年叙事，以《资治通鉴》为代表。以后还有续编、简编《通鉴》一书的，也是编年体，如朱熹的《通鉴纲目》，清代编的《纲鉴易知录》等。编年体的优点是时间观念强，顺序分明，每年发生的事件，一目了然。缺点是一人行为隔越数年，生平难总；一事过程隔越数年，首尾难稽。编年体反映了按时间过程，考察乱治兴衰和政治变迁以总结经验的要求。

③纪事本末体：此体特点是以事为主，按每一事件发生的始终完整记述。代表作是南宋袁枢的《通鉴纪事本末》，优点是综合纪传体、编年体的长处，以事为纲将战国至五代一千三百年间的史事分类编为239个题目，305件大事。事件按发生的顺序记载，有首有尾，有因有果，情节清楚，过程完整，并富于故事性和历史演义的色彩，例如先秦用了"三家分晋""秦并六国""豪杰亡秦"三个题目。在史学编纂学方面，有超越《通鉴》之处，章学诚称它是"化腐臭为神奇"。它克服了"年不一事，事不一人"，"欲求一事之本末，原始而要终，则编年者患其前后隔越，纪传者患其彼此错阵。"（见闵荇祥《汇刊七种纪事本末序》）的缺点，获得了当时和后代学者很高评价。它的缺点：一是记叙仅限于政治，是治乱兴亡史，不能全面反映整个社会面貌；二是分目分事琐碎，缺乏对历史全局的综合论述。纪事本末体是由纪传、编年到现代的章节体的过渡形式（中国最早的章节体史书是夏曾佑于1904年写的《中国古代史》）。袁枢之后，用本末体编的重要史书有十三部之多。

④专题体：此体史书的特点是将社会历史的一些方面，分成专题记载其演变过程。其代表作是唐代杜佑的《通典》，南宋郑樵《通志》，元代马端临的《文献通考》（称为"三通"）和清代黄宗羲、全祖望编的《明儒学案》《宋元学案》。前三者是制度史，将典章制度分成门类（如田赋、户口、经籍等）叙述。后二者是学术史，将学术哲学思想分成学派叙述，先叙述学者的生平经历，再摘编学术观点和言论。专题史的优

点是问题专门，便于分类整理资料和分题进行研究；缺点是专门而不全面，不能反映社会历史的全貌。专题史的出现反映了分科研究问题的愿望，是科学发展的必然趋势。

以上四体，为传统史学的基本体裁，此外尚有"纲目体""实录体"等。现代史书多是章节体。

3. 传统史学的内容

不论何种体裁的史书都是社会客观历史的反映，社会生活的各方面都是史书的记述对象。史书的内容就是社会历史的结构内容，可分为经济、政治、军事、文化、学术、宗教等基本方面。但是由于史书作者历史观的局限在反映社会生活的这些方面时，重点和角度都不相同。而且由于史书体裁不同，内容的表现形式也有区别。中国传统史书的特点包括六个方面。（1）先秦史书，没有记录社会经济的专门著作，这方面的材料保存在别的书中，如《诗经》的七月、楚茨、南山、甫田、大田等篇，描绘了周代生产情形和农村景象。《吕氏春秋》的《士容论》中上农、任地、辨土、审时诸篇，保存了农产方面的知识经验；《尚书·禹贡》是比较全面的经济地理说明书；《大戴记·夏小王》记述天文知识；《管子·地员》篇记载土壤种植知识；《周礼·考工记》总结手工业生产。《史记》及其以后的正史，经济情况重点记录在《平准书》和《食货志》中，《通典》有《食货志》，《通志》有《食货略》，《文献通考》有田赋考、钱币考、市籴考、征榷考、土贡考都是对历史上经济状况的总结。（2）传统史书以帝王为中心，以政治为重点，政治活动和政治制度记录充分，内容丰富。各正史的"本纪"是按年代记载每个帝王的政治活动和政治措施的，《资治通鉴》是按年代叙述战国至五代的政权兴衰、政治斗争和政治制度沿革以及军事活动的。各正史的《礼志》《刑法志》《百官志》《兵志》是记载各代政治制度的。"三通"中更有政治制度沿革的专史。（3）学术文化在正史中除为其代表人物写传记（包括分传、合传、总传）外，还在"志"中作了记载。历代史书中的《儒林传》（或《儒学传》），《宋史》的《道学传》是考察学术源流派别和演变的重要依据，《文苑传》《文学传》《文艺传》是研究文学源流变革的重要依据。《艺文志》《经籍志》是历代书籍和著作的记载和评论。再结合代表人物的专传、合传，古代学术流变基本贯通。（4）科学技术在正史中除为大科学家立传外，在《天文志》《律历志》《地理志》《河渠志》（沟洫志）都可以找到有关资料。中国古代在科学方面比较重视天文、地理和历法，所以在史书中有专志记载，其他方面的科学知识则语焉不详，应查阅有关的科技专著如《梦溪笔谈》《天工开物》等等。（5）历代统治者都把宗教迷信作为维护统治地位的工具，因此史书记载较多。从《尚书》《左传》《国语》中可以看到商周时代"天帝""天命"思想的演变，从历代正史的帝王"本纪"中能够找出帝王对待宗教、迷信的态度和措施。而正史的《五行志》《祭祀志》《符瑞志》《祥瑞志》《灵徽志》《灾异志》更是记述迷信事迹的专篇。《魏书》的《释老志》是正史中唯一关于道教和佛教斗争始末的专篇，考宗教源流，必从此入门。（6）其他有关民族关系、对外关系的史料，即可查阅相应的专传。

以上内容乃摘其要者。史书中包罗广博，内容丰富，应不以此为限。以上是从纵、横两个角度，从形式与内容两方面概述传统史学、史书，举其大端，列其重点，挂一漏万，势所难免。

（三）阅读古代史书应注意的问题

传统史书数量大、类型多、内容杂、知识广，包含着丰富的珍贵的资料。但泥沙俱存，鱼龙混杂，精华与糟粕交织，事实与迷信纠缠。因此，必须会读，才能避瑕得瑜、破假求真，不然就可能上当受骗，危害无穷。特别应注意以下几点：

1. 将本来客观的历史和描绘书写的历史区别开来

人类社会过去发生的事件、经历的过程、活动的人物是本来的客观历史，我们说"历史车轮""历史潮流""历史规律"就是从这个意义上说历史。而史学家叙述、整理客观历史，把它描绘出来，写成著作，则是描绘书写的历史。书写的历史是本来历史的摹本，二者是原形和反映的关系，是客观过程和主观认识的关系。因而，二者之间就有相符合和不相符合的问题存在，写的历史有"信史"和非"信史"的区别。总的说，由于史学家阶级立场、历史观点、认识能力、编纂技巧等方面的局限，使写的史书不能与客观史实完全符合。遗漏、篡改、歪曲、误记等情况，所在多有。特别是中国古代史家的政治立场和历史观大多是站在封建统治者一边，为维护剥削阶级利益服务，由此而造成的历史与史实的差距是必不可免的。即使伟大如司马迁、杰出如司马光，也都不能做到完全忠实于客观历史，"光耀史坛二司马"尚且如此，其他等而下之的二流、三流史家，历史观保守反动的史官就更不用说了。因此在阅读史书时应留意作者的历史观、分析他们在用什么样的观点和为了什么目的选择史料、评论史实的。这就是读史时的"史识"。

2. 注意传统史书在内容上的五大弊病

由于史家的著书目的所限，古代史书内容上片面性很大，梁启超将其弊端概括为四："一曰，知有朝廷而不知有国家；二曰，知有个人而不知有群体；三曰，知有陈迹而不知有今务；四曰，知有事实而不知有理想。"（《饮冰室文集之九·新史学》）张舜徽补充一条："知有大汉而不知有外族。"[1] 这五端弊病，说法甚当。特别是一、二两点，击中要害，是帝王中心论在史书中的表现。因此，我们要寻找关于人民生活、活动、斗争的史迹，是很缺乏的。记述到的史实也作了极大的歪曲和诬蔑。这即是史家自道的"非圣人之书，乖圣人之旨，则不录焉，恶其烦杂也。事非经周礼法程制，亦所不录，弃无益也。"（李翰《通典序》）

---

① 张舜徽：《中国历史要籍介绍》，湖北人民出版社1955年版，第123页。

3. 运用综合贯通，彼此联系，相互参考的方法

史书各体，皆有长短，分门别类，分人立传，分年系事，所"分"的依据不同，但都是一种"划分"。历史是一个整体，人事的活动会涉及社会生活的各方面。因此，读旧史时，必须将书与书、传与传、篇与篇综合联系起来，相互参考补充，以企取得某个人物、某项事件、某种问题的较系统完整的资料。例如，要研究董仲舒，除读《汉书》的《董仲舒传》外，还应该读《史记》的《儒林传》《武帝本纪》互相参考，既了解本人生平事迹，又了解时代背景和学术思想。又如研究大经学家郑玄，除读《后汉书·郑玄传》外，应细读"两汉书"的《儒林传》和《汉书·艺文志》，了解今文经学和古文经学的各自特点和情况，才能弄清郑玄的学术体系。再如研究王安石绝对不能仅凭《宋史·王安石传》那四五千字的歪曲记录，要多读王安石同时代人如司马光、三苏父子、二程兄弟、张载等的传记参考，还应寻找别的书籍中的记载以补史传之缺。这就是说，读史书切不可用孤立、片面的眼光，而应彼此联系，互相证明，融会贯通，参考错综，才能全面地把握史料，得出较准确的观点。特别是读"正史"一定要学会与《通鉴》《文献通考》《通典》《通志》参考查阅的办法。

4. 学会利用阅读史籍的工具书和参考书

传统史书，广博浩繁，全读不易也不必。学会利用工具书和参考书，可以省时省力，事半功倍。例如查人名可利用《廿四史传目索引》。查阅二十五史中缺少的史料可利用《二十五史补编》。读《通鉴》无时间，可先读《纲鉴易知录》《通鉴纲目》等书。

二　哲学文献举要

　　史学文献、目录文献、训诂文献、工具书文献虽然都是中哲史的文献，但其内容都不是系统而典型的理论文献。其内容主体为哲学思想理论的文献是中哲史的理论文献，它的载体是哲学家的著作。包括哲学家本人的著作和别人叙述某一哲学学派或哲学家的著作，理论文献是中哲史最直接、最基本、最重要的史料。狭义的中哲史史料学研究的就是这一部分理论文献史料。

（一）中哲史理论文献史料学的性质和作用

　　理论文献史料学是研究理论文献史料的源流、价值和利用方法的学科。其主要任务是：在唯物史观指导下，从事理论文献史料的收集、校勘、考订和编纂，把真著作和伪著作区别开来，把价值不同的理论史料区别开来，并确定理论史料的绝对年代和相对年代。

　　中哲史理论文献史料学就是研究中国哲学史理论文献的源流、价值和利用方法的学科。其具体任务是：（1）收集理论史料。（2）审查理论史料。指考察源流、确定时代、鉴别真伪。（3）分析理论史料。分析其理论观点、逻辑思路、表达风格、文体特征。（4）探索运用理论史料的方法。包括怎样取舍、怎样解释、怎样编排、怎样引用等方法。收集要求"全"、审查要求"真"，分析要求"透"，运用要求"活"。

　　中哲史理论文献史料对于中国哲学史的研究，具有重要意义。它是科学研究应具备的基本材料，是分析、评价和总结古代哲学思想的资料依据。没有史料根据的哲学史著作，乃是空中楼阁，不推自倒。马克思指出："研究必须充分地占有材料，分析它的各种发展形式，探寻这些形式的内在联系。只有这项工作完成以后，现实的运动才能适当地叙述出来。这点一旦做到，材料的生命一旦观念地反映出来，呈现在我们面前的就好像是一个先验的结构了。"① 恩格斯也指出："即使只是在一个单独的历史实例上发展唯物主义的观点，也是一项要求多年冷静钻研的科学工作，因为很明显，在这里只说空话是无济于事的，只有靠大量的、批判地审查过的、充分地掌握了的历史资料，才能解决这样的任务。"② 他批评德国许多青年研究者"只是用历史唯物主义的套语（一切都可能变成套语）来把自己的相当贫乏的历史知识（经济史还处在襁褓之中呢！）尽速构成体系，于是就自以为非常了不起了。"③ 列宁对这一点也说得很多。毛泽东也非常重视这一问题，他说："对每一问题要根据详细的材料加以具体的分析，然后引出理论性的结论来。"④ 又说："要像马克思所说的详细地占有材料，加以科学的分析和综合的研究"。⑤ 这些论述完全适合于中哲史研究。

（二）中哲史重要理论文献介绍

我国有整理史料的优良传统，哲学理论文献史料的遗产极为丰富，举世无双。这些史料虽然也有所散佚，但经过历史上多次收集、整理，多数保存下来。按照朝代略述于下：

1. 先秦哲学理论文献

夏、商至西周是奴隶社会时期，春秋是奴隶向封建制过渡时期，战

---

① 《马克思恩格斯全集》第 43 卷，人民出版社 2016 年版，第 847 页。
② 《马克思恩格斯选集》第 2 卷，人民出版社 2012 年版，第 118 页。
③ 《马克思恩格斯选集》第 4 卷，人民出版社 2012 年版，第 475 页。
④ 《毛泽东选集》第 3 卷，人民出版社 1991 年版，第 814—815 页。
⑤ 《毛泽东选集》第 3 卷，人民出版社 1991 年版，第 799 页。

国是封建社会形成时期。这一时期的史料有三个特点，一是少而可贵，二是混而不分，三是杂而难理。可以分为地下考古资料和传世文献资料两大类。

地下考古所得资料，仅就有文字记载的史料言有五种：（1）原始文字（陶文），半坡遗址出土陶器上有符号 140 多个，50 种，郭沫若说是文字的起源，已不全是象形字，且有指示字。大汶口的陶文，是太昊、少昊时的遗存，有六字。距今四五千年的山东大汶口文化遗址中发现了刻有陶文的陶器，这些陶文与古文字已有相似之处。图为一个合体图画会意字，"炅"（热），太阳在云气之上，云气之下有五峰 耸立（一说海水）。可以看出，文字是以象形为基础，由图画符号演进而来，后由史官进行加工整理而成的表意文字。"炅"，唐兰释为"热"字，是会意字。夏墟中的文字还未大量发现。（2）甲骨文字，1899 年在河南安阳殷墟出土至今，全世界共得 16 万余片，160 多万字，单字 4500 多个，能识者 1700 余字。对甲骨文收集最早的是刘锷，写有《铁云藏龟》。最有贡献的是"四堂"："雪堂"（罗振玉）、"观堂"（王国维）、"鼎堂"（郭沫若）、"彦堂"（董作宾），此外还有胡厚宣、唐兰、于省吾、徐中玉、容庚、商承祚等学者。甲骨文研究的历史成果可读中国社会科学出版社出版的《建国以来甲骨文研究》（王宇信著）。当前正在编《甲骨文全集》，已出 13 册，收录甲骨 41956 片。甲骨文是商代统治者记录占卜事情和结果而刻在龟的腹甲和牛的肩骨（也有牛的距骨、头骨和鹿头骨等，还有用人骨和虎骨的）上的文字。甲骨文是研究殷代社会状况和思想状况的宝贵资料，作为哲学史料，可以看出商代统治阶级的宗教迷信观念和世界观。（3）金文，商周奴隶主贵族用青铜铸造工具、武器、祭器、饮具等，有部分周代青铜器上刻有铭辞，短的只几个字，长者四五百字。这即金文。其中关于道德教训的辞句反映了奴隶主贵族的伦理思想和道德标准。金文从宋代就有人研究，赵明诚就是宋代的金石学家。近现代有孙诒让、吴大澂、罗振玉、郭沫若、容庚、于省吾等，都是金石专家。郭沫若有《两周金文辞大系》和《殷周青铜器铭文研究》等

书。中华书局出版有《殷周金文集成》18 卷（册），收录器铭 11983
件。（4）石刻文字，刻石比刻金容易，秦代有许多石刻，如石鼓、泰
山、琅邪、之罘、碣石等石刻（"东临碣石有遗篇"）文字，其作用是勒
石颂功。汉以来石碑应用更广，刻石文字更多。石刻文字，可以考证史
实，作用不小。清人王昶有《金石萃编》，叶昌炽有《语石》，近代商承
祚有《石刻篆文编》都是入门之书。（5）竹简帛书，出土的竹简帛书很
多，乃是比较系统的著述。重要者如临沂银雀山出土的《晏子春秋》，
长沙马王堆汉墓出土的帛书《老子》都是重要史料。

传世的文献资料，书多面广，可分十一个系统。（1）《尚书》系统：
包括《尚书》《逸周书》、"三礼"。《尚书》是传世最早的文献，史料价
值很高。研究《尚书》首先应弄清真伪之别和今古之辨。现存的书中只
有 29 篇是商周时代的真文献。"三礼"指《周礼》（原名《周官》是记
载古代政治、经济制度之书）、《仪礼》（是记载古代祭祀、丧服礼仪之
书）和《礼记》（是战国末年到汉初儒家学说论丛）。前二者相传为周公
所作，其实是战国时代的作品，《礼记》成书于汉代，是戴圣（大戴）
和戴德（小戴）叔侄编的。"三礼"对研究古代制度、宗法关系、哲学、
政治、伦理、教育思想以至科技、工艺等，均有价值。特别是《礼记》
保留着曾子的学说和阴阳家的学说，乃是直接的哲学资料。其中的《大
学》《中庸》后代成为"四书"的两部，影响极大，《学记》是教育学
著作，《乐记》是文艺美学作品。

（2）《春秋左传》系统：包括"春秋三传"、《国语》《战国策》《诗
经》《越绝书》《吴越春秋》《穆天子传》等著作。《春秋公羊传》《春秋
谷梁传》讲《春秋》的微言大义，对汉代儒学和清代学者都有影响。
《国语》重在记言，思想史资料极多。今文传诗者有齐、鲁、韩三家，
是借诗讲政治哲学，韩婴的《韩诗外传》有哲学价值。

（3）《周易》系统：主要是《易经》和《易传》，前者可能是周初
作品，后者成书于战国秦汉期间。二者都是哲学专著，特别是《易传》，
乃是古代系统的典型的影响极大的哲理著作。古来注易说易之书，据统

计近三千种，现存六百多种。17 世纪译为外语，莱布尼茨、玻尔都读过《周易》。古代说易之书中，汉易多讲象数，取图式方法；晋易多说玄思，辨哲学思想；宋易引易归儒，为理学服务。近代易学思路日广，从多方探讨。现代研究《周易》的主要著作有于省吾的《周易新证》，闻一多的《周易义证类纂》，徐世大的《周易阐微》，高亨的《周易古经今注》《易大传今注》《周易杂论》《周易古经通说》，李镜池的《周易探源》，张立文的《周易思想研究》，郭沫若也有关于《周易》的研究论文。

（4）早期阴阳家言：《庄子·天下篇》《史记·天官书》《淮南子》《汉书·艺文志》都提出过阴阳家的思想和著作，说到史佚、苌弘等人，《汉志》记《苌弘书》15 篇。阴阳家是研究天文、历法和节气的，阴阳观念可能是他们提出的。战国时邹衍是阴阳家的重要代表。他们的言论都需要整理。

（5）老子以及先秦道家系统：关于道家的哲学史料有《老子》《庄子》《列子》《黄帝书》。《老子》某人其书长期争论，迄今无定论，司马迁也未搞清，《庄子》《吕氏春秋》都说孔子问礼于老聃，看来老聃可能实有其人，问题在于《老子》一书是否属老聃所作。张岱年、胡适认为是老聃所作，多数学者认为书中反映了老聃的思想，但决非他的著作。罗根泽认为是太史儋作，梁启超认为是老子弟子作，郭沫若认为是战国中期环渊作，钱穆认为是战国末期的作品。五千言的哲理诗，影响极大，历代注老之书有 600 多种，《老子》流传的版本有 100 多种。主要者有《韩非子》的《解老》《喻老》，《淮南子·道应训》，《老子道德经》（汉代河上公章句），《老子指归》（汉代严遵撰），《老子道德经注》（魏王弼注），《老子音义》（唐代陆德明撰），《老子义疏》（唐代成玄英），《老子翼》（明代焦竑撰，此书收集了王弼以后各家注解，是集解性质），《老子覈诂》（马叙伦撰），《老子正诂》（高亨撰），《老子校读》（张松如撰）。

《庄子》一书，《汉志》记为 52 篇，现存的只有 33 篇（内篇 7，外篇

15，杂篇11），这是经过晋代郭象编辑的本子。其中哪些是庄周本人所作，哪些属他人所作，是争论的主要问题之一。传统说法认为内七篇是庄子本人写的，任继愈等认为外、杂篇是庄子本人写的。至今无定论。冯友兰认为将传世论文分为内、外篇是汉人的习惯，分时以题目为标准，把题目有意义的七篇归在一起作内篇，而把用篇首二三字为题的编入外杂篇。可见内、外、杂的分法既无历史根据，也无深奥意义。我们应摆脱内、外、杂的区别，从全书着手研究《庄子》，其书可视为先秦道家论文总集。

《列子》一书，《汉志》云有八篇，说是先于庄子并为庄子称誉的"御寇"所著。书已佚。现存的《列子》却是一部伪书。杨伯峻认为列子实有其人，学说近于庄周，因此在《庄子》一书中屡次出现这一神仙般的人物。现存的《列子》一书，是魏晋时代的作品，究竟作者是谁，至今未能确定，但并非是为《列子》作注的张湛。

《文子》，《汉志》认为《文子》九篇，是与孔子同时的老子的弟子所作。王充在《论衡·自然篇》中说"老子、文子似天地者也。"可见先秦时确有文子其人。《汉志》称的《文子》九篇已佚。现存的《文子张湛注》一书，章太炎说是张湛抄《淮南子》伪造的。

关于"黄帝书"。《汉志》载有《黄帝四经》四篇，《黄帝铭》六篇，《黄帝君臣》十篇。并说其学"与老子相似也"。其书传。1974年长沙出土的《黄帝经法》四篇和《十大经》。学者们考证，皆是《汉志》中所说的"黄帝书"。

先秦至西汉道家学说，《汉志》说有三十七家。共书九百九十三篇，比别家都多。可见道家势力之大，学者之众。

（6）孔子及其先秦儒家系统：儒家著作除《论语》外，《汉志》记载了五十二家（班氏自信有五十三家，实载只五十二家），其中二十一家显属汉代作品。其余绝大多数为先秦儒家著作。重要著有：

《论语》是孔子学生们的记录。书中称孔子为"夫子""子"或"孔子"。称"孔子"的可能是孔子的再传弟子，或更后一代的弟子，他们有自己的"子"，所以对孔子加以"孔"字，以示区别。书中对曾参、有若，都称"子"。这说明《论语》一书，不是一时一人所编、成书约在战国时期。《论语》分"上论语"和"下论语"，上短下长，说明是逐步编成的。《论语》是研究孔子思想的主要史料。历代注解《论语》的代表性著作有《论语集解》（三国时魏何晏撰），《论语集解义疏》（南朝时梁皇侃撰），《论语疏》（北宋邢昺疏），《论语集注》（南宋朱熹集注），《论语纂疏》（南宋赵顺孙撰），《论语正义》（清代刘宝楠撰）。研究孔子的其他资料还有《左传》《国语》中记载孔子言行的段落，《史记》的《孔子世家》《仲尼弟子列传》，《孔子家语》（现存的为三国时魏王肃的伪造），《孔子集语》（宋代薛据和清代孙星衍各有辑录，孙本完备），《洙泗考信录》（清代崔述考辨孔子史料的著作）。

　　《孟子》七篇，记录孟子思想，附带记录了杨朱、许行、告子的言论。此书的作者和篇数都有疑问。注解《孟子》的重要的书有《孟子注》（东汉赵岐撰），《孟子集注纂疏》（南宋孙奭撰），《孟子集注》（南宋朱熹撰），《孟子集注纂疏》（南宋赵顺孙撰），《孟子正义》（清代焦循撰，该书有重要价值），《孟子事实录》（清代崔述记述孟子及其弟子事迹的著作）。

　　《荀子》三十二篇，《汉志》列入儒家，该书基本上是原来的面目，但三十二篇并非全是荀子自己所作，第十九卷、二十卷中各篇，可能是弟子们所记。研究《荀子》一书的重要著作有《荀子注》（唐代杨倞注，是最早的《荀子》注），《荀子篇释》（清代谢墉、卢文弨撰），《荀子集解》（清代王先谦撰），《荀子简释》（梁启雄撰），《先秦诸子的若干研究》（杜国庠撰，其中有关于荀子的论文）。

　　韩非说儒分为八，即子张、子思、颜子、孟子、漆雕氏、仲良氏、荀氏、乐正氏。《汉志》也记载了其中一些人的著作，皆木传世。

　　（7）墨子和墨家学派系统：墨家是先秦大家之一，秦汉以后中绝不传。墨家之书《汉志》仅记有六家八十六篇，可见亡佚甚多。现存《墨子》一书，是墨家著作的总集，其中哪些是墨翟个人写的，难以确定。全书五十三篇。性质可分五组，1—7篇具有概论性质；从《尚贤上》至

《非儒下》共24篇，是前期墨家的思想资料，讨论了十一个问题，有十一个题目，本来每个题目中都分上、中、下三篇，可是有些篇缺了。三篇的形成可能是墨子死后，墨家分为相里氏、相夫氏、邓陵氏三派，各派对老师的言论各有自己的记录。三篇内容基本相同；《经上》《经下》《经说上》《经说下》《大取》《小取》共6篇，一般称为"墨辩"或"墨经"，讨论科学、逻辑和认识论问题，是后期墨家的作品，出于战国末期；《耕柱》《贵义》《公孟》《鲁问》《公输》共5篇，是记载墨子言行、事迹的传记性作品；从《备城门》至《杂守》共11篇，是讲防御战术和守城工具的著作。

关于整理注释《墨子》的重要著作有：《墨子》（清·毕沅校注）、《墨子间诂》（清·孙诒让撰）、《墨子间诂笺》（张仲如撰）、《墨子间诂校补》（李笠撰）、《续墨子间诂》（刘再庚撰）、《墨子校注》（吴毓江撰）、《墨子研究论文集》（栾调甫撰）。专门研究《墨辩》的有《墨经新释》（邓高镜撰）、《关于墨辩的若干考察》（杜国庠撰）、《墨辩发微》（谭戒甫撰）、《墨经校诠》（高亨撰）、《墨辩的逻辑学》（沈有鼎撰）。

（8）名家系统：名家亦称"形名家"，讨论的重点是逻辑和认识论问题。《汉志》著录"名七家三十六篇"。现在传下来的只有《邓析子》《尹文子》和《公孙龙子》，前二者是伪书，史料价值不高。《汉志》称的名家著作，现存的只有《公孙龙子》六篇。名家代表人物惠施的思想要点（惠施十事）保存于《庄子·天下篇》中，《天下篇》中还有"辩者二十一事"，也是名家哲学的资料。研究《公孙龙子》的著作并不很多，近年出版的《公孙龙子研究》（庞朴）和《公孙龙子长笺》（栾星撰）可以参考。

（9）法家系统：法有著作，《汉志》录有十家，217篇，其中属先秦的有七家。《李子》（李悝）已亡，《申子》（申不害）在南朝梁以后失传。《慎子》（慎到）四十二篇，只有部分保存。现存的《慎子》只有七篇。《商君书》二十九篇，是商鞅著作，现存二十四篇。《韩非子》五十五篇，全部保存至今。韩非说，商君重"法"、申不害重"术"、慎到重"势"，韩则综合了三者的思想。研究注释法家著作的有《商君书注释》（高亨撰）、《商君书新注》（陕西人民出版社出版）和《韩非子集释》（陈奇猷撰）。

（10）兵家系统：《汉志》兵书略列兵书五十三家，九百九十九篇，现存者不多，计有《孙子兵法》（孙武撰），十三篇；《孙膑兵法》1972年银雀山出土，共三十篇；《吴起兵法》，《汉志》录四十八篇，仅存六篇；《司马法》（司马穰苴著），《汉志》录一百一十五篇，现存一卷。这些著作中《孙子兵法》研究较多，有《孙子十一家注》，其余注解研究较少。这些是研究军事辩证法的绝好资料。

（11）综合性著作：先秦哲史资料中包含各家学说的有两部重要书籍。一是《管子》现存七十六篇，《管子》以政治家管仲命名，但包括的不是一家思想，而是许多家的思想，可能是齐国稷下学者的著作总集，是战国时的作品。该书体例是分类成书，类下列篇。其中《地员篇》是农家著作，《弟子职篇》是儒家著作，《明法》《任法》《八观》《轻重》是法家著作，《四时》《幼官》《轻重已》是阴阳家著作，《兵法》是兵家著作。《心术上》《心术下》《白心》《内业》四篇，郭沫若认为是宋钘、尹文的著作，冯友兰说是老子思想向唯物主义发展的著作。此四篇是重要的哲学史资料。《管子》是先秦各派思想的宝库，郭沫若、闻一多、许维遹合著的《管子集校》是研究管子的杰出成果。

二是《吕氏春秋》，系秦朝吕不韦招集门下宾客辑合百家九流之说而编成的，成书约在公元前239年。书分八览、六论、十二纪三大部分，共160篇，其中"纪"60篇，"览"64篇（现存63），"论"36篇。主要是儒家、阴阳家、道家（特别是杨朱）、兵家、农家的思想汇编。该书是先秦哲学资料选辑，有很大价值。注解此书的代表著作是近代许维遹撰的《吕氏春秋集释》。

2. 两汉哲学理论文献

我国有保存和整理典籍的传统，秦始皇一方面烧书，另方面大集天下书于中央图书馆。秦末，楚汉相争，萧何入关后第一件事就是收存秦之律令、图书，这是很高明的措施。秦焚书时，许多专家学者如伏胜、孔鲋等博士，藏书甚多。汉惠帝四年（始皇焚书后 22 年），"废挟书之律"，后多次收亡书于天下。武帝时设五经博士，并设医官、天文官等职，使图书得到保存，经学大为发展。以后各代整理图书成为惯例。汉代哲学以经学为主流，其他学派有了一定发展。

（1）汉初黄老、法家学派的著作。

武帝以前，儒未独尊，百家之学，仍有余绪。适应当时政治需要和解决社会现实问题，以黄老为代表的道家甚为盛行，以贾谊、晁错、陆贾为代表的法家也很活跃。黄、老之学的资料和观点可参看《史记》的《乐毅传》（记述了黄老学的传世系统）、《陈平世家》（说陈平少时好黄老之术）、《汲黯传》（说汲黯行"无为"之术）、《田蚡列传》（记窦太后好黄老之言）和《儒林列传》（记儒、老争论）。此外，司马谈司马迁父子也属于道家，见《太史公自序》和《汉书·司马迁传》。关于黄老之学的较系统的观点见于 1973 年长沙马王堆汉墓出土的《黄帝四经》（《经法》《十大经》《称》《道原》）。

贾谊的著作有《新书》五十八篇，收在新出的《贾谊集》中，晁错的著作散见于《史》《汉》，集收于 1975 年中华书局出版的《晁错及其著作》。陆贾著有《新语》十二篇。

（2）神秘化了的儒学及其著作。

汉代前期，儒家系统的典籍如"三礼"、《书》《诗》《春秋谷梁传》《春秋公羊传》《孝经》等不断被发现、整理、流传，为武帝独尊儒术准备了思想资料，为经学的发展提供了条件。儒家在两汉的发展是一个日趋神秘化的过程。这方面的代表著作是董仲舒的宣扬"天人感应"的《春秋繁露》和《天人三策》（见《汉书·董仲舒传》），经学家所编的宣扬宗教迷信的各种"纬书"（各经都有"纬"，南北朝时统治者禁谶，隋炀帝又烧纬书，现存"纬书"只有少数几篇是完整的），东汉章帝时，班固编的白虎观"讲议五经异同"的会议文件《白虎通义》，此书是今文经学家宣扬宗教迷信思想的集中表现。

（3）反对宗教神学和儒家正统的异端思想家及其著作。

汉代反儒家正统及宗教神学思想从儒家独尊时就开始了，直到东汉末年连绵不断。正当中央定儒家为一尊时，诸王之一淮南王刘安聚集当时在中央不得意的八名知识分子合著成《淮南子》（原名《鸿烈》）五十四篇（内21，外33），现存内书21篇。此书有杂家倾向，但基本上是阴阳家与道家的合流，站在"以道绌儒"的立场和朝廷的尊儒对抗。此书内容丰富，还包含许多自然科学资料。《淮南子》的注本，有刘文典的《淮南鸿烈集解》，后出的新注本有1997年由北京大学出版社出版的张双棣的《淮南子校释》和1998年由中华书局出版的何宁的《淮南子集释》。西汉末年扬雄的《太玄》《法言》是反对谶纬和"天人感应"的有唯物思想的著作。东汉前期，桓谭的《新论》、王充的《论衡》、张衡的《灵宪》、王符的《潜夫论》和东汉后期荀悦的《申鉴》、仲长统的《昌言》都是这一类思潮的重要著作。特别是《论衡》更是有代表性的战斗的唯物主义巨著。章太炎赞扬说："正虚妄，审向背；怀疑之论，分析百端；有的发摘，不避上圣；汉得一人焉，足以振耻，至今少有能逮者也。"（《学变》）

（4）重要的自然科学著作。

汉代的科学著作不少，科学分类方面有《尔雅》，把同类字集中在一起；《汉志·方技略》对自然科学进行了分类。天文学方面开始形成了天体结构的诸学派，主要著作有《周髀算经》（主盖天说）、《史记·天官书》《汉书·天文志》。数学方面出现了第一部数学著作《九章算术》，其中关于多元一次方程的解法，早于印度一百年，早于欧洲一千年。医学方面有《黄帝内经》《神农本草》。农学方面有《氾胜之书》《四民月令》。大科学家张衡是一个全才，科学著作很多，又是一个文学家。这些著作中有些是哲学概括的资料，有些（如《内经》和张衡的著作）则本身就包含着哲学思想。

（5）原始道教的思想著作。

相传成书于东汉晚期的《太平经》170卷（旧传于吉撰）是原始道教的经典。此书内容庞杂，包括道家、阴阳家、符箓、神仙、方术等学说。既有宗教迷信，又有朴素的唯物论和辩证法思想，还有反对封建剥削和统治的观点。原始道教是接近农民的，因此该书在一定程度上反映了农民的要求，在东汉末农民起义中起过重要作用。王明的《太平经合校》是整理得最全的本子。东汉末魏伯阳撰的《周易参同契》，将道家、神仙、方术三者结合在一起。后来被称为"丹经之王"，书中以炼内丹为主（即练气功），谈了许多宇宙观问题。最近湖南出了周士一、潘启明的《周易参同契新探》，用现代科学的观点研究此书，认为它是探索人体奥秘——能量流运行轨迹的，是对人体生物场能量运动所作的数学描述。李约瑟博士称赞说该书论述"广博"，是"极端引人入胜的"，他将此书编入剑桥东亚科学史图书馆珍藏。

3. 魏晋南北朝哲学理论文献

魏晋南北朝，为时约360余年，政治上大分裂，哲学上大分化。儒家的神学体系和经学形式，受到沉重打击和极大动摇。先是玄学盛行，取儒学而代之，后是佛教兴起，与儒学相对垒。思想战线斗争激烈，理论思维水平提高。其史料主要有玄学与反玄学、佛学与反佛学两大系统。

（1）玄学与反玄学的哲学史料。

玄学思想以何晏、王弼、向秀、郭象为代表。何晏著有《道德二论》《论语集解》，前者在《列子·天瑞篇》和《列子·仲尼篇》《晋书·王衍传》中保存下来一些段落，后者在唐朝定为《论语》的标准注解，现保存在清人编的《十三经注疏》中。王弼的主要著作是《周易注》《周易例略》《老子注》《老子指略》，其特点是以老（子）解易，以庄（庄子）解老，成为玄学的奠基性著作，今全收入《王弼集校释》中。向秀和郭象都撰有《庄子注》，向书不传而郭书独存，《晋书·郭象传》说向注《庄子》，向死后，郭象"窃以为己注"，仅据传闻而载，不一定是事实。好在"向、郭二《庄》，其义一也。"（《晋书·郭象传》），基本思想是一致的。

此外尚存张湛的《列子注》，学者们论定其非先秦御寇所作，乃魏晋时代的伪造，何人作伪，迄无定论。其书反映了当时的一些思想情况，属于玄学系统，有一定史料价值。裴𬱟的《崇有论》存《晋书》本传中，有唯物倾向。

反玄学的著作，有两个方面，一方面是以嵇康、阮籍为代表的玄学异端，讲名教与自然的对立，抨击名教，违背玄学本旨，是倒戈派，二人的哲学论文都收入各人专集中。另一方面是以傅玄、杨泉、欧阳建、鲍敬言为代表的从玄学阵营外进攻的反对派。傅玄有《傅子》（120卷，佚、辑本存三卷），杨泉有《物理论》（清代孙星衍辑本）、欧有《言尽意论》（《艺文类聚》卷十九）、鲍有《无君论》（片断存于《抱朴子·诘鲍篇》中）。尤其是南"杨"（杨泉，浙江人）北"鲍"（鲍敬言，北方人）的反玄言论，思想激烈，锋芒犀利，甚有意义。

（2）佛学和反佛的思想资料。

东晋南北朝时期，佛教迅速传播、发展，终于由"依玄"而"吞玄"，取代了玄学的统治地位。这时期的佛学论著，重要者有东晋时前秦的道安（当时的佛教领袖，徒众很多）的"经序"（为许多种佛经作序言）和"经录"（佛经目录）；支道林的《大小品对比要钞序》《逍遥游论》和各种序、赞作品；支愍度的《经论都录》《经论别录》（二书皆佚）和《合首楞严经记》《合维摩诘经序》；慧远（道安后的佛教领袖）的《沙门不敬王者论》《明报应论》《三报论》等论文和序记、书信；僧肇的《肇论》（包括四"论"一"书"）；竺道生的《妙法莲华经疏》。他们都是般若学的佛学理论家，慧远是道安的大弟子，僧肇和竺道生都受学于鸠摩罗什。他们分别在关中（道安、僧肇）、庐山（慧远）、南京（竺道生）形成了三个研究中心，从事译著，积累了大量资料。南朝的著名和尚僧祐将当时的佛学论文及部分反佛论文编入《弘明集》一书，将佛经译著目录和经论序文、僧徒列传编入《出三藏记集》一书。两书都有很高的历史价值，是重要思想资料。1981 年中华书局出版的《中国佛教思想资料选辑》第一卷，将魏晋南北朝时期的重要佛学论著选入，是一部比较系统而又简要的资料汇编（全书共四卷）。

反佛的代表性著作是戴逵的《释疑论》、刘孝标的《辨命论》、朱世卿的《法性自然论》、何承天的《报应问》、邢劭的《答杜秀才（杜弼）书》、刘昼的《刘子新论》、陶渊明的《形影神》（三首诗），特别是范缜的《神灭论》。

（3）其他。

这一时期文化思想战线活跃，出现了许多重要著作，对后来有较大影响，也有哲学史料价值。如品评人物的人才学专著《人物志》（刘劭著）；记述当时思想精神风貌的《世说新语》（刘义庆著，刘孝标注）；揭露玄学名士生活的"一位父亲的叮嘱"《颜氏家训》（颜子推著）；文学理论批语专著《文心雕龙》（刘勰著）、《诗品》（钟嵘著）、《文赋》（陆机著）；道教著作《抱朴子》（葛洪撰）；科技著作《齐民要术》（贾思勰著）；医学著作《脉经》（晋·王叔和著）等。还有祖冲之父子的数学著述。

4. 隋唐时期的哲学理论文献

隋代只有 37 年，唐王朝 297 年，合计 334 年，隋唐时期佛教各宗在理论上得到了空前发展，唐王朝搞三教平衡，传统哲学贫乏，路线不清，环节不明，专著不多。但佛教宗派确立，理论精致；道教也有发展，重视哲理。唐代哲学的特点是儒学道统化，佛教宗派化，道教理论化。

（1）儒学资料。隋代王通的《文中子》宣扬的是"三教归一"的儒学，唐代韩愈的《原道》《原性》《原人》《原鬼》发挥的是道统化了的儒学，李翱的《复性书》谈论的是正宗儒学。这些著作，特别是韩、李的文章挽救了魏晋南北朝以来儒家的衰落，恢复了儒学的正统，为宋代理学开了先路。

（2）佛学资料。唐代佛学著作浩如烟海（《开元释教录》收录七千卷之多），点其要者，以见一斑。托名马鸣所造的《大乘起信论》是佛教哲学的论纲，唐代各宗都很推重它。慧思的《大乘上观法门》是天台宗（又称法华宗）的代表作；窥基的《成唯识论》是唯识宗（又称法相宗、慈恩宗）的主要著作；法藏的《华严金狮子章》是华严宗（又称贤首宗、法界宗）的概述性作品；慧能的《坛经》和学生们编的《古尊宿语录》是禅宗的思想记录。唐初道宣编的《广弘明集》是南北朝以至唐初的佛学论文集。这些都是唐代佛教最重要的哲学史料。

（3）道教史料。司马承祯的《天隐子》《坐忘论》标志着隋唐道教开始转向唯心主义理论体系的道路。王仁的《亢桑子》后来被列为道教经典之一。其他如李鉴的《阴符经疏》《乘机制敌太白阴经》（军事书），赵蕤生的《长短经》（又叫《长短要求》），谭峭的《化书》都是道教系统的重要著述。还有李荣的《老子注》和成玄英的《老子义疏》《庄子义疏》是道家学说宗教化的作品。

（4）无神论和进步思想家的著作。唐初无神论思想活跃，付奕的反佛论文（在《广弘明集》中）、吕才的《阴阳书》、卢藏用的《析滞论》、李华的《卜论》（李华的著作保存在《文苑英华》《唐文粹》中，《全唐文》录了他的全部遗文）是这方面的代表作品。刘知几的《史通》对传统思想和迷信观念作了批判。柳宗元的《天说》《天对》《时令论》《断刑论》《非国语》《封建论》《六逆论》和刘禹锡的《天论》《因论》等论文是中唐战斗唯物主义和进步历史观的重要文献；晚唐杜牧的《战论》《守论》《罪言》，刘蜕的《山书》、刘允章的《直谏书》、皮日休的《文薮》、元结的《猗玗子》《元子》，罗隐的《两同书》《谗书》都是揭露社会矛盾，发挥进步政治思想的作品，刘允章和皮日休还参加了黄巢政权。还有《无能子》一书，作者不详，对统治阶级作了批判，反映了劳动人民的情绪。

（5）综合性资料。在《群书治要》（魏徵编）、《艺文类聚》（欧阳询编）、《北堂书钞》（虞世南编）、《初学记》（徐坚编）等书中，清代董诰编的《全唐文》中都保存有珍贵的哲史资料。此外唐代文人的诗文集，以形象思维的形式包含着深刻的哲理闪光，如李白的道家思想，杜甫的儒学观念，白居易晚年的佛学倾向，韩愈的反佛精神都值得重视。

5. 宋元明时期的哲学理论文献

五代共 55 年，两宋共 320 年，元代 90 年，明代 277 年，合计 742 年。这七个半世纪，是中国哲学的大发展时期。由三教调和，走向了儒家一统，但不是神学化的一统，而是哲理化的一统。经过玄学的启发和释、道的辩诘，儒学形成了自己的本体论体系，获得了自己的思辨性特色。在系统严密的逻辑巩固中使自己的统治地位更为坚强稳定。但是儒家内部的争论却尖锐起来，理学和心学的斗争是这一时期的重要内容，反理学和心学的思想也持续发展。

（1）程朱理学系统的史料。理学萌芽于唐代的韩愈、李翱，但却形成于宋代。周敦颐《太极图说》和《通书》标志着理学的开创，邵雍的《皇极经世》和《伊川击壤集》也属于创立理学的范围。理学的奠基者是程颢和程颐，二程是周的学生，又与邵交往甚密，他们的著作都收入在《二程集》中，其中最重要的是《遗书》《文集》和程颐著的《周易传》。二程首次提出"理"是最高范畴。二程门下"四子"谢良佐、杨时、吕大临、游定夫都有著作传世。杨时的学生胡宏，著《知言》五卷（杨时还有一个学生罗从彦。罗从彦的学生李侗（延平）是朱熹的老师，李的言论，朱熹记录于《朱子语录》第 103—104 卷中）。朱熹是理学的集大成者，著述极多，约三十种，重要的哲学著作是《四书集注》《西铭解义》《太极图说解》和其学生黄士毅编的《朱子语类》。朱熹门下"三子"，蔡元定、蔡沈、陈淳都有著作，陈淳的《北溪字义》是朱熹哲学的名词辞典。朱熹有两个朋友，一是张栻（南轩）著有《论语解》《孟子说》，二是吕祖谦（东莱），是鹅湖会的主持人，长于史学，著有《左氏春秋博议》。理学到了元明时代，玩不出新花样，元末的许衡，著有《鲁斋遗书》，明初薛瑄的《读书录》、吴与弼的《康斋集》和胡居仁的《居业集》，有一定价值。

张载属于理学系统，但别为一宗，《张载集》收入了他的主要著作。

（2）陆、王心学系统的史料。陆九渊（号象山）与朱熹同时，少朱九岁，他与其兄陆九龄在鹅湖会上与朱辩论，是心学创立者，他的著作收入《陆九渊集》中，主要是《语录》。陆的学生有杨简、袁燮、舒璘、傅子云等，杨是得意门生，著有《已易》。心学到了明代，由陈献章开其端，著有《白沙子》八卷（见《陈献章集》），他是陆—王的中间环节。王守仁是心学集大成者，代表作是《传习录》《大学问》等，收入《王文成公全书》。王守仁的学生将心学向不同方向发展，王汝中（龙溪），是王学右派，有《龙溪全集》；钱德洪（绪山）是中派，有文集；王艮（心斋）是王学左派，著作有《王心斋全集》，他创立的泰州学派影响很大。他的儿子王衣、王襞，弟子朱恕、韩贞、夏廷美是此派代表人物，后来有颜山农、何心隐、李贽。何的《爨桐集》（在新编的何心隐集中），李的《焚书》《续焚书》《藏书》《续藏书》都是有激进思想的著作。此派遗风后来被东林党人所承传。

（3）进步思想家的著作。宋明时进步思想家是指不直接属于理学、心学的人物，有五类。第一类是哲学家，宋代有叶适，著有《习学记言·序目》；陈亮，著有《陈亮集》，叶是永嘉学派，陈是永康学派。南宋末年的黄震著《黄氏日钞》批判程朱理学。明代有罗钦顺，著有《困知记》；王廷相，著有《慎言》《雅述》（见《王廷相哲学选》）；吕坤，著有《呻吟语》。此三人都是批判程、朱而有独立见解的唯物主义哲学家。第二类是政治家，北宋初年的李觏，参与过范仲淹的"庆历新政"，一生著作宏富，有《李觏集》，他的政论是王安石变法的思想先驱；北宋中期的王安石是革新政治家，创"荆公新学"，著作在《王文公集》中；宋元之际的邓牧，一生隐居，著有《伯牙琴》，是具有乌托邦思想性质的政治杰作；明初的刘基，是朱元璋的谋士，官至御史中丞，著有《郁离子》等书，很有哲学头脑。第三类是史学家，宋代有郑樵，有著作84种，代表作是《通志》200卷；元代马端临，著《文献通考》，二人的历史观都是很进步很深刻的。第四类是科学家，以沈括为代表，著有

《梦溪笔谈》，是中国科技史上的"坐标"。第五类是文学家，三苏父子的论文，特别是苏轼的《苏子易传》，苏辙的《老子注》有哲学意义。欧阳修的《易童子问》《本论》也含有哲理；诗人杨万里的《诚斋易传》《天问和天对解》，有独特见解。南宋末年康与之著有哲理小说《昨梦录》。

（4）佛学和道教史料。宋代时禅宗盛行，南宋的僧人普济编成《五灯会元》（北宋三灯，南宋二灯），将原有的《景德传灯录》《天圣广灯录》《建中靖国续灯录》《联灯会要》《嘉泰普灯录》删繁就简，合五为一，此书汇辑禅宗从过去七佛到唐宋时期各派禅僧所留下来的"机缘"和语录。颐藏编的《古尊宿语录》48卷，广采南岳怀让以下四十余家唐、宋禅师的语录，多为《五灯》所未载者。延寿编集的《宗镜录》100卷，是经论语录的会纂；引证的资料300种，此书以禅法为"准衡"，意在将法相、华严、天台三家统一于禅理，这种禅教统一的思想，为他宗所接受。天台宗在宋代接近尾声，南宋天台宗沙门志磐于咸淳五年（1269年）编的《佛祖统记》以史书的纪传、编年为体裁，分本纪、世家、列传、表、志。该书以天台宗为正统，记录了天台宗的传教世系和著作，还记述了禅、华严、法相、密教、律等诸宗创教历史，是一部采择面广、编辑精审的中国佛教史。宋时佛教对理学各派都有影响，这方面的史料可看东林寺灵源禅师著的《灵源笔语》记载了周敦颐、程伊川和常聪和尚的交往；宗杲的弟子道谦著《禅林宝训》记载朱熹向道谦问学情况。宋佛经翻译也有大发展，国家设立译经院，恢复了从唐元和六年（811）以来中断已久的翻译工作。译经总数计284部，758卷，就其种数而言，几乎接近唐代。

道教在宋元时也有发展，宋真宗命王钦若、张君房编道藏，建宫观。徽宗自称"教主道君皇帝"，诏天下访求道教仙经，刊行全藏，于太学置《老子》《庄子》《列子》博士，道教大盛。宋以后原有的各宗逐渐合流（到元代形成正一教）。又形成了许多新教派。金代王重阳创全真道，元初刘德仁创大道教，萧抱珍创太一道。此派中唯正一教和全真道流传较久，其他皆未久即没。明时正一、全真两派仍传，至清衰微。宋明时期道教著作主要有宋初道士陈抟（宋太宗赐号"希夷先生"）著的《无极图》（刻于华山石壁）和《先天图》，认为万物一体只有超绝万有的"一大理法"存在。其学说经周、邵加以推演，成为宋代理学的重要思想来源。其弟子张天梦著的《琼台集》、陈景元著的《老子藏室纂微》是重要的道教理论史料。宋张君房编的道教经典总集《道藏》（宋藏）4565卷，后又增补，金代、元代又增修。明英宗由邵以正校刊《正统道藏》（530卷），神宗时由张国祥辑印《万历续道藏》（181卷），"明藏"共有5486卷，其中除道经外，还包括自然科学和其他方面的论著。"宋藏"中张君房辑的《云籍七签》分类辑录道教经籍，是研究道教的重要资料。

（5）其他综合性思想资料。黄宗羲父子编的《明儒学案》《宋元学案》是宋—明的哲学通史，既有学派划分，又有学者生平，还有著作摘要。明成祖时编的《性理大全》是一部哲学全书，清康熙时李光地编的《性理精义》，张谊行编的《正谊堂丛书》选了程朱派的哲学著作。清纳兰性德编的《通志堂经解》汇集了宋元时期学者注解经书的著作。这些都是综合性的使用方便的资料。

6. 清代哲学（包括近代）理论文献

从清朝掌握全国政权到辛亥革命推翻清政府，共经历了268年。两个半世纪的历史是中国社会的转变时期，逐渐发展的资本主义同封建专制主义的矛盾，中华民族同帝国主义的矛盾是主要矛盾。哲学领域出现了一些新的特点。

（1）早期启蒙学者的主要著作。这是指明清之际和清初一些有民族主义思想和有反封建专制主义思想倾向的学者的著作。黄宗羲的《明夷待访录》，方以智的《通雅》《物理小识》《药地炮庄》《东西均》，顾炎武的《日知录》，王夫之的《周易外传》《尚书引义》《张子正蒙注》《读四书大全说》《读通鉴论》都是这方面的代表著作。其他如朱之瑜

（舜水）的《阳九述略》（在《朱舜水集》中），陈确的《陈确集》，傅山的《荀子评注》《读子》《霜红龛集》，李颙的《李二曲先生集》《十三经纠谬》，吕留良的《四书讲义》，唐甄的《潜书》，颜元的《四存编》《朱子语类评》，李塨的《述古文集》《定太平书》都是重要的哲学著作。这些人的共同性有二，一是有反清思想，二是不同程度的有反专制主义的思想，故称为早期启蒙学者。

（2）乾嘉考据学者的主要著作。乾嘉以后，学风大变，统治者兴文字狱，学者们钻故纸堆，历史经籍的烦琐考据代替了对现实问题的哲学思考。古籍整理成绩卓著，哲学思维十分贫乏。可称之书有：阎若璩的《尚书今古文疏证》《四书释地》，胡渭的《易图明辩》，毛奇龄的《四书改错》，惠栋的《周易述》《易汉学》《易微言》（易学三书），戴震的《孟子字义疏证》；程瑶田的《通易录》，汪中的《述学》，洪吉亮《北江集》中的《易言》，焦循的《易通释》《易章句》《易略》（焦氏的易学三书），阮元等编的《经籍纂诂》《十三经注疏》《皇清经解》《曾子集》和自著的《性命古训》《释"敬"》《释"一以贯之"》，江藩的《汉学师承记》，方东树的《汉学商兑》（是代表理学反汉学的最后一人），章学诚的《文史通义》。其中特别是戴震和章学诚是在考据成风的学术阵地里独树一帜且有独立见解的杰出思想家。

（3）公羊经世学派的著作。乾嘉学者是古文经学家，他们重考据，搞训诂，但随着社会风暴的卷起，学者们深感烦琐的笺注不能解决现实危机。于是道光、咸丰之际，进步学者面对现实，主张改良，于是又采取了今文经学的形式，利用讲微言大义来揭露现实矛盾，求有用于世。他们远承汉代公羊春秋学家的遗绪，揭开了学术思想史新的一页。其特点是以经世致用为宗旨，代表学者是龚自珍、魏源。龚的著作都收入《龚自珍全集》中，其中的《乙丙之际著议》《壬癸之际胎观》《明良论》等篇阐述了他的哲学思想。魏的著作很多，《默觚》和一些为古代哲人写的序赞表现了他的哲学思想和历史观。（有《魏源集》）龚诗云："从君烧尽虫鱼学，甘作东京卖饼家"表示了抛弃考据，注重经世的决心。又云："九州生气恃风雷，万马齐喑究可哀"，表达了他呼唤风雷，改变现实的愿望。

（4）太平天国农民革命家的著作。太平天国领导人洪秀全的哲学思想主要表现在《原道救世歌》《原道醒世训》和《原道觉世训》中，社会思想表现于《天朝田亩制度》和洪仁玕的《资政新编》中。

（5）戊戌变法派的著作。戊戌变法以前的变法著作有冯桂芬的《校邠庐抗议》，郑观应的《盛世危言》（其第一篇《道器》中从哲学角度辩证变法的必要），王韬的《弢园文录外编》，薛福成的《筹洋刍议》，马建忠的《适可斋记言记行》（他是中国官员在外国留学最早的人），何启、胡礼垣的《新政真铨》，汤振的《危言》，邵作舟的《邵氏危言》，陈虬的《治平通议》，陈炽的《庸书》。这些书都在不同程度上主张变法，学习西方。

戊戌变法派的代表人物的著作有康有为的《新学伪经考》《孔子改制考》《春秋笔削大义微言考》《春秋董氏学》《礼运注》《大同书》《诸天讲》和讲治学方法的《长兴学记》《桂学答问》。严复的哲学政治思想主要在他为翻译的西方名著所插入的按语中。梁启超在变法时期是宣传家，理论著作不多，晚年在清华大学讲学时的学术著作有些价值，但性质已与前不同。其著作全收入《饮冰室合集》。谭嗣同的哲学著作《仁学》接触到许多重要的哲学问题。

变法时期反对派的著作，收集在《觉迷要录》（叶德辉编）和《翼教重编》（苏舆编）二总集中。从中可见顽固分子的思想。

（6）辛亥革命时期革命派的著作。辛亥革命时期的代表性哲学著作是孙中山《建国方略》中的《心理建设》，概述了他的自然观、认识论和历史观，该书一名《孙文学说》。《物质建设》（又名《实业计划》）一书提出了中国资本主义工业化的方案，《社会建设》讲民权问题。中山先生的著作可看《孙中山全集》。

章炳麟是辛亥革命运动的重要理论家，他的著作很多。有政论、有经学著作，有文字音韵著作，其哲学著作有《无神论》《建立宗教论》

《人无我论》《五无论》和《四感论》。他关于中国哲学史、学术史的著作如《訄书》《检论》《国故论衡》（下卷）、《菿汉微言》等都很有学术价值。有《章太炎全集》已出版。

其他如朱执信的《朱执信集》、邹容的《革命军》、陈天华的《警世钟》《秋瑾集》也应参看。《辛亥革命前十年间时论选集》（共三卷四册）收入了许多单篇哲学论文。可以检阅。

以上所列中国史资料乃是沧海一粟，其遗珠在所难免。不过是给"窥豹"提供一"管"而已。

（三）中哲史哲学理论文献鉴别
和运用的基本原则

对于哲学史史料必须解决鉴别和运用两个大问题，才能为研究提供根据。鉴别和运用的基本原则是：

1. 定时代

确定史料的时代包括两方面，一方面是史料形成的时代，另方面是史料在历史上起作用的时代。对于书籍来说，即是它的著作时代和流行时期。有些史料的形成时间至今未得谜底，如《老子》《易经》《易传》、三礼等，一部书中的各篇也不一定是同一时代的著作，先秦的诸子书很多有此情况，经书如《尚书》的真正作品，也是在不同时代写定的。有些书的著作时代虽明，但流行时代并不与写书同时，王充的《论衡》写于东汉初期，但到东汉——三国时才经蔡邕而流行，明代李贽、清初王夫之的书也是写成以后很久才被人发现、印刻、流传。对一部书，定写作时代以见思维水平的程度，定流行时代以明哲学的社会影响，应将二者区别开来。

2. 知作者

有些著作的作者至今仍是疑案，如《老子》、三礼、《孝经》《易传》，即使一部书中各篇也不一定出于一人之手，如《庄子》中哪些是庄子本人的著作，《墨子》中哪些是墨子本人的作品，仍有争论。有些书标写的书名和作者并不能真正说明它的作者，《列子》一书并非列御寇所作，题名李贽的作品不少是他人假托李贽之名以行世。《管子》《吕氏春秋》也不真正就是管仲、吕不韦所作。知作者对于分析史料价值和正确把握其观点很有意义，当然并不是每部不明作者的书都没有意义，不能分析研究。

3. 辨真伪

史料的真伪是指两种情况，一是署名的作者并非书的真正作者，则是伪书，反之为真；二是书中现有的篇章并非属于原书所有，则属伪劣、反之为真。前者除上述外、如《周礼》相传是周公所作，其实周作已佚，现存《周礼》是晚出的伪书。又如《本草》托名神农，《内经》托名黄帝等等。后者如《尚书》古文 58 篇，已经确证为伪书。现在可以基本定为伪书的还有《孔子家语》《孔丛子》（东汉王肃伪造）；《连山》《归藏》（二书皆隋刘炫伪造）；《列子》（是晋代人伪造，有人说是注者张湛伪造）；《子夏易传》（六朝人伪造）；《关尹子》（唐人伪造）；《文子》（旧题周·辛计然撰，其实是汉代人伪造）；《文仲子》（署名隋·王通，伪造者未明），等等。伪书的情况复杂，有的是一次伪造，有的则一伪再伪，伪中作伪。还有的书是真伪杂糅，并非全伪。辨别伪书的方法很多，梁启超在《中国历史研究法》中列了十二条，可参看。主要有查书目，找旁证，审内容，验语言四方面。辨伪能确定书作者和时代特点，更能准确分析它的思想内容，所以很重要。但伪书只是表明了作者和书的关系，并不能完全否定其在哲学史上的价值。只要恢复了其真实面目，还可以对其进行研究。《周礼》不是周公所作，但对研究战国至秦、汉的社会制度也有用处，《列子》非列御寇的作品，但对研究晋人思想，很有意义。特别是其中关于杨朱学说的《杨朱篇》也可以透露出杨朱思想上的一些特点。辨伪既要大胆也要慎重，既不能以伪为真，食古不化；也不应疑真为伪，否定一切。

4. 识版本

古书的版本多极了，有的有十几种，几十种，不同版本会影响到书籍在内容、文字方面的质量。对研究工作来说好的版本就是指没有残缺、没有错误（或错误较少），内容准确、翻阅方便的版本，并非越古越优。审别版本十分重要。宋朝一位教官根据当时麻沙本《周易》出题，将"乾为金，坤釜，何也？"题为"乾为金，坤亦为金，何也？"闹了一场笑话。还有一位教官在秋试题中，根据有脱文劣本，题为"井卦何以无象？"，其实《易经》六十四卦，每卦皆有象辞。劣本之书，误人如此，可见懂得版本知识对于阅读古书，研究历史，甚为重要。关于古书版本的常识，可读上海人民出版社出版的《古书版本常识》（毛春翔著）。

以上四条，不过是鉴别运用史料时应遵循的最基本原则，只有如此才能使研究工作达到史料真实准确，分析充分可靠，结论有力可信。

三　目录文献简介

"五四"以前的著作通称为古籍，我国的古籍，浩如烟海，为全球之冠。根据资料初步推断的有近八万种之多。如何从丰富的古籍中查找自己研究所需的资料，必须查书目。懂得目录学常识，对于中哲史研究来说，是完全必要而不可或缺的。

（一）目录学及其作用

目录是目和录的合称，目是指书名或篇名，录是对目的说明和编次，也称序录或书录。一书目录是将一本书的篇名和说明加以编排、汇集，群书目录是将诸书的书名和叙录予以总聚。目录学就是研究图书目录（主要指群书目录）编辑规律的科学。它是一门专门学问，和版本学、校勘学、考据学一样，蔚为专学。随着人类科学文化的发展，书籍数量剧增，目录学业已呈现出空前昌盛景象，当前已经运用许多现代化的科学技术手段，进行图书目录的编排和目录学的研究。

目录学对于读书治学和科学研究有着重要的辅助作用，从事各门科学研究都要借助于目录学，中哲史的研究也不例外。不懂目录学常识，就会在茫茫书海中不辨航路，犹如一个想进入宝殿华屋而不明门径的人一样，必然盲人瞎马，不但会缘木求鱼，劳而无功，甚至会误入歧途，坠进深渊。具体说来，目录学对于研究学术的作用有四个方面。

（1）了解历代著作的概貌和学术发展的概况。人类智慧和知识的发展结晶总是以图书的形式记录下来，各时代图书著作反映了人们认识的进步和科学的发展水平，而图书的总的面貌必须借助于目录而描绘出来。例如通过《汉志》著录可知汉代图书总数是一万三千余卷，通过《隋志》可知唐初图书总计五万六千八百八十一卷，比汉代增加了将近四倍半。说明科学发展了，知识丰富了，认识提高了。又如《汉志》未列史类，在春秋家后附史书二十三家，九四八篇；而《隋志》另标史部，录史籍八七四部，一六五五八卷，可以窥见汉至隋期间史学的长足发展。而且目录将图书归类编排，图书分类，不但可使所列著作的性质分明，而且可以见到人们对科学门类和学术派别的认识水平。此外，了解目录对考辨古籍真伪也起重要作用。如某书自称是先秦作品或托名先秦学者而又不见于《汉志》著录，其真就很可疑。

（2）了解某种著作的作者、内容、价值及其流传情况。许多目录书，不只列举书名，而且通过提要形式，介绍撰者生平、撰述意旨、基本内容、学术价值和版本种类以及流传情况。对于阅读和研究该书，提供了重要信息，对于选择史料会起到参考作用。如《四库全书总目》对于著录的各书都从以上方面作了介绍，给学者提供了极大方便。而且好的解题，本身即有极高的学术价值，表达了书目作者的学术思想和观点。

（3）粗知学术源流。不少书目名著，不但对某一著作有详细介绍，而且在各类书前写有小序介绍某门学科或某个学派的历史源流和演变，把这些小序综合起来，系统阅读，犹如读一部简明的学术史著作。《汉书·艺文志》各类书前的小序，学术界公认它是先秦学术史简编，是考察先秦各学派思想起源发展的重要依据。"诸子出于王官论"就是汉志关于先秦各派产生的重要论点。《四库全书总目》也有这种总序、类序，很有学术价值。还有的书目辑各书序跋（如谢国桢的《晚明史籍考》），序跋不但可以熟悉图书，而且本身就是重要的学术著作，是研究所需的重要史料。

（4）指示读书门径和辅导读书。图书目录能使各代各种书尽览眼底，告诉学者有些什么书，内容宗旨如何，性质、价值怎样。读了目录，学者们就可以根据自己的研究需要去选择书，对于什么书必须读，什么书不需读；哪些该精读，哪些属略知；哪些宜先，哪些可后；什么版本优而不误，什么版本劣而常谬；以至于采取什么方法去读等这些方面都会大体掌握，然后从事读书和研究，当然有事半功倍之效。有些书目本来就是专为初学者编的，对图书的用途和读书门径，往往予以指点，使学者受益匪浅。如《书目答问》，在不少书下注有这类语句，如"此类各书为读正史之资粮""此书最便"，等等。

由于目录学和目录具有上述作用，所以历代学者都非常重视它。清代学者江藩说："目录者，本以定其书之优劣，开后学之先路，使人人知其书可读，则为易学而功且速矣。……目录之学，读书入门之学也。"王鸣盛说："目录之学，学中第一紧要事，必从此问途，方能得其门而入。"又说："不通汉艺文志，不可以读天下书。"近代目录学家余嘉锡先生指出："目录之学为读书引导之资。凡承学之士，不可不涉其藩篱。"他自称其学问是从《书目答问》才学会买书和读书，他把《四库总目提要》读过好几遍。他反复告诫青年学者"从目录学入手"，"懂得目录学，……使我们大概知道有什么书，是谁作的，大概内容是什么，也就是使我们知道究竟都有什么遗产，看看祖遗的仓库里有什么货，要调查一下。如果心中连遗产都有什么，全不知道，怎样批判？怎样继承？所以经常翻翻目录学的书，在历史书籍的领域中，眼界可以扩大。因为书目熟，用起来得心应手，非常方便。"（转引自《学者论学》）这些都是经验之谈，值得借鉴。

（二）几种重要的目录学著作

我国历代有整理图书和编写书目的优良传统，历代编的书目，数量丰富，形式多样，作用广泛，影响深远。现根据哲学史研究的需要，选择几种，作以介绍。

1. 史志目录的佳构——《汉书·艺文志》和《隋书·经籍志》

《汉书·艺文志》是东汉班固编撰的《汉书》的十志之一，是班固根据西汉后期的大学者刘向、刘歆父子受诏校书时编的《别录》和《七略》改定而成的。著录的汉代图书596家，13269卷。将书分为六大类（六分法）：①六艺略，著录儒家经典，下分易、诗、书、礼、乐、春秋、论语、孝经、小学九家；②诸子略，著录诸子的学术著作，下分儒、道、阴阳、法、名、墨、纵横、杂、小说等十家；③诗赋略，著录文学作品，下分辞、赋、歌诗等五家；④兵书略，著录军事著作，分兵权谋、兵形势、阴阳、兵技巧等四家；⑤数术略，著录自然科学和迷信方面的图书，下分天文、历谱、五行、蓍龟、杂占、形法六家；⑥方技略，著录医学和方士巫术著作，分为医经、经方、房中、神仙四家。

《汉志》的体例是：①总序。概述汉以前的学术概况和图书事业以及目录编辑的情况。是西汉以前的学术史纲要。②目录。分略分类著录书名、种数、家数和卷数，如"《易经》十二篇，施、孟、梁丘三家"。③小注。许多书名后写有小注，注体有六：注撰人（如《急就》一卷下注"元帝时黄门令史游作"）、注内容（如《周政》六篇，注称"周时法度政教"。注篇章（如《太史公》为三十篇。注称"十篇有录无书"）、注真伪（如《伊尹说》二十七篇。注"其意浅薄，似依托也"）、注时代（如《孙子》十六篇注"六国时"。《道家言》二篇，注"近世，不知作者"）、注附录（如《鲍子兵法》十篇，注称"图一卷"）。④后序。每项略书后、各家书后写有后序，总述各家、各略的学术源流和派别，著作的宗旨和性质，学术价值和学风演变等。

《汉志》是十分重要的学术专著，它不但著录图书，而且"辨章学术，考镜源流"，是汉代以前的学术史纲要，对研究思想史、学术史、哲学史、科学史具有非常重要的作用，是必读之书而且是应精读之书。清代王鸣盛说："不通汉艺文志，不可以读天下书。艺文志者，学问之眉目、著述之门户也。"

《汉志》创图书六分法之先例，奠史志目录之良基，后世正史常仿其例，多有"艺文志""经籍志"的编撰，存历代典籍之要。二十四史中有六部史书，撰有艺文或经籍志，清代学者纷纷为无艺文志的正史作补志，成果累累。在这些正史志中，唯《隋书经籍志》有较高价值，是继汉志之后的又一重要目录著作。

《隋志》是唐初魏徵撰的《隋书》的组成部分。对唐以前图书进行了一次总结，录书 14466 部，89666 卷，按经史子集四部分类（四分法），又以道、佛两类作为附录。部下又分小类，经十类，史十三类，子十四类，集三类，道四种，佛十一种。"经"是儒家经典，"史"是历史书和地理书。史部独立为类，乃史学发展的必然结果。《隋志》体例与《汉志》相仿。有总序、有目录、有小注、有后序。它的特征是，以书序记述汉至隋的学术演变及图书聚散情况；以目录总结记载了南朝梁、陈和北朝齐、周、隋五代的著作和存书，以小注说明了图书的存在、散亡和残缺情况（小注的残亡书籍 1064 部，12759 卷），使图书的聚散情况一目了然。《隋志》创四分法，叙学术史，记亡佚书，是目录学史上又一里程碑式的巨作。清·姚振宗评论说，"自周秦六国、汉魏六朝迄于隋唐之际，上下千余年，网罗十几代，古人制作之遗，胥在乎是。"

《汉志》《隋志》都有单行本，清代张寿荣收正史中的《经籍志》《艺文志》汇刊为《八史经籍志》，研读甚便。

2. 综合目录的集大成——《四库总目提要》

综合目录是群书目录，不是某类某科的专业书目。它有官修和私撰两种。历代官修综合目录不少，但清代的《四库总目提要》是其代表性著作。《总目》是乾隆三十七年至四十七年（1772—1782）间纂集《四库全书》的相连产物。当时，清政府为了实行文化统治，控制学术思想，笼络知识分子，就开了"四库馆"，令全国地方官员把见到的书都送呈候选，最后集中大批人力，编成《四库全书》，并将所录各书编成总目。这部目录是集中各方面的专才所撰成，如戴震、邵晋涵、周永年都分别担任了经史子各部类的提要编写，总其成的则是博闻强记的纪昀。由于该书的总裁是乾隆帝的儿子永瑢，所以提要就署了他的名字。

《总目》共 200 卷，其著录书籍 3461 种，79309 卷，另明存目 6793种，93551 卷。基本上包括了乾隆以前中国古代的重要著作（尤以元代以前的书籍收辑更为完备）。《四库总目提要》按四部分类法，各部下分为若干类。

经部：分为易、书、诗、礼、春秋、孝经、五经总义、四书、乐、小学，共十类。

史部：分为正史、编年、纪事本末、别史、杂史、诏令奏议、传记、史钞、载记、时令、地理、职官、政书、目录、史评，共十五类。

子部：分为儒家、兵家、法家、农家、医家、天文算法、术数、艺术、谱录、杂家、类书、小说家、释家、道家，共十四类。

集部：分为楚辞、别集、总集、诗文评、词曲，共五类。

共 4 部，44 类。有些类下又分为若干子目。如子部·艺术类下分书画、琴谱、篆刻、杂技，共四目。全书总计 65 个子目。

《总目》的体例是：①部序。四部之首各有序一篇；②类序。每部各类之首也有序一篇；③书名。部、类后列出每部书的名称、卷数和采集来源；④解题。包括撰者状况、写作宗旨、书籍内容、学术渊源、学术价值、版本异同等项目。这是主体部分。⑤按语。有些部、类最后附加按语，对上收各书作以总评或说明其分类理由、去取标准。

《总目》的每部总序和各类小序以及部分类后的按语十分重要。它记述学术源流和派别，评论各派特点和学风。对该类图书有居高临下，俯瞰全貌的作用，对研究思想史有提纲挈领，考镜演变的价值。每部分的解题，既概述内容又评论得失，为学者指明门径，介绍方法，具有读书指南的功用。正由于此，它受到学者们的高度评价。人们把四库全书与万里长城、大运河并列为中国古代三大工程，它体现了中华民族精神文明的伟大成就。1780 年法国狄德罗组织进步思想家编的《百科全书》

完成出版，该书三十五卷，经过三十年的努力，这恰与清政府编《四库全书》同时。东西文化，竞长争高，甚为壮观。《总目提要》篇幅巨大，体例完备，内容丰富，见解深刻，学术价值很高，是前所未有的巨大成就。近代目录学家余嘉锡评论说："四库提要叙作者之爵里，详典籍之源流，别白是非，旁通曲证，使瑕瑜不掩，淄渑以别，持比向、歆，殆无多让。至于剖析源流，斟酌今古，辨章学术，高挹群言，尤非王尧臣、晁公武等所能望其项背。……故衣被天下，沾溉靡穷。嘉道以后，通儒辈出，莫不资其津逮，奉作指南。功既钜矣，用亦弘矣。"（《四库提要辩证序》）清人张之洞说："将四库全书总目提要读一过，即略知学问门径矣。"鲁迅先生认为：它"其实是现有的较好的书籍之批评"。陈垣先生自称，他曾将此书读过好几遍。

《总目提要》卷帙浩繁，使用不便，它的压缩删节本有《四库全书简明目录》。《总目》虽是杰著，但有不少错误失当之处，也有许多疏漏，"补阙""匡谬"之书有《四库全书总目提要补正》（胡玉缙著）和《四库提要辩证》（余嘉锡著）。《总目》一书对书籍版本，阐述不清，弥补这一缺陷的有《增订四库简明目录标注》（清代邵懿辰撰）。以上各书，可作参照。

3. 清代以来的著述总目——《贩书偶记》及其续编

《四库总目》编于乾隆年间，故只能收录以前之书。要查乾隆以后的著作，必须利用《贩书偶记》和《贩书偶记续编》。此书作者孙殿起，原在北京开设书店，专售古书。收购时，将经手之书编成此目。特点是收录《四库总目》未录的清代以至辛亥革命期间的著述，还有部分抗战期间的著作。也有四库未录的少数明代著述。故可视为《四库总目》的续编。此二书虽无提要，但每书著录书名、卷数、著者、版本等项，按四库分类，且系据原书记录，材料较确。《偶记》收书约万余种，《续编》收书六千余种。著录清人文集的目录专著，还有陈乃乾编的《清人文集经眼录》收书1153种，无题要。近人张舜徽的《清人文集别录》

共著录清人文集 592 种，列书名、卷数、版本，并叙述撰者姓名、学历、业迹、思想观点，还评论其得失，是一部很有价值的工具书和学术专著。

4. 为初学者打开古籍宝库大门的钥匙——《书目答问》及其补正

古代典籍众多，"四库"所录也甚浩博，初学者难免望洋兴叹，不知从何涉足，为了给初学者指示阅读古籍的门径，清人张之洞专门编了一本目录《书目答问》，近人范希曾为了适应文化的发展又对此书予以补正，现在出版的名为《书目答问补正》。

《答问》一书是为了答诸生"应读何书，书以何本为善"的问题而编的，它从实用出发，选了 2200 多种常见古籍，予以著录，既不炫奇示博，也不嗜古好僻。该书沿用四分法，但于经、史、子、集四部之外，又列丛书一部。每部之中分若干类，经部三类，史部十四类、子部十三类，集部四类，丛书部二类，每类书籍皆以时代先后排列。类中又分小类以"⎯"识别。该书体例是于每部书名下注明作者姓名、版本出处、卷数异同，对重要书籍略加按语。其书的特点是：①重视清代学术成就，对乾嘉至同治年间的"今人"著作多有收录。著录的书中百分之三、四十为修四库时未有，即使四库著录之书，而校本注本晚出者十之七、八。（"补正"收书到 1930 年以前。）因此对查"四库"以后之书很有价值。②每部以下各类的划分方法与《四库总目》不大一样，尤其是子部分类变动较大。③所加按语，虽然简略，但为了指导治学，所以多有启发。④全书后附有《清代著述诸家姓名略》按学派列举清代学者姓名、字号、籍贯，从中可以窥见清代学术流派和发展的概貌。此书由于受时代和阶级局限也有许多缺点错误，但在新的治学书目未有之前，仍然是一把有用的钥匙。故鲁迅先生说："我以为要弄旧的呢？倒不如姑且靠着张之洞的《书目答问》去摸门径去。"这是很有道理的。

5. 进行分科、分类研究古籍的指南针——专科和特种书目

以上书目多属综合书目，要从事分科目、分专题进行研究可查阅专

科书目和特种书目。重要者有：著录古代经书的有清朱彝尊著的《经义考》，该书是考证历代经义著作存亡的专著，既列书目，又作评论，还注存佚，是专门研究古代经学的参考书目。著录诸子著作的书目有《子略》（宋·高似孙著）、《子叙》（清·黄以周撰）、《诸子书目》（近人陈钟凡编，录周秦至明代的子书144家）、《周秦诸子书目》（胡韫玉编）。著录历代研究《老子》一书的著作目录有《老子考》（王重民编）。著录历代注解《庄子》的书目有《庄子注解书目》（关锋撰，在《庄子内篇译解和批判》中）。著录佛教汉文大藏经中译本及撰述著作的目录有《新编汉文大藏经目录》（吕澂编）。著录道教经籍的目录有《道藏目录详注》（明·白云霁编）。把很多书汇集在一起刊行，总名丛书，著录古代、近代丛书的目录有《中国丛书综录》（中华书局版）。著录近现代历史译著的目录有《1900—1975七十六年史学书目》（中国社会科学出版社）。著录解放以来出版的古籍的目录有《古籍目录》。考辨历代伪书的目录有《伪书通考》（张心澂撰）。著录清代禁毁著作的目录有《清代禁毁书目》（清·姚觐元编）。

（三）使用古典目录书应该注意的问题

古典目录，著作甚多，是宝贵的遗产，可用的工具，但由于时代、阶级、编者的种种局限，问题很多，使用时务必注意。

1. 收录和评价著作的标准反映了维护封建统治的政治目的和学术观点

《汉志》《隋志》等正史目录，《四库总目提要》等综合目录，都是官修的，而且都是奉皇帝之命撰写的，本身就是为政治统治服务的。修四库全书时，统治者认为是反抗朝廷的著作，即令全部销毁或部分抽毁，对书中稍有"违碍字句"，大加删改，使不少史料遭受很大损失。在著录或存目书的提要中，在各总序、小叙中，封建阶级的正统学术观点屡见不鲜。所以在使用这些书目时，需要持批判分析的眼光。如鲁迅评《四库简目》时所说："须注意其批评是'钦定'的。"即使是私家著述也须分析批判地对待，张之洞的《答问》也反映了他的封建正统观点。

2. 古典目录著作即使是杰作，疏漏错误亦在所不免

由于种种条件限制，即使不出于政治意图，著录、评论也会有错误。因此许多目录书，后人都有补漏、匡谬之作，但一人著述，实难周备，补后仍漏，纠中又错，也属常见。用时亦应注意。

3. 古典目录的分类、体例固然有其优点，但并未达到科学化的水平

六分法、四分法在目录学的发展史上都有其地位，列目体、解题体、小序体，在学术史、文化史的总结上都有价值，但都是历史的产物。随着科学文化的发展，都会暴露出缺陷和不足，应该以发展的科学的眼光对待之，且不可认为其完善无缺，受其束缚。

4. 古典目录著作丰富、用途广泛但在现在学术研究中的作用毕竟有限

我们现在从事中哲史的研究要善于利用古典目录，但仅靠它，也不能解决问题。科学研究的内容重点和方法都需要开拓新的领域，因此也就需要新的目录著作满足要求。当前和今后都会有适应这一要求的目录学著作出现，发挥其新的作用。应该注意目录学发展的新成果，并及时地将其应用于学术研究，以推动科研的发展。

四 训诂文献概说

从史科和目录的介绍中可以看出，前人给我们留下了一笔丰富多彩的哲学遗产，应该批判地加以继承。但是，古代哲学著作是用古代语言写的，和现代汉语有很大距离，我们进行研究时，会遇到许多障碍。只有突破这些障碍，才能准确全面地掌握古代哲人的思想观点，对它进行分析和评价。这就需要学一点训诂的基本知识和掌握训诂学的一般规律。

（一）训诂学的性质和作用

训诂学是传统的汉语言学的一个部门。我国传统的语言学包括三部分，一是文字学，研究文字的形体和书写方法；二是音韵学，研究语音分类和表达形式；三是训诂学，研究语言的思想内容和语义体系。训诂学也即是语义学。

"训""诂"二字，由来已久，解释不一。最初单称"诂"和"训"，晋代郭璞注《尔雅》说："释古今之异言曰诂。"宋代邢昺作疏说："道物之貌以告人曰训。"

汉以后合称"训诂""诂训"。据唐代经学家孔颖达的解释，"诂训者，通古今之异辞，辨物之形貌，则解释之义尽归于此。"他又说："诂者，古也。古今异言，通之使人知也。训者，道出。道物之貌以告人也。"黄季刚先生说："诂者，故也，即本来之谓；训者顺也，即引申之谓。训诂者用语言解释语言之谓。"

所谓"通古今之异辞"就是沟通因古今、地区不同而形成的语言判别（"异言"）；所谓"辨物之形貌"就是把词的含义或在句中的特定意义（"形貌"）用形象的语言解释明白。

所谓"诂者故也，即本来之谓"就是推求字词的本来含义（"本义"），所谓"训者顺也，即引申之谓"就是顺着词义的发展线索说它的引申意义（"引申义""假借义"）。

由此可见，"训诂"的意思就是对字词的含义作解释，包括以今时义解释古时义，以此地义说明彼地义；推求原始义（"本义"），探索引申义，从而使人对词的古义、今义、此义、彼义、本义、别义都会理解、沟通，探讨词义的系统，把握词不达意、义发展演变的内部规律。总之，训诂学就是一门解释词义的学问（"语义学"）。

例如标识时间的古今"异言"："夏曰岁，商曰祀，周曰年，唐虞曰载。"（《尔雅·释天》）又如标识事物的地区"异言"："楚人名火曰燥，齐人曰燬，吴人曰焜。"（《诗经释义》）再如"道"字的本义是"道路"，引申义则有道理、道德、规律、方法、治理、引导、经由、讲说、料想等含义。还如"理"字的本义是"治玉"，引申义则有治理、治平、修理、理睬、道理、理论、文理，以及狱官（《孟子》："皋陶为理"）、使臣（《离骚》："吾令骞修以为理"）、规律（《韩非子·解老》："理为物之制"）等含义。对上述这些不同的词义予以解释、说明、沟通就是"训诂"。

懂得了"训诂学"即语义学，那么它在研究古代著作、研究中哲史中作用就容易理解了。

（1）哲学史是研究古代哲学思想的，思想是靠语言和文字表达的。马克思说："语言是思想的直接现实。"如果我们对古代哲学著作的词义、语义没有正确理解，就不能准确地掌握古代哲学家的思想观点。不懂词义、语义，就不通哲义、理义。要解决这一问题，必须靠训诂学的帮助。

（2）古代哲学著作是用古汉语写的，古今语言之间有很大距离，必须予以解释，才能理解，才能了解古今词义的区别和联系。通过古今词义辨析，才会看到古今哲理的异同，不致将古义作今义，指今义作古义。清代的陈澧在《东塾读书记》卷十一里说："地远则有翻译，时远则有训诂。有翻译，则使别国如乡邻；有训诂，则使古今如旦暮，所谓通之也。训诂之功大矣哉！"在哲学史研究中训诂也能起到"使古今如旦暮"的作用，特别是研究古代哲学范畴，训诂起着更重要的作用。

（3）要读懂古人的著作，既要利用前人的注解，还要翻阅词典、字典等工具书。这些书，都吸取了训诂的一般方法，遵照着训诂的一般规律。因而，懂得训诂学知识，对于阅读古人的注释，对于正确熟练地利用这些工具书，帮助甚大。

此外，训诂学本身也是一门科学，需要专门研究。我们说的以上几点，仅就研究古代哲学的意义而言。可将其作用概括为析哲理、通古今、得方法（使用工具书的方法）。

（二）训诂学的基本知识

1. 训诂学的源流

我国古代的训诂学有悠久的历史，它萌芽于先秦，发展于两汉魏晋隋唐，衰落于宋元明，复兴于清代，经历了一条马鞍形的道路。

古今是相对的，我们以现时为今，先秦为古，而先秦人也有他们的今古。他们对古代文献也进行解释，进行训诂。孔子讲"六艺"，肯定也采用训诂方法，不然学生如何听得懂。"十翼"是《周易》的传注，《墨子》中的《经说上》《经说下》是对《经上》《经下》的注释，《韩非子》的《解老》《喻老》是对《老子》的注释，《管子》书中也有许多篇注释。此外，先秦诸子的著作中也包含有对语义的解释，如"止戈为武""反正为乏"（《左传》），"视之不见名曰夷，听之不见名曰希，搏之不得名曰微"（《老子》），"自环者谓之厶，背厶者谓之公"（《韩非子·五蠹》），等等。先秦的解释语义，内容未备，体式未定，所以是训诂的萌芽。

　　西汉以降，训诂大发展，确立了随文释义的注疏和通释语义的专著两种训诂体式。特别是儒家经典的注释大批出现。东汉时注经数量更多，注史之风亦起。两汉还出现了《尔雅》《说文解字》（许慎）两大训诂巨著。魏晋南北朝时，注解范围继续扩大，注经为主，兼及史书、子书、文学作品和佛教经典，特别是《老子》《庄子》的注解甚盛。王弼的《老子注》、郭象的《庄子注》是代表作。从训诂形式上说，兼释经、注的义疏形式兴起。（魏）何晏《老子讲疏》、（齐）顾欢的《老子义疏》等。义疏兴起适应了当时讲经和清谈的需要。这一时期，通释语义的训诂新著大量涌现，（魏）张揖的《广雅》、晋吕忱的《字林》、（陈）顾野王的《玉篇》是比较重要的。此外，方言、少数民族和外国语言研究也有成就。唐代训诂学继续发展，成绩显著，注解方面经、史、子、集四部都有，影响大的有李鼎祚的《周易集解》、司马贞的《史记索隐》、颜师古的《汉书注》、杨倞的《荀子注》、李善的《文选注》；义疏方面出现了孔颖达等编的"五经义疏"（"五经正义"），训诂专著的新作，首推陆德明的《经典释文》和颜师古的《匡谬正俗》；佛经训诂方面，玄应的《一切经音义》，慧琳的《一切经音义》，慧苑的《华严音义》，功耀释林。可见，从汉至唐，训诂发展，硕果累累，成绩卓著。

　　宋元朝时期，理学兴盛，训诂衰落，理学家轻考据，重义理，视汉儒为"玩物丧志"，倡学风曰"六经注我"。他们也搞注释，但意在说道言理，不在名物考证。张载的《横渠易说》、程颐的《易传》、朱熹的《周易本义》《诗集传》《楚辞集注》和《四书集注》，就是这类著作的典型。长于说理，敢创新义是他们的长处，托诸空言，以虚代实是他们的短处。这一时期也有一些释语义的著作值得重视，宋代邢昺的《论语注疏》《孝经注疏》《尔雅注疏》是唐宋人的《十三经注疏》的组成部分，元代胡三省的《资治通鉴注》甚有价值。宋代王安石的《字说》敢于立新。宋代郑樵的《尔雅注》，堪称善本。司马光等的《类篇》是一部收字比《康熙字典》还多的好字典。元代卢以纬的《语助》是研究虚词的最早专著。明代朱谋㙔的《骈雅》征引详博，明代方以智的《通雅》，体例谨严。这些著作，出现于训诂学衰落的时代，更显可贵。

　　清一代，训诂学由衰转盛，重新振作，东山再起，摆脱了理学束缚，恢复了朴学传统。所谓"乾嘉朴学"即指此特点而言。其成就是：一曰观点新，有朴素的历史观念，分辨古义今义之别；二曰方法好，善于由音求义，重视综合比较；三曰学风实，强调言之有据，反对望文虚造；四曰专家多，戴震、惠栋、阎若璩、孙星衍、孙诒让、王先谦皆是大家，王念孙、王引之父子，俞樾、段玉裁师生，阮元、刘淇等人更是考据大师。五曰著述丰。经史子集群书的注疏，多不可举；通释语义的训诂专著，数量空前。举其要者，有邵晋涵的《尔雅正义》，王念孙的《广雅疏正》《读书杂志》，王引之的《经义述闻》《经传释词》，阮元的《经籍纂诂》，刘淇的《助词辩略》等等。清代训诂学虽然成绩很大，但流弊也不少。为经学服务的保守观念、字字求据的烦琐方法都是束缚人们思想的沉重枷锁。

　　清代灭亡后，训诂学在一些学者的努力下也有成绩，产生了不少专著，章太炎、王国维、黄季刚、杨树达、闻一多等人都为训诂学做出了贡献。新中国成立后，训诂学逐步走上了科学化的道路，成为科学的语言学的一个部门。今后，它将沿着科学的道路，迅速发展，取得更大成绩。

2. 训诂的体式

训诂的体式有三种基本类型。

　　（1）正文解释。古代的书籍和文章里，作者写作时，在正文中对字词、概念的含义予以解释，不另外附加注释，就是一种正文解释形式。例如《易经·文言》说："元者，善之长也；亨者，嘉之会也；利者，义之和也；贞者，事之幹也。"《论语·颜渊说》："子曰：克己复礼为仁。"《庄子·齐物论》说："彼此莫得其偶，谓之道枢"。又说："庸也者，用也；用也者，通也；通也者，得也"。刘禹锡《天论》说："天，有形之大者也；人，动物之尤者也"。"空者，形之希微者也。"这些解释词义、语义的语句，具有训诂性质，但它不是文外附加的成分，而是正文的有机构成部分，是运用训诂作为文章的表达手段。这种办法，我们现在写文章时还经常采用。如"改造自然界的物质成果就是物质文明"，"社会的精神生产和精神生活发展的成果就是精神文明"。

（2）随文注疏。随文注疏萌芽于先秦，确立于西汉，这种体式的特点是在原著作的正文之外，作传注，解释词义、语义。这些附加的注释起初与原著是分开的，并不合成一书，西汉以后即将其与原著合在一起，先是附于经书之后（如把《十翼》附在《易经》的后面），随后附于篇章之后，再后附于各句之后，最后附于本字之下，使经和注掺合在一起了。但不论怎样附经掺合，原著正文与注疏并没有有机联系，释义注疏仍在正文之外，所以叫随文注释或随文释义。这是对古代典籍（包括经、史、子、集）训诂的基本体式。

随文注疏的名称很多，有人列举了二三十种，这些名称有的名异实同，有的意义微别，很难从内容和功用上截然划分。兹择要者，予以说明。

①传：传是传述的意思，"先师所言为经，后师所言为传"，可见传是相对于经而言的，是解释经的。从内容上看，传有各种，有述事证经的，如《春秋左氏传》；有释义解经的，如《春秋公羊传》《谷梁传》《易大传》；还有讲解词义的，如《毛诗训诂传》；也有别立新说的，如汉代伏生的《尚书大传》、宋代王安石的《洪范传》；此外，依经解义的叫"内传"，如《韩诗内传》，王夫之的《周易内传》；离经本义而阐发己义的叫"外传"，如王夫之的《周易外传》、汉代韩婴的《韩诗外传》等等。还有大传、小传、集传（如朱熹《诗集传》）、广传（王夫之《诗广传》）等等繁多的名目。鲁迅先生的《阿Q正传》的序中说："传的名目很繁多：列传、自传、内传、外传、别传、家传、小传……"，但都不适合于他的题材，"便从不入三教九流的小说家所谓'闲话休提，言归正传'这一句套话里，取出'正传'两个字，作为名目"。这虽然指的是为小说定题，但也足见古代"传"的名称之多。

②说：说是解释的意思。其内容大体是解说经典的大义，和专说名物制度的训诂不同；和叙述事实证发经义的传有别。如《论语》有《齐说》《鲁安昌候说》等；这些都亡佚不传。哲学书用说体的如《墨子》中的《经说》，《韩非子》的《内储说》《外储说》，王安石的《字说》，周敦颐的《易说》《太极图说》，二程的《经说》，王夫之的《读四书大全说》。

③故：又作"诂"，是用当代语言解释古代语言，或用共同语言解释地方方言的意思。如诗有《鲁故》《韩故》《齐后氏故》，孙诒让的《墨子间诂》，近人马叙伦的《老子校诂》、高亨的《老子正诂》等。

④训：用通俗的词语解释难懂的词语称为训，后来泛指一切解释。训与诂意近，故常连称"训诂"或"诂训"。以训、训诂为名的书如汉代高诱的《淮南子训》、汉代毛亨的《诗诂训传》、何休的《论语注训》、晋代刘兆的《周易训注》。

⑤记：记是疏记的意思，作用与"传""说"相近。如汉儒解说《礼经》的《礼记》、汉代刘白的《五行传记》等。

⑥注：取义于水的灌注，古书文义难懂，读时如水道阻塞，必须灌注才能流通。因而，注即解释、疏通之意，又写作"註"。把对古书的注释叫"注"，起始于东汉大经学家郑玄，他为群经作注。如《周礼注》《仪礼注》等，以"注"名书的著作甚多。如王弼的《老子注》、郭象的《庄子注》、王夫之的《张子正蒙注》等，"注"也有多种，有的是作者自注，有的是他人作注，作者有注的书，别人又作注，则称作者的注为"原注"或"本注"；前人注过的书，后人又去补充遗漏叫作"补注"；把各家的注汇集为一书称为"集注"。宋代司马光有《太玄经集注》，朱熹有《论语集注》《孟子集注》《楚辞集注》等。当代人解释占书也常用"注"之名，如高亨的《周易古经今注》《周易大传今注》等。

⑦疏：疏的本意是通，注释的"疏"有疏通、疏记的意思，对古书的疏通证明叫"疏"。"疏"是对"注"而言的，已注之书，还不畅明，再加解释，名之曰"疏"。"注"只解释经（原著），"疏"既解"经"

又释"注"，对象更广，"注"和"疏"也连用合称"注疏"。如《十三经注疏》。《疏》和"证"连用为"疏证"，如戴震的《孟子字义疏证》。

⑧义疏：就是疏通其义的意思，对古籍的词义、文义的解释、说明、阐发、讲解、证明，都属于义疏的范围。义疏是盛行于南北朝的一种注释体裁。其特点是引取众说，对古书逐字、逐句、逐条讲解，既讲经、又讲注。南朝梁皇侃的《论语集解义疏》是这种体裁的代表作。

⑨正义：义疏之书到唐时已极为繁杂，需要一种简约易守的本子，唐人对前人的义疏进行整理，予以统一，形成定本，名曰"正义"，意为正前人的义疏。其特点是对旧注可以引申发明，但不能另立新说。这类书的代表是唐太宗诏孔颖达的《五经正义》。清刘宝楠有《论语正义》，焦循有《孟子正义》。

⑩解：解是分析的意思，对古书文义进行分析，叫解。《韩非子》有《解老篇》，王夫之有《庄子解》。解与诂连言叫"解诂"（何休撰《春秋公羊解诂》），与注连言叫"注解"（许淑撰《左氏传注解》）。集诸家之说于一书的叫"集解"（魏·何晏有《论语集解》，清·王先谦有《荀子集解》《庄子集解》，陈柱有《公孙龙子集解》、刘盼遂撰《论衡集解》）。和"解"意相近的有"释"，李充有《论语释》，李镜池有《周易校释》，郭庆藩撰《庄子集释》，梁启雄撰《荀子简释》，陈奇猷撰《韩非子集释》，许维遹有《吕氏春秋集释》等。

⑪笺：笺是表识的意思，在注释时引申前人的说法或写下自己的心得，称为"笺"。郑玄说《诗》，宗主毛亨，为了不和毛的解释相混，将自己对毛的补充发挥或不同见解记下来，称作《诗笺》。以笺为名的书也不少，如清黎经诰的《六朝文絜笺注》，清陈沆的《诗比兴笺》，近人邓广铭的《稼轩词编年笺注》。"笺"其实也可作注释的别名，元好问诗云："诗家总爱西昆好，独恨无人作郑笺"。意为诗人爱李商隐的诗，但其造意幽微，含义隐晦，却没有人如郑玄解释经书那样，注释李商隐的诗。他说的"笺"即注解、解释之意。

⑫章句：章句即离章辨句的意思，对经书除训释词义之外，再串讲

大意，指明宗旨，这种体裁叫"章句"。如东汉王逸的《楚辞章句》、汉代赵岐的《孟子章句》、宋代朱熹的《大学章句》《中庸章句》都是重要著作。

其他还有许多，如具说书中事理的叫"诠"（唐·李翱的《易诠》，近人杨树达撰《词诠》），循经述意的叫"述"（清·惠栋撰《周易述》）评议订正的叫"订"（明·何楷有《古周易订诂》），校对改正文字的叫"校"（郭沫若等撰《管子集校》），取据证明的叫"证"（无名氏《春秋辨证》），阐明深义的叫"微"（或曰"发微""探微"。清惠栋撰《易微言》，张岱年近作《中国哲学史发微》），探索隐义的叫"隐"（或"索隐"，如唐·司马贞的《史记索隐》），质问解惑的叫"疑"（何諲之有《周易疑义》）。还有"问""难""驳""辩""论""评"等等，不再细说。

以上种种名称，有差异，也有贯道，有单称，也有合称，它们的差别，分合是相对的，都是解释、注释，这是共同本质。

（3）通释语义。正文解释和随文注疏两种体式都是结合某一部书、某一篇文，解释词语在某特定的语言环境中的意义，并不考虑该词语在别书、别文、别句中的其他含义。这种体式虽然对阅读某一典籍有重要作用，但由于词语的含义是丰富的、多义的，只指出它在特定著作文章中的意义，就有很大的局限性，使人不能全面地综合地了解词语的多种意义，不能从普遍性、常用性上把握某一词语的基本含义。因而，古代学者就写了许多通释语义的专著。这种体式对词语的释义不局限于某一书某一文某一句，而是全面研究各词的含义，融会贯通，广采博纳，作出准确、简明的解释。清章学诚说这种体式的特点是："标分品目，以类相从，而义非专一"。章太炎称这种释义方式为"通论"。

通释专著，古今甚多，依内容分，约为三类：

①专释语义的专著。这类书中有总释群书语义的，如《尔雅》《广雅疏证》（魏张揖撰，清代王念孙疏），《经籍纂诂》（清代代阮元编），《读书杂志》（清代王念孙撰），《经义述闻》（清代王引之撰），《群经平

议》《诸子评议》（清代俞樾）；有专释一书语义的，如《毛诗传义类》（清代陈奂撰）、《说雅》（清代朱骏声撰）等；有专释俚言、俗语的，如《通俗编》（清代翟灏）、《恒言录》（清代钱大昕撰）；有专释名物的，如《埤雅》（宋代陆佃）、《尔雅翼》（宋代罗愿）；有解释联绵字和通假字的，如《别雅》（清代吴玉搢）、《辞通》（近人朱起凤）；有专讲音义通转规律的，如《果赢转语记》（清代程瑶田）、《释大》（清代王念孙）；有专门解释虚词的，如《助字辩略》（清代刘淇）、《经传释词》（清代王引之）、《词诠》（杨树达）、《古书虚字集释》（裴学海）；有共同语解释方言的，如《方言》（旧题汉扬雄撰）、《方言注》（晋郭璞）、《续方言》（清代杭世骏）、《新方言》（章太炎）；有专门解释佛教书中的汉语译名的，如《佛尔雅》（清代周春撰）。这类书中，那些总释群书语义的著作，如《经籍纂诂》等对研究古代哲学范围用处极大。

②音义兼注的专著。这类书既释义，又注音。其中有对经书和子书中词语释义注音的《经典释文》（唐代陆德明撰）；有会集群经词语音义的《群经音辨》（宋代贾昌朝撰）；有解释汉译佛经音义的《玄应音义》（即《一切经音义》，唐代玄应撰）、《慧琳音义》（又名《一切经音义》，唐代慧琳撰）、《华严音义》（唐代慧苑撰）。

③形音义合解的专著。这类书对每一个字都说形、注音、释义，代表作是《说文解字》（汉代许慎撰）和《说文解字注》（清代段玉裁撰）。龚自珍称赞外祖父段玉裁的著作说："张杜西京说外家，斯文吾述段金沙。导河积石归东海，一字源流奠万譁。"（《己亥杂诗》第五八）。此外专门纠正古书中形、音、义谬误的《匡谬正俗》（唐代颜师古著），分类考证名物、象数、解释形、音、义的《通雅》（明代方以智撰）；也一向为学者所重视。以上三类专著的区分也不是绝对的，它们互有交叉和渗透。

3. 训诂的内容

不论何种体式的训诂，都以解释词义为主，但这并不能包括内容的全部。训诂的内容（即解释什么）是多方面的，丰富的。大致有四项：

（1）释义——解释词义，串讲文义。解释词义是训诂的基本任务，主要内容，一切训诂都以此为基础。在解释词义的基础上，许多训诂还串讲文义，即解释疏通文章的意义，这又叫"章句"。例如《孟子》一书最早的注释，东汉赵岐的《孟子注》对《孟子·梁惠王上》中"孟子见梁惠王，王立于沼上，顾鸿雁麋鹿，曰：'贤者亦乐此乎？'"一段的注释说："沼，池也"，这是解释词义。接着说："王好广苑囿，大池沼，与孟子游观，乃顾视禽兽之众多，其心以为娱乐，夸咤孟子曰：'贤者，亦乐此乎？'"这是串讲文义。在这一章最后赵岐又说："圣王之德，与民同乐，恩及鸟兽，则忻戴其上，太平化兴。……"则是概括全章的大意和思想。

（2）叙事——考核史实，汴明典故。注释中对原书中的史实进行考核、补充或辨证，对引用的典故注明出处，也是训诂的一项重要内容。特别是对历史文学书的训诂，以此为任务，甚为普遍。对哲学书的训诂，也有的涉及此内容。例如孙诒让的《墨子间诂》对《非攻中》的"虽南者陈蔡，其所以亡于吴越之间者，亦以攻战"一句的解释说"鲁哀公十七年，楚灭陈。……蔡侯齐四年，楚惠王灭蔡"，就是考核史实。同篇中在"古者有语：'谋而不得。则以往知来'"一句下注曰："《论语·学而篇》云：告诸往而知来者。"就是注明引语典故的出处。还有的注释，记述了原书所提到的人物事迹或山川景物的状况，也属叙事之类，前者如梁刘孝标的《世说新语注》，后者如北魏郦道元的《水经注》等。

（3）说理——阐明观点，发表己见。训诂不但释词义、讲章句，而且谈观点，说思想。在说理时，不但阐明原书的观点，而且往往借题发挥，发表注者自己的见解。这种训诂在注释文史书时亦属常见，在注释哲理书时几成惯例。先秦《韩非子》中《解老》《喻老》，《易大传》解经释卦，汉儒今文经学如董仲舒之说"公羊春秋"，即属此类。至于魏晋玄学家注"老庄"，宋明理学心学讲"四书"，明末清初启蒙思想家如王夫之、戴震等解经子书，更是说理训诂的典型。直到近代的改良主义在还承继此风。以说理为主要内容的训诂，是中国古代哲学家表达哲学思想的传统方式，他们一方面是"我注六经"，用史学方法；另一方面是"六经注我"，用哲学方法。这种传统固然是中国哲学的特点之一，但毕竟局限性大，保守意重，不利创造，难发新论。把说理作为主要内容的训诂，与其看作"注人"，不如看作"自著"可也。当然，这类训诂并非完全不释词义、不串章句，不及其他，而只是说它重不在此。

（4）明法——阐述语法，说明修辞。注疏中阐述语法规则，说明修辞手段也是训诂的重要内容。阐述语法，包括分析句读（即如何断句、停顿）、阐述词性（实词、虚词）及用法、分析句子成分（主句、谓语、宾语）等。说明修辞手段主要是标明比、兴的方式和目的，诠解成语典故等。

这四项内容是主要的，其他尚有校勘文字、标明字音、发凡起例等项，不再详述。

以上这几项是从总体上概括训诂的内容，但并非每部训诂书都是面面俱到，包罗无遗，而往往是有此项，无彼项，重此项、轻彼项。各有其重点和特征。

4. 训诂方法

训诂方法就是阐明以上各项内容的手段和方式。由于训诂的基本内容和任务是解释词义，所以训诂方法着重是指释义的方法。同时，说明一下其行文的格式和常用的术语。

（1）释义方法。释义的方法有三种：

一是声训法——用音同、音近、音转的字来解释词义，即所谓以音求义的方法。例如《周易·说卦》："乾，健也。坤，顺也。震，动也。坎，陷也。离，丽也。兑，说也"。乾与健、兑与说，是同音（古音）；坤与顺、坎与陷，是叠韵；震与动、离与丽，是双声。这就是以音训义。一些训诂专著常用声训，如《尔雅·释言》："樊，藩也。"《释名·释山》："山顶曰冢；冢，肿也；言肿起也。"都是同音字相训，《说文·一部》："天，巅也"，是近音字相训，《释名·释天》："木，冒也，华叶自复冒也。"是音转的字相训。声训有推求语源（如释山为宣）和说明通假（如樊，藩通用）两种作用，所以又叫"推原法"。声训弄得不好，就会把同音者都说成同义。

二是形训法——根据字形结构解释词义，即以形求义的方法。《说文》中对字形的说解，大多是为了释义。如"信，诚也，从人从言"，"启，开也。从户从口"，"吠，犬鸣也。从口犬"等等，前一句释字义，后一句说字形。说形是为了释义，说形是一种方法，释义才是目的。形训的长处在于使人见形知义，易懂易记。但如果过于拘泥于形与义的联系，也会牵强附会，成为笑谈。例如说什么"马头人"为"长"，"人持十"为"斗"，"中曲"则为"虫"，等等。王安石《字说》中以形解义，常常穿凿附会，他训道："以'竹'鞭'马'为'笃'，'水'之'皮'为'波'"等等。苏东坡取笑说，按这样解释，岂不是以"竹"鞭"犬"为"笑"，"水"之"骨"为"滑"，而"鸠"不就成了鸟的爹娘再加七个儿子吗？虽是笑话，足见形训过头之弊。

三是义训法——用义同、义近的一个词或几个词或词组去解释、说明某个或某些字词。这种义训是训诂的基本方法，也是最重要的方法，它实际上是作语言含义的比较。义训法也有多种，或用今语释古语（如《论语·子路》："必也正名乎！"郑玄注："古者曰名，今世曰字。"）或用通语解方言；（《方言一》："党、晓、哲，知也。楚谓之党，或曰晓，齐宋之间谓之哲。"）或用常语解释僻语；（《尔雅·释言》："殷、齐，中也。"）或用反义释正义（《尔雅·释诂》："乱，治也。故，今也。"）郑玄《易论》云："易一名而含三义：易简一也，变易二也，不易三也。"以"不易"释"易"就是反义相训；或作狭义释广义（《礼记·乐记》注："道谓仁义也，欲谓邪淫也。"）或以共名释别名（《说文》："葵，菜也"，"李，果也"。）义训法的作用不但可释字义、解词语，而且还能下定义、立界说（如《尔雅·释亲》："男子，先生为兄，后生为弟；男子谓女子先生为姊，后生为妹；父之姊妹为姑。"就是为"兄"

"弟""姊""妹""姑"下定义、立界说），绘形象、作比拟（《尔雅·释鸟》："二足而羽谓之禽，四足而毛谓之兽。"《说文·牛部》："犀，南徼外牛，一角在鼻，一角在顶，似豕。"这是绘形象；《尔雅·释兽》："兕，似牛。犀，似豕。"这是作比拟）。因此义训又称"定义式"训诂。义训的好处是直陈词义，不赖音、形，缺点是难以准确，不易精练。义训的特征是可以"互训""倒训""递训"，如"宫谓之室，室谓之宫"（互倒训），"咙，喉也；喉，咽也；咽，嗌也"（递训）。

以上三种方法，在运用时，往往同时并举，相互结合。也有的训诂书重点使用一种或两种，现在编的字典，重点在用义训和注音。

值得一提的是传统的训诂方法中含有朴素的辩证法。以音释义和以形释义表明其看到了音与义、形与义的区别和联系；反义相训更具有对立统一的思想。钱钟书在《管锥编》第一册中十分赞赏这一点，他说反义相训"如冰炭相憎、胶漆相爱者，如珠玉辉映，笙磬和谐者，如鸡兔共笼、牛骥同皂者，……赅众理而约为一字，并行或歧出之分训得以同时合训焉，使不倍者交协、相反者互成"[1]。他说中国文字中一字含有相反二义者甚多，可以与黑格尔"扬弃"一词相比美而无憾。

（2）行文次序。训诂的通常次序先释词义，再讲句意，后说章旨。但也有的是先讲句意，后释词义，还有的将串讲句意穿插在解释词义中间。训诂中的其它内容如何排列，也无固定顺序。

（3）常用术语。训诂有自己的一套术语，每个术语各有特定作用和一定用法。

①某，某也（某就是某）。这是释义的基本格式，如《荀子·劝学篇》："木直中绳，輮以为轮，其曲中规，虽有槁暴，不复挺者，輮使之然也。"杨倞注："輮，屈；槁，枯；暴，乾；挺，直也。"

②某者，某也（某就是某）。哲理文中常用的释义格式，语气较强。如《荀子·劝学篇》："故书者，政事之纪也；诗者，中声之所止也"。

---

[1] 钱钟书：《管锥编》第一册，中华书局 1979 年版，第 2 页。

又如《庄子·逍遥游》："名者，实之宾也"。

③某曰某、某为某、某谓之某（某叫作某）。此格式除一般释义外，特别用于分辨同义词和近义词。如"谷不熟曰饥，菜不熟曰馑"，"父为考，母为妣"，"五百人为旅"；"金谓之镂，木谓之刻，骨谓之切，象谓之磋，玉谓之琢，石谓之磨"。

④某，犹某也（某等于说某）。一般用于释义同或义近的词。如"好，犹宜也"，"献疑，犹致难也。"

⑤某，谓某（某指某）。说明一个词语所表示的是某一特定事物。如《论语》"道之以政，齐之以刑"。孔安国注："政，谓法教"。又如《论语》："后生可畏"。何晏注："后生，谓少年"。再如《论语》"君子学道则爱人"。孔安国注："道，谓礼乐也"。

⑥某，某貌（某是某某的样子）。使用此术语说明被释词是表示某种性质或状态的。如"宛，死貌"，"崔嵬，高貌也"。

⑦某，言某（某，是说某）。此格式常用于说明意思，串讲句意。如郑玄笺《诗经·邶风·谷风》："黾勉，言尽力也"。王逸注《楚辞·国殇》"操吴戈兮被犀甲"句云："言国殇之时，手持吴戟，身披犀铠而行也"。

其他还有表示声训关系的"某之言某、某之为言某"（如"膳之言善也""皋之为言高也"）；说明假借字的"某读为某，某读曰某"（如"知，读为智""信，读为伸""倍读曰背"）；用来注音的"某读若某、某读如某"；指明虚词的"某，辞也"（如"汉有游女，不可求思"，毛传："思，辞也"。说明"思"是虚词）。等等。

以上述语的用法仅就一般情况而言，实际用时，并不那样严密。另外还有许多术语，不再罗列。

（三）训诂学的应用原则

对训诂的应用可包括两方面，一是利用传统训诂学的著作；二是运用训诂的基本规律。

（1）利用传统训诂著作时要注意分析，汲取其合理的有价值成分，摒弃其荒谬的陈腐的因素，择善而从，破弊而用。《四库总目提要》将历代训诂弊病概括为六：拘、杂、悍、党、肆、琐，既未列全也不中肯。周大璞将其弊病举出十条可资参考。十条是：厚古薄今、党同伐异、烦琐寡要、穿凿附会、增字解经、随意破字、误虚为实、拆骈为单、不懂古义、不通语法。

（2）运用训诂基本规律时要注意灵活，不论是从形释义，还是以音释义，不论是辨明句读，还是分析语法，不论是掌握词义系统（本义和引申义构成词义系统）以解释词义，还是分析篇章结构来把握思想，都要以辩证法为指导，具体问题具体分析，特殊情况特殊对待。千万不能将一般规律作为公式，把普遍格式当成教条。辩证法的全面性、历史性、联系性原则在这里显得特别重要。

训诂的基本方法：①广证博考，寻求古训通义。寻求先秦古典字义，要依据《尔雅》《说文解字》，考查比较重要的古代注解，如汉代贾逵、服虔的《左传注》；马融、郑玄的经注；高诱的《淮南子注》等。清代阮元的《经籍纂诂》、朱骏声的《说文通训定声》、王念孙的《广雅疏证》都是重要的参考书。唐宋以后的文章典故增多，可查清人编纂的《佩文韵府》和《辞源》《辞海》。使用中国哲学史史料，重在了解字义，训诂也是为了说明其意，遇有假借字，只要点明其通用意义即可，一般情况无须寻求本字。②注意本篇文意，力求贯通。中国古字一般都有多义，判定该词在本篇的意义须以上下文意而定，求得上下贯通。③注意旁证和反证，避免主观臆断。判断一词的意义，除了主要证据之外，还须有旁证，避免以孤证下判断。同时要注意是否有反证，一个确凿的反证就足以推翻某一结论。对于似是而非的反证也须加以分析和说明。力求以证定论，避免想当然。

五　工具书文献常识

一个从事学术研究工作的人，无论如何博学广闻、多有才识，也不能记得全部知识，掌握一切材料。因而，在研究工作中必然会遇到疑难，碰到问题，这就得借助于工具书的帮助。我国历史上遗留下来的工具书，名目繁多，而随着科学文化的发展还在不断增加，从中国哲学史研究的需要来说，必须具备数种重要的工具书，并且要懂得关于这些工具书的基本知识和使用方法，才会在研究中取得省时节力、事半功倍的效果。

（一）工具书的特征和种类

工具书顾名思义是指在学习或科研中可以作为工具使用的一类图书。它与其他一般图书比较，有两个显著的特点。

一是它是某种资料的汇编。从工具书的内容和编写式样来看，它总是具有资料汇编的性质。也就是说，它是按一定观点将某一种或某几种资料汇编在一起，供人们在学习和研究时随时采取资料、解决疑难，而且它所聚集的材料往往带有原始性、综合性和知识性。这就使它同一般的作为专科研究成果的学术专著不同，学术研究著作以理论性、分析性为特征，而工具书则不然，它总是某方面知识的综合汇释。如百科全书、字典、词典，都是将资料知识集中起来，供人使用。只有具备这种特点，才能发挥它的工具作用。

二是它是供人们查考的图书。从工具书的使用方式来看，它是供人们查考翻检的。就是说，当学者在研究中遇到问题，遇到自己不知道的知识时才去查阅它，有疑则问则查，无疑则置则存。一般图书则是供人们阅读的，供人们研究的，有阅读性的价值，而工具书则供释疑解惑，有参考性的作用。如一部辞典，人们一般不是从头到尾去阅读它，而是必要时才去查考它。当然，这并非说，学术书、文艺书不可用来以备查考，工具书不可用来借以阅读。而是说，查考性乃是工具书的使用特点，如果一部学术专著被用来查考，那它就起了工具书的作用了，而一部辞典如果常被阅读，那它其实也不再当作工具书对待了。其实任何一部有价值的书，都既可供翻检，又可供阅读，但是只有它被以查考方式使用，才说它是工具书。所以，查考性使用方式乃是工具书的使用特征。

工具书的这两点特征是我们确定工具书范围的依据。即凡是有资料汇编的内容而又具有查考功用的图书是工具书。这是工具书与一般图书区别的标志。由此看来，工具书的范围是广泛的，它与一般图书的区别界限也是相对的。不少书籍，从编写目的和应用价值来看，并不是工具书，但它却包含着丰富的资料可供人们查考，如二十四史、十三经，等等，这些书有人也将其归入工具书范围。

工具书可从不同角度上分类，既可从内容上分，也可从编纂形式上分，还可以从作用上分。从内容上看，有的是各科性的，有的是单科性的；从形式上看，有的是著述式，有的是汇集式，有的是字典式，有的是图表式；从作用上看，有的可供查人物，有的可供查史实，有的可供查典故，有的可供查字词，有的可供查时间，有的可供查地域，有的可供查文物。用途多样，不一而足。

下面根据中哲史研究的需要，着重介绍几种工具书。

（二）几种重要工具书的内容特征

中哲史研究涉及的工具书很多，前面说到的历史书、目录书、训诂书都有工具书的作用，不再重复。这里再介绍几种。

1. 百科全书式的资料汇编宝库——类书

类书是一种分类汇编各种材料的工具书，旧名"类书"，就是分类纂辑的意思。其性质是资料类编，不是学术著作。就其规模和作用来说，实与现代的百科全书相近。它采辑经、史、子、集中的词语、诗文、典故、言论、事迹等资料，分类编排，内容范围相当广泛。它的体例是先分大类，后标子目，类目之下，汇集资料。资料的整理办法有抄录原文和概括大意两种，资料的编排次序是先列事实，再列诗文，后摘词语。每项中的材料大致按时代早晚罗列。古代类书的编纂目的，一方面是给统治者提供治理朝政的参考资料，另一方面是给文人学士作文提供查考典故、辞藻的工具。但由于它集中了许多材料，汇辑了许多古书，时至今日仍有重要的参考作用。其作用是：（1）古代类书保存了有关历史、地理、文学、艺术、思想、典章、制度、风俗、民情以及其他资料，可供我们作为一种资料汇编或百科辞典来使用，既可以帮助我们解决阅读书中遇到的知识性问题，也可以给我们的学术研究提示资料线索。例如唐代类书《艺文类聚·天部上》的"天"字目中，就摘了《周易》《礼记》《老子》《论语》《春秋繁露》《尔雅》《庄子》等25部书中关于"天"的主要观点。这些观点涉及天的性质、形状、构造、起源和天人关系等方面，最后还全文辑录了六篇关于天的诗、赋、赞（讚）、表不同体裁的文章。可以说，唐代以前，人们对于天的基本看法都大体集中在一起了。又如《人部五》的"性命"一项，摘录了《易》《诗》《尚书》《春秋》《礼记》《论语》《楚辞》《孔子家语》《史记》《汉书》《后汉书》等经子史集中关于"性命"的言论，还全文选了晋仲长敖的《核性赋》、晋李康的《运命论》、晋袁准的《才性论》、宋何承天的《达性论》、梁刘孝标的《辨命论》等五篇重要论文。这些资料对于我们从事思想史的专题研究，无疑既重要又方便。（2）历代类书中抄录的不少书籍都是前代古本，和现存书籍的内容往往有所出入，所以它就可以用来校勘考证古书，纠正今本古书中的讹误。例如唐代类书《初学记·地部·华山》中引《史记》关于秦始皇死的年代与今本《史记·秦始皇本纪》不同，据清儒考证，《初学记》是对的。又如北宋类书《册府元龟》所引据的史书，都是北宋以前古本，其内容并不全与今本十七史相同。我们可以用类书的引文与现存的书籍参校异同，对传世古籍补阙订误。

（3）历代类书都从当时存在的书籍中摘录材料，取材范围甚广。这些书籍，很多在以后失传，只仗赖各种类书保存下一些佚文，使后人以窥其鳞爪。如《北堂书钞》和《艺文类聚》中引用了许多隋以前的古籍；《太平广记》所引古小说约五万多种，原书已有半数以上失传。明代《永乐大典》中保存着许多珍贵的失传古籍，清乾隆时修《四库全书》曾从《永乐大典》中辑出失传的书五百多种。明清的不少学者利用类书搞古书辑佚取得了重大成绩。可见，类书对搜辑古书失文具有重要作用。类书对学习和研究古代学术思想和文化，功不可没，只要善于利用，就可收效。

我国古类书，大约起源于三国魏文帝（曹丕）命令王象等人编的《皇览》，后人认为此是中国类书之祖，其书已佚，以后各代，都编有类书，现存类书总计三百种上下，重要者有：

《北堂书钞》，隋虞世南撰，173卷，今存160卷，分为十九部，八百五十一类。引用书籍，除集部外，约八百余种。所引经典是隋前旧本，与唐代孔颖达、陆德明订定诸经之本颇有不同。以前的古类书规模较小，而此书则具有相当规模。

《艺文类聚》，唐代开国初年高祖李渊诏令欧阳询等十余人编修。全书100卷，分四十六部，列子目七百二十七，约百余万言。引用古籍1431种，其中现存者不及百分之十。就是说它的引文百分之九十以上为今所不传之书。其辑存资料特点是"事居其前，文列于后"，事文兼备，汇为一书，改变了以前类书有事无文的体例。因此大量保存了自汉至隋的词章名篇。

《初学记》唐玄宗李隆基诏令徐坚等撰，全书三十卷，共分二十三部，三百一十三个子目。它以知识为重点，兼顾辞藻典故及文章名篇，每目中分叙事、事对、诗文三部分。其特点是叙事部分，将摘引的各种资料有组织地连贯起来，形成一篇颇有条理的文章，比以前类书逐条摘抄，各条之间无有机联系大为优越。显得更富于知识性，更近似百科全书的作法。《四库提要》评论它"博不及《艺文类聚》而精则胜之。"因此为历代学者所重。

《太平广记》，北宋时太宗诏令李昉等人编撰，共五百卷，分九十二大类，附一百五十多个小类。该书是一小说类编，广泛采辑汉晋至北宋的小说、笔记、野史等书内故事的原文或段落。引书五百种左右，其中有半数失传。在保存古小说佚文方面，功劳甚巨，被称为"小说家的渊海。"该书载佛僧道士、神仙鬼怪故事很多，是研究佛教、道教的重要参考书。而且涉及历史、地理、宗教、民俗、名物、典故、词章、考据等内容，可供多方面研究参考。

《太平御览》，北宋太宗命李昉等十四人于太平兴国二年开始编撰，八年成书，书成后，太宗每天阅读三卷，故名《太平御览》，全书一千卷，分五十五部，部中分子目四千五百五十八类，征引书目一千六百九十余种。该书所分部类和其他类书大致相同。体例是先写书名、次录原文，按时代先后排列，不加编者意见。所采多为经史百家之言，小说和杂书引得较少。其特点一是部头大，取材广，所引失传古书多；二是录入了宋以前类书的不少内容。

《册府元龟》，宋真宗令王钦若、杨亿等人于景德二年编撰，八年成书。"册府"是典策渊薮之意，"元龟"是卜的大龟，书名意为典策的渊薮，文坛的宝物。共一千卷，分三十一部，部下共一千一百余门。此书取材以"正史"为主，兼及经、子，不录小说。其特点是内容重在辑录历代君臣事迹。体例是每部前有《总序》详述事迹沿革，等于一篇小史，每门各有《小序》，议论本部的内容，等于一篇总论。该书去取严谨，体例统一，史材丰富（几乎概括了全部十七史），书皆古本，故对校史、补史作用很大。但引文不注出处，摘录常取大意，影响了使用的准确性和查阅的方便性。

《永乐大典》，明成祖命解缙等人于永乐年间编撰，参加编抄人员共二千多人。正文二万二千八百七十七卷，凡例和目录六十卷，字数三亿七千万左右。收入典籍共有七八千种，包括经、史、子、集、释藏、道经、北剧、南戏、平话以及医学、工技、农艺等各类著作。此书体例特别，按韵分别排列单字，字下先注音、义，次录反切与解说，再列该字的楷、篆、隶各种；然后分类汇辑和此字有关的天文、地理、人事、名物以及诗文词典等各项记载、各种材料，完全据原书整部、整篇或整段抄入，一字不改。这种体例是"用韵以统字，用字以系事"，显得割裂庞杂，漫无条理，但因为它汇先秦至明初古籍的品种和数量很多，保存宋元以前佚书、珍本不少，在保存古书方面价值很高，对中国文化贡献很大。清修《四库全书》从中辑出佚书五百余种。此书正本在明亡时全部被毁，副本在清朝乾隆时已残阙两千四百多册，后在八国联军侵入北京时大部分遭焚毁，剩下的多被英、美、德、俄、日劫夺去。新中国成立后，国内藏存和苏、德等国归还的共约：七百三十卷，仅有全书的3%。

《子史精华》，清圣祖命张廷玉等四十余人纂修。共一百六十卷，分三十部、二百八十类。内容是采集子书和史书中的名言隽语，按类排比。体例是先列词语摘要，再举书名，后引原文。古代子、史书很多，很杂，查找其中的典故、词语比较困难，此书提供了很大方便。

《古今图书集成》，清圣祖命蒋廷锡等纂集。全书一万卷，分六汇编，三十二典，六千一百零九部，是现存最大的类书。内容包括历史、方舆、明伦、博物、理学、经济等项。体例是先列《汇考》纪述大事；次列《总论》录经史子集的议论；后列《图表》插图列表；后列《列传》叙人物生平；后列《艺文》采择诗文；后列《选句》摘俪句、对偶；后列《纪事》集琐细事迹；后列《杂录》收不宜入以前各项的材料；后列《外编》载荒唐无稽之言。此书规模巨大，内容丰富、去取谨严，体列完善，抄存书多，条理清楚。是古代类书中内容最系统、用处最广泛的一部。除以上各部外，古代重要类书还有宋王应麟编的《玉海》、明俞安期编的《唐类函》、清张英等编的《渊鉴类函》等。

应用和查阅古代类书必须注意以下几点：

（1）熟悉内容。古代类书虽然内容近似百科全书，各书涉及范围也大体相似，但每种书在内容上往往有自己的特点，如辑录的古籍、始止的时代、内容的详略各不相同，要大致知道一些。像《艺文类聚》采集隋以前古书，保存魏晋南北朝人的诗文较多；《册府元龟》专辑史事而详于五代；《太平广记》乃小说之渊海；《子史精华》乃史书子书之语录等等。了解了内容特点，才能心中有数，寻找自己所需要的资料。

（2）了解体例。古代类书的一般体例是先分大类，后标子目；各目下辑录材料的顺序是先列故事，后排诗文；各项中材料的排列次第或以经、史、子、集，或以时代先后。要查阅类书，必须了解各书的分类和材料的编次。各类书的分门别类大同小异，《艺文类聚》的四十七门具有代表性，其他各类书也都依照此例，或变换名目或略加调整。这是一般情况，但各类书的体例特点亦须注意，有些类书如《永乐大典》，按字统事，是其特点；有的类书，只录原文，述而不作，有的则加了编者的按语或附有编者的序言，如《册府元龟》；有的引书不标书名，有的则注明出处；有的材料是原文照抄，有的则经编者予心概述编纂。只有了解了体例才能便于找到索取材料的途径，也能把握其材料的准确性或价值。

（3）认识弊病。历代类书有的为皇帝阅读而辑，有的为文士取资而撰，因此去取的标准和分类的原则都体现着其政治意图，其封建正统思想，其剥削阶级偏见是不言而喻的。历代类书的体例无论有多么严谨，但都并不科学，因而其部类的分合不当，其次序的琐碎窜乱，其抄录的断章取义，都是屡见不鲜的。历代类书的编撰，多属官修，编者人众，时间勿忙，工作粗疏，因此其内容的错误、字句的讹衍、引书的混乱等等差错失误都在所难免。所以在应用取材时必须分析，最好能找寻原文参照，不可盲从，不可轻信。

2. 古代典章制度的统编——政书

政书是记载历史典章制度的沿革变化以及经济、政治、文化发展情况的资料汇编，它本是历史著作的一个门类，但由于它广泛收集了有关典章制度的各类资料，因此也具有工具书的性质。政书的内容涉及政治制度、文化制度以及天文、地理、学术、文艺等方面。其体例一般是分门别类，门类中按时代先后编纂资料。它对于研究古代的天文、地理等自然科学的发展，礼乐兵刑和赋税、选举等政治经济文化制度的沿革，学术源流演化和古代典籍的聚散情况，都有重要作用。

古代政书基本上可分两大类，一类是通史式的，一类是断代式的。

通史式的政书。唐杜佑的《通典》共二万卷，共分食货、选举、职官、礼、乐、兵刑、州郡、边防八门，门下又分若干类，记叙了上溯远古下迄唐代的政治、经济制度的沿革，积三十年编成。南宋郑樵的《通志》，凡二百卷，分"纪传"（即帝、皇后列传，世家、年谱列传等）和"二十略"两大部分，精华在"二十略"，略即大纲、概略之意，专记典章制度沿革和文化艺术的发展。此书内容丰富，时有精到见解。元代马端临编的《文献通考》，凡三百四十八卷，分二十四门。该书材料详赡，体例谨严，条理明晰，叙述清楚。对各种制度沿革所写的按语，能贯穿古今，完整明确。历来为学者所重。还有明代王圻编的《续文献通考》、清代官修《续通典》《续通志》《续文献通考》《清文献通考》《清通典》《清通志》；辛亥革命后刘锦藻编的《清朝续文献通考》。以上贯通几个朝代的政书，前三者被称为"三通"，除明代王圻编的《续文献通考》外，前九者合称"九通"，"九通"加最后一种，合称"十通"，被认为是封建时代关于典章制度的重要文献。新中国成立前，商务印书馆曾将"十通"汇印为精装本出版。

断代史的政书称为"会要"。"会"是集中、总汇的意思，"要"是概要的意思。"会要"即是将一代的典章制度集中一起，扼要地加以叙述，分门别类地排比史料。历代的会要著作有《春秋会要》，清代姚彦渠撰，共四卷，分六门；《七国考》，明代董说撰，凡十四卷，分十四门，记战国七国的典章制度；《秦会要订补》，清代孙楷撰，徐复订补，二十六卷，十四门；《西汉会要》，宋代徐天麟撰，七十卷，计十五门；《东汉会要》，宋代徐天麟撰，四十卷，十五门；《三国会要》，清代杨晨撰，二十二卷，计十五门，该书旁搜博引，引书在一百五十五种以上，极有参考价值；《唐会要》一百卷，宋代王溥撰，《五代会要》，宋代王溥撰，三十卷，凡二十九目；《宋会要辑稿》，宋代官修，清代徐松辑，二百卷，十七门，材料丰富；《宋朝事实》，宋代李攸撰，二十七卷，《建炎以来朝野杂记》，宋代李心传撰，四十卷，此二书亦可查考宋代典章制度；《明会要》，清代龙文彬撰，八十卷，分十五门；《明会典》，官修政书，清代徐溥主编，共二二八卷；《明会要》官修政书，共一百卷。

查阅政书应注意：（1）了解它们所分的门类，其中的选举、学校、经籍、艺文、校雠等门类与学术思想的关系甚为密切；（2）须将其与正史等史书相对照，因为政书取材于史书，是第二手材料，引用时应与原材料核实；（3）将"十通"与"会要"联系起来参考，使纵横贯通，全面了解古代的各种制度和沿革。

古代的官僚制度是政治制度的重要内容，设置和沿革较为复杂，各朝的"会要"和"十通"都对职官机构有所叙述。可以参考。若要获得完整的了解，比较方便的工具书是清代官修的《历代职官表》，此书以清代官制为纲，列举历代官制，自王朝中央行政机构以至地方、边疆各种官职的设置、职守权限分门别类作了叙述。且用表格形式，眉目比较清楚。

3. 回答字、词音义疑难的老师——字书

"读书必先识字"，特别是我国的古书，其中有许多现代不常见的古代文字，其音、义和近世用字迥别。研究中哲史要读古书，读古书不识古代文字，则不能了解原意。识字就必须查字典、词典。这类工具书总称字书，过去属于"小学"范围。由于汉语中，字和词是两个不同的概

念，"字"是语言的符号，有音、形、义；"词"是语言组织中能独立运用的单位，具有语法功能。词可以是一个字，也可以由多个字构成。因此，工具书就有了"字典""词典"的区别，字典解字，词典解词。但是二者也不是绝对无关的，字典中也有不少词，词典一般对字的读音、含义作说明。字典的来源是古代字书，词典又是由字典发展而来的。

字、词典可分两大类，一类是综合性的，另一类是专科性的。

（1）综合性的字书：这类字书很多，旧的连卷累牍，新的层出不穷，择重要作者以介绍。

我国最早的一部有系统的字书是东汉许慎编的《说文解字》，稍后，至今尚存的一部字书是《玉篇》，此二书在训诂学一讲中作过介绍，不再重复。我国第一部以"字典"命名，规模和影响较大的字书是清代康熙年间由朝廷集中人力在张玉书、陈廷敬等三十余人的主持下，费时六年编纂而成的《康熙字典》。该书从子到亥按地支顺序排列，分十二集，每集又分上中下三卷，收字四万七千零三十五个。其体例是，每个单字下，先以反切和直音注音，有所考辨，再附在其后，加按语。《康熙字典》的特点是：（1）收字丰富，能查出一般字典查不出的偏字、怪字；（2）引证详尽，引用大量的古书例句作证释，而且侧重于古义的诠释；（3）不泥古说，在字体上将一些过时的古体字废掉了，在分部上，也不尽按《说文》的原则。该书的缺点也不少，如音义的展转相释，有时解释过于简略；有些部首分得不合理，特别是成于众手，在引用书名、篇名、引文、注音、释义、断句、年代等方面都有许多错误，王引之在《康熙字典考证》中查出错误二千五百八十八条。日本渡部温则查出四千七百多条，实际上还远不止此数。

在《康熙字典》之后，规模最大的一部字典是《中华大字典》。该书从清末宣统元年（1909）始纂，历时六年完成，参加编订者四十余人，此书编纂的目的是为了纠正《康熙字典》的错误，编辑体例与其基本相同。特点一是收字多，比《康熙字典》多千余字；二是注释详，同形而异训、异音的字，分成单字解释，每字的不同含义、用法，析为若干义项分别训释；三是范围广，近代的俗语、方言、科技译名、常用词语兼收并蓄。因此编辑得较为谨严，订正了《康熙字典》的若干错漏。但本身也有许多缺点，如引文有误，删节不当、义项过繁等。但目前对研读古典书籍乃不失为一部比较详备的字书。

《辞源》《辞海》的修订本近已出版，二书都具有百科全书的性质，是对三十年代商务印书馆编的《辞源》和中华书局的《辞海》两部大型工具书的彻底修订和改编。新编《辞源》专收古代汉语词汇和成语以及关于文史方面的百科性条目，是专供学习研究古典书籍用的大型辞典。共四大册，收词十万余条。新编《辞源》是新旧兼收，包罗甚广的综合辞典，应用面较广。

（2）专门性的字书：专门性的字书、词典种类也很多，常用的有关于文言虚词的《文言虚词》（杨伯峻著）、《词诠》（杨树达著）、《古书虚字集释》（裴学海撰）；关于甲骨文、金文的有《甲骨文编》（中国科学院考古研究所编）、《金文编》（容庚著，科学出版社出版）、《古文字类编》（高明编）；关于成语、俗语、谚语的有《汉语成语词典》（甘肃师范大学中文系编，上海教育出版社出版），《成语词典》（常州市教育局编，江苏人民出版社出版），此书是目前收成语最多的（6800余条）成语词典，注意对成语追本溯源，博采书证。《通俗编》（清代翟灏撰）、《恒言录》（清代钱大昕撰）、《迩言》（清代钱大昭撰）此三书都收录大量的古代俗语、谚语，并考证语源，甚有价值。《古谣谚》（清代文兰辑）、《中华谚海》（近代史襄哉编，1927年中华书局版），和《中国谚语资料》（兰州大学中文系编，1961年上海文艺出版社版），此三书都是古今谚语的编汇，所收资料甚为丰富。此外关于古典文学作品专门语词解释的有《诗词曲语辞汇释》（张相著）、《小说词语汇释》（陆澹安编）、《元剧俗语方言例释》（朱居易编）等。

运用古代的字书除了注意观点和内容上的错误之外，还应懂得查字法和注音法。通行的检字法有部首检字法、笔画检字法、四角号码检字法和字音检字法（或按声部、或按韵部、或按拼音）四种；字书通行的注音法有直音、反切、拼音三种。

4. 探寻文章和词语出处的向导——索引

文化发展，书籍日增，要从浩如烟海的资料中寻求自己所需要的参考文章，要从部头浩大的巨著中找到自己要分析的概念词语，是一件相当烦琐困难的事，往往要费很多精力和时间。为了克服这些困难，就得依靠"索引"这种工具书，它可以充当"向导"，让你去大海探珠，书山得宝。"索引"是日本人对英语"引得"一词的意译，"引得"是音译词，意为指点。我国古代有"通检"之名，含有"索引"的性质。

索引有许多种类，主要有词语索引、书目和类目索引、篇名索引和人名索引等。

（1）篇名索引。

将一书或群书或报刊中的文章篇目按内容性质或笔画编成索引就是篇名索引。这类索引中与研究哲学史有关的是（1）《群书检目》（杨树达编），此书收唐代以前的七十六种古籍包括《十三经》《史记》《汉书》《老子》《庄子》等原书的详细目录，按部首、注音重新编次，以便检索。（2）《全上古三代秦汉三国六朝文篇名目录及作者索引》（中华书局编），此索引是为清严可均辑的《全上古三代秦汉三国六朝文》一书编的篇目和作者索引。（3）《清人文集篇目分类索引》（王重民主编），该书将清代学者的440种文集的文章篇目逐一编成索引，特别是按文章性质分类编成的学术文章篇目索引，对查检清代文集中的哲学论文甚为方便。（4）《国学论文索引》（北平图书馆编），此书共四编将清末至1935年底国内杂志报刊上发表的各类学术文章编成分类索引。（5）《中国史学论文索引》（中国科学院历史研究所与北大历史系合编），此书共两编将1900年至1949年近五十年中报刊上的历史论文包括思想史、哲学史论文分类编成索引。（6）（1901—1949）《解放前全国主要报刊有关哲学类论文索引选辑》（四川大学哲学系资料室编），此书是新中国成立前近五十年哲学文献索引，甚便。（7）《全国主要报刊资料索引》（上海图书馆编）1955 年创刊，每月出一期，分类收录全国主要报刊的全部文章篇目，是常用的索引工具书。(8)《二十四年来中国哲学史论文索引》（南京大学历史系 1973 年编），收编 1949 年 10 月至 1973 年 8 月国内主要报刊的中哲史论文篇目按总论和各代两部分编录。(9)《马克思恩格斯全集目录》（人民出版社）是马恩全集 1—39 卷全部篇目的汇编，按卷排列。

（2）词语索引。

将一书中的原文逐节、逐句、逐字按笔画或类目编成索引，以作检索原书句、词、字之用。这种索引对哲学史研究作用甚大。这类索引有的附在原文之后如任继愈的《老子新译》等就有索引，有的编成专书。对中哲史研究来说，新中国成立前原美国哈佛燕京学社引得编辑处和中法汉学研究所编了一大批专书索引，或名"引得"，或名"通检"，重要哲学书引得如《白虎通引得》《礼记引得》《周礼引得》《周易引得》《论语引得》《孟子引得》《庄子引得》《墨子引得》《荀子引得》《孝经引得》《论衡通检》《吕氏春秋通检》《春秋繁露通检》《淮南子通检》《潜夫论通检》《新序通检》《申鉴通检》等。此外，叶圣陶编的《十三经索引》，将十三经原文按句编成索引；顾颉刚主编的《尚书通检》将书中单字编成索引。关于马克思主义经典著作的索引有《马克思恩格斯全集主题索引》（中国人民大学图书馆编）《资本论索引》（日本长谷部文雄编，三联书店版）《列宁全集索引》（1—35 卷）上册是主题索引，据俄文译出，人民出版社版。《毛泽东选集索引》（1—4 卷）、《毛泽东选集第五卷索引》。此外《资本论》每卷后附主题索引，《马恩全集》39 卷后附有（27—39 卷）全部书信的主题索引，全集 20 卷后也有索引。列宁的《哲学笔记》后附有该书的主题索引。

（3）人名索引。

将某书或某些书中出现的人名编成索引。有《马克思恩格斯全集人名索引》《二十五史人名索引》（中华书局版），《宋元学案人名索引》（商务印书馆版）还有专查室名、别号的专门索引《室名别号索引》和

《古今人物别名索引》。

索引能使读者方便迅速地查检图书的内容，指引读者收集资料，对科学研究最有用。随着学术研究发展的需要，将会有更多更好的索引问世。欧美、日本、中国台湾、中国香港的学者近年来很重视编索引，他们为查找中国古代文献资料编的索引近三十年来数量多、质量好，例如日本人斯波六郎主编的《〈文选〉索引》，用了二十年的工夫，第二次世界大战时都未停止。这种有益后学的精神十分可贵，这类著作的详细索引行之百世而不废。

5. 历史的时钟——历表、年表

历表是把历史上的朝代、帝王年号、干支年月等项和公历纪元的年月日列表对照，以供换算历史上的时间。年表是把重要历史事件按发生年代的顺序，编列成表，以供翻检。二者是学习历史的辅助工具书。

（1）大事年表。

目前内容相当全面、叙述比较简明、条理比较清楚的大事年表是翦伯赞主编、中华书局 1962 年出版的《中外历史年表》，该表从公元前四千五百年始至一九一九年，以公元纪年为纲，中外大事相对照，选录各年发生的生产技术、经济政治、阶级斗争、科学技术、民族关系、名人生卒等各项大事。专录中国古代大事的年表《中国历史大事纪年》（徐州师院历史系编印，1979 年印成），收入从远古到新中国成立以前的大事。

（2）历表和纪年表。

主要解决了中西历对照的纪年表有《中国历史纪年表》（1976 年上海人民出版社），该书是最新出版的历史纪年表，项目也丰富。《中国历史年代简表》（文物出版社 1974 年版），后附有年号通检，甚便读者。在年表下还有日积月累的详细时间，称为历表。它可以查找中西历每日的相应时间，利于换算。陈垣著的《二十史朔闰表》（古籍出版社 1956 年版）和《中、西、回史日历》（中华书局 1962 年版），二者都是中、西、回历的年、月、日对照表。此二书乃是历史的"日历"。

（3）人物生卒年表。

专门查历代名人的籍贯、字号、生卒年的工具书有《中国历史人物生卒年表》（吴海林、李延沛编，1981 年黑龙江人民出版社出版），该书上起西周共和行政，下迄清末，二千八百年间，共录历史人物六千六百余人，包括政治家、思想家、作家、艺术家、科学家、农民起义领袖、少数民族重要人物，以及帝王将相、僧尼仕宦等人物。分为姓名、别号、籍贯、生年、卒年五项，是资料较新、内容较广的人物生卒表。其他如《历史人物年里碑传综表》（姜亮夫编）也可参考。

6. 历史人物的履历书——年谱和传记

系统叙述人物一生活动事迹而按时代顺序撰写的书籍有年谱和传记。

传记除各类史书的总传、列传外，还有用一书专记一人事迹的"专传"，这类书本身并不是工具书，但可以作工具书使用。历代编写的人物传记专书可以从书目中检寻。近年来出版的《中国现代社会科学家传略》（晋阳学刊编辑部编，山西人民出版社 1982 年版）和《中国当代社会科学家》（书目文献出版社 1982 年版）收录近现代哲学家和社会科学家的自传和传记，内容着重于治学经验和学术成就，具有重要的资料价值。

年谱是逐年记入人物生平事迹，是最详细的传记。年谱兴起于唐末，历代编的年谱约有二千二百余种，是极宝贵的史料。哪些历史人物有年谱，可查《中国历代人物年谱集目》（杭州大学图书馆编）和《中国历代名人年谱综录》（汪闿编）。

7. 其他

专记历史人物生平大概的有《中国名人大辞典》（方毅等编，商务印书馆 1958 年重印）、《中外人名辞典》（刘炳藜等编，中华书局 1940 年版）、《中国文学家大辞典》（谭光壁编，光明书局 1934 年版，已重印）、《近现代外国哲学社会科学人名资料汇编》（商务印书馆编，1965年版）、《外国哲学社会科学人名录》（商务印书馆 1963 年版）。

专供查地名的有《中国古今地名大辞典》（臧励和等编，商务印书馆 1959 年重印），专述地理沿革的专书有北宋乐史的《太平寰宇记》），清代顾祖禹的《读史方舆纪要》，此二书都是古代地理学的名著。还有《中国历史地图册》（顾颉刚等编，地图出版社出版）。

专供查书名的有《中国书名释义大辞典》（赵传仁等主编，山东友谊出版社 2007 年版）此书为国家"十五"重点图书出版规划中的图书，质量甚高。既有古今重要书籍的书名解释，又有内容概要和版本介绍，用处很大。

专供查宗教词语的有《宗教词典》（任继愈主编，上海辞书出版社 1982 年版）、《实用佛学辞典》（1934 年佛学书局编辑部编辑并出版）、《佛学大辞典》（丁福保编，佛学书局 1947 年版）。专门查外来语（包括欧美、日本、印度）的有《外来语辞典》（胡引之编，上海天马书店 1936 年版）。专门查名胜古迹的有《中国名胜词典》（上海辞书出版社 1981 年初版，后有修订本出版）。

随着文化和学术的发展，新编的辞书不断出现，可以根据研究的需要，予以选择，善于使用。选择、使用时要注意辞书的编写质量和学术水平，重视辞书的权威性。